尾山　慎 著

二合仮名の研究

和泉書院

目　　次

まえがき……………………………………………………………………1
用例の扱い…………………………………………………………………9

術語説明にかえて

第1節　書記(論)と表記(論)について……………………………………17
第2節　歌表記における「表意（性）」と「表語（性）」………………25
　はじめに…………………………………………………………………25
　1、「表語―」と「表意―」……………………………………………26
　2、「表語性」……………………………………………………………29
　3、「表意性」……………………………………………………………32
　　3－1、「表意性」をもつ用例………………………………………32
　　3－2、先行論による分析……………………………………………35
　　3－3、仮名が「表意性」を帯びるとき……………………………37
　4、意味の読みとりと恣意………………………………………………38
　　4－1、読みとるか、気づかないか…………………………………38
　　4－2、「表意性」の過剰な読みとりの一例…………………………40
　小括………………………………………………………………………41
第3節　訓字、訓仮名、音仮名と表意性…………………………………49
　はじめに…………………………………………………………………49
　1、一般言語学の「語」と「意味」……………………………………50
　　1－1、ソシュール（F. D. Saussure）の
　　　　　シニフィアン（signifiant）とシニフィエ（signifié）………50

1－2、杉本つとむの見解…………………………………………51
　　1－3、「視覚映像」としてのシニフィアン………………………53
　　1－4、(視)シニフィアンの別によってシニフィエが揺らぐ、割れる
　　　　　………………………………………………………………54
　　1－5、仮名と訓字の関係…………………………………………55
　2、「表意性」を帯びる仮名…………………………………………56
　　2－1、音仮名………………………………………………………56
　　2－2、訓仮名………………………………………………………58
　　2－3、訓字から訓仮名へ、そして義訓……………………………62
　小括……………………………………………………………………66
第4節　本書のキーワードを巡って…………………………………73

序　章　文字、表記、書記を巡る議論の中で

導言……………………………………………………………………77
第1節　現代の日本語と文字…………………………………………79
　1、文字を複数種同時に使うこと……………………………………79
　2、漢字という文字種による分節……………………………………81
　3、書く行為と読む行為とそれを分析する行為……………………84
　　3－1、書くことと読むこと………………………………………84
　　3－2、読み手と書き手……………………………………………87
　　3－3、抽象化される読み手………………………………………88
　4、漢字という文字の〝動態〟と〝静態〟…………………………89
　　4－1、基本的概念として…………………………………………89
　　4－2、動態としての漢字の用法…………………………………90
　　4－3、漢字は表記(書記)の中で〝稼働〟する…………………91
第2節　古代日本語と文字、表記、書記……………………………95
　1、「音」「訓」という用語……………………………………………96
　2、「日本語」という「訓」…………………………………………96

3、古事記の「音」「訓」………………………………………………98
　3－1、序文にいう「音」「訓」と漢字の用法………………………98
　3－2、現代の音よみ訓よみと、古事記の「音」「訓」……………100
4、古代の字音とその受容……………………………………………103
　4－1、字音の学びと日本化…………………………………………103
　4－2、古代における日本漢字音の存在とその徴証………………105
5、「訓」の定着度………………………………………………………107
6、《訓読》の内実………………………………………………………110
7、古代の表記論を説くにあたって…………………………………113
まとめ……………………………………………………………………119

第1章　子音韻尾字由来の仮名とその実相

導言………………………………………………………………………123
第1節　子音韻尾字と、仮名としての使用……………………………125
　1、表音用法としての仮名……………………………………………125
　2、倭語の音節と漢字音との関係……………………………………126
　3、三内入声音、三内撥音……………………………………………128
　　3－1、入声字………………………………………………………128
　　3－2、撥音字………………………………………………………129
　4、子音韻尾字と開音節化……………………………………………130
第2節　子音韻尾字の韻母と声母………………………………………133
　はじめに………………………………………………………………133
　1、非子音韻尾字との交替例…………………………………………134
　2、声母別分類…………………………………………………………135
　3、韻母別分類…………………………………………………………138
　小括……………………………………………………………………140
第3節　略音仮名の基本的検証―入声―………………………………143
　1、「連合仮名」と略音仮名…………………………………………143

2、用例概観……………………………………………………144
　　3、形態別用例数と後接子音……………………………………145
　　4、類似調音点の子音が後接する場合…………………………147
　　5、類例による検証――「吉」字を手がかりとして…………148
　　　5－1、［Ⅰ］群………………………………………………150
　　　5－2、［Ⅱ］群………………………………………………152
　　　5－3、[Ⅲ] 群………………………………………………153
　　6、「吉」字以外の例から………………………………………155
　小括………………………………………………………………159
第4節　略音仮名の基本的検証―撥音―……………………………161
　　1、入声字で得られた見解から…………………………………161
　　2、用例概観………………………………………………………161
　　3、作業仮説………………………………………………………163
　　4、用例検証［Ⅰ］～［Ⅴ］の分類から………………………164
　　　4－1、［Ⅰ］群………………………………………………164
　　　4－2、［Ⅱ］群………………………………………………169
　　　4－3、[Ⅲ] 群………………………………………………170
　　　4－4、[Ⅳ] 群………………………………………………173
　　　4－5、[Ⅴ] 群………………………………………………175
　　5、考察①　各韻尾ごとの出現分布から………………………176
　　6、考察②　唇音・ｍ韻尾字の特徴と開音節化………………178
　　　6－1、二合仮名の割合との比較……………………………178
　　　6－2、ｍ韻尾字の韻尾に対する〝意識〟…………………179
　小括………………………………………………………………181
第5節　二合仮名の基本的検証………………………………………184
　はじめに…………………………………………………………184
　　1、巻ごとの分布…………………………………………………186
　　2、表記主体別にみる品詞の分布………………………………187
　　3、二合仮名の使用実態――継承的なものと一回性のもの…189

4、訓字主体表記において使われる二合仮名……………………… 190
　　　4－1、繰り返し用いられる二合仮名付属語表記……………… 190
　　　4－2、二合仮名自立語表記の特徴……………………………… 191
　　5、二合仮名の音節と漢字音……………………………………… 192
　　　5－1、音仮名としての二合仮名——前位音節………………… 192
　　　5－2、後位音節検証その①——付加母音……………………… 196
　　　5－3、後位音節検証その②——上代特殊仮名遣に関わる場合………… 199
　　小括…………………………………………………………………… 201
まとめ……………………………………………………………………… 204

第2章　略音仮名と二合仮名との関係

導言…………………………………………………………………………… 209
第1節　略音仮名と二合仮名の消長……………………………………… 210
　はじめに……………………………………………………………………… 210
　1、略音・二合と字種……………………………………………………… 211
　　1－1、形態別字種分布………………………………………………… 211
　2、考察①　略音仮名、二合仮名の推移と消長………………………… 212
　　2－1、時代変遷と使用頻度の推移——略音仮名……………………… 213
　　2－2、時代変遷と使用頻度の推移——二合仮名……………………… 213
　3、考察②　時代別字種分布……………………………………………… 215
　　3－1、略音仮名の字種分布…………………………………………… 215
　　3－2、二合仮名………………………………………………………… 218
　小括…………………………………………………………………………… 221
第2節　韻尾の別と二種の仮名の生成…………………………………… 223
　はじめに……………………………………………………………………… 223
　1、字種の分布……………………………………………………………… 223
　　1－1、形態別の分布…………………………………………………… 223
　　1－2、音節別分類……………………………………………………… 225

2、のべ用例数分布……………………………………………226
　　2−1、分布……………………………………………………226
　　2−2、入声……………………………………………………227
　　2−3、撥音……………………………………………………227
　3、字音語資料における日本漢字音を手がかりに………………229
　　3−1、声明資料………………………………………………229
　　3−2、入声……………………………………………………230
　　3−3、撥音……………………………………………………230
　小括………………………………………………………………231
第3節　略音仮名と二合仮名の「両用」……………………………233
　はじめに…………………………………………………………233
　1、入声字の場合…………………………………………………235
　　1−1、両形態での比較考察…………………………………235
　2、撥音字の場合…………………………………………………239
　　2−1、用例一覧………………………………………………239
　　2−2、両形態での比較考察…………………………………239
　3、略音仮名と二合仮名の関係…………………………………245
　小括………………………………………………………………246

第3章　二合仮名の機能を巡る分析

導言…………………………………………………………………251
第1節　非固有名詞表記における二合仮名………………………252
　はじめに…………………………………………………………252
　1、考察の方法論…………………………………………………252
　2、考察①　二合仮名と前後の文字列…………………………253
　3、考察②　語の境界と二合仮名の位置………………………256
　　3−1、（ア）について………………………………………256
　　3−2、（イ）について………………………………………259

4、一回だけ使用されるものと反復使用されるもの……………… 262
　　5、訓仮名との関係………………………………………………… 263
　　6、萬葉集における仮名主体表記歌巻内でのありよう…………… 264
　小括…………………………………………………………………… 267

第2節　二合仮名と多音節訓仮名…………………………………… 269
　はじめに……………………………………………………………… 269
　1、多音節訓仮名の音節と二合仮名の音節………………………… 270
　　1−1、多音節訓仮名で記される音節…………………………… 270
　　1−2、二合仮名で記される音節と多音節訓仮名の使用状況…… 271
　　1−3、使用の重複からみる多音節訓仮名と二合仮名の関係…… 272
　2、同音節で使われる多音節訓仮名と二合仮名…………………… 272
　　2−1、多音節訓仮名と二合仮名の反復使用と臨時的使用……… 272
　　2−2、同一の語に用いられる二合仮名と多音節訓仮名………… 273
　　　2−2−1、表記される語と音節……273
　　　2−2−2、自立語の場合……………274
　　　2−2−3、ク語法の場合……………276
　　　2−2−4、その他の付属語の場合…278
　3、多音節訓仮名と二合仮名の「棲み分け」……………………… 281
　　3−1、多音節訓仮名の使えない音節…………………………… 281
　　3−2、競合しないということの意味…………………………… 283
　小括…………………………………………………………………… 285

第3節　萬葉集所載地名表記における二合仮名
　　　　―非固有名詞表記との関係をめぐって―……………………… 289
　1、地名とその表記…………………………………………………… 289
　2、萬葉集の二合仮名と地名表記…………………………………… 290
　3、考察対象となる字母群について………………………………… 292
　　3−1、萬葉集における地名表記の二合仮名字母………………… 292
　　3−2、【a】群および【b】群字母一覧………………………… 292
　4、【a】群の考察…………………………………………………… 293

4－1、考察の眼目･･････････････････････････････････････293
　　　4－2、音形が異なる場合──「南」「楽」････････････････293
　　　4－3、音形が同じ場合──「薩」「難」「當」･･････････････294
　　　4－4、「越」･･297
　　小括･･･299
　　5、【b】群の考察･･300
　　　5－1、各例の考察･･････････････････････････････････････300
　　6、「棲み分け」られる地名表記 二合仮名と非固有名詞表記二合仮名･･･304
　　　6－1、両者の関係･･････････････････････････････････････304
　　　6－2、地名表記字母の選択可能性････････････････････････305
　　　6－3、非固有名詞表記字母の選択可能性･････････････････306
　　小括･･･307
　第4節　萬葉集における地名表記と二合仮名
　　　　　　──非固有名詞表記例をもたない二合仮名──････････310
　　1、萬葉集の地名表記と子音韻尾字････････････････････････310
　　　1－1、地名表記と非固有名詞の両方に認められる二合仮名･･････310
　　　1－2、考察対象となる字母････････････････････････････････311
　　2、考察①･･312
　　　2－1、萬葉集外にも認められる場合･････････････････････312
　　　2－2、小結･･314
　　3、考察②･･314
　　　3－1、萬葉集外には認められない場合･･･････････････････314
　　　3－2、小結･･318
　　小括･･･318
　まとめ･･･321

第4章　訓字主体表記と子音韻尾字音仮名

導言･･･325

第1節　訓字主体表記と略音仮名……………………………327
  はじめに………………………………………………………327
  1、考察に先だって…………………………………………328
    1－1、用字法と表記法……………………………………328
    1－2、読み手による同定方法……………………………329
    1－3、略音仮名か、二合仮名か…………………………331
    1－4、いかに「当たりをつける」か……………………332
    1－5、所与の仮名と新たに作り出される仮名…………334
    1－6、本節の考察方法……………………………………335
  2、考察………………………………………………………337
    2－1、考察①――字母の検証……………………………337
    2－2、考察②――文字並びの検証………………………338
  3、書き手と読み手…………………………………………340
    3－1、書き手と読み手がたどる道………………………340
    3－2、読み手にとっての「用字法」と「表記法」……341
    3－3、考察結果から――訓字主体表記における略音仮名という判断……342
  小括……………………………………………………………343

第2節　訓字(訓仮名)と二合仮名の「両用」………………346
  はじめに………………………………………………………346
  1、作業仮説…………………………………………………347
    1－1、用例認定にあたって………………………………347
    1－2、二合仮名字母の使用実態と訓字……………………349
  2、用例の概要と検証………………………………………350
    2－1、二合仮名の字母と訓での使用……………………350
    2－2、個別検証（分類①・②・④）……………………352
      2－2－1、「①訓字・訓仮名での使用がない」および「④同数」…352
      2－2－2、「②訓字・訓仮名での使用があるが、二合仮名より
            使用数が少ない」…………………………352
    2－3、③訓字・訓仮名での使用があり、二合仮名より使用数が多い

　　　　　　‥‥‥‥‥‥‥‥‥‥‥‥‥‥‥‥‥‥‥‥‥‥‥‥‥‥‥354
　　　2－3－1、二合仮名が僅少の場合…354
　　　2－3－2、二合仮名が3例以上……357
　3、考察――用法としての文字使用選択を巡って‥‥‥‥‥‥‥‥‥‥‥‥‥‥360
　　　3－1、各分類を貫く在りよう‥‥‥‥‥‥‥‥‥‥‥‥‥‥‥‥‥‥‥360
　　　3－2、用法としての選択‥‥‥‥‥‥‥‥‥‥‥‥‥‥‥‥‥‥‥‥‥361
　　　3－3、音と訓の「変換」‥‥‥‥‥‥‥‥‥‥‥‥‥‥‥‥‥‥‥‥‥364
　　　3－4、ある字母が音と訓とに両用されるということ‥‥‥‥‥‥‥‥‥366
小括‥‥‥‥‥‥‥‥‥‥‥‥‥‥‥‥‥‥‥‥‥‥‥‥‥‥‥‥‥‥‥‥‥‥‥367

補　章　萬葉集以外の子音韻尾字音仮名をめぐって
付論：ある異同の一例から

導言‥‥‥‥‥‥‥‥‥‥‥‥‥‥‥‥‥‥‥‥‥‥‥‥‥‥‥‥‥‥‥‥‥‥‥373
第1節　古事記における子音韻尾字音仮名について（歌謡以外の本文）…374
　1、古事記本文部における子音韻尾字音仮名‥‥‥‥‥‥‥‥‥‥‥‥‥‥‥374
　2、古事記本文部における子音韻尾字の使用傾向‥‥‥‥‥‥‥‥‥‥‥‥‥375
　3、古事記歌謡・古事記本文部・萬葉集の比較‥‥‥‥‥‥‥‥‥‥‥‥‥‥376
　4、考察‥‥‥‥‥‥‥‥‥‥‥‥‥‥‥‥‥‥‥‥‥‥‥‥‥‥‥‥‥‥‥379
　　　4－1、子音韻尾字の字母選択‥‥‥‥‥‥‥‥‥‥‥‥‥‥‥‥‥‥‥379
　　　4－2、連合仮名の是非――非固有名詞の場合‥‥‥‥‥‥‥‥‥‥‥‥380
　　　4－3、固有名詞表記に専用される子音韻尾字音仮名‥‥‥‥‥‥‥‥‥382
小括‥‥‥‥‥‥‥‥‥‥‥‥‥‥‥‥‥‥‥‥‥‥‥‥‥‥‥‥‥‥‥‥‥‥‥384
第2節　古事記歌謡における子音韻尾字音仮名について‥‥‥‥‥‥‥‥‥‥386
　はじめに――古事記歌謡における子音韻尾字音仮名の字種‥‥‥‥‥‥‥‥‥386
　1、古事記歌謡における子音韻尾字の様相‥‥‥‥‥‥‥‥‥‥‥‥‥‥‥‥386
　2、散文の部分と歌謡のあり方から‥‥‥‥‥‥‥‥‥‥‥‥‥‥‥‥‥‥‥389
　3、連合仮名に相当する形になっている例について‥‥‥‥‥‥‥‥‥‥‥‥390
小括‥‥‥‥‥‥‥‥‥‥‥‥‥‥‥‥‥‥‥‥‥‥‥‥‥‥‥‥‥‥‥‥‥‥‥394
　【参考】日本書紀の二合仮名と子音韻尾字音仮名の扱い‥‥‥‥‥‥‥‥‥‥396

第3節　古代一次資料と子音韻尾字音仮名……………………401
　はじめに……………………401
　1、木簡の韻文表記における子音韻尾字音仮名……………………403
　2、仏足石歌……………………404
　3、正倉院仮名文書2通の子音韻尾字……………………405
　4、710年以前の木簡と子音韻尾字……………………406
付論：「千遍」考—ある二合仮名と訓字を巡る異同例—……………………408
　はじめに……………………408
　1、先行論と問題の所在……………………410
　2、「チヘ（ニ）」……………………411
　　2−1、用例概観……………………411
　　2−2、「シキニ」「シクシクニ」……………………414
　　2−3、他の副詞を介さず「オモフ」にかかる例……………………416
　3、「チタビ」およびその他の「〜タビ」……………………417
　4、歌意解釈での決め手……………………418
　5、類例を吟味する……………………420
　6、二合仮名のありようと「遍」……………………422
　小括……………………424

終　章　二合仮名の実相

導言……………………429
第1節　歌表記と二合仮名、略音仮名……………………431
　はじめに……………………431
　1、歌の仮名表記の展開……………………436
　2、後代への「連続」と「不連続」
　　——二合仮名の行方（新撰萬葉集と元永本古今集）……………………438
　　2−1、新撰萬葉集の二合仮名……………………438
　　2−2、元永本古今集の「二合仮名」……………………440

第2節　結論にかえて——二合仮名の定位と萬葉集歌表記——……………445
　はじめに……………………………………………………………………445
　1、用字法と表記法…………………………………………………………446
　2、「意識の束縛から脱却しきつてはゐない」——橋本四郎の言葉………447
　3、略音仮名との関係から…………………………………………………447
　　3-1、字母の共用抑制……………………………………………………447
　　3-2、萬葉集後半期以降の字母と表記される語ごとの比較検証……449
　4、字母選択と二合仮名——「読まれる」ことを意識して………………451
　　4-1、一字一音に交ぜ書きされにくい…………………………………451
　　4-2、読みの観点から……………………………………………………453
　　4-3、字音の学習と二合仮名の運用……………………………………455
　小括……………………………………………………………………………457

本書の課題と展望……………………………………………………………461

　初出一覧………………………………………………………………………465
　あとがき………………………………………………………………………469
　索引……………………………………………………………………………477

まえがき

　本書は、萬葉集を考察対象の中心に据えて、その中でも子音韻尾字（-p、-t、-k、-n、-m、-ng）を由来とする「仮名[1]」を巡る考察をまとめたものである。これらの検証を通して、萬葉集における歌表記の実相をより精密化し、それを起点に「仮名」というものが歩んだ展相、そして次代への連続と不連続をも照射することを目的とする。

　古代という時代に取り組む意義は、文献としてたどれる最古にまでさかのぼり、日本語と文字、表記が歩んできた歴史の、その黎明、醸成を見ることができるからである——と、こう言うと、それは意義と言うより単に筆者の好奇心を言い換えただけではないかといわれるかもしれない。あるいはそれらを考えて、ではどうするのだという次なる問いが直ちに現前することにもなろう。古代日本語のことを知りたい、というのは虚心坦懐に言えば、単純な知的好奇心の衝動に基づいていると自覚してはいる。もし、そうして取り組んできたことが一つ意義を持つとすれば、それは、これまで同じ時代の作品群、あるいは文字、表記という切り口での研究がなされてきた、あまたの成果の歴史的蓄積のおかげであろうと思う。どこに置かれて良いか否か、問うことのできる先人の成果がすでにあるからである。前人未踏の未知の領域でないことが、かえって筆者の好奇心が好奇心で終わらないことを後押ししてくれたと考えている。弘法大師・空海に「いふことなかれ　この華今年開くと　まさに知るべし　往歳種因を下せることを」という言葉がある（真言学僧・長谷宝秀師が従来の文集に漏れていた空海の遺文を収載した『拾遺雑集』に載る）。初めての指摘、成果にみえても、誰かが土を耕し、土壌を潤し、あるいは時に種を蒔いていてくれたから、花が咲いたり実を結んだのかも知れない。単なる謙虚な気構えという意味のみならず、人文学研究の連続性と

いう意味において、重要であると思っている。これは筆者の研究生活の座右であり、そして本書が些少なりとも、未来への土壌における何かの種子や肥料になれば幸いである。

さて、本論でもたびたび触れるとおり、萬葉集をはじめとする古代の文字、表記の研究はこれまであまたある。中にはまったく同じ文字、あるいは同じ文字群を考察に据えた先行研究も存在する。それらがありながら、本書の論考が特徴を有する点は、大きくは、子音韻尾字——ことに二合仮名というところから徹底的に切り込んだという点にある。萬葉集の歌表記、すなわち音仮名と訓仮名との関係、訓字との関係という様々な切り口において、あらゆる議論を、常に、子音韻尾字由来の仮名を通した検証によった。そしてこれが有効な〝効果〟をもたらすということを、本書は主張する。詳細は本編に譲るが、この萬葉集のなかで、相対的にマイナーであるといえる二合仮名という存在（萬葉集の総のべ文字数の１％にも満たない）が注視される所以は、字音由来でありながら訓字と親和することや、一字一音を基本としていく中で二音節の仮名としての振る舞いがどうあるかということを問えるなど、単なる例外的存在ではない、非常に多様な「顔」をもっているから——一種のリトマス試験紙のように扱えることによる。

本書の題名『二合仮名の研究』は、上述のような、研究対象と視座の置き方に由来するわけだが、これまでの古代日本語学研究の関係書では、おそらくは最も限定的な対象を指すことになる表題だと思う。しかし、その狭小な研究対象が様々なことを明らかにしてくれるということを示したい思いもあって、あえて広大な考究範疇を指すのではない命名をした次第である。

筆者の脳裏にいつもある問いかけが佇んでいる。仮に萬葉集歌表記、あるいは古代日本語表記の実相の一端が明らかになったとして、それが次に何に資するのか——そして、その問いに対して何かしらの答えを出しても、出しても、次々と「では、それが何に資するのか」と、まるでしりとりのように、重ねられていく。その蓄積の先には、なぜ人は生きて考えるのか、も待っているのだろう[2]。そして、それでも、なお、問いかけは終わらないわけである。そういう意味では、なるほど自身の研究は人文学領域だと思え

るし、それに惹かれてこの世界に足を踏み入れたのだと自覚する。本書は、そうして過去から問いかけられ、あるいは問われず終いのままきたいくつかの問題に取り組んだものであり、そしてこれがすなわち今後への問いかけともなることを願うものである。

　以下に本書の構成を概説しておきたい。次のように、「章」―「節」の階層で構成をなすが、ここでは各「章」の単位でそれぞれの概要を説明し、流れを追っておく。

術語説明にかえて
　本書が重視したことに、できるかぎり術語を明確に使うこと、というのがある。その先鞭として、そして方法論の根幹にかかわる「表記（論）」と「書記（論）」、そしてたびたび登場する「表意性」という術語とそのとらえ方を巡って、具体的に論に入る前に一章を割いて言及しておく。また訓字、訓仮名、音仮名それぞれを、一般言語学でいう「語」（シニフィアンとシニフィエの結びつき）の構造に照らして再定義する。本節は、術語説明に託した、筆者の基本的な方法論的視座を述べるものでもある。

序章　文字、表記、書記を巡る議論の中で
　まずは現代、そして古代の文字・表記（書記）についての、筆者の基本的考え方を述べる。現代のことを持ち出すのは、漢字を使うという点での連続性をみるところに由来するが、当然、主題であるところの萬葉集に使われる漢字の用法観察との間を往還しつつ、論じる。両者（現代・古代）とも概説的であって、これまでの研究や諸概説で言われていることに重なることも少なくない。単刀直入にいえば、新見が次々と述べられるわけではないのだが、基本的なことであるからこそ、筆者自身の言葉で語り直す必要があると考えた。基本的に、原理的に、筆者がどのような考えをもっていて、本論で展開する研究に取り組んでいるのか、その前提ともいえる立場表明である。二合仮名の議論に直結する言説ではないものも含まれるが、前節（**術語説明にかえて**）同様の意義があるとしてここに措いた。

第1章　子音韻尾字由来の仮名とその実相

　子音韻尾をもつ字音が仮名に使用される、その実態を詳細に考究する基礎調査編である。萬葉集には「都」字のように、ト、ツの二音に使われる例があるにはあるが、多くは、１つの仮名には１つの音となっている。しかし、子音韻尾字は韻尾の処理によって二様に使われる。中には「越（ヲ）」「越（ヲチ）」のように、同じ字母で両方が認められる場合もある。二合仮名を知るには、略音仮名を知らねばならない。まずは、その韻尾の処理と、連合仮名の是非を巡って、入声・撥音の別で、徹底的に解剖する。二合仮名論では、後位音節（付加母音音節）の任意性や、二合仮名の主たる活躍場とその用いられ方の二面性（反復使用と臨時的使用）を指摘する。いったん、まずは全用例を〝バラバラに解体する〟という手続きをとったので、用例数や異なり字母数など、数値的な確認がひたすら多くなるが、すべて後章の議論のベースとする上で必要なことである。

第2章　略音仮名と二合仮名との関係

　略音仮名と二合仮名両者は一音節と二音節という、いわば大きな違いがあって、主たる使用環境も異なると言えば異なる。しかし、完全に棲み分けられているわけではないし、また字母がまったく重複しないわけでもない。よって、子細にこれらの関係性を問い直す必要がある。萬葉集の内部に、結果的に流れていることになる時間の枠で、略音仮名が反復使用を重ねるのと反対に、二合仮名が衰退していくこと、また三内入声と三内撥音のうち、略音仮名になりやすいものと二合仮名になりやすいものというのを、使用された結果から裏付けて、子音韻尾字音仮名生成の問題に踏み込む。そして、ある一つの子音韻尾字が、略音仮名と二合仮名で両用されるという実態を巡って、著しく字母が重複しないようになっている様相などを明らかにする。前章は、略音、二合、そしてそれぞれの韻尾という、いわば字音や形態による、すぐれて分類的な〝解体〟であったが、略音仮名との関係性をみるという点で、本章からは、徐々に本書のもくろみである、訓字・訓仮名など、他の表記上の手段との影響関係、張り合いをみるという観点に及ぶことにな

る。

第3章　二合仮名の機能を巡る分析

　二合仮名が、実際にどのように使用されているか、一首あるいは一首を構成する句の具体的用例に即して詳細に分析する。いわばこの章から本格的に動態論に入る。文字列上の環境——語のどの部分に二合仮名が位置しているかということを悉皆的に分析し、次いで二合仮名と機能的に重なるとみられる多音節訓仮名との比較を通して、二合仮名の立ち位置を明確にする。実際の用例から字母をバラして様々な傾向をみた、どちらかといえば静態的な前２章の考察に対し、前述のように、本章は動態的な観察ということになり、筆者としては、（子音韻尾字に限らず）仮名研究のメインステージはこちらにあると考える。さらには、萬葉集にもいくつかあらわれ、そして古代文献にも広く認められる地名表記における二合仮名を、萬葉集の一般語表記に用いられるものとの比較を通じて、検証する。以上をもって二合仮名の働きを帰納し、地名表記における考察においては、一字多音節を表示し得る字母の選択可能性というところにも及んで、その実相を明らかにする。

第４章　訓字主体表記と子音韻尾字音仮名

　本書の総括的分析に相当する。二合仮名が訓字主体表記に多く用いられるといった〝事実〟は**第１章**の時点で早々に判明するが、その主たる活躍場には他の様々な〝役者〟が登場する。主力である訓字、訓字から作り替えられた訓仮名、そして二合仮名ともとは血肉をわける略音仮名など、である。この環境と、そして様々な〝役者〟との相互関係を演じる舞台にして、略音仮名が二合仮名に競合せず存在し得ること、二合仮名は、訓字でも使われる字母ほどよくあらわれるということを見いだし、音訓の変換という観点を用いて、二合仮名研究の、いわば最深層にあたる議論に及ぶ。

補章　萬葉集以外の子音韻尾字音仮名をめぐって　付論：ある異同の一例から

　萬葉集と比較する形で、古事記における子音韻尾字由来の仮名の使用状況

を確認する。すでに知られているとおり、古事記の漢字使用は（我々分析者によれば）かなり周到であるとみられる。たとえば固有名詞以外に入声字音が使われないなど、偶然とは思われない傾向が見て取れる。もとより萬葉集と同次元では語り得ない資料ではあるが、散文資料における状況を精査しておくことは有意であると考える。次いで、木簡・古文書をはじめとする一次資料における子音韻尾字について考究する。韻文表記を中心に、用いられている仮名について観察し、萬葉集で得られた結果と比較検証する。本来、古代の文字・表記を語る上で、一次資料群の検討を補章に押し込むのは本末転倒のようだが、子音韻尾字に限っては、木簡・文書等では観察できるものがあまりにも限られる（そしてそのこと自体に意味を見いだすことも可能ではあるのだが）。よって、『二合仮名の研究』と題した本書ではこのような扱いとなる。さらに付論として、萬葉集では珍しく、字音（「ヘニ」）と字訓（「たび」）で類義となって、しかしそのよみが揺れる例「遍」字を取り上げ、二合仮名や略音仮名の動向を追いかけてきた本書であるからこそ、異同の裁定が可能になることを示す。

終章　二合仮名の実相

　本書の考察の総括を行う。二合仮名は、消えゆく仮名である。一部、次代にも残る（たとえば元永本古今集など。ただし、萬葉集と完全に同質に扱ってよいかは問題がある）けれども、当然ながら平仮名になり得るものではなかった。また、まなざしを過去へと差し向けると、二合仮名の消長は、訓字主体表記の創意、試行錯誤の歴史と、そして歌が一字一音の仮名表記へと向かう道筋に重ねられる。わずか300例足らずの存在が、萬葉集歌表記の歴史的実相を語ることを示し、本書のまとめとする。

　注
　1）「仮名」の定義自体が実は簡単ではない。普通は、意義の捨象といった漢字の用法上の特徴をもって分類されるものであるが、仮借との連続・不連続、のちのちの「平仮名」まで視野に入れると、実は曖昧な呼び名でもあるし、また

曖昧に呼んでおくしかない側面もある。本論中でも触れるが、「仮名」といっても付帯的に意味を読み取れたりするものもあるので、そういった、実は多様で細かい留意点は存すると含み込んだ上で、大陸伝来の表音用法の漢字とを区別するという意味合いもあって、ひとまず萬葉集等に使用が認められるそれを、「仮名」と括っておく。よって、混同を避けるため、「平仮名」「片仮名」を単に「仮名」と呼ぶことはしない。またおもに中古以降のそれらと、2019年現在のそれとも異なるので、後者には「現行の」と、常に冠して用いることにする（明らかに自明な場合は除く）。

2）　昨今、「何の役に立つか」だけで、学術研究を切り分けていくことにたいする批判、反省も出ている。それはしかし、役に立つかどうかなど全く考えなくていいという意味ではおそらくないわけで、それが意義をもつまでに要される時間なり、位置づけのスケールなりが個々に違うことを知るべし、ということなのであろう。俗に、「役に立つ」学問だといわれていても、問い詰めていくと同じようなことになる——たとえば不治の病といわれていた病に対する特効薬が発明されたとする。記者会見で「これが何の役に立ちますか」と質問する記者はおそらくいないだろう。いたとしても、「この病を治せるではないか（〝何を間抜けな質問をしているのだ〟）」と怪訝な顔で即答されるに決まっている。しかし、「なぜその病を治さねばならないのか」「なぜ病を治して寿命を延ばす必要があるのか」とさらに問うと、医学生理学という一領域の範疇は必然的に超越していくところがある。その先の、さらに先にあるのは、案外、人文学と同じところかも知れない。「役に立つか、立たないか」「何の意味があるか」ということは、期限をきって（特に短い時間内で）問うと、つまらない場合もあるが、時間的制約から解放されて、あるいはそれを明確にわきまえての問いかけであるかぎり、人間の学術智とその探究心を絶え間なく練りあげていく動力だといえるだろう——これからも。

用例の扱い

　本書が取り扱う用例は、基本的に西本願寺本を底本とする校訂本文『萬葉集』（小学館日本古典文学全集）に基づいて作成したデータベースに拠っている。適宜、筆者が校訂を加えた場合もある。そしてこのテクストで採用されている表記と読みは、余程不審があるものでない限り、できるだけ積極的に用例として認定している。それは、可能性のあるものは一つでも多く検証しておくという基本的考え方による。伝承上一切異同がないものだけを検証するのも手であるが、個々の用例考証における〝安心感〟はあっても、全容がかえって知られにくい危惧があると考えた次第である。

　そのような前提に立ちつつも、やむなく除外したものがあるので、以下にそれを解説しておく。見出しは字母を掲示しているが、その字母すべての例を除外するわけでは必ずしもない。ある字母のもつ用例の、とある１例を除外するという場合もままある。また、題詞・左注に使用されている漢字ははじめから考察対象外としている。

・仮名として用いられていないもの（漢語）

「八尺の嘆き（八尺の嘆き）」（巻13・3276、巻13・3346）、「佛造（佛作る）」（巻16・3481）、「五六三（五六三）」（巻16・3827）、「塔尓莫依（塔にな依りそ）」（巻16・3828）、「雙六（双六）」（巻16・3838）、「檀越也（だにをちや）」（巻16・3847）、「波羅門之（ばらもにの）」（巻16・3856）、「力士儛可母（力士舞かも）」（巻26・3831）。

・ｎ音がｒ化していると考えられるもの

八信井（巻７・1113）、駿河（巻３・284、317、319：２例、巻11・2695、巻14・3359）、平群（巻16・3843、3885）ののべ９例。ｒ化で有名な北陸の地名、「敦賀」は、たとえば「つぬが」というｎ形の例が日本書紀に認められるためｎ

音r化の例としてよく取り上げられる。しかし、今回r化していると考えられる駿河、八信井、平群についてはn形、つまり「すぬが」だとか「はしにい」だとか「へぐに」という形が見いだされなかった。音韻変化としてn＞rはあり得ることであるし、なによりn韻尾字があてられているのであるから、r化以前のn形を想定することは可能だが、やはりその原音形が確認されない以上、通常のn韻尾字の開音節形と同等に扱うことは控えるべきと考えて、基本的に考察からは除外した。

・「武蔵」

蔵字はng韻尾字で、推定音は/dzang/である。音節との対応を見ればこれは「むさし」の「さし」にあたっているが、ng韻尾が「し」に転化するとは考えにくい。「し」にあたる仮名が省略されたのではないかとも推定される。巻14・3362（或本）、3374、3375、3376（或本）、3377の5例ある。

・「半」── 訓仮名か音仮名か判断が困難なもの

巻16・3846の「僧半甘」。これは、「ほふしは泣かむ」と訓まれている（塙書房）。この半が「はな」、甘が「かむ」としていずれも二合仮名と捉えることができるが、続く⑯3847は「汝毛半甘」とあり、やはり「汝も泣かむ」と訓まれる。3847の「半」は音仮名ではなく、確実に訓仮名であり、「ナカ」を略したものか、あるいはナカカム＞ナカムであろうと理解できる。そうすると、3846の「半甘」も同様にとらえてよいともいえる。二合仮名表記は、文字列が必ずしも文節と対応しているとは限らないが、「僧半甘（ほふしは泣かむ）」を、もし二合仮名とみれば、これは極端なほどに分節と対応しておらず、かなり訓みにくいのではないか。こういった形に該当する他の表記例は見いだされず、またほかに半の字の二合仮名も集中には見いだされないため、二合仮名として「半ハナ」と断じることは躊躇される。とはいえ、後者の「汝毛半甘」にならって訓仮名でよむべきという確実な決め手もまたない。なお両歌ともに、武田祐吉『萬葉集全註釈』においては、ナカラカムと訓まれているが、いずれも決め手がない。したがって今回は「半」字を二合仮名に計上することは控えることとした。

・「盡」── 類例から二合仮名、略音仮名とは見難いもの

n 韻尾字「盡」について。この字が使われる巻3・320「不盡嶺尓」(ふじのねに)は、助辞表記がない。「不盡」(富士)は、317〜321にだけ使われており、巻3・319「不盡河跡」(富士川と)以外は全て助辞「能」を伴って「不盡能(富士の)」を表記している。このことから、320のみが、二合仮名で「ふじの」までを表記しようとしたとは考えにくく、「の」は読み添えと解釈すべきである。したがって巻3・320の「盡」は二合仮名とは見ず、また仮名が表記されないことから、略音仮名としても用例からは除外する。

・「烏徳自物」を除外

小柳智一「「じもの」考―比喩・注釈―」(稲岡耕二監修『萬葉集研究』35 塙書房 2014)の論を参照の上、「烏徳自物」(巻2・210)を除外。

・「干各」を除外

佐野宏「「千名」の訓について」(国語語彙史研究会編『国語語彙史の研究』29 和泉書院 2010)の指摘に従って用例「干各」(巻7・1298)を除外。

・略音仮名存疑「目」モ(字)を除外

「目生来鴨」(もえにけるかも)の例がモクのk以下省略の略音仮名かと疑われるが訓がそもそも/me/であることから/mo/で使われる当該音だと断じることもまた躊躇される。なお、二合仮名である地名については**第3章**で扱う(マキムクに使われる。巻7・1087の1例のみ)。マキムクの表記は、作者未詳歌に「纒向」が1例あるほかはすべて「巻向」、しかもすべて人麻呂歌集歌である。そもそも「目」字は訓字で主用される字母であったとみられる(萬葉集中246例)。なお、元暦校本は「目」の横に「向」と書いており、伊藤博(『萬葉集釋注』当該歌注)は人麻呂歌集歌に集中するマキムクがすべて「巻向」であることから、誤字ではないかとし、本文を「向」に改めている。

・「凡」

m 韻尾字である「凡」字は、巻7・1333「於凡尓見之鹿跡」(オホニミシカド)の例において、音仮名かと疑われるのであるが、木下正俊「脣内韻尾の省略される場合」(『萬葉』10 1954)では、同字で音仮名と思しい運用が当該以外に萬葉集になく、すべて「正訓」であること(全11例が訓字「おほ」として用いられている)に鑑みて、「意義と音との二重性を負ふ特殊な場合」

として、純粋な音仮名ではない立場をとっている。集中以外の「凡」字で、二合仮名でないものは「凡牟都和希王」(上宮記)がある。しかし、確実な略音仮名は見いだされない。略音仮名としての使用がみとめられないこと、音仮名としての使用が希有であることから、本書では木下氏の指摘をうけ、当該の「凡」字を略音の音仮名として採用しなかった。結果、当該例が集中で唯一、音仮名の可能性をもつものであったため「凡」字自体が対象外となる。なお、本書のデータベースの底本でもある西本願寺本の影印(『西本願寺本万葉集』おうふう／主婦の友社)を確認したところ、上掲の訓が認められるものの、「オホ」の部分は青字で訓が書き入れられており、仙覚による改訓であると分かる。

以下は、存疑ではあるが、考察データには入っているものである(本論中では、一々「存疑であるが」といった断りはいれない、すべてここに代表させる)。
「邊」字：
当該字は、字訓としての使用が疑われる場合がある。たとえば巻15・3587「新羅邊伊麻須」(新羅へいます)などは、単なる音仮名というよりも、表意性(25p〜参照)を負っているともみられよう。しかし、一方で、巻5・866「智弊仁邊多天留」(千重に隔てる)のようにおそらくは単なる借音仮名の場合もある。本書ではこれらに対して逐一峻別はせず、いずれも検証対象とする立場をとる。理由は、少なくとも純粋に訓字とはいい切れないことと、上の「凡」字と違って確実な音仮名使用も認められるためである。
「香」字：
この字は字訓で使われる場合も音節が同じ「カ」という特徴がある。たとえば巻10・2233「秋香乃吉者」(あきの香(か)のよさ)などであり、こういったものは今回あらかじめ除外している(他に巻16・3828、巻17・3916、巻20・4500)。一方、「香聞」(かも)など、音仮名とみられる使用もあり、これが本書の検証対象例となる。なお「明日香」など、地名については除外せず挙げている。また、二合仮名の用例は次の通りである。香山之／かぐやまの(巻3・259)、神乃香山／かみのかぐやま(巻3・260)、香山尓／かぐやまに

(巻11・2449)、伊香山／いかごやま（巻8・1533）。以上のように、二合仮名の場合はすべて地名である。なお、本書**第3章**で述べるが、地名における二合仮名は非固有名詞表記の場合とは異なる選択可能性からの用字とみられ、地名の漢字音訳のための字母であるから、この点だけをしても、略音仮名との関係性は希薄と考えられ、競合関係にはないとみた。また、「カグ」は音であると考える。この字は倭語「かぐはしき」にあてられる場合もあり、語形としてカグが共通しているが、倭語「かぐはし」の場合で「香」字が使われているものをみると、カグの部分にだけ確かにあてられているという例が見いだせない。たとえば「香吉」（巻19・4169）の場合、これは「吉」がキであることを思えば「香」字は「かぐはし」の訓字であって「かぐ」だけにあてられたものではないし、集中のほかの例「香細寸」（巻10・1967）、「香具播之美」（巻18・4111）、「香具波之君乎」（巻18・4120）についても、「香」字は「カ」にしかあてられていないことがわかる。従って、カグにあてられた「香山」の「香」は二合仮名であると本書は見る。それから、略音仮名でもカグヤマがあるのだが、本居宣長は『地名字音轉用例』で「訓ヲ以テ香来山ナド書ル」と指摘している。つまり宣長は二字で書かれる場合の単音節字「香
(か)」を訓仮名とみているようである。確かに、日本書紀では、「天(あめの)香香背男」（巻2など）、「餌(え)香(かの)市(いち)」（巻14など）など、「香」字を一音のカに用いている場合がある。しかし、いずれも訓でよむべき箇所に使われている。確かに、萬葉集でも、訓字主体表記で単音節の「香」は220例と多いのだが、仮名主体表記においても「香」の使用が60余例に上っていることは見逃せない。たとえば助詞カモの表記「香聞」など、音仮名の文字列に交じって使われることが多々ある（集中46例）。たとえばこれらをすべて訓仮名と見なすこともまた躊躇される。第1章では、「香」（カ）を略音仮名と見なして扱ったが、他のng韻尾字に比して大きく齟齬しない傾向が認められた。最終的な決め手はないし、だからといって訓字主体表記のものを訓仮名、そうでないものを音仮名というのは恣意的に過ぎるので、今回は如上の処理によって考察に計上するということにしている。なお、このように略音仮名とみなしても、ごく一部で地名にしか使われない二合仮名との差異（反復使用対臨時

的使用）が際だつだけのことであって、本書で略音・二合の両者を比較検証して得られた結論に抵触はしない。

　なお、以上２字については、「邊」「香」ともに李敬美「仮名「香」から見る字音語「か（香）」の可能性：萬葉集中の「香」の用法を中心に」（『美夫君志』91　2015）、「万葉歌の「辺」の用法について」（『百舌鳥国文』24　2014）で、純然たる字音仮名であるというには、疑わしいことが指摘されている。

術語説明にかえて

第1節　書記(論)と表記(論)について

　術語の規定とは、学術研究上最も基本的、基礎的なことであるけれども、言葉による規定であるゆえに、研究者間でその使用にズレが生じ、時には、同じ対象をみているはずなのに術語が原因で見解が割れるということさえある。術語の使用は、大げさでなく、議論の根幹に関わることがある。とはいえ、やはりここで筆者がいかに規定しようとも、その意で使わない研究者がいることも大いにあり得るのだが、しかし、無作為に、不統一に、また安易に他者の規定に乗るべきではない、と考える。本書では、大きな方針として、まずは当然の事ながら不統一を避ける、また概念規定の揺れをできるだけ抑制するということを念頭に置いた。たとえば、特に規定することなしに「～のように書記して」と言ったり「～のように表記して」と言ったりするような不統一である。「書記」という用語が、研究史上、時に明確に定義されて使用されているのは、よく知られている[1]。そして、それとは必ずしも一致しない形で「書記」という用語を使う研究者も、またいる。さらに、「表記」という言葉をも併用する研究者もいる[2]。筆者自身は、本書一冊をなすまでは、どちらかといえばあまり厳密とは言いがたい態度で「表記」(「表記する」も)を多く用いてきてしまっていたのだが、文字を用いて言語を写像するという行為そのものまで含みこんだ時、また実際の写本等における筆致、文字の大小等までが問題になる際には、いささかの不都合を感じることもあって、ここであらためて紙面を割いて言及しておくことにしたい。旧来の定義(あるいは各先行論から読みとれるところの定義らしきもの)と重なるところがあるのはもちろんであるが、個々に研究者間で見解がズレているというのは確かなので、筆者の立場を一応明確にしておく。ここで述べる定義は、これまでの各研究者の定義、主張を否定する上に成立させようとするものではないことを先にお断りしておきたい。なお、便宜上、古代のみならず、土左日記など、次代の作品などの例も取り上げつつ、説明する。

「表記」とは、筆記用具（電子機器類も含む）を使って書くときに産出される、その筆致全般（太さ、濃さ、かすれなど）、文字同士の相対的大小や切れ続き、そして紙面等における配置といった一々の文字やその集合に付随する、ないし関係する要素を、捨象した結果をいうことにする。たとえばこの「表記論」の立場にたてば、萬葉集冒頭の第1番歌を抜き書きにし、「篭毛與美籠母乳布久思毛與美夫君志持此岳尓菜採須兒家告閑名告紗根虚見津山跡乃國者」と、ここに活字化して打ち出すことが可能である。これらは、実際の写本等の筆致、配置等の要素を捨象しているものとなる。さらに「篭」は「籠」字を経由して選択されたもので、厳密には字体をも超えて置き換えが起こっているが、表記論ではこういう操作もあり得る。もちろんここに議論が及ぶためには、書体や筆致を解読したうえで、字形認知—字体判断という裁定を経ている必要があり、その作業自体は、書記論的観点ということになる[3]。「表記」とは以上のように、相応に抽象化された、〝書かれた文字（列）〟を指す[4]。なお、この定義に基づくならば、「表記する（される）」という動詞化した言い方は筋が通らないことにもなる。よって本書では、行為については単に「書く」ないし「記す」ということにする（電子機器類で〝打ち出す〟ものも、便宜上ここに含める。また本書では触れることはないが、刊本など印刷物は、「刷る」ないし「印刷する」と呼ぶことになる）——以下、原則として用語に付随するカギ括弧はすべて省略する。

　さて、一方の書記論は、表記論で捨象したことを含みこんで議論することになる場合を指すものとする。つまり、書かれたものにおける、すべての情報である（分析者達が認知できる限りの——と断りをいれておくべきか）。たとえば小松英雄『日本語書記史原論［補訂版］』主に第二章（新装版　笠間書院 2006）は、土左日記の日付部分は「見出し」であり、「日付の文字が、きわだって太く書かれている」（100p——傍線筆者）という。こういった点に着目して分析するのは、もっぱら書記論の範疇になるわけである。この表記論と書記論の分担をよく示す議論を、同じく土左日記から1例示そう。土左日記「一月九日」の記事に、次のような文字列が出てくる。ここの先頭の2文字を、小林芳規「平安時代の平仮名文の表記様式〔Ⅰ〕—語の漢字表記を主

として─」(『国語学』44 1961)は仮名の字体であるとし、小松前掲書は漢字の字体であるとカウントする。この議論は、青谿書屋本土左日記の当該箇所を参照してこそできることであり、書記論的見地によるものということになる。一方の表記論は、前述のとおり、そういった書記が必然的に内包する、筆致等に関わる種々の要素をいずれも捨象して抽出される、いわば抽象度の高い文字列を指すわけだから、書記論的検討を経た解釈の産物ということになる。ここでは仮に文章の文字を原稿の段階では「MS明朝体」で打ち出しているけれども、そういった書体も、実際の所は表記論においては無関係となる。印刷物、活字における書記論であれば「書記論」「**書記論**」「*書記論*」などは区別される特徴を抱えているが、表記論はこれに関知しない──「書」「記」「論」(ショ・キ・ロン)」と読み取れる限りにおいて、いずれも等価として、議論するものとなる。よって、表記論の次元では、上記「宇多」／「うた」を巡る話は、そもそもその議論の範疇に入らない。表記論が取り扱えるとしたら、上記の書記論的議論を経て決定された「うた」もしくは「宇多」のいずれかのみである。

　さて、書記論と表記論の関係であるが、どちらかが上位というわけではない。前述の通り、書記論的要素を抽象化すると表記論的観点が露出してくるので、前者に後者が内包されているようにみえるが、書記論的見地では区別されるものを、表記論では一括して扱えたりするので、そういう見方では、後者が前者を包摂するようにも見えるであろう。ようするに、分析する観点によっては違いがあるけれども、互いに包摂し合うような関係とみる。その点では音声と音韻の関係に似ているともいえる（この二者も、上位と下位の関係ではないから）。また別の言い方をすれば、「表記」、またそれを議論の俎上におく「表記論」という設定は、「書記論」で主に取りざたすることを捨象してできる議論を切り出すための視座という言い方もできよう。実際、本書で扱う話題のほとんどは、表記論的分析方法である。ただ、先にも触れたことだが、古典文学作品の写本類を表記論的分析に持ち込むためには、当然だが書記論的見地からの批判を通過している必要がある。典型的なそれは翻刻

（東海大学付属図書館蔵、萩谷朴編『土左日記』新典社より転載）

という作業であろう（翻刻は字母もそのままにする場合から、ひいては時に、校訂され、現行の漢字仮名交じりに直されることまでをも、含む場合がある）。ここに、表記論的分析と書記論的分析の、必然的な交錯がある。ある写本において、筆で紙に書かれたそれを読み取り、翻刻する作業というのは、一々の「字形」を、書記論的観点での分析を通して「字体」（脳内で抽象化された字の形）を認識し、そして再び（時に形を変えて）産出することである[5]——多く私たちはそれを、別の紙などに控えていくだろう。平安朝の平仮名作品などであれば、現行の仮名に変換するという形での翻刻が行われることも多い。そういう、ごくごく一般的な翻刻という作業を追いかけるならば、

　　→ 資料における字形を視認 → 字体認知 → 当該字の音韻を想起
　　→ 該当する現行仮名字母に変換 → 「翻刻」として産出
　あるいは
　　→ 変体仮名の元の字母にて表示 ↗

という手順になろう。順を追う形で示したが、実際はほぼ同時的に（瞬間的に）起こっている（たとえば字体が分かるということはおおよそ同時に音韻も判明している）。藤原定家が土左日記書写にあたって行っていることは、かなりこれに近いであろう。周知のように、定家は書写にあたってかなり字母を変更している。いわゆる定家仮名遣いも認められるが、それ以前に、個々の文字においての字母変更は枚挙に暇が無いほどである[6]。そのとき、上記の経緯による作業が定家の脳内で行われ、かつ産出されているわけであるが、それはようするに、土左日記本文を構成するおのおのの語の語形が脳内に一度再現されていることを意味する。その脳内再生とは、おおよそ語の単位で認識されている可能性が高く、表記は一文字一文字の集合であるけれども、結局は語単位で捉えられたと思われる。分析する我々もその点、留意しておく必要がある（これは古代の漢字文献でもいい得ることである）。

　いわゆる一般的な翻刻作業とは先掲のごとく、得られた変体仮名をさらに現行の平仮名に置き換えたりするわけだから、〝肉筆〟からは、どんどん遠ざかっている。繰り返しになるが、こうして得られた翻刻テクスト、あるいはまた現行の平仮名にはせずとも「乎止己毛数奈留日記止以不毛乃遠」と、漢字の字母にまで戻したような文字列は、個別的な字形は完全に捨象されて

第1節　書記(論)と表記(論)について　21

いるという点で、表記論が扱う検討対象としての用例群ということになる。この場合、書記論的見地の検討をすることで、表記論としてのステージが得られるという関係性がうかがえる[7)8)]。

また、両者の視座が、互いに有効に働きながら研究される場合もある。たとえば以下の写本を見ていただきたい。次点本最古、桂本の一部である。よく知られているようにフリガナ式ではなく、別提訓になっているのが特徴だが、この桂本をどのように〝書き換えて〟研究するかで、そこに書記論的見地の濃淡があらわれる。以下に挙げる【A】～【D】は、すべて活字化し

【A】(空格なしを保持、別提訓保持、改行位置保持、平仮名字母保持)
夢之相者苦有家里覚而掻探友手二毛不所触者
由女尓安不波久留之加利計里於止呂支低
可支左久礼止毛天尓毛不礼祢盤

【B】(句ごとに空格、別提訓保持、改行捨象、平仮名字母を現行に変更　濁点補足　初句校訂)
夢之相者　苦有家里　覚而　掻探友　手二毛不所触者
いめのあひは　くるしかりかり　おどろきて　かきさぐれども　てにもふれねば

【C】(句ごとに空格、訓を振り仮名化　平仮名字母を現行に変更　濁点補足　初句校訂)
夢之相者(いめのあひは)　苦有家里(くるしかりけり)　覚而(おどろきて)　掻探友(かきさぐれども)　手二毛不所触者(てにもふれねば)

【D】(句ごとに空格、漢字仮名交じり、現代仮名遣いに変更　濁点補足　初句校訂)
夢の遣いは　苦しかりけり　驚きて　掻き探れども　手にも触れねば

【桂本】巻四　七四一番

(宮内庁蔵、『日本名筆選二七　桂本万葉集　伝紀貫之』二玄社)

ている時点で、基本的に表記論的見地に措定されるものではあるが、たとえば、本文と訓という配置はそのままに、翻刻して、かつ字母も現行のものに戻さず検討するということがある場合（【A】）、これは書記論的検討の視点をかなり保持しているハイブリッドな表記論ということになろう。また、行の位置は保持するが、改行は無視、字母は現行に戻す【B】や、各出版社からでている校訂諸テクストのような【C】、あるいは一般に萬葉集を紹介する際の、現代仮名遣いに直したものなど【D】、様々なレベルがあり得る。実際、これ以上に書記論的情報をどれほど「残す」かで、パターンは様々あり得よう。

　表記論と書記論は、先述のように互いに包摂し合うような関係であるが、研究の方法論として、自ずと連続的であるといってもよいことは、桂本の例からもよく分かるであろう。ある文字列に対する研究をするときに、書記論的見地を必要とするか、表記論的見地を旨とするか、あるいはどの程度ハイブリッドにそれらを織り交ぜて臨むかという、研究方法論の差異ないし見極めというものが手続きとして、あるわけである。

　ところで、上に、筆致等の特徴をすべて書記論の範疇に丸投げしたが、たとえば文字の相対的大小と連綿などは関係している可能性が高いものの、紙面上の配置とか、改行などは時に別問題である可能性もある。また、それぞれに偶発的要素ももちろんあるだろう。こういったものをすべて書記論の範疇だと押し込めると、それはそれで、書記論という方法論が、結局何をどう見ようとする論なのか、混沌とするかもしれない。ようするに、単なる検討事項の掃きだめのようにもなりかねないわけである。そういう意味では、書記論の下位にはたとえば筆致論、連綿論、文字配置論などという小担当部門が設けられるかもしれないが、〜論と切り分け、名付けることで、かえって互いの関係が切れてしまうようにも見えて、穏当でないところもあろうかと思う。徒に用語を増やさないほうがいいと考え、現段階では、書記論という大きな括りに収められる検証事項としておくにとどめる。

　以上が、筆者が用いる、「書記（論）」、「表記（論）」である。なお、読者、受容者、読み手、書き手、書記者など様々にいわれる、文字、表記、書記に

かかわってくる「人々」は、「読み手」「書き手」に、またそれを研究する「人」は「分析者」に統一する(「分析者」は「読み手」の一人ではないかといわれるかと思うが、読みのパターンを洗い出したり、書き手に成り代わったりもして相互に行き来するので、単なる一(いち)読み手には収まらないのであって、分出すべきであると考える)。

　なお、前述の通り、本書の論述は筆者の言う「表記論」でほぼ占められる。ただその前提には書記論的検証を通過していることもあるので、その連続性を示したい思いもあって、本論部では、括弧に括って補入して「表記(書記)」あるいは「表記論(書記論)」といった示しかたをすることがあると、あらかじめお断りしておく。

注
1)　小松英雄『日本語書記史言論』(笠間書院　2006)における「書記」の定義はその代表的なものであろう。
2)　乾善彦『漢字による日本語書記の史的研究』(塙書房　2003)では広義の「文字」の下位分類に、素材面を狭義の「文字」とするのに対し、文字の機能面をいう場合に「書記」とする。また表記を書記と同義で使う場合がある、と述べる(12p)。矢田勉『国語文字・表記史の研究』(汲古書院　2012):「緒言」ⅱ～ⅲpでは小松注1書の定義に対し、「この術語(――筆者注:「書記」)について文字記号に対する深い洞察の結果という意味づけを行うのは、深読みであって、それが直ちに「文字・表記」という伝統的な術語を乗り越えるものとは結論できない」とある。なお、矢田は「「書かれたもの」の外形的総体としては「書記」という術語を使用」すると述べている。
3)　この観点に立てば、現行、各社から出版されている古典文学大系といった叢書の本文は、翻刻され、漢字仮名交じりに直され、そして活字にて出版されているということから、こういったテクストだけを使う場合には、表記論的な考究しかできないように思われる。しかし、厳密にはそれら印刷されたもの、という点でも、たとえば文字のフォント、配置、版を重ねることによる差異など、文学叢書という現代的な刊行物における「書記論」的考究は可能である。
4)　表記論であつかう文字列は、目に見える文字という形で、紙などにも記せるものでもあるから、完全な抽象ではないが、字形、書体、筆致に基本的に関知しないという点をして、相対的に抽象度が高いものである、とみる。

5） 本書では、実際に産出された字の形を「字形」、それを抽象化して認識している形を「字体」とする、という一般的な解釈に拠っている。前者は音声的であり、後者は音韻的である、といえよう。
6） 語の切れ目にくる字母と語中に来る字母とでは仮名を変える（たとえば「寸」と「数」）、あるいは「見る」の意にあたる「mi」には必ず「見」を崩した仮名をあてるなど、定家なりの方針があったのだと推測できるが、全文に渡ってその精緻な配慮がぬかりなく張り巡らされているわけでもないので、注意が必要である。このことについては、矢田勉「定家の表記再考」（国語文字史研究会編『国語文字史の研究9』和泉書院　2006――『国語文字・表記史の研究』汲古書院　2012に再録）に詳しい。実際、疲労などで、基準がブレることは定家でなくとも往々にして、あろう。この点は、遠藤邦基『国語音韻史と解釈音韻論』（和泉書院　2010）に言及がある。
7） 活字化された文学全集を利用して何か考察をする場合、それは、誰か先人が行った書記論的分析に依拠して、成立しているものということになる。
8） 時として反対方向のケースもあり得る。たとえば、そういった翻刻作業を通じて、ある本のある箇所に誤謬が発覚する場合などがそれにあたる。翻刻をしている際にある文字列にさしかかり、その文字自体は同認できるのでこれを翻刻したところ、結果として前後と意が繋がらず、語形が得られないような事態が起きたとする。このとき、往々にして我々は、肉筆を捨象して得られた翻刻済みの文字列（これは脳内に想起されているのでもいい）からその是非を考証、判断し、結果、たとえば「これは誤写である」などと裁定して「ママ」などと注記するであろう。つまり、表記論的次元での判断を、元の資料に返す形で、肉筆の文字の誤謬を指摘するという構造である。字形視認（認知）〜字体検索〜合致字体検出〜前後との関係から妥当性を検討〜裁定という道筋である。

第2節　歌表記における「表意（性）」と「表語（性）」

はじめに

　萬葉集における歌表記に用いられる文字として、その代表的存在にまずは訓字と仮名があげられるだろう。各歌巻が訓字主体表記、仮名主体表記などと括られ得る所以である。二者の文字はごく端的にいうならば、語を表すか（表語）、音節のみを表すか（表音）、ということになっている。このいずれか一方だけ、あるいは両者を混交して、萬葉集における歌表記はまさに多種多様の観を呈している。もちろん、語を表すのは訓字には限らない。「法師」（巻16・3846）、「檀越」（巻16・3847）など字音語もある。また仮名も音仮名だけではなく、「木（き）」「津（つ）」などの訓仮名も存する。この他いわゆる義訓に戯書など、いわば漢字を使ってできるほとんど全てが尽くされているとさえいえる様相であることは広く知られているところである。そして、これも周知のように、多様さと一口にいっても、たとえば訓字と仮名の混交の度合い、あるいは付属語を、どのような文字でどれほど記すか否かという割合など、句単位あるいは一首全体に関わるものまでを含めてやはり多様であるといえるし、また、訓字や音仮名という、一応一括りにされているはずのそれぞれの文字の働きにも、個別に、子細に見ると多様さが見いだせる。本論でも詳細に取り上げるが、いまここで一例を挙げておくと、

　　春日山　霞たなびき　心ぐく　照れる月夜に　獨鴨念（ひとりかもねむ）　（巻4・735）

の末尾の字「念」はネムという一字二音の二合仮名だが、単に「音節のみを表す」とはいいがたいものがある。「寝む」という倭語[1]の音（おと）にあてられたということにとどまらない意を、一首の文意に照らしつつ「念」字から読みとることは決して牽強付会ではないと思う[2]。また、

　　おくれゐて　吾が恋ひをれば　白雲の　たなびく山を　今日香越濫（けふかこゆらむ）

月しあれば　明くらむわきも　知らずして　寝て我が来しを　人見兼鴨
（ひとみけむかも）

（巻9・1681）
（巻11・2665）

といった他の二合仮名も萬葉集中にはあるが、この「濫」「兼」の場合は「念」と違って、音節表示以上のことを見いだす（読みとる）のは難しい。

　このように実際にこれらの文字が使われた結果――表記においては、「一字で二音を表す音仮名」＝二合仮名が使われているという事実では「念」も「濫」「兼」も同じだが、例示した「念」については、歌一首の解釈や作歌経緯の推察にも関わってくる、決して軽視できない情報でもある。「濫」を「らむ」と、「兼」を「けむ」と読んで、かつ現行の平仮名でこう示すことによる解釈上の影響はないに等しいといっていいだろうが、「念」を「寝む」と現行のような表記に書き換え、これをのみ対象に解釈するならば、かつてこの歌を書いた書き手の「念」を用字した経緯を考究すること――その一つの思惑について追求すること――は、少なくとも顧みられることなく、必然的に不問に付されてしまうことにもなる。また書き下しにせずとも、そこに触れない限り、やはり陥るところは同断である。不問に付しても歌の解釈は大きく過たないかもしれないが、しかし、漢字だけで書かれた作品を享受し、考究していくにあたって、それは決して小さくない問題だと思われる。

1、「表語―」と「表意―」

　漢字は「表語文字」であって、「表意文字」と呼ぶのは、不十分あるいは不適切という理解が近時主たるものとなっているようである[3]。たとえば、

> 「表意文字」という述語は適当でない。その理由は、意味だけを表す文字は存在しないからである。別の言い方をすると、文字である限り、どの字も一定の発音を表すからである。
>
> （犬飼隆『文字・表記探求法』朝倉書店　2002）

表語文字は表意文字とも呼ばれてきたが、その一つである漢字を例にす

ると、(中略)それぞれ意味(中略)を表すが、同時に音(中略)をも表している。すなわち、全体としては言語単位の上では語を表すものであることから、「表語文字」と名付けるのが適切である。
(沖森卓也・笹原宏之・常盤智子・山本真吾『図解　日本の文字』三省堂　2011)

他にも同様の指摘を見ることができる[4]。なお、「意味」という用語がどうしても持ち出されなくてはならないが、ソシュールの規定を借りるならば、聴覚映像に結びつけられた概念(シニフィエ)といってもいいであろう。能記と所記の関係から説くのは次節に預けることとし、ここではいまさしあたり「意味」「意義」といった言い方にしておく。

　さて、山田俊雄「国語学における文字の研究について」(『国語学』20　1955)は、文字研究において「素材としての文字の可能性」と「用法における文字の価値」とを区別すべきだと説いている(ただし、同氏「文字史の可能性」(『国語と国文学』37-10　1966)の方では、「互いに通ひ合ふ二元的対立である」とも述べている[5])。本節のはじめに引いた「表語文字」という各論説による位置づけは、素材としての漢字の正体であり、そしてあらゆる用法はそれをもとにしたものである、ということになる。抽象的・静態的なとらえ方(「素材」)と、動態でのとらえ方(「用法」)という二面を設定するのである。「山」を「山脈」あるいは「高い山」として使うこと——これは、表語文字の素材としての性質をそのまま利用した用法であるといえる。一方「タクシー」を中国語では「的士」と書くが、これも、漢字の一用法——つまり表音用法としてあり得る。なお、山田はこうもいっている——「漢字の「表意表音の兼用」(中略)などということがいわれ得るのは、実は、「素材としての文字の可能性」あっての話である」(「文字史の可能性」11p)と。

　以上まとめると、文字には表語文字と表音文字とがあり、表語文字は、その用法として[6]、そのままの表語用法、そして表音用法があると考えられる[7]。漢字との縁が切れ、独自の文字体系として成り立っている平仮名は表音文字であるが、萬葉集等に見られる仮名は字形(ひいては字体)が漢字の範疇におかれる点において、表語文字の表音用法によるものとしてとらえることができる。本書の分析でも着目することであるが、萬葉集歌表記にお

ける仮名の認定が、前後の文字列の関係の中から決定される側面があるのに対し[8]、平仮名や片仮名は、そのように相対的に把握されるものではない、まさに素材—それそのものが表音である。萬葉集の場合、素材としてはいずれも表語文字であるものが、表語用法あるいは表音用法として用いられ、表記を構成している。さて、冒頭にみた、「獨　鴨　念」(巻4・735)の用例は、表語文字「念」の表音用法であるわけだが、思って寝るといった付加的な要素を読み取ることができる。これを本書では、用法に従ってできあがった表記が何らかの性質を帯びていることを踏まえ、「表意性」と呼ぶ。実際に書かれた文字列(表記)という結果上にあるものとして措定するのである。改めて当該表記のありようを整理すると、

　　表語文字(**素材**)が表音**用法**によって表記される。できあがったそれは**表音表記**である。ただしそこに付加的要素をも読み取ることができることから、当該表記には「表意性」があると認める。

なお、性質というのであれば、「獨　鴨　念」の「念」字に「表音性」があるとももちろんいえる。表音用法によって記されたものが表音性を持っているのは自明であるので、別段わざわざ言い立てる必要はないかもしれないが、表音用法によって記されているにもかかわらず、「表意性」というものを認め得るところに、テクニカルタームを用意して析出する意義があると考える。本節ではこの「表意性」及び、近時議論になってきている類似の術語「表語性」というものについて[9]、その指すところを考え、その上で、あらためて萬葉集歌表記における「表意性」と「表語性」という術語が、どういったことを指す用語としてふさわしいかということを先行指摘を承けつつ再考し、さらに、この両術語が当該の研究領域において併存する意義があることを指摘する。なおこの問題意識の端緒は、後からも挙げるが、「表語性(表意性)の獲得」(井手至「仮名表記される語彙」『遊文録　国語史篇二』和泉書院1999:85p　傍線は筆者による)といったような、両者がほぼ同義であるような使い方がこれまでの研究史で少なからずあったこと、あるいは研究者によって定義が一定しない、といったところにある[10]。

2、「表語性」

　訓とは中国語としてのそれをさておくとすれば、つまりは語（倭語）である。よって萬葉集などに多く見られる訓字は、その定着度はさておき、まさに「表〝倭語〟文字」であるということになる。これをもって歌を記すということは、すなわち表語文字が、まさに表語用法に従って使われていることを指すわけである。先ほど「表意性」について述べたとき、用法に従ってできあがった表記において、読み取り得る性質としてこれを規定した。よって「表語性」という場合も、そのようにできあがった表記の上に認められる性質の1つと見なくてはならない。そこで、先の「表意性」の規定と同じく、表音表記における「表語性」というものを考えてみよう。これについてはすでに先賢の指摘がある。

　井手至前掲論文では、「音訓を問わず、仮名表記の文字面の特定化（固定化）は、視覚的な意味喚起性につながる二次的な表意性を生む」と述べられている。結論を先取りすれば、これこそが「表語性」の定義としてふさわしいと考える。井手は「表意性」としているが、本書ではこれを「表語性」とする[11]。意義を捨象し、音節だけを表すはずの仮名を用いた表音表記が、結果として特定の語を表していることになっていると、認識されるところに達しているからである。ここでは「相見鶴鴨」（巻1・81、巻11・2614など）という例における「鶴」「鴨」という訓仮名を例にとって見てみよう。これは前掲井手論文も「特定表記化し、視覚的に語（語基）としてのまとまりを示そうとした例」として挙例しているものである（85p）。助動詞と助詞——「つる／かも」を表記した「鶴鴨」の例は、萬葉集中に28例確認できる。たとえば萬葉集の原文に親しんだ人であれば、たとえその28例一つ一つ全てを知らなくても、そのうちのいくつかを知っていることで、別の未見の例に出会っても、比較的容易に付属語のそれであると気づくことがあり得ると思われる。つまり、文末、かつこの二文字セットで記されていることなどの〝状況証拠〟を照合し、結果、鳥の鶴や鴨のことを歌っているという誤解には陥

いらずに済むということである。そこで、こういった気づきをもし「鶴鴨」表記から得られているとした場合、これら訓仮名は音節だけを表している表記にもかかわらず、助動詞・助詞の「つる」「かも」という「語」を、密着性をもって認識することができているので、仮名でありながら「表語性」を有すと呼ぶことができる。そして、これらのそれぞれの文字の訓は、第一には、鳥の種類をいう名詞であり、その意捨象して仮名として用いたことの上にあり得ることである。先に「萬葉集の原文に親しんだ人であれば」と限定したのは、少なくとも、初見では例示した場合のような表語性を認識することはできないことによる。「鶴鴨」表記を生まれてはじめて見た人には、その感覚を得ることは当然できない。まずは表記から妥当な音形を導き出し、次いで音形に合致する語を探し、認識に至るという過程を経ることになる。つまり、同様の例を目にする経験を蓄積しないと、ここでいう表語性を認識する直感は養われない（しかもそれに必要な経験値には個人差があることだろう）。表語性とその認知には、まずそれを得られない人、あるいは無意識といったことがあって、仮に得られたとしても読み手ごとに相当の幅があり、かつ一人の読み手の中にも、ものによって違いがあると見るべきということになる。たとえば「鶴鴨」表記には直感的に付属語の「つる」「かも」を指すものとして認識できるようになった人も、「家牟」（集中33例）「良牟」（集中94例）にはそこまでの表語性を感じないかもしれない。あるいはその逆もあり得ないことではない。そういったいわば直感力は決して各人にアプリオリに存在しているものではないわけだから、つまりはどれも個人的な現象だといわねばならない[12]。表語性が普遍的に見えても、厳密には、表語性を感じ取る人が相対的に多いというのが実際のところであろう。

　本来、意義を捨象した上で使われる文字あるいはその羅列が、特定語に頻用されることなどをもって、結果的にその語を表す表記としての役割を獲得しているということがあったとすれば——正確にいえば多くの読み手がそれをよみとり、かかる認識が再生産されていく場合があったとすれば、上述の通り筆者はこれを「表語性」と呼ぶことができると考える。「あったとすれば」とは語弊があるといわれるかもしれないが、先述の通り、表語性を直

第2節　歌表記における「表意(性)」と「表語(性)」　31

感できるかどうかは個人的な経験、資質等、一元化できない要因に帰することと考えるゆえである。つまり、これだけの例を目にしたら表語性があるかどうかの可否を判断できるといった基準を示すことができるわけではないし、またその直感がその人物に備わっていたのかどうかも、知り得ない。その点では危うい概念だともいえるわけなのだが、筆者自身、萬葉集歌原文において「鶴鴨」を目にした刹那、付属語のそれが思い浮かぶという経験をもっており、そしてそれは決して筆者に限った経験ではないだろうとも思う。古代でもおそらくあり得たこととして、以上の推論に意義はあると考える。

　さて、仮名表記というのは、表音用法によるものだけれども、用例の多寡に関わらず語を表しているということもまた事実である。たとえば「良六」は萬葉集にわずか1例しかないという"見慣れない"用例である。しかし、「らむ」という語を表していることは間違いない。つまり、この文字列もまた、「表語」である。ならば、先ほどの、反復使用された結果認め得る「表語性」との差異はどこにあるのか。河野六郎が全ての文字の基本的な機能は「表語」にあると看破した（「文字の本質」『岩波講座日本語8　文字』1977）ことは有名であるが、確かに、その表記から語形を認定できたとき、その表記はすなわち語を表している。「良六」も、「鶴鴨」もこの点では同じである。対して、先に掲げた井手論文も述べるごとく、繰り返し使われる「鶴鴨」表記が、その定位置に頻繁にあることで、読み手に喚起されるそれは、「二次的」な表語性である[13]。つまり、使用する文字（列）の特定化によって前後の文字列の中からそれが視覚的な分節性をもたらすのであり、その表記は、その特定化された語を表すものとして当該表記と高い密着性を持っていると認識される。「良六」を例示したが、これらが「らむ」という語を表しているというのは、「良六」から/ramu/という音形を認識し、次いでこれに合致する付属語「らむ」が同定される。これは表記のもつ<u>一次的表語性</u>であるのに対し、反復使用による特定化がなされると、より「らむ」という語の表示を強く喚起する。「良牟」という文字それぞれの音節/ra//mu/を読みとるまでもなく「らむ」と認識できたりする。これを<u>二次的表語性</u>として区別する

のである。佐野宏「萬葉集における表記体と用字法について」(『国語国文』84-4 2015)は、二次的表語性を獲得している場合、それをすなわち「語の表記体」と認定する。一次的表語性は河野がいうように、いわば文字における無標の性質なので、以下、単に「表語性」という場合は、いずれもこの「二次的表語性」の方を指す[14]こととする。

　さて、以上を踏まえた上で、注意したい例をあげる。

　　こと放けば　　奥従酒甞　　湊より　辺付かふ時に　放くべきものか
（沖ゆ放けなむ）

(巻7・1402)

傍線部は訓仮名であり、「酒」「甞」という明らかに縁がある二文字が並んでいる[15]。その点では、「鶴鴨」の場合と類似の例であるということができるが、これは以下に説明するように、「表語性」には当てはまらないと考えられる。まずもってこの表記例は用例数が大変少ない、というのが１つ。しかし、このように、ごく希少な例であっても「酒」「甞」といった用字の妙に読み手は初見でも気づくことができるといわれるかもしれない。先に、目が慣れるための経験値が必要だと述べたにも拘わらず、である。しかし、それは、先掲の例でいえば「鶴鴨」が、鳥を表す字が並んでいるということに気づくのと同断であって、「鶴」「鴨」表記（そして多くは句の末尾という位置）を見た刹那、付属語の「つるかも」が想起されるというのとは別である。「酒」「甞」あるいは「鶴」「鴨」という縁のある字の使用に、おそらくはある表現意図（遊び心、戯れ）があったことは認め得るものの、「酒」字が二次的表語性によって動詞「放け」を特定的に喚起するとは考えにくいわけである（そもそもそこまで専用化もされていない）ので、これは上述の「表語性」の範疇には含まれない。

3、「表意性」

3－1、「表意性」をもつ用例

　冒頭にあげた「表語文字」と「表意文字」の区別を踏まえれば、「表意性」の表意とは、語を構成するうちの、音を捨象したもの[16]、ということにな

第2節 歌表記における「表意（性）」と「表語（性）」 33

るだろう。本節冒頭にあげた例を再度掲示する。

　　春日山　霞たなびき　心ぐく　照れる月夜に　獨 鴨念(ひとりかもねむ)

　この場合、「念」は「寝む」という語形を、表音用法にて記すための仮名としてまずは位置づけられる。その上で、相手を思いながら寝るということに「念」字の意が意識されている、と読み手が解釈することがあり得る。こうした解釈があくまで仮名であることの上に認知されるものである点に注意せねばならない。ここで例示した「獨鴨念」の「念」は個別の臨時的な例であって、もちろん「念(おもふ)」（巻1・46、64　他多数）という訓字としても存在している。「念」が音仮名「念(ネム)」として使用され（意（義）は捨てられる）、その上にあらためて意味が想起されているわけである。実現される歌の語の羅列に、各字があらわす「語」のもつ「音」は出てこない――つまり「おもふ」は、読者がたとえ脳裏によぎらせたとしても、歌の三十一文字の中には出てこない。「おもふ」をはじめとする意味が副次的、随伴的に想起されるばかりである。

　さて、次のような場合はどうであろうか。

　　三(みに)ミ二田八酢四(たやすし)　少九毛(くく)　心の中二　我が思はな九二(くに)　　（巻11・2581）

　数字という連関性が確かにあると一目してわかる。読み手が、仮名表記であることを承知した上で、この歌は数字が特に選ばれ多用されている、というその用字の妙を認識した場合、それは、たとえば上にあげたところの仮名表記された「念」のもつ意にも気づくことと類似しており、やはりこれも「表意性」の一種と見てよい。文字がもつ意味を思い浮かべ、そしてその関連性、有縁性に気づく、という構造だからである。ただし、先掲したところのネムとの違いは、文脈に関係するか否かだが、文脈に関係するかどうかという判断は読み手（というか分析する我々といってもいいが）の恣意に陥る危惧があるのと、また恣意的にならないように努めても知り得ない限界がままあるので、あまり追求しても意味がないように思われる。よって、このように歌の文脈に関係していないものも「表意性」に含めて差し支えないと考える。

　以上より仮名表記において、実際に歌に歌われる語としてあらわれるもの

ではないけれども、その表記から何らかの意を読みとることができる場合、文脈に沿うか沿わないかを問わずそれを「表意性」だと規定しておく[17]。関連する文字を多用する例など、複数字でそう判断される場合もこれに含める。〝「意義」を読みとる〟というのは一つの言い方だが、その文字が本来表す「語」を思い浮かべることをきっかけとしたり、また意味を脳裏によぎらせたり、あるいはそれらを総合したイメージなどでも構わない。ようは、たとえば「念」字から「おもふ」という語、あるいは「思念」「念仏」といった字音語としての意味、ひいてはそれらを総合しての「念」字のもつ「意（義）」をイメージすること、である。ところで、その仮名がもっている「語」を思い出すことをきっかけとして、と述べたが、仮名の「念」字から「おもふ」を思い浮かべているのは表語性にあたるのではないかといわれるかもしれない。これは否である。前項で定義した「表語性」にこれは当てはまらない。二次的に読みとられる表語性の、その「語」とは、あくまで歌中に語として実現されているものを指すからである（これを曖昧にすると、「表意」という術語は際限なくその指し示す範疇を肥大化させるだろう）。前項であげた例「相見鶴鴨」をもとに再度説明を加えよう。「鶴鴨」にあり得る表語性（前述）とは別に、鳥の種類で2文字を揃えているということは、先の2581番歌の数字のそれと同じ、文脈外タイプの表意性である。このとき、本来、これらの文字が表す語としての「鶴/turu/」「鴨/kamo/」やその意味、訓が脳裏に想起されるからこそ、鳥同士で並べているのだと気づくことができることは間違いない。しかしそれは、その気づきに至る過程で、もとの訓字や意味に立ち返る瞬間があっただけのことで、「鶴鴨」がここで鳥の/turu//kamo/という語を表しているわけではない。読み手が表意性に気づく過程で語を思い浮かべることは表語性にはあたらないのである[18]。

以上、見てきたように、表意性はかなり多彩なものが該当する括りになる。それゆえ、これまでも先賢によって様々な類型分類が試みられてきている。各論文では、必ずしも「全」用例があがっているわけではなく、そうだと認める用例の抽出にも大なり小なり差異がある。そもそも表意性をもつ用例の全て、とはどんなものか、明言は難しい。

3－2、先行論による分析

既にあげた井手論文（「仮名表記される語彙」）にて「表音を意図した表記でありながら、表意を兼ねた表音表意兼帯表記を、表意兼帯表音性表記という」との指摘がある（86p）。この、仮名でありながら何らかの意味がよみとれるという例群を端的に分類し、まとめたものがある。すなわち川端善明論文（「萬葉仮名の成立と展相」上田正昭編『日本古代文化の探究　文字』社会思想社　1975）の次の分類である。以下、同書156pの言説を私にまとめて示す（傍線なども筆者による）。ただし用例はいずれも川端による挙例からであり（歌番号は算用数字に改めた）、その後の※を付したカギ括弧部分については、川端による解説をそのまま引用したものである。なお、川端は以下のようなものを、「装飾的な用字」と呼んでいる（156p）が、「草枕　多日夜取せす」などの例をして、「表意が全体としての文にまでおよぶ」（傍線筆者）とも述べている。

(一) 全体として文脈と有機的に関連する場合

例としては、

　　小竹を押しなべ　草枕　多日夜取（タビヤドリ）せす　（巻2・45）※「安騎野の旅宿を語っており」

　　今は逢はじと　絶多比（タユタヒ）ぬらし　（巻4・542）※「タユタフ（躊躇）のための訓仮名「絶」は「今は逢はじ」の意味に呼ばれている」

(二) 歌として文脈の外に何らかの意味を作り出す場合

例としては、

　　おほにぞ見谿流（ケル）　（巻3・467）
　　船瀬の浜に四寸流（シキル）白波　（巻6・937）
　　まだ更にして雲な田菜引（タナビキ）　（巻8・1569）
　　引板わが延へ守れる栗子（クルシ）　（巻8・1634）

　　※「その文字の連関において句、あるいは熟語としての意味のまとまりをなしているが、その意味は全体の文脈からは遊離しつつ、いわば文字の限りでの意味的な結節をなしている」

(三) 文中の他の字（語）との連想的な関連をもつ場合

例としては、
　　言に言へば　三ヶ二田八酢四　少九毛　心の中二　我が思はな九二
　　　　　　　　（ミミニタヤスシ）　　（クク）　　　　　　（二）　　　　　　　　　（クニ）
　　　　　　　　　　　　　　　　　　　　　　　　　　　　　　　（巻11・2581）

＊「歌中に数字を散りばめ」

近き里廻を田本欲（巻7・1243）
　　　（サトミ）　（タモトホリ）

秋山の　舌日が下に　鳴鳥の（巻10・2239）
　　　　　（シタヒ）　　　（ナク）

※「訓仮名「舌日」の「舌」は正訓「鳴」と、次の訓仮名「田本欲」の「田本」は正訓「里廻」と親近する」

　この（三）分類で川端は「もとより、全体としての文脈にかかわりなく、また文脈外的にせよ、句或いは熟語としての意味を結ぶものでもない。所詮それは、概念において縁のある文字が選択的にとりあわせられているにとどまる」とも述べている。この（三）には先の「鶴」「鴨」や「酒」「甞」などもあげられるであろう。川端は、訓字のような、いわばよみの固定性を認め得るものと、上掲（一）～（三）に相当するような表記とを対比したとき、「唯一のよみ方でよむことをめざす表記と、そのことが当然たどる単純化や固定化を単調さとして否定し、副義的な意味の流れや結節や、あるいはまた連想を、漢字の表語性そのことにおいて表現しようとする表記と、この両立しにくい二つの緊張的な幅の中に、『萬葉集』において文字を表現するということが属しているのであった」としており、正鵠を射た指摘といえる。

　奥田俊博「『萬葉集』の仮名表記 —表意性を有する例を中心に—」（『日本語と日本文学』27　1998——のち『古代日本における文字表現の展開』塙書房2016に収録）も、表意性を有する仮名を博捜し、分類・検証する論である。同論中では用例の詳細な分析を通じて「類型としての中心は、語義に対する意識を反映した仮名と、歌中の用字と意味的に対応する仮名であるといえる」との指摘がある。概して歌の内容に対応する仮名は、類型的で読み手が気づきやすいものから、個別的で読みとりが難しいこともあり得ると見られるものまで連続性をなしていたとする。かように抽出された例群は繰り返し使われるような類型的なものから一回的なものまで多様な幅をもつ。それら

は、熟字や比喩、歌の意にそぐうもの、あるいは歌中の別の字と関連をもつものといった様々な方法が、それぞれ多寡をもって存在している結果の集合として一括してみることによる「幅」である。つまり換言すれば、それぞれの方法が一々、類型的〜一回的という幅を有しているということだ。

　本節は、これら先行研究の分類を再考したり批判したりするものではない。むしろ如上の各論で大方極まっていると考える。各論文にあがっていない用例があるとしても、おそらく既存の分類に納めることが可能であろうし、もし当てはめにくいものがあっても別置して項目を立てればよいのである。ここでは眼目を少し根源的なところへ引き戻し、仮名が表意性をもつ、読み手がそれをよみとるというその構造についてあらためて考えることにしたい。既に先賢によって指摘されている基本的なことも含め、あらためて述べることとする。

3－3、仮名が「表意性」を帯びるとき

　仮名であるという認定は、まずは、意味を捨象しているという判断に支えられるものであろう。そうするとその仮名から何かしら意味が読みとれるというのは、わざわざ、いったん捨てられたものの上に再認識するということである。この構造について、ここではウツセミという語を表記したものを例にとって読み手と書き手の双方向から考えてみたいと思う（この例は本書で幾度か挙げることになる）。

　　玉ならば　手にも巻かむを　**欝瞻乃**（うつせみの）　世の人なれば　手に巻きかたし
（巻4・729）

世間の目を煩わしく思う恋仲の二人の贈答歌にあって、生い茂る、密集の意をもつ「欝」と、眼の意である「瞻」を並べたこの表記は誠に巧妙であると評することができよう。ウツセミ表記は「空蟬」「打蟬」が多数であることを思えば、ことさらこういった難字を使うことが意図せぬ偶然の所産だとは見なしがたい。しかし、根本的なことだが、あくまでこの二字は語形をあらわすべく表音的にあてられたものである。その上で個々の意味が語彙あるいは歌意に沿うという仕掛けになっている。当然、音形に合致する音読みを

もっている文字であるという基準が第一に置かれなければならず、いくら有縁的に意味がそぐう場合でも、肝心の語形表記に音節が合致しなければそもそもその文字が選択されることはない。音節が合い、その上で歌意に沿うものという観点から選抜されてきたものであると思われるこのとき、読み手は、本来意味を捨てているはずのその仮名から、その匂わされている意味なりを、ウツセミが同定できたことを前提に、すりあわせつつ読みとるという手順であるので、やはり仮名であることの判断をした上でのこととなるわけである。

　仮名であることを前提とし、その上で何らかの意を負わせると前述したが、こういった例がほとんど訓字主体表記に偏るということは何を意味するだろうか。翻って仮名であることがほとんど前提的に了解されているはずの仮名主体表記でほとんど見いだせないことはどう理解されるだろうか。訓字主体表記で仮にこういった目論見で仮名が使われた場合、読み手は、その一首の表記に対峙し、まずどれが訓字でどれが仮名かを見極め、そしてそのうちのある仮名が何らかの意味を帯びているということを見いだす、という構造になるはずだ（ほとんど一瞬で認知されるにしても手順としてはそうなる）。最初から語を示している字——つまり訓字などに囲まれている状況は、読み手に意味を読みとる、という直感を働かしめる一因となるのではないだろうか。

4、意味の読みとりと恣意

4−1、読みとるか、気づかないか

　主として訓仮名について論じる澤﨑文「萬葉仮名の字義を意識させない字母選択—『萬葉集』における訓仮名を中心に—」（『日本語の研究』8-1　2011）は、「字形が漢字という表語文字である以上、表記する側にとってもよむ側にとっても、字義を意識することは避けられなかったはずである」とし、大野透が、漢字は義字であるゆえ、多少なりともそのような要素を有するのは当然であるとした指摘（『萬葉假名の研究』明治書院　1962の「義字的用法」

第2節　歌表記における「表意(性)」と「表語(性)」　39

に賛同する。そして、論題にあるとおり、読者に表現意図があるかと思わせてしまうような文字はなるべく避け、仮名の「字義」を意識させないための字母選択がなされていたと指摘する。ただ、訓仮名のみならず音仮名もまた、訓字あるいは漢語として用いられているそれらと字体はやはり同じであり、かつその音仮名は訓字主体表記でも交じることが往々にしてあり得るわけだから、澤崎が提起した問題は、音仮名にも敷衍されてよい。そしてその場合の誤読、誤解というリスクを、書き手が案ずるときがあるとすればどんなものがあるか、考えておく必要がある――それは、たとえば訓字でよく使われる字母を音仮名に使おうとするとき、あるいは訓字訓仮名に囲まれている中に音仮名を挿入する場合といったことが考えられようか。これと表裏のこととして、仮名主体表記において一字一音仮名を並べていく中で、書き手はどれほど、その音仮名の意味を読み手によみとらせてしまうことを危惧するだろうか――おそらく訓字主体表記中に音仮名を使う場合と同じではあるまい。読み手にとって、結局訓字、音仮名、訓仮名とは、その一字だけでは決定できない、用字法としての選択可能性のあらわれに過ぎない。仮に瞬時に判断できるとしても、それはそれ以前の経験と学習によって、仮名主体表記の中で頻用されている仮名だとか、訓字でしか見たことがないから、といった情報が判断材料として補助的に働いているために実際の文字列の前後の情報と併せて判断にかかる時間が短くなっているだけのことである。たとえば「登」字は萬葉集中の約560例中の約260例が仮名として「ト乙」に使われる。つまり、この文字を見かけた場合、それがほぼ音仮名だと思って読解に臨んでも、間違う可能性は低いことになる。しかし、「登(のぼり)而見者(てみれば)」「嘯鳴登(うそぶきのぼり)」「登(のぼりて)之而」などという希少な例において訓字も確かにあり得る。こういったとき、音仮名「ト乙」ではないという判断は前後の情報、一首のありよう、スタイルから絞り込むことで読解していくことになるはずである。ということは、「登」字と違って必ずしも音か訓かに偏っているとはいいがたい用い方をされる字母の場合、理論上は環境によっていずれにも誤解される可能性をもつことになる。つまり、表語文字が支配的な環境においては、そのような表音用法による文字は誤読されたり、表音表記であることを承知の

上でさらにその意味あるいは訓を読みとろうとしたりされる可能性がある。無為であったはずのものが有意に転換されてしまうのである。そして、いわばそのことを見越して利用するのが表意性をもつものとして仕掛けられた仮名ではなかったか。訓字主体の環境は、かかる余剰的な仮名の使い方の機微が活きるとみられるが、一方表音用法による表記が支配的な環境においては、意味はよみとられにくく、表意性を期待した用字をしても気づかれない蓋然性が高い。川端論文のいう「仮名書きである以上、それは既に唯一のあり方においてよまれ得る条件を基本的にもっていることになる」とはまさにそうで、これは裏を返せば、書き手が仮名に表意性を負わせようとしたとき、やはり読み手が基本的に意味を読みとることに傾く環境でこそ、その目論見通り読み手がよみとってくれることが期待できるのだ。古事記本文中に以音注が施される語表記はあっても、挿入される歌謡それぞれに「以音」の注が付かないことは、音か訓かという判断には、その字を取り巻く環境が関係していることを意味する。以音注は音で読ませるための注であるに違いないが、訓字が支配的な環境で、意味を読みとらせない注だともいえる。つまり意味をよみとられるリスク回避である。その文字自身だけの問題ではなく、置かれる環境によるところが大きいのである。

4－2、「表意性」の過剰な読みとりの一例

「悉檀」という仏教語がある。サンスクリット語 siddahanta の音写であり、教義の立て方といった意味である。『大智度論』では「四（種）悉檀」という熟語であらわれており[19]、解釈すれば、仏が教義を立てるにあたっての四種の方法といった意になる。しかし慧思禅師（西暦515～577　六朝末の僧。天台智顗の師にあたる）はこの「悉檀」を、「悉」が「悉く、あまねく」、「檀」が「施す」意だと解した。後字の「檀」字が「施す」と解されたのは、dana の音写語「檀那」の一部で「布施」に翻訳されるような語だからであった。つまり、「檀那」という別の音写語の漢字表記もまた意味を表していると見なした上に、しかもその一字だけを分断してここに付会するという、誤解の重ね塗りをしたのである。以上をもってこの語は、仏があまね

第2節　歌表記における「表意（性）」と「表語（性）」　41

く衆生に施す四種のものといった解釈になった。

　漢文中に混入した音写語であり、しかもまた幸か不幸か、読みとった意味が経典ひいては仏教の教義にあたかも符合するように見えたために、この解釈が首肯される要因となったのであろう。この指摘は中村元が『東洋人の思惟方法』（みすず書房　1948）にて最初に行ったものだが、これを引いた金岡照光『仏教漢文の読み方』（春秋社　1978）では、「厳密には誤読ではないが、少なくとも、音写字に過重な意義をになわせるということになり、原本と離れた釈義になる危険があるといえよう」と指摘している。読み手が、「四悉檀」型の誤解や深読みをしてしまう可能性は常に考えにいれておかなくてはならない。この「四悉檀」の解釈を巡るエピソードは、仮名の意味を読みとったところ、それが文脈に符合するという、読み手側からすればもはや確定的に思えてしまうことさえ、書き手の真実を写しているとは限らない、ということを教訓的に示唆するであろう。「書かれたものが証拠、しかし解釈は、よむ人の勝手次第といふ、間隙が、文字の時空超越の天性のために、常につきまとふのである」とは前掲山田論文（「文字史の可能性」）によるものだが、上にあげた問題に通じる至言であろう。

小　括

　たとえ仮名表記であっても、時に表意性を読みとってしまうということはあり得るわけで、それは先の節でも紹介した先賢の諸論が述べている通り、表語文字が字形を変えない限りにおいて——つまり萬葉集の仮名群にあって、不思議なことではない。逆にいえば、字形を変えて表音文字となった平仮名は、表意性を帯びない。たとえば「スプーンにもう一杯だけ砂糖をかけよう」というこの例文の「か」と「け」はそれぞれもとの字母は「加」「計」であるが、砂糖を（計）「はかって」（加）「くわえる」という表意性をも読みとる人はいないだろうし、そういうつもりで書く人もいないだろう。平仮名となって、もとの漢字の意味はいわゆる価値ある忘却をされているからである。仮名の字体（字形）が漢字側に属している限り、いやそれを逆手に

とって、仮名の表意性は存在し得ている。ただし、表語性については、平仮名であってもあり得る。助詞に専用される現代語の「を」などがそれにちがいだろう[20]。また、既に述べたように萬葉集歌表記における仮名の場合は、表意性と表語性が併存し得る。たとえば冒頭であげた「鶴鴨」などがそれにあたる。以上の点からしても、「表意性」と「表語性」は弁別して使用すべきであり、かつ併存し得る術語ということになる[21]。そしてこれら表意性や表語性とは、いわば一種の余剰性でもあるだろう。

　最後に、我々が萬葉集歌表記において表意性あるいは表語性なるものを認知、あるいは分析するにおいて、注意すべき点をいくつかあげておきたい。まず、読み手が、意義を捨てている仮名表記から表意性を読みとったとして、それがはたして書き手が目論んだ通りかどうかは、最終的には確定できることではない。過剰な読みとりである可能性は皆無ではない。またその逆——つまり書き手の目論見に読み手が気づかないということも当然あるだろう。萬葉集における表意性をもつ例を１つ残らずあげよ、という命題に答えるのは実に困難である。また表語性の読みとりは無自覚ということもあり得る（仮名文字列における語の認知に実は役立ってはいるが、読み手本人はそのことに気づいていない、というケース）。また、表意性、表語性の読みとりは、基本的に読み手の個人的な業である。限りなく普遍的に見るような例でも、そう読みとる読み手が多いということである。本書の表意性認定も、そのつもりで行うものである。

　以上、従来研究者によって一定しているとはいいがたい使用がなされてきた「表語性」と「表意性」という術語について、本書の記述に臨むに当たって、１つの定義を与えた。両者は区別した上で併存し得る術語である。これによって、用字法と表記法[22]それぞれにあって、文字が、表記が、ある語なり音節なりの表示ということ以上に、何を表現し、そして何が読みとられるのかということを考察するにあたっての、その方法論に資するものと考える[23]。本書では、二合仮名の表意性にたびたび触れることになる。それは、諸注釈で指摘されてきたことでもあったりするが、あくまで、「そう読みとれる」という言い方に徹することに努めた。単に言い方の問題のみならず、

分析上の前提としてここに示す必要があると考えた次第である。

注
1) 本書では、主に単語レベルは、「倭語」という用語および表記に統一し、ラング的な言いとしてのそれは「日本語」と呼ぶことにする。ただし、現代語に言及するときは、単語レベルであっても「日本語」と呼ぶことがある。
2) この二合仮名の解釈については本書**第2章**にて触れている。
3) 漢字一字単位では、素性として「表意」と呼ぶのがいいという考え方もあるかもしれない。というのは、漢字は多く二字以上並べられて語の意味を発動するので、一字では抽象度が高く、形態素などをその記号のうちに湛えているだけ、ともとれるからである。しかし、一字一語として使える漢字も存在するので、筆者は、抽象的存在としての漢字という文字、その一つ一つは表語文字であるという位置づけで十分なものであると考える。
4) 野村雅昭『漢字の未来』（三元社　2008）でも、表意文字という言い方は正確ではないとの言及がある。また沖森卓也『日本の漢字　1600年の歴史』（ベレ出版　2011）でも「今日では従来「表意文字」といわれていた類を「表語文字」と呼ぶことが一般的となっており、本書でもこの語を用いることにする」との言及がある。なお、引用した犬飼隆『文字・表記探求法』（朝倉書店　2002）では11pより「漢字は表意文字か、それとも表語文字か」とまるまる一章を割いて解説し、表語文字であることを位置づけている。
5) 犬飼隆『上代文字言語の研究』（増補版　笠間書院　2005：11p～）「文字表語機能観」では、この把握の重要さをみとめた上で、「素材」を「system」と呼んでいる。
6) 音を「捨象」した漢字の用法──「表意用法」については、尾山慎「漢字の「表意的用法」による表記とその解釈」（国語文字史研究会編『国語文字史の研究15』和泉書院　2016）に論じているので参照されたい。本書がいう「表意性」が認められる用例とは、「表意用法」で書かれたのではなく、あくまで表音用法で書かれた表記から、読みとるものである。萬葉集の場合、漢語との関係で、熟字訓かもしれないという疑念がつきまとい、判別が難しい。たとえば「辛苦」でクルシと読ませるもの（巻10・2183など）があるが、この場合「辛」は読まれない。ではクルシという語は「苦」字だけが担当し、「辛」についてはツライという意だけ表しているといえるかというと必ずしもそうとは限らない。「辛苦」という二字の漢語に倭語クルシが当てられただけかもしれな

いからである。さらに明白なものでは「不穢」でキヨシ、「不通」でヨドムなどは明らかに漢語に基づいた和訓を引き当てていることになる。こういったものは、表音用法をベースにしているわけではないので（単純に、漢語（文字列）と、倭語の引き合わせ、と説明できる）、「表意性」にはあたらないと見る。

7）「用法」という限りは書き手のそれなりに明確な意識を前提とするイメージがもたれやすいであろう。「的士」という表記を taxi にあてるやり方は、「表音」という用法で漢字を使おうという意識がそこにある。当該表記が"創始"されて以降、それが模倣・継承され社会性をもっても、依然として表語文字たる「的」や「士」の意味が析出されないのは、そういう「用法」だと了解しているからに他らない。こういった場合を指していうならば「用法」という術語も違和感がない。ただし、本論中で後からも見るように、書き手の意図に反して、読み手が、あるはずのないものを読みとってしまうということがあり得る。たとえば書き手は漢字の表音用法によって書いたのに、読み手がその漢字の意味を過剰によみとって、あらたな解釈を付与してしまうという場合である。読み手から見れば漢語であるとの勘違い、あるいは単なる表音用法にとどまらない、表意表音兼帯の用法だと規定してしまいかねない。が、このときの「用法」とは、読み手側から虚構的に作り上げられた書き手による「用法」であり、本来の書き手による「用法」との関係を巡って、誤解を呼びやすいきらいはある。書き手の意図は知りようがないが、誰かが書いたからこそ、その文字はのこっているわけで、「用法」は存在したとみて、この語を使う。

8）　文字列と仮名の認識を巡っては、本書**第4章**に論じている。

9）「「表語性」というのは多義であることが確認され、今後の課題となる」（『日本語の研究』8-4　2012　日本語学会2012年度春季大会ワークショップ発表要旨3p）

10）たとえば本論中でも取り上げている奥田論文は論題に「表意性」とあり、井手論文も「表意性」を用いている。が、両者の「表意性」は違うものである。鈴木重幸「文字の表音性と表意性」（『言語生活』121　1961）では、「表意性」は「文字が一定の意味および、意味単位と結びついている」と規定する。鈴木は、この規定を「文字の性格であって、個々の書き手や読み手に属する主観的なものではない」としていることから、これは文字の素材としての位置づけとしてあげた「表語文字」の規定に相当すると見られる。またアルド・トリーニ「表記と表現—萬葉集における多義性用字法の分析—」（『國學院雜誌』108-11　2007）は「多義性」という術語を用い、義訓や戯書および、奥田論文（後掲）の扱う表意性をもつ用例をもこれに含めている。

第2節　歌表記における「表意（性）」と「表語（性）」　45

11)　本論中にも少し触れたことだが、井手は同論文86pで、こうも述べている——「視覚的な、仮名の字面の特定化による、二次的な表語性（表意性）の獲得という効果をもたらす」（傍線筆者）。つまり、表語性であるともしており、ならば井手の指摘をそのまま受ければよいように思われるかもしれない。しかし、この括弧に括っていれた「表語性（表意性）」という示し方は、いわば表意性と表語性の明確な用語の使い分けがされていないことを示すわけでもある。また93pの「主として表語性（表意性）の漢字を用いて表記せられた変体漢文表記諸巻」という一文における「表語性（表意性）」は、86pのそれとは異なり、本書でいう「表語文字」にあたると見られる。つまり、本書**第1章**で触れた、漢字という文字の、素材としてのそれと、用法としてのそれとが、いずれも同じ「表語性（表意性）」と呼ばれている点で、本書の主張と異なるところがある。また、訓字を「表意性の極」ともしている（75p）が、本書の主張に基づいていうならば、〝表語文字（素材）の極〟、あるいは〝一次的表語性（用法）の極〟、ということになる。ところで、井手論文は、本書のいう表語性と表意性の区別は既に説いている。論文中の「第一表所載」と、「第二表所載」という区別がそれにあたる。ただ、本書との違いは、両者をまとめて「直接表語性（表意性）」を指向する表記であった」とする部分である（93p）。こちらの「表語性（表意性）」は本書のいう表語性にあたると見られるが、本論中に論じているように表意性とは区別されるものであり、一括はされないものと見る。

12)　書き手においては必ずしもそうとはいえないものがある。目にする機会が多く、なおかつある語に対して特定化していると（本人が）考える表記があるとして、その自分の感覚を、想定する読み手達にも投影しつつ、他の用字候補より優先して選択する場合があったとしたら、それは、個人的現象を越えた、その表記の社会性に期待してのことと位置づけることが可能ではある。が、ここではとりあえず読み手の側のこととして話を進めることにしたい。

13)　川端善明「萬葉仮名の成立と展相」（上田正昭編『古代日本文化の探求　文字』社会思想社　1975：pp151-152）では「表語性」という語が使われ、かつその意味するところは本書のいうことに重なるのでそのことについて述べておく。川端氏は、ある字が、ある程度慣用的に固定していた場合、「語の語的まとまりを直接、視覚的に分節することにもなる」とし、これを「一種の高次なる表語性—形式としての表語性」と呼んでおり、これは本論中に紹介した井手論文が「表意性」として指摘したことに重なる（ちなみに、井手論文は川端論文に先行する）。実際、川端論文152p 6行目には「二次的な表語性」という表現も出ており、これは本書でいうところに等しい。ただし、動詞ニホフのニ

に訓仮名「丹」があてられるとき、「動詞ニホフの意味に対しては表意的であることを兼ねている」と述べ、かつ「仮名でありながらそれは表語的な直接表記の性格をもつ」(151p)とあり、このときの「表語」は「二次的表語性」としていわれているそれと少し異なる意と読める。続く次注をも参照。

14) 二次的表語性の規定そのものは井手論、川端論などの先行論に負うところが大きい。しかし、本書の眼目は、井手論文のように「表語性」と「表意性」を同義のように見たり、あるいは素材・用法の両面に渡る術語として捉えるのではなく、また川端論文のように「表語的」といった類似術語を混在させるのではなく、表意性との違いを見て、かつ両術語が併存的に捉えることができるということを示すとともに、読み手がなす認知、判断というところからこれらを把捉しようとする点にある。

15) 萬葉集中には実際には「「酒」を「甞」める」という表現は出てこないが、漢籍で「酒」を「甞」というのは見られることから、これらはやはり偶然ではないと考えられる。「呉姫壓酒勸客甞」(李白「金陵酒肆留別」)「晏子入門、三讓、升階、用三獻焉、嗛酒甞膳」(晏子春秋　巻第七 外篇第七)。なお、巻三・三四三に「酒二染甞／酒に染みなむ」がある。ただしこちらの「酒」は訓字である。このことは、二合仮名と多音節訓仮名の関係を考える**第2章第2節**にて再度触れる。

16) 真に「音を捨象」するということは、その字を知っている限りあり得ない(脳裏に必ず浮かぶ)わけだが、ここでは、歌の上に現れてこないなど、音形が実現されないことを指す。

17) いわゆる義訓および掛詞について、本書でいう表語性と表意性がどうかかわるか、付言しておく。術語のそもそもの前提として、これらは表音用法によってできた表記上に認め得るものと規定しているわけだから、その時点で義訓には関係しないことにもなるのだが、義訓は訓仮名かどうかの判断が難しい場合がある。たとえば佐々木隆「『萬葉集』の〈丹〉字と〈穂〉字—表意性と義訓の方法—」(『國語と國文学』76-5)でも挙げられている、「丹穂」について、これは義訓で、対して「丹穂経」とある場合は、逐字的であるから訓仮名であるとすると、後者は本書で言う表意性にあたることになる。しかし、前者は後者の省字であり、訓仮名と見なすこともできるという指摘があり(乾善彦「略書再考」(国語文字史研究会編『国語文字史の研究』10和泉書院　2007))、もしそうであれば、前者も仮名の表意性、ということにもなってくる(ただし、乾論は義訓の可能性を否定はしていない)。いずれにせよ、表音表記であることの上に立脚する術語なので、義訓に対してどうかという問いはつまり、仮名か否か、ということがはっきりいえるかどうかになる。また掛詞について

は、仮名で書かれて2つの意味がかけられている場合、表音表記で語を表しているうことになるので、「表語」ということにあたりそうに見えるかもしれないが、本書の規定する「(二次的)表語性」は井手論も述べるように、特定化による視覚的な分節性につながる「語」の喚起という意味でのそれなので、掛詞それ自体はまずは含まないことになる。仮名表記でも、語を表している。掛詞はこれが同音語で2語同時に表している状態なのである(一次的表語性)。よって、大量に使用され、特定化された掛詞表記があれば、それを本書で規定するところの「(二次的)表語性」と呼ぶことはできるだろう。

18) 仮名で書かれた文字列に対峙し、それらが仮名であると認定するときの認知と判断についてもいえることである。仮名である認定とは、つまり意味を捨てているのだという認定と同義だが、言い方をかえれば目の前に並んでいる漢字の意味を無視するということだ。つまり意味が脳裏によぎっても、それを無視し、持ち込まないわけである。このときに、文字を通して「脳裏によぎる」ことをも「表語性」と呼ぶ必然性はないと考える。

19) 「說般若波羅蜜經。復次佛欲說第一義悉檀相故。說是般若波羅蜜經。有四種悉檀。一者世界悉檀。二者各各爲人悉檀。三者對治悉檀。四者第一義悉檀。」
(大正新脩大藏經より、『大智度論』初序品中縁起義釋論 第一)

20) 平仮名に表意性はなくとも、専用表記になることによる表語性はあり得るわけだが、変体仮名の連綿の場合、その綴りの固定性が語を喚起することも考えられる。この他にも語頭、文末を実質的な定位置にすることによる喚起もあろう。

21) 用字法と表記法については佐野宏「萬葉集における表記体と用字法について」(『國語國文』84-4 2015)および本書**第4章**を参照されたい。

22) 本書では表意性と表語性の別を主に説いたが、両者が全く無関係だとも思われない。今回は深く踏み込まないが、たとえば「鶴鴨」のように、二次的表語性を獲得しているとみられる例の場合、「鳥で二文字揃えている」(文脈外タイプ表意性)というそういった用字の妙にはあまり注意が払われなくなるところがあるように思われる。つまり、表意性をもつ表記が、仮に反復使用されて、二次的表語性を獲得するまでに至ると、その表意性は反対に弱化するのではないかということである。これは地名表記などにも通じる可能性がある。地名起源を暗示する用字であったり、好字の並びであることなどが、地名表記として定着すればするほど顧みられにくくなるような側面である。

23) 術語はその指し示す範疇が広いと、使用意義が希薄になることがある。萬葉集でたった1例の仮名表記(たとえば「良六」)と、94例が認められる「良武」を、いずれも結局は語を表しているのである、とたとえば一括する説明

は、それは一つの真実ではあるが、やはり、音節表示としかよめないものとそうでないもの、あるいは希少例と反復使用例——といったような、同じ仮名表記であっても、多様なそれらを示差的に分類できるタグもまた、研究上必要ではないかと思う。紹介したように、先行論がそれを試みてきているわけだが、結果的に、各論で術語の指示範疇が一定せず、またいずれか一方しか使わなかったりと、ある種錯綜しているようにみえることから、1つの提示を試みたのである。表語性と表意性それぞれの範疇を、少しく限定をもうけて規定した。

第3節　訓字、訓仮名、音仮名と表意性

はじめに

　ここでは、前節を承けつつ、言語学的観点から、本書の主たる研究対象である訓字・訓仮名・音仮名について再考・再整理を加えておく。後に**序章**で古代の表記論一般に触れるけれども、ここでは、語と文字の関係という、より焦点を絞った見地からの考証を行う。
　あらためてであるが、萬葉集の表記には訓字、訓仮名、音仮名、義訓[1)]、戯書等が認められる、とよく説明される。厳密には、義訓とは、文字列と、与えられた(あるいは我々が読みとれる)読みとを、一般の訓字のありように照らす形で差異的に与える分類であり、戯書とは文字列と、得られる読みとの、多く一回限りの臨時的関係性をして、そうよんだものである。訓字とは、漢字と日本語訓が対応しているものという理解で基本的に良いと思われるが、相対的な意味での数値として希なものから、非常に多く繰り返して使用されるものまで広がりは多様である。つまり、ある文字にある日本語訓がどれほど定着しているかということを、我々が認定するのは容易ではない。池上禎造は「後代人」の感覚で文字に対する定着訓を定めていくことに警鐘を鳴らしている[2)]。また、訓仮名は日本語の語形を表象しながらも、そこから意義を捨象したものと説明されるが、捨象し切れていないようにみえるものがあって、単純ではない。筆者は、前節で、それらは上乗せされるものであると説いたが、本節でそれら「表意性」についてあらためて考えておきたい。前節ではまさに用語として使用したが、漢字の用法としての訓字や仮名を研究する際に、「意義」や「意味」といった言葉が持ち出されることが多い。ただ、訓字も、当然「意義」ないし「意味」を負っているので、「可我見」や「隠障浪」のような訓仮名のありようを説明するとき(後に詳述する)に、かえってわかりにくくもなる。結

果、訓仮名は訓字に連続的なところがあるとか、「義字性に応じて、義字の要素を多少なりとも有する」（大野透『萬葉假名の研究』明治書院　1962）といった説明のされ方に落ち着くことが多いが、筆者はもう少し、訓字との差異を精密に分析、構造化できると考える。特に、大野の「義字的用字」という、普遍的とも聞こえる位置づけは、漢字という文字とその一用法たる訓仮名との関係をかえってわかりにくくするところがあると考える。

　古代の表記における文字、そのすべての材料となっている漢字という文字の性質——表語文字というのが、話の出発点となり、かつまた結局終着点にもなるのだが、本節では、漢字という素材としての文字と、その用法（表音用法の仮名、表語用法の訓字）との関係を、シニフィアン（signifiant）とシニフィエ（signifié）——以下、必ずしもアルファベット表記を併記しない——という一般言語学的な観点で再検証したい。日本語表記の説明には不十分といわれることが多いソシュールのこの観点を敢えて用いるのは、「意味」「意義」「意」といった様々な類似の言い回しを便利使いしなくてよいという点が一つ。それから、日本語の説明には使えないというのがどこまで真実かということを見極めるねらいもある。結論からいうと、日本語は表記が多様だからシニフィアンとシニフィエの関係では解けないというのは、実は十全な批判ではない。

　以下、便宜的に、「意味」「意」「義」「意義」等をほぼ同義とみて、「意味」に代表させて話を進める。「語義」という既存語は使わず、基本的に「（語の）シニフィエ」に統一する。また、一応「文字」に「意味」が存在しているとは言いがたいという考えのもとに、「字義」といった言い方（とらえ方）は避ける[3]（ただし他の論文にそうあるのを引用する場合は除く）。

1、一般言語学の「語」と「意味」

1−1、ソシュール（F. D. Saussure）のシニフィアン（signifiant）とシニフィエ（signifié）

　「語」を、「音」と「意」の結合とみるのは今や半ば常識となっているが、

F. D. ソシュールのシニフィアンとシニフィエによって説明されたところによる。小林英夫の訳語[4]「能記」「所記」は、近時、「記号表現（signifiant）」「記号内容（signifié）」などともいわれる。またよく知られているように、ソシュールは文字をこの分析の考慮にいれていない[5]。記号表現にあたるのは、「聴覚映像 images acoustiques」といわれ、これは、我々がいま一般にいう「音韻」に相当するとみられる。あらためて図示しておこう（【図1】）。

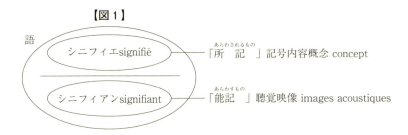

【図1】

語
シニフィエ signifié ── 「所 記」記号内容概念 concept（あらわされるもの）
シニフィアン signifiant ── 「能 記」聴覚映像 images acoustiques（あらわすもの）

すでに述べたように、仮名が、仮名たり得ることに、一般的に考えて「意味」の捨象というものが挙げられるはずである。では「意味」とは何かと問えば、上記の通りこれは「概念 concept」であり、すなわちシニフィエ──〝シニフィアンによって表されるところの概念〟ということになる。ということは「意味」それそのものの説明をソシュールも結局はしていないわけだが、もし説明するとなると、その説明は言語を使って施すことになり、結局言葉の意味を別の言葉で説明する（言い換える）に過ぎなくなってしまうことから、あえてそれを回避したとも考えられる。ただ、実際のところは、人は言い換えによって語の意味を把捉してきたわけで、古辞書などでよく見る、いわゆる互訓というのも、そのことをよく示していよう。

1－2、杉本つとむの見解

　ソシュールの言語観には、日本でも様々な疑義がだされてきた。代表的なのは時枝誠記だが、文字・表記研究の観点からいえば、やはり前述の通り、文字を考慮に入れていないという点で批判が強い。たとえば「市立大学の歌学専攻と私立大学の化学専攻の学費の違い」といったことを、日本語は文字

に表現できたりする（音声化は可能だが、口語として選択はされにくい。結局〝かみ砕き〟をしないと通じないはずだ）。ソシュールの、文字は言葉を写す、それ以上でも以下でもないという見方は、確かにこういった事例には当てはめにくいようにも思われる。そこで、杉本つとむ『文字史の構想』（茅原書房 1992）から、ある記述を抜粋してみたい（傍線および〇囲み数字付加は筆者による）。

> 目で見、頭脳に刺戟を与えるのは、音声ではなく、文字なのである。ソシュールやヨーロッパの言語学はこの目をあまりにも排除した。それはヨーロッパの文字の表層的な機能にとらわれたゆえであろう。ソシュールも現代のような言語社会を想像することは不可能であったと思う。
>
> (33p)
>
> 〈樹〉という概念（ソシュールは所記 signfie）と〈arbor〉という聴覚映像（同じく、能記 signfiant）との結合を記号 signe とするソシュールの基本的考え方からいけば、①視覚映像は、arbor のみで、木でも樹でも尌でも樹木でもキでもいいことになる。書記体系の単純なヨーロッパ語の表記体系は中国と日本の場合とは別世界なのである。②聴覚映像の/オトメ/を〈未通女、処女、少女、乙女、阿嬢子〉などと表記する視覚映像の多様さを問題にし、それをヨーロッパ言語学的に検討することなどをソシュールに求めることは不可能であろう。逆にこうした視覚映像に日本語研究において、記号論的にも正しい位置を与えなければならない。
>
> (33p)

【図2】

※ただし、聴覚映像がどこかへ飛んでしまうわけではない。【図2】では割愛しているが、聴覚映像は、「arbor」という5文字のこの表記（視覚映像）があらわす語と密着している（意味と音が密着している）。便宜上いま聴覚映像/ərbər/の表示をしていないだけである。以下同。

まず、①について、「視覚映像は、arbor のみで、木でも樹でも尌でも樹木でもキでもいいことになる」——「のみで」から後続文への繋がりにおいて、ややその意を取りがたいが、英語の場合は「arbor」という5文字の表記これのみ、日本語の場合は「木でも樹でも尌でも樹木でもキでもいい」ということだろう。視覚映像という言葉はソシュールはつかっていないので、杉本によって持ち出されたことになる。②の「聴覚映像の/オトメ/を〈未通女、処女、少女、乙女、阿嬢子〉などと表記する視覚映像の多様さ」とは、①に重ねてそのことを述べた箇所である。先にも述べたように、「聴覚映像」とは「images acoustiques」の訳である。ここに視覚映像すなわち文字表記の問題を持ち込むのは上述の通り日本語の場合、首肯できる問題提起ではあるけれども、あらためてこれをモデル化すればどうなるか、確認していこう。

1－3、「視覚映像」としてのシニフィアン

杉本の提言に従って「視覚映像」で措定するとすれば、【図3】の通り。

前述の通りソシュールは、表記「arbor」は音韻/ərbər/を表す、ただそれだけという判断から、これを事実上捨象した。では、視覚映像という観点を持ち込む場合、日本語表記ではそこにバリエーションができる場合もあろう（以下、示す図では話の中心を視覚映像におくため、聴覚映像という要素を割愛することがあるが、繰り返すように「音」がないわけではない。語である限り、そこに「音」はある【図4～7】)。

54 術語説明にかえて

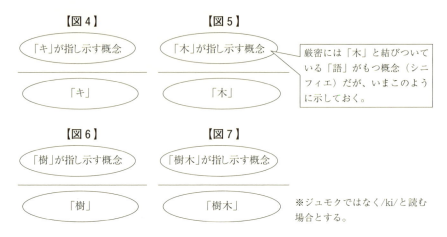

　ここでは試みに4例ほど挙げてみたが、言葉によってはさらに表記バリアントが多岐に及ぶ場合もあるだろう。下の【図4〜7】はそれぞれの視覚映像ごとに図示したが、これに対照しつつ【図3】を改めて見ていただきたい。【図3】は、表記のバリアントがなにをもたらすか、という問題が横たわっている。つまり、単に候補が複数あるというそれだけでは、ソシュールのいうことは、別段揺らがないのである（以下、ソシュールのいうものは「（聴）シニフィアン」、杉本のいう表記のそれを「（視）シニフィアン」と呼ぶことにする）。この【図3】の（視）シニフィアンの示し方は、既掲したところの河野六郎の全ての文字の基本的な機能は表語にある（「文字の本質」『岩波講座日本語8　文字』1977）という言葉を思い出させるであろう。そして、このようにならべ、そしてすべてが/ki/という語を表すのであれば、事実上、これらの表記上の差異は捨象することも可能となる。あえてソシュールの言葉を借りるならば、「召使い」が何人いても示すものは同じというわけである。

1－4、（視）シニフィアンの別によってシニフィエが揺らぐ、割れる

　単にバリアントとしての表記群だと（【図3】）、結局/ki/によってあらわされる概念という一つの（聴）シニフィエに回収され、事実上、表記バリエーションは、ただの下位のバリエーションに過ぎなくなる。これは現代日本語

第3節　訓字、訓仮名、音仮名と表意性　55

表記にも存在する——つまり、つまり「わたし」と書くか「私」と書くかにさして違いを感じないという場合である（こだわる人もいるかもしれないが、個別的である）。一方、「悲しいというより哀しいって感じだ」という場合は、話が変わってくる。この場合は、「わたし／私」に頓着しないのとは違って、一つの語を文字の側から分断して臨時的に異義化させている。つまり、本来一つである「カナシイ」のシニフィエをあえて細分せしめるような（視）シニフィアンとの関係がある。ごく卑近な例でも、「早い」と「速い」のように、日本語では一語であるものを漢字によって切り分ける例がある。こういう現象はたしかに表音文字だけでは起きないことである。「悲しいというより哀しいって感じだ」の場合は、二つの、似た意味をもった同訓字が一文中において対比的なので、必然的にそれぞれのシニフィエも差異があることになるが、たとえばそれぞれ別の文脈で別人が書いたものを引き比べた時、かならずしもそう把握できない可能性もある。つまり、漢字をさほど意識せずかき分けている（どちらでもかまわない、という認識や、あるいは字体だけ有標的な「哀」を採用しておいてpedanticに演出するだけであって、カナシイのシニフィエには、実はさわっていない、等）場合もあるかもしれない。文字が違えばシニフィエの細分化現象を必ず引き出せるとは限らないことは注意しておきたい。

1－5、仮名と訓字の関係

　萬葉集の「月」という言葉を例にとろう（音節表記の際、上代特殊仮名遣いの注記は割愛する）。通常【図8】のように把握されるであろう。佐野宏「倭文体の背景について」（国語文字史研究会編『国語文字史の研究10』和泉書院2007）が、「その表記を日本語として「読む」ということは、要するに漢字・漢語の文字列を仮名の文字列に置き換えてゆくことではないのか」と説いているのは重要であろう。読める限りにおいて、訓字と仮名の関係は【図8】のようにとらえられる。また、繰り返し使われ、特定の語形しか表象しない訓字は、仮名化しているという言い方も可能であろう。

【図8】

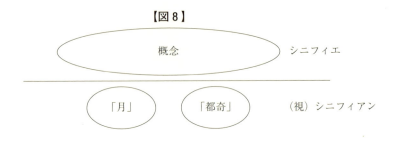

　かねて、大野透前掲書は「漢字は一般に義字であるから」、萬葉仮名は概ね多少なりとも義字の要素を有することがあるとし、ことに漢字の日本語訓に基づく訓仮名が、義字的仮名として使用される傾向があることは自然だと説いた（367p〜）。澤崎前掲論もこれを踏まえ、「字義」をどれほど意識させないかというところに常用の訓仮名を位置づけようとする。確かに漢字は本質的に語を表すのであって、その点で、平仮名や片仮名といっしょにはならない──山田俊雄のいう文字の「素材」（静態）と「用法」（動態）の別からも、そう帰納されることであり[6]、「素材」の次元で表音文字である平仮名と区別されるというのは、妥当な議論であろう。そして、萬葉集のいわゆる「仮名」に、静態的素材としての漢字が常に背後にあることは事実であるが、動態──つまり用法上においても常にそれを関知（感知）できるかどうかは別である。視覚的に捉えられる字体は漢字であり、その一つ一つの字体から読み手が何を連想しても勝手といえば勝手だが、しかしそれは、普遍ではない。

2、「表意性」を帯びる仮名

2−1、音仮名

　漢字は、すでにあげたように、近時一般に表語文字といわれる。もっとも、漢字は一字それだけで実際に運用されることは少ないので、一文字という単位、しかも静態的にいうなら、「語」が実現しているとは捉えがたく、

第3節　訓字、訓仮名、音仮名と表意性　57

ある形態素（時に一文字あたり複数）をその記号のうちに湛えている状態ということで、そういった形態素（の束）はいわば抽象的でもあって、それは実現する「語」というよりは「意」と括っておいた方がいいという考え方もあるかもしれない。それによってかどうかはわからないが、相変わらず「表意文字」という術語は息が長く、研究者によっては現役の術語のようであるが、あらためて筆者はいま、〝漢字は表語文字である〟と措定しておく[7]。一方、運用上あり得る「表意性」についてはすでに述べた[8]。ここに「表意」を持ち出すのは、語として実現しないが、副次的に添えられる、上乗せされ得る「意味」をいうものである（脳内で語形が想起されていても、それは語の実現とは認めない）。あらためて具体例を挙げよう。再掲である。

玉ならば　手にも巻かむを　欝瞻乃（うつせみの）　世の人なれば　手に巻きかたし
(巻4・729)

「空蟬」「打蟬」が多数であることを思えば、ことさらこういった難字を使うことが意図せぬ偶然の所産だとは見なしがたい（が、筆者の読みに過ぎない可能性は、どこまでも残る——後述）。しかし、根本的なことだが、あくまでこの2文字は語形をあらわすべく表音的にあてられたものである。当然ながら、音形に合致する読みをもっている文字という基準が第一に置かれなければならず、いくら有縁的に「意味」がそぐう場合でも、肝心の語形表記に音節が合致しなければそもそもその文字が選択されることはない（あってもそれは義訓等に分類される可能性が高い）。このとき、読み手は、本来意味を捨てているはずのその仮名から、その上乗せされ得る「意味」を、ウツセミが同定できたことを前提に、すりあわせつつ解釈することになるだろう。上乗せという言い方をするのは、この「意味」に気づかなくても、ウツセミと読む（語形が実現する）ことが一応可能だからである。ようするに「贅沢な」（川端善明「万葉仮名の成立と展相」上田正昭編『古代日本文化の探求　文字』社会思想社　1975）余剰である。このとき注意すべきは、たとえば「欝」字の【草木が生い茂っているさま】【心が晴れ晴れず、気がふさぐこと】とか、「瞻」字の【見る】といったいわゆる「意味」（かように「語の言い換え」にかえるしかないが）が、実際に語（ないし文）としては外に発現しないところに

ある。読み手の脳内では数々の関連語形、あるいはそれこそ「意味」が実現されているかもしれないが、脳内で想起されることは個別的であって、分析上、不可視のそれを含めると収拾が付かないので、このように扱う。さて、この「表意性」を持つ例を図示すると【図9】の通り。ちなみに、書き手はそのように仕掛けたのに、「表意性」に気づかないこともあるだろう。その場合は【図9】の、包摂する点線囲いがなくなり、欝字、瞻字それぞれのシニフィエも意識されない、ということになる。なお、書き手が意図しないのに、読者（分析者）が過剰に【図9】の※1、※2にあたる要素を引っ張り出して付会している可能性もある[9]。前節でも述べたが無為を有意に転換することはあり得る話である。かように、シニフィエを複層化できるのが、漢字による表記に表れ得る特徴といえよう。表音文字だけではこの芸当はできない。ソシュールの説明が当てはめ難いところがあるとすれば、一つ、こういう現象を指すであろう。

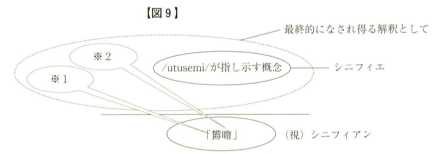

【図9】

※1は「欝」字のシニフィエ（もちろん、聴覚映像/utu/もあるが表示は割愛——以下同）、※2は「瞻」字のシニフィエである。※1、※2は上乗せされる得るものであり、これらに気づかなくても（字音を同定できる限り）元々のシニフィアン（「欝瞻」、/utusemi/）とシニフィエとの関係は成立している。読み手がこの仕掛けに気づけば、これを上乗せし、かつ包括する形で「欝瞻」表記と点線囲いとの関係でもって解釈する。

2−2、訓仮名

以上の分析は、訓仮名にも応用できる。まず、下記の例からみてみよう。

　　よそ目にも　君が姿を　見てばこそ　吾が恋山目（止まめ）　命死なずは

第3節　訓字、訓仮名、音仮名と表意性　59

(巻12・2883)

　この場合、（視）シニフィアンとシニフィエの結びつきを裏付けるためには、この二文字をいわゆる「訓よみ」で読むことが求められる。音節を同定できた場合、同時に、「止まめ」のもつ「意味」と、「山」字の「意味」、「目」字の「意味」とが関与しあわないこと了解する形で、/jamame/（あるいは「山目」表記）によってあらわされるシニフィエを把握することになる。

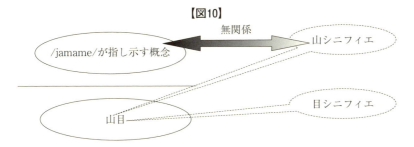

【図10】

　さて、筆者はこの「山目」の例は典型的な訓仮名として説明したが、異見もあろうかとおもう。たとえば「山目」の「目」字は第二句の「見てばこそ」と関係づけられた用字ではないか、といったものだ（つまり、歌一首の中で連想性を見いだす）。そうなると、この「め」は「目」の「意味」を想起され得るのであって、【図10】で「無関係」とした点線囲いの「目」シニフィエが、無関係でもなくなってくるかもしれない。そうなれば点線は実線にでも換えた方が良いだろうが、「ウツセミ」の場合と同様、/jamame/のシニフィエ自体に変更を加えるものではない。あくまで余剰である。だからその限りにおいては、こういった解釈も一つあり得ることだとは思う。ちなみに「山」字はどうであろう——この歌は、相手の姿を見ることができないことで恋心が募っているということで、その程度の高さを「山」に託している、あるいは「山目」、つまり高いところから俯瞰するように、遠くにでもあなたを見たい、という思いが託されている——というのはどうだろうか。おそらく、こういうことまでいいだすと途端に支持を得られにくくなるように思う（深読みにすぎる、と）。が、やろうとおもえばできなくはない。いずれにせよ、注意したいのは、前節の音仮名の例でも述べたように、付帯的に

（視）シニフィアンから、そなえられる「意味（シニフィエ）」を取り出すのは、余剰であるといということだ（文字列を仮名と認知し、音節を読み取ることと、余剰的に「意味」を読みとることが限りなく一瞬でほぼ同時的に認知されることであっても、理論上そういう順序関係におかれる）。事実、書き手が仕掛けたものもあったとは思われるが、研究に臨むにあたって、その余剰は読解する側の裁量からとらえるのが穏当である（そうするしかない）。訓仮名には様々な例があり、大野透の他にも、橋本四郎がすでに早く指摘しているように、特に多音節のものは語を喚起しやすいところもあって、【図10】になぞらえて言えば、点線が点線でなく、付帯的な表意性として立ち上がってくる（ように読める）ことは大いにある。ちなみにその付帯的な表意性も、その「語」にまつわる場合と、一首全体にかかわる場合、さらには、文意にかかわらないものもある[10]。たとえば次のようなものである（再掲）。

　　言云者　三々二田八酢四　小九毛　心中二　我念羽奈九二（巻11・2581）
　前節でもすでに述べたが、筆者はこのような場合と、先のウツセミのような場合とを、それほど細かく区別する必要はないと考える。それは、表音的用法で記された表記の、その個々の文字記号が湛えるシニフィエを取り出して、解釈する行為としては同じだからである。モデル化すると【図11】の通り。

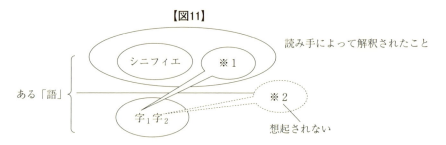

　※1は字₁の（表す語の――以下同）シニフィエ、※2は字₂のシニフィエである。「字₁字₂」表記が、この、「ある「語」」の（視）シニフィエである。試みに、ここでは例として※1の表意性を読み取って、※2は読みとる必然性がなかった（あるいは気づかなかった）ケースということにしてみた

第3節　訓字、訓仮名、音仮名と表意性　61

（この逆、両方ともが読みとられる場合、あるいは両方とも読みとられない（想起されない）こともあるだろう）。またこの読みとったものを解釈上のどこに参与させるかは多様である（語の意味に関わるかどうか、一首の歌意に関わるかどうかなど。先に挙げた、数字を仮名に多用した例は、歌一首の歌意にも、語の意味にも参与しないが、互いに「数字」という関係性を読みとらせる可能性が高いであろう）。澤崎前掲論文が「字義を読み取らせる」ということをキーワードにして論じているが、それは【図11】の点線状態のものを読み手がどう読みとったり、とらなかったりするか、ということになる。点線でしめしたものは、漢字であるかぎり普遍的に潜在するが、「読み取る」かどうかは、行為の問題として個別的である。普遍的に読みとられる、あるいは普遍的に読みとられない、ということまでは言いにくい（相対的に、そういう読み方が多いあるいは少ないと推測される、にとどまる）。

　上掲例について、字₂は、点線のシニフィエが常に背後にある。この場合は、読みとられないケースを例にしたが、この点線の状態こそが、表語文字を素材に、表音用法に使用された文字が宿命的に潜在していることを示す。このようなことから、大野透前掲書が説く、訓仮名の「義字性」というとらえ方について、本書は次の点でいささか異見がある。すなわち（視）シニフィアンの、元来結びついているシニフィエを呼び出して上乗せするという、層の構造でみるべきというのが一点、それと、「義字的」と呼んでしまうと、その一字一字の訓仮名の普遍的素性として聞こえてしまうところがあるが、訓仮名である以上、そこに「意味」をどれほど見いだすかは、一首なら一首の文字列の環境が関係——たとえば訓仮名が訓字に親和し、表意性を喚起しやすい状況に置かれているという要因——しているのであって、そういった要因もふまえつつ、読み手の解釈の産物として措定する点が異なる。ゆえに、「義字的用字」として一般化することは当を得ていない、と考える[11]。仮に表意性が読みとれても、それは素材が表語文字ゆえに、常に可能性として読みとりうるシニフィエを文字が表象しているゆえのことであって、それを解釈にあたって、余剰・付帯的に取り出すかどうかは、繰り返しになるが、個別的であるといわねばならない。ゆえに、デジタルに分

類、線引きできるものではないし、気づかないこと（あるいは反対に過剰な取り出し）とてあり得るわけである（過剰な取り出しは前節で述べた）。

2－3、訓字から訓仮名へ、そして義訓

　通常、訓仮名は訓字の語形だけを借りると説明される。「意味」を捨てていると判断するためには、理論上、意味が関係ないと思われる例でもって裏付けねばならない。前節の「山目」の例は、筆者は優れて訓仮名であると考えるが、これは、「山」のシニフィエと、「目」のシニフィエは、被表記語である/jamame/（止まめ）のシニフィエと直接関係しないとみなし得ることによる。既述のように、たとえ「目」字（第2句の「見」字と有縁的、など）の表意性を認め得ても、上乗せの副次的なものであるから、「止まめ/jamame/」のシニフィエに直接関与する（あるいはシニフィエそれ自体を変容させる）わけではない。筆者のいう余剰・上乗せ、という観点でとらえれば、これらの訓仮名にいくら表意性を読みとっても、訓字と紛れることはない。言い方をかえれば、そういった訓仮名の多様性が、それ自身を肥大化させて、結果、分類、分析上訓字と不分明になることを、防ぐことができる[12]。そこで、では何をもって訓字のシニフィエを措定するか、ということが問題になる[13]。その訓字のシニフィエをどう認めているかによって訓仮名の認定はかわってくる理屈である。「山」（mountain）と「目」（eyes）が、「止む（stop）」と関係ないということは（筆者の読みによれば）自明だと思うが、被表記語がどのようなシニフィエを負っていて、その文字が表象する語のシニフィエが、その範疇をどう外れているかという判定がないと、訓仮名の認定は本来はできない。そこで1つには、付属語（あるいはそれにまたがる箇所）に使用されているものは判定が比較的容易ではあろう。たとえば、

　　夢尓**谷**／夢にだに（巻2・175）

　　事悔**敷**乎／こと悔しきを（巻2・217）

　　吾波乞**當**／我は乞ひなむ（巻3・380）

　　手折可佐**寒**／手折りかざさむ（巻10・2188）

　　阿要奴**蟹**／あえぬがに（巻10・2272）

第3節　訓字、訓仮名、音仮名と表意性　63

といったものである。
　では次のような例はどうであろう。
　　隠障浪（隠さふ波の）（巻11・2437）
の「さふ」にあてられる「障」はおそらく、この語ないし一句の意に沿うものとして措かれたとみられる。筆者の読みでは「表意性」を有する例にカウントしていいと思う。ただし、「カクス」の活用語尾と「フ」にまたがっている箇所にあてられている時点で、優れて訓仮名とみなさなくてはならない。解釈して立ち上がってくる【さえぎる】【じゃまをする】といった「意味」も、「サフ」という語形も、いわばこの「障」から取り出され得ることであるにもかかわらず、はっきりと訓仮名だとみなすのは、あくまでこの文字は、自立語「サフ」をあらわす漢字だからである。このあたりは、分析者（我々）の方法論的な弁別になり、なにやら研究のための研究のような感もあるのだが、音仮名との相違・相通、訓字との関係を見定めていく上で、やはり曖昧にしておけない点であろう[14]。
　枕詞などは判定が難しいところもある。また、よく例にあげられるのは、音も含めて、「水都」「宇梅」「河泊」「宇馬」などであろう。木簡にでてくるツバキの「ツ婆木」（徳島県観音寺遺跡出土木簡）なども、我々からして「木」を訓仮名と言い切ることに、確かにある種の抵抗はあるだろう。すくなくとも先の「山目」のような裁定をしにくいものがあるのは事実である。ゆえに、ツバキで一語であると割り切って、「木」は訓仮名とみなして（ただし、付帯的な表意性は認定し得る）臨もうというのが本書の見解である。
　訓字か、訓仮名か、ということの判定の焦点は、上述の通り、文字が表象する語のシニフィエと、その当該の被表記語のシニフィエとの関係から判定される（語源解を考慮に入れることは、一端措く）。これは、訓字と義訓の間に横たわる関係でもある。乾善彦「戯書の定位　漢字で書くことの一側面」（井手至先生古稀記念会編『井手至先生古稀記念論文集　国語国文学藻』和泉書院1999）は、義訓について、「その文字がその訓を直接には呼び起こさないもの、間接的に呼び起こすもの」といい、また「玉篇やその他の訓詁をもとに導かれるものは定訓との関係で義訓ともよばれるし、それが定着したものな

らば正訓ともよばれることになる」としている。そのとおりであろう。本書冒頭に、「義訓とは、文字列と与えられた（あるいは我々が読みとれる）読みとを、一般の訓字に照らす形で差異的に与える分類」と述べた。わかりやすく言えば、その文字（あるいは二文字以上の表記）の、普通想起される読みかどうか、という観点で分類しているわけで、ここにも、上記の訓字─訓仮名の関係と同様、そもそもその訓字の背負っている語は何なのかという点が問題になる。訓仮名と義訓との構造の異なる点を図式で表すと次の【図12～13】の通りである。なお、実際には二文字以上の表記が単位となる場合がままあるが（たとえば「不穢」でキヨシなど）、ここではモデルとして便宜上文字一字として示しておく。なお、「谷」字が表象する語のシニフィエや、あるいはこの文字/tani/によってあらわされる概念（シニフィエ）は、図の（視）シニフィアンというところに互いに関係づけられて存在しているが、説明の便宜上それを明快にするため、右方にそれを引っ張り出して配置して、示す。

　義訓は、書かれる語のシニフィエと、文字のもつシニフィエのと間になんらかの有縁性──連想・類義・説明といった要素を認め、関係づけるところに成立する[15]（ただ、それは両者を結びつける根拠となる関係性であって、実際は「上乗せ」理解として施されることにはかわりない──その点で表意性の訓仮名に類似する）。また、その「語」の無標的表記（ここでは「春」）と背後で対照されてもいよう【図12】）。

　文字のシニフィエの摺り合わせという点で、「春」─「暖」は連想的であるが、「丸雪」で「あられ」とよむものなどは解説的であろう。個別的な分類はいま措くことにするが、捨象する要素の対照性はこれで示されると思う。義訓に対して訓仮名は、文字と結びついている語のシニフィエを捨象するところに成立する（【図13】）。なお、【図14】は表意性を読みとれる訓仮名の構造である。義訓【図12】とかなり共通するが、(聴)シニフィアンを捨象しない点が異なることが分かる。

第3節　訓字、訓仮名、音仮名と表意性　65

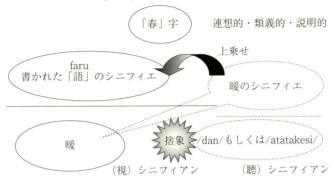

【図12】義訓「暖（はる）」

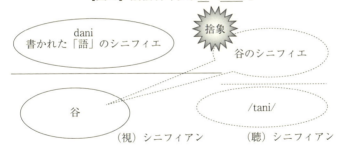

【図13】訓仮名「夢尓谷（だに）」

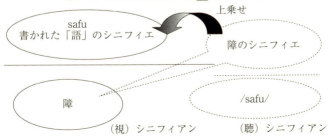

【図14】表意性訓仮名「隠障浪（さふ）」

さて、結局ここまで棚上げにしてきた、訓字のシニフィエとの距離関係の認定根拠、つまり、それが意味を捨てているから訓仮名である、という判断を可能にするもの――訓字の表象する語のシニフィエ認定について触れておこう。現状、研究でどこか自明の論理で進んでいるところがないだろうか。結局、分析、研究するのは現代人なので、既存知識としての漢字の情報に照らしつつ、萬葉集なら萬葉集の漢字を読んでいくことになるであろう（いわば、帰納と演繹を往還しつつ）。それを否定するものではない[16]。しかし、厳密に言えば、「正訓」のようないわゆる定着を基準にした判定は難しいものがあるし[17]、その文字の本来の意味、などということに踏み込むと研究者によって見解が分かれてくることには注意したい[18]。中国語本来の意味から日本側で拡張された意味を持っているものをも「借り物」と見なすと、その意味では訓字はぐっと範疇が狭くなる。

小　括

　一般言語学のシニフィアンとシニフィエという観点で、古代の文字と表記の構造をみてきた。文字が、記された語のシニフィエに加えて、余剰でさらに別のシニフィエを上乗せし得たりする点で、表音文字のみの世界観では解けない要素が、日本語表記にはあることが知られた――これは、ごく周知のことを今更追試したようにみえるかもしれない。しかしそうではない。表記バリアントが複数種あっても、ただ一つの語それだけを指すのであれば、それは文字通り「バリアント」にすぎない。そのような「召使い」達の働きの違いが示される必要が出てきたときにはじめて、一般言語学のシニフィエとシニフィアンというシンプルな構図では解けない事情があることが見えてくるのだ。そして古代は、日本語の歴史の中でも、もっともそれを観察しやすい時代でもある。漢字という文字が一文字で様々な語を背負い、あるいは一つの語がいくつもの漢字表記を背負うことがある。その多様性は、現代日本語表記よりもさらに顕著であるように見られる。これまで示してきた図は、単純化して一部を示してきたに過ぎず、もし文字と語にまつわる情報

を、できるかぎり網羅的にしめすと【図15】のようになる（今、個々の〝密着度〟は捨象している）。まるで葡萄の房の如く、文字と語の関係が群（グン）をなしている。これでも図示できているのは全てではないかもしれない。これを「複雑」と呼ぶかどうかは別にして、書かれた語のシニフィエと、（聴）シニフィアンの共通をもって、文字がまた別の語を表象する場合の、そのシニフィエが上乗せされたり、あるいは当該の語のシニフィエを細分したりという構図は、確かに、表音文字だけを使って説明される、あの一対一で密着するようなシニフィアンとシニフィエ、ただそれだけの関係ではすぐには理解しにくいだろう。しかし、その構造としては全く別物というわけではないのであって、結局は本書で展開してきたように、もとの関係に連接的、階層的に関係づけられていく形で、結果的に上記の状態に至っているわけだ。

【図15】（例）萬葉集中のユクとその表記

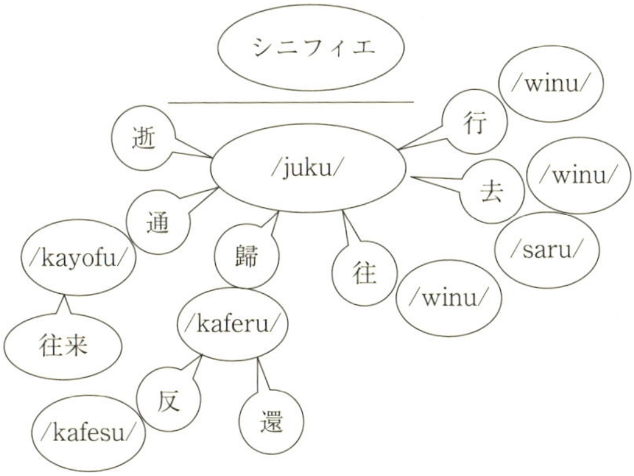

古代の場合は、「漢字」が常にどの表記にもついて回る。表音用法で書かれたものから意味を読みとったり、読みとらなかったり、という多彩さも、本来的に「意味」をもっているがゆえに呼び起こされる多彩さである（平仮名からは「意味」を読みとりようがない）。よって、漢字が何をどう表象して、そして読者が、ひいては分析者たる我々が、それをどこで弁別したり、切り分けたり、整理するかというのは優れて個別的である。本論に述べたように、表意性を読みとるのは一首の中の語や表記の張り合いの中で見いだされ

ることがままあるので、そういう意味でも個別的であって、ようするに歌ごと、句ごとといった個別性と、読みとる個人という個別性の両面があるのである[19]。

さて、巻20・4455「可我見尓世武乎」——カガミ（鏡）表記をここに取り上げよう。この表記は、「我ヲ」「見ル」「可シ」と分析できそうだが、この「見」字等を、書き手にとってもはや訓字に近い意識だったかもしれない、というとしたらどうだろうか。思わず頷きたくなるような反面、そうなるといずれ分類に収拾が付かなくなるという葛藤も、生じるであろう。実際、そういうことを言い出すと分類・考察上、訓字との関係が、間違いなく不分明になる。「義字的用字」という一般化したような分類を危惧するのも、結局ここに通底しているのであった。訓字の意識で書いているのでは、というのはもはや想像である。本書で提案してきた構造的に捉える方法論は、〝どんなつもりで書いていたのか〟という、実は素朴に我々が知りたいことではある――しかし、それに絡め取られてしまわないようにするための、方策でもあった。

分析者は、冒頭に挙げたように、まずは用例を博捜し訓字・仮名と分類していこうとするだろう。事実、それは表記論の第一歩であって、萬葉集の入門書類にはよく、字母一覧表が載っている。ただ、その整理、分類が、古代人の mental lexicon へそのまま投影されるべきではない。しかしながら研究上、どうしてもその手続きは必要である。ようするに、ある面で、当事者たる古代人を置き去りにしてしまうような表記論（書記論）かもしれないのだが、しかし、一読み手ではない、まして現代人が考究していく以上、それは、通らざるを得ない道ではないだろうか[20]。

注
1）「義訓」とは読みの側からの謂いであるから、文字でいえば「義訓字」ということになるが、「義訓表記」というほうがふさわしいかも知れず、煩雑になるかもしれないので、本書ではすべて単に「義訓」で済ませる。「義訓」「訓仮名」というのは、ゆえに、術語のバランスからしておかしいところもあるわけ

だが、敢えてよく知られている言い方で論じる。
2）　池上禎造「正訓字の整理について」（『萬葉』34　1960）。なお本書では、注意するべきことと踏まえた上で、稀用か頻用かという観点にはあまり触れずに論を進める。
3）　文字が意味を表すのではなく、文字が表す語を構成する要素として「意味」を措定するというとらえ方をしていることによる。このことは乾善彦「意味と漢字」（前田富祺・野村雅昭編集『朝倉漢字講座2　漢字のはたらき』朝倉書店　2006）にも説かれる。引用すると、「漢字が音の要素を常に含む限りにおいて、あくまで音（聴覚映像）であらわされる語（形態素）に対応するだけなのである。語（形態素）とは、あくまであらわすものとしての音（聴覚映像）が必須なのであり、漢字が言語表現の中で表語文字として機能するということは、表音の側面も兼ね備えている。（中略）漢字そのものがことば（ここでは語（形態素））とはなりえないこと、いうまでもない」(68p)。また、筆者は表意文字（音を表さない文字）という術語は使わない立場である。なお、「音を表さない」ということを少しく拡張して事実上、音を捨象しているに近い、表意的用法はあり得ると考えている。詳細は尾山慎「漢字の「表意的用法」による表記とその解釈」（国語文字史研究会編『国語文字史の研究』15和泉書院　2016）を参照されたい。
4）　小林英夫『言語学原論』（岡書院　1928——のち、岩波書店より刊行）。
5）　「言語と文字表記は二つの異なる記号システムで、後者は、前者を表現するためだけにあります。それぞれのお互いにおける価値は、誤解の余地のないように思われます。一方は他方の召使いあるいはイメージ［image］にすぎません。」（F. ソシュール『ソシュール一般言語学講義　コンスタンタンのノート』影浦峡・田中久美子訳　東京大学出版会　2007：55p）
6）　再掲になるが、「国語学における文字の研究について」（『国語学』20　1955）
7）　これはある種の割り切りのようなものでもあって、「表意文字」を否定する上に成立せしめるものではないつもりである（これは、表語文字を否定しないと表意文字を措定しがたいわけでもないのと表裏である）。筆者は「表意文字」を使用しないのは「立場」であると現段階では言っておきたい。肝要なのは、少なくとも一人の研究者の議論のうちで、術語を錯綜させないことだと思う。
8）　前節参照。
9）　前節でも紹介したとおり、サンスクリット語の音訳語を、音訳にもかかわらず意味を析出して解釈してしまった例がある。
10）　奥田俊博「『萬葉集』の仮名表記　—表意性を有する例を中心に—」（『日本

語と日本文学』27　1998——のち、『古代日本における文字表現の展開』(塙書房　2016)に収録、川端善明「万葉仮名の成立と展相」(同前)。

11)　大野も、「その仮名をもちいる表記体乃至表記体群に於る用字、語句との関聯、或は、表記体乃至表記体群の全体との関聯に於てなされ得るが」(367p、仮名遣い、字体は現代のものにあらためた)と注意はしているが、一節を設けて一覧にしていることから概しての見解として静態的分類に位置づけようとする態度がみてとれる。

12)　いうまでもなくこれは、分析者たる我々が研究の理論構築上、欲する明快さであって、いま古代人がどう思っていたか、ということは捨象している。古代人にインタビューすれば、訓字か訓仮名かさほど意識していない、朧気なものかもしれないが、そういった点を考慮することは、いま、さしあたり意味がないはずである。

13)　訓字の意味の広がり(起源と展開)は一端不問とする。つまり、もとからのまごう事なき純真な倭語か、中国語からの影響で意味が拡張したそれか、といった、歴史性からみる訓の内実までは言及しない。ここれは文字が、さしあたり紐帯を有する「語」とだけ括っておく。

14)　このいかにも文法的解析を古代人がそのまま行っていたとまで今はいうつもりはない。「かく／さふ／なみ」と対応するようにあてられた「隠／障／浪」という並びも、そのことを考えさせもする。それは言い換えれば、「ここにはこのように分節し、そして訓仮名として「障」字を使おう」と必ずしも明晰に意識していたかどうか不明、ということにもなるのだが、我々分析者がそのように方法論上の道筋をたてないと古代の表記論は一々、古代人の感覚とを行き来しては、靄に紛れていくことになると思う。

15)　「少熱」で「ぬる」とよまれる(巻11・2579)のが義訓の例に挙げられることがある。ただしこの場合は「なぎぬる(静まった)」にあてられているので、機能としては仮名であって、厳密には〈義訓による仮名〉とでもいうべきであろう。つまり、【図12】で捉えられる義訓が、【図13】の訓仮名に転用されたとみることになる。機能としては、よく挙げられる訓仮名の「鶴鴨／つるかも」「猿尾／ましを」に近い。熟字訓的にあたえられるので義訓風ではあるが。

16)　尾山慎「字と音訓の間」(犬飼隆編『古代の文字文化』竹林舎　2017)参照。

17)　尾山慎「萬葉集「正訓」攷」(『文学史研究』56　2016)

18)　たとえば、奥田俊博『古代日本における文字表現の展開』(塙書房　2016)は、ある字(たとえば「控」字)の、漢語としての本来的な意味を重視し、倭語(ヒク)における語義との関係性を慎重に検分する。両者のズレに注目した

第3節　訓字、訓仮名、音仮名と表意性

とき——「語義が字義に対応しない点を斟酌するならば、（中略）借訓字として位置付けられる可能性ももつであろう」（27p）という。この捉え方は、古屋彰『万葉集の表記と文字』（和泉書院　1998）にも認められる。本書は、訓字（つまり日本で使っている表語文字の表語用法）であるかぎり、漢字という文字（（視）シニフィアン）と、倭語（シニフィエ＋（聴）シニフィアン）の関係でとらえ、漢語本来の意味がどれほど残されているかといったことを峻別をしない立場で、文字の用法を分類している。ゆえに、仮に完全に漢語とぴったり一致する用法しか認められないとしても、それは、結果的にそう重なっているだけであり、ある文字とある倭語の関係として捉えることに変わりない。またズレがあっても、そのズレを含んでいる倭語をその漢字が表象している以上、訓字の一つとみる。そして訓仮名とは、その倭語のシニフィエを捨象したものである、とみる。なお、漢語としての意味をどのようにその漢字が背負っていて、倭語とどう一致し、またズレるかという問題が、大変重要なことであるのは言うまでもない。奥村悦三『古代日本語をよむ』（和泉書院　2017）にはそのことについて示唆的な論説が数多くある。

19)　1例を挙げよう。萬葉集2番の表記について、石川九楊『日本の文字—「無声の思考」の封印を解く』（ちくま新書　2013）は次のように言う。

「煙立龍」という表現から、煙が竜巻のように巻き上がる姿が見えてこないだろうか（中略）作者の思考の痕跡をみることができる（48p）

「加萬目立多都」と表記されている。この句は、「視界のすべてが海面を飛び交う無数のカモメによって覆われている」光景をまざまざと想起させる。「萬」はそれだけで膨大な数を想起させ、これに「加える」で、さらに数の多さを強調（48p）

「多都」も広陵とした風景を想起させる（48p）

訓仮名表記「龍」や音仮名表記「加」「萬」等を特別視した言いは、それぞれの字のシニフィエを析出して、「タツ」に上乗せしての解釈と説明できる。そしてそれは石川が施したものだ。「多都」が「広陵とした風景」だということに具体的な説明はないが、察するに数の膨大さを表す字「多」と、「都」というエリアの広大さから発想されることなのだろうか。奇しくも、「作者の思考の痕跡をみることができる」とも述べられている。作者はそのようなことを考えていないという立証が不可能である以上、一見解として認め得るものではあるが、分析者（石川）の見解が、「作者の思考」へとスライドされている点は注意しておく必要がある。ちなみに「立」を書いた「多都」表記は、萬葉集中26例存在するが必ずしも広陵とした風景と結びつくわけではない（それ以外のタツ表記をも含めると50例になる）。

20)　筆者としては、今更ながら森本治吉の「体系的研究に関する限り、用字法研究は萬葉人の意識と離れても良い」(『文学』9　1932——字体は現代のものにあらためた——筆者注) という言に、あらためて思いを致すことになった。人間の行いとしての言語、文字表記ということを捨てているわけではないのだが。

第4節　本書のキーワードを巡って

　本書の題でもある「二合仮名」は、「多音節仮名」や「多音節音仮名」などと呼ぶことも可能であるし、特に「多音節仮名」という括りは時に有効なのだが（特に本書**第3章**、多音節訓仮名との比較検証において等）、概ねは音仮名を中心に検討するので、伝統的な用語「二合[1]仮名」を使うことにした。基本的に、春日政治『仮名発達史序説』（岩波書店　1933：13p）に記載されている説明と術語規定に拠っている（春日は「有音尾」と記すが、本書は「子音韻尾」とする）。なお「二合」は近世の鹿持雅澄『萬葉集古義』に「字音二合仮字」というのがみえる。

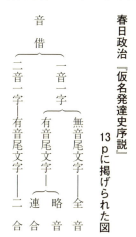

春日政治『仮名発達史序説』13pに掲げられた図

　萬葉集の漢字用法のバリエーションは顕昭の「仮名書[2]」や、仙覚の「真名仮名」のように、早くから気づかれているが、契沖は『萬葉代匠記』精選本で、「漢の仮名」を挙げて、「和の仮名」とともに文字と音節数の関係にも注意を払っている。単音節と多音節の区別が分類に反映される嚆矢であろう。「略音」は春登の『萬葉用字格』にみえる。ただし、本書のいう子音韻尾字のみならず、「帝」「低」などもあげている（文化15年版本　23丁ウ）。二重母音の後位を略したものという認定だが、本書のいう略音仮名は子音韻尾字の、韻尾を捨象したものに限る。上記、春日の示した図における「連合」は、**第1章**で詳しく扱うことにする。

　また、漢語と区別されるところの日本語固有のことばは「倭語」に統一する（引用は除く）。厳密には、もとから倭語なのか、漢語由来なのかという問題を孕むが、本書はその類いの検証を行うものではないので、理論上の分類用語として「倭語」「漢語」を使っておく。

注

1) 「二合」は悉曇の用語でもある。たとえば、ある梵字一字を漢字で音写する際に、対音の字が二字に渡る場合がある。このとき、その漢字二字でサンスクリット一文字分の音節を表すという意味で「二合」と注を付す（割り注式が多い）。梵字は音節を一文字の上に重ねていけるので、長大な長さになる場合がある。そういう場合は必然的に音写の漢字も増えるので、二合のみならず、「三合」「四合」なるものも存在する。

2) 顕昭は個々の文字と言うより、歌巻のレベルで、仮名書を指摘している。つまり、表記体次元での謂いのようであって、編纂にも視点が向いたものであるといえる。詳細は、乾善彦『日本語書記用文体の成立基盤―表記体から文体へ―』（塙書房　2017）に指摘がある。

【参考文献】

池上禎造「文字論のために」（『国語学』23　1955）

井手　至『遊文録　萬葉篇』1・2（和泉書院　2006）

乾　善彦『漢字による日本語書記の史的研究』（塙書房　2003）

乾　善彦「意味と漢字」（『朝倉漢字講座2　漢字のはたらき』朝倉書店　2006）

尾山　慎「漢字の「表意的用法」による表記とその解釈」（国語文字史研究会編『国語文字史の研究15』和泉書院　2016）

亀井孝・大藤時彦・山田俊雄編「漢字の投影にとらえた日本語の景観」（『日本語の歴史2』第5章　平凡社　2007復刊）

今野真二「表音的表記」（『清泉女子大学紀要』55　2012）

フロリアン・クルマス、斎藤伸治訳『文字の言語学：現代文字論入門』（大修館書店　2014）

齋藤希史『漢字世界の地平　私たちにとって文字とは何か』（新潮社　2014）

田島　優「表語文字としての漢字」（『朝倉漢字講座2　漢字のはたらき』朝倉書店　2006）

序章　文字、表記、書記を巡る議論の中で

導 言

　「日本語は文字論の宝の山」とは、いまからおよそ60年前、『日本語の歴史 第2巻』(平凡社　文庫版2007：404p)の中で述べられている言葉である。このあまりにもわかりやすい喩えは、現状にも有効であるように思われる。というのは、その「山」がこの数十年で目減りしたとはとても思えないからである。多くの研究者が、様々な事象に説明を加え、成果を積み重ねてもなお、まだまだ考えるべきことが、残っているどころか増えていっているようにさえ、見える。これは何も表記論、書記論の領域に限らないことではあるのだろうが、そういった〝現在進行形〟の対象を捕まえるのは存外に難しいものがある。ただ、本書の取り組みが、日本語の表記論、書記論という範疇に措かれるものである以上、少なくともその外縁と、歴史的経緯を含めた内実に少しく言及しておく必要があると思う。後からも述べるように、対象とする資料ないし用例と、それが措かれるところとの関係は、常にわきまえておかねばならない。萬葉集と8世紀の日本語という関係など──さらに踏み込んで言うならば、個別的事象と、抽象化した解釈・位置づけとの関係である。柿本人麻呂歌集の書き方の一特徴（個別的事情）が、8世紀の日本語表記一般の展開へとスライドして位置づけられようとしてしまったところは、同じ轍を踏んではならないことであると思う（詳細は**終章**にて言及）。そういったことを踏まえた上で、ここに、本書の先鞭をつけるものとして日本語の文字、表記、書記に関しての筆者の基本的見解を述べる。いわば概論のような形ではあるのだが、筆者自身の言葉で語り直すことにも意味があると考え、先行する諸賢の言葉に重なるところが多いことを自覚しつつ、それでいて、従来記述されていない日本語表記、書記の特徴にも触れることに努めた。節としては分けたが、現代と古代を往還しつつ、日本語表記（書記）の歴史を見渡してみたい。そして、ここを、本書の主題である、古代の文字・表記・書記論における二合仮名論構築の橋頭堡としたい。

先ほど述べたように、萬葉集というものを１つの作品テクストととらえ、その中で、文字なり表記なりの考究をすることと、その枠内から飛び出して、たとえば8世紀の日本語、あるいは通史的日本語というものに位置づけようとする試みは、一見、研究の正当な発展的展開のようであるけれども、同時に様々な注意がそこに必要でもある。この節では、いわば一般的な表記（書記）論を説くことになるが、それは筆者がただちに、略音仮名や二合仮名を日本語表記史一般に位置づけたいということを意味するのではない。むしろ、いかに萬葉集を飛び越えて一般化するか、ということに˙一˙足˙飛˙び˙に˙い˙く˙べ˙き˙で˙は˙な˙い˙と考えている。そもそも一般語を記す二合仮名は萬葉集にしか出てこない[1)]ので、萬葉集の中でまずは問われるべきことである（事実、本書の分析はおおむねそこに集約される）。それを踏まえた上で、現代と過去、そして一般論と個別論（各テクスト、各用例）を適切に往還したいと思っている。

注
1) 木簡の「伊雑郷近代鮨」（平城京左京三条二坊八坪二条大路）が、コノシロと読むのであれば、物の名前ではあるが、固有名詞以外の二合仮名の用例がなくはない、ということになる。以下、基本的にこの例の存在はことわらない。

第1節　現代の日本語と文字

1、文字を複数種同時に使うこと

　現代の日本語では通常、漢字、平仮名[1]、片仮名、ローマ字、そしてアラビア数字を必要に応じて混ぜて書くということが多い。基本的には漢字と平仮名の2種を交えて文章が進行していく。いわゆる「漢字仮名交じり文」である（厳密には「漢字仮名交じり表記」）。「必要に応じて」というのは、たいてい語種によっている。basketball は通常片仮名で書かれる語種とされているから、片仮名を用いて「バスケットボール」と記す。日本放送協会は、ローマ字表記の頭文字をとることになっているから、「NHK」と書き、「えぬえっちけー」とは普通書かれない——といったことである。このこと自体が、現行の日本語表記をまずは特徴付けているともいえるだろうが、母語、あるいはそれに準じるほどに高度に習得し、日常当たり前のように用いるようになれば別段特徴的とも思わないかもしれない。また、この緩やかな約束事が、あえて破られると目を引いたり、特定の意味を負わせるという効果もある——「ヒロシマ」「フクシマ」などがそうである[2]。たとえば、「あじさい」「アジサイ」「紫陽花」から得られるイメージの違いを、日本語話者は語れたりする、というものがある。こういった多表記が、表現の幅を広げているとされることもある。たとえば「紫陽花」は堅いが「あじさい」は柔らかく、花のイメージに合うといった感想がある——が、これはアジサイという語を巡っての感想というより、文字同士の差異的な印象（漢字対ひらがな対カタカナ）に重ねられているところもあろう。日本語表記の歴史において、現行のような形をとった経緯を逐一つぶさに振り返ることはできないが、いまから数十年前、欧米から「悲劇」と評されたことさえあるというのは一つ、興味深いことである。

日本人の才能が千年以前にこの發明に達し得なかつたことは、恐らく東洋歴史の悲劇の一つであろう。日本人はその後數世紀の間に眞に恐るべき方法を展開した。僅か數十の小綴音を記すために、莫大な、複雜な符號を道具に用いた。この事を思えば西洋のアルファベットは、恐らく人間精神の最大勝利であると考えざるを得ない。

（GBサンソム『日本―その文化のあゆみ―』、邦訳『日本文化史』
福井利吉郎訳　創元社　1951：pp198-199）

ディヴィッド・ルーリーは「(サンソムの発言は――筆者注) 世の中に流通している日本の文字史の様々な誤解の集大成、言い換えれば日本の文字、もっと広く言えば世界の文字史の誤ったアプローチの見本」であるという。「確かに、日本語を大人になってから勉強し始める、ネイティブではない人間にとっては、悲劇的な要素があります（これは私自身も、自分の経験から証明できます）。しかし、「複雑な工夫」を嘆くような視点からでは、文字の歴史を客観的に評価できないのは、言うまでもありません」（『世界の文字史と『萬葉集』』笠間書院　2013）とも述べる。こういった、習得および運用の複雑さという感想が個人の直感（学習の過程で困難を感じることから）としてはあり得ても、日本語表記（書記）の普遍的性質というわけではないことはいうまでもない。ただ、誰も読めないような難漢字を得意げに濫発したりするとそれはそれで問題が生じるということも確かにあるだろう。衒学的な意図はないにしても、アルファベット表記などでは変更のしようがない表記上の変異が、日本語の場合にはあることは事実である。そういった選択肢、あるいはバリエーションは、規範的か逸脱的か、合理的か不合理的か、など様々に観察、あるいは批判が可能である。ただ、そういった判断をスライドさせて、ディヴィッド・ルーリーが指摘するように正誤や、勝敗といったようなわかりやすい二局的な価値判断で文字や表記の実相を切り分けていくのはふさわしくない。

　萬葉集という言語資料に向き合うとき、「漢字しかない」という「しか」に、択一的という意味以上の、〝たったそれだけ〟という意味も潜り込んでいたとしたら、すでに現代人分析者としてのバイアスがかかっていることに

もなる。ちょうど19世紀に、欧米の研究者が「悲劇」と称したような評価を、私たちが萬葉集に対して、先入観のように抱いてはならないのである。

2、漢字という文字種による分節

　現行の日本語表記は、基本的に上述の通り「漢字平仮名交じり表記」だが、その中でも漢字は視覚上の分節を果たしているとされる。「ここでは着物を脱いでください／ここで履き物を脱いでください」は有名な例である。平仮名だけで書く場合に対して、いわばその効果は歴然であり、誤解のしようがない。よって、このように漢字が語を示し、それがすなわち分節を示すという言い方もできることになるが、そもそも平仮名だけのものを読む違和感ありきの話、ということも忘れてはならない。つまり、漢字のおかげで言葉の切れ目を誤解せずにすむというのはそうであっても、それ以前に、漢字と仮名が交じっているのがごく当たり前という感覚がそれを助けてもいるということである。文字種の違いそれだけによって分節が明示的になるのならば、「ここで hakimono を nu いでください」でもいい理屈になる。しかし、分節明示云々以前に、このあまりにも見なれない文字種の混ぜ方に、違和感のほうが先立つ。このようにアルファベットを混ぜられても読めなくはないけれども、「ここでは着物を脱いでください」がもたらす分節明示と一緒とは到底思えない。ようするにこれは慣れの違いである。漢字が視覚的な分節明示につながるということは理論的な機能として認め得るが、その前に、どのような文字をどう混ぜるかということがある程度約束事として通じていることを前提にもたらされ、かつまた我々が認知し得ている効果である。そして、古代の文字、表記、書記を考えるとき、この点は重要になってくる。文字としては漢字１種類であるわけだから、ここに分節を見いだせるとすれば、それは現代日本語表記でいわれるのとは異なる理由があるとみなければならない。

　ここですこし現代を離れてみよう。古代、そして中世から１つずつ例を挙げる。前者は漢字ばかり、後者はおおよそ平仮名ばかりという資料からであ

る。犬飼隆によれば、正倉院文書に含まれるいわゆる仮名文書において、同じ音節であるが、あてる文字を変更することによって分節のマーカーになっていることが指摘されている[3]。たとえば「布」と「伎」は文の始まりと終わりの指標、「末」「万」が交互に使用されているのは、文章の進行の指標だという。正倉院仮名文書は、すべて漢字をもとにした仮名で書かれているわけで、その見た目には同じ漢字だけの文字列中でも、同音節の字種を変えることでそのようなマーカー機能を果たしていることが明らかにされている。これは、まずもって漢字だけで日本語を書くことがない現代人には追体験しにくい方法であると同時に、漢字それ自体に、日本語文を分節する機能があるというより、前後の環境（どのような漢字がどのような音節に当てられているかという状況）との相対的な関係において、成立し得ることだと分かる。

　もう1つの中世の例は、藤原定家筆の土左日記である。たとえば冒頭部分をみると、定家は、「す」を書くにあたって、語中の場合は「寸」「春」に、語の切れ目の場合は「数」と使い分けている。概ね平仮名だけが並ぶ中で、その平仮名字母を交替させることで分節マーカーとしているように見られる[4]。先に挙げた漢字の表音用法に対してこちらは平仮名という違いがあるが、方法としては正倉院仮名文書に通じるものがある。そして、このことも、平仮名がほぼ一音節一字種である我々の感覚では追体験しにくい。ちなみに漢字と仮名にまつわっていえば、定家は、「なほ（猶）」という語を土左日記筆写においてほぼ漢字——つまり「猶」——で書いている。定家仮名遣いではこの語は「なを」となるのだが（歴史的仮名遣いでは「なほ」とすべき）、もし「なを」と平仮名で書くと、「菜を」「汝を」「名を」と混同するので、漢字の「猶」で書いているのだという[5]。これについては、現代語の表記において我々が時々行うことと似ていよう。先の「ここでは着物」と「ここで履き物」の例、また、「市立」と書けば「私立」と勘違いされる心配はないし、「化学」と書けば、「科学」「歌学」と勘違いされる心配がないという、漢字の表語という機能に依拠した視覚的弁別の方法である。

　以上のように、歴史上、漢字だけ、あるいは平仮名だけの表記中であって

第1節　現代の日本語と文字　83

も、同音節表示の別字への変更による分節表示ということが、用例から見て取れる[6]。対して、現代日本語表記の場合は、上述の通り、主に平仮名と漢字という混ぜ書きが必然的に分節効果を生んでいる。既に述べたように、漢字を混ぜたほうが読みやすい、というのは日本語を書く上で、自立語の多くが漢字、送り仮名や付属語は平仮名という緩やかな習慣（「正書法」では、ない）があることを経験的に知ってはじめて得られる感覚である。漢字という文字自体に、日本語文を分節する機能が前提的・普通的に備わっているわけではない（漢字一字一字はある語に対応しているのでそういう意味では分節的ではあるが、たとえば「開」字は、これ一字では、送り仮名の振り方だけでは表さんとする語は確定しない。）。小学校の、ことに低学年などでは、未学習の漢字を平仮名で書かせる（「配りょ(慮)」「りょう(料)理」など）ことがあり、時に名前さえもそのように指導することがあって、一部で批判もあるようだが[7]「配りょ」「りょう理」が子供たちにとって分節が不分明になって可読性が損なわれる、という批判はなされにくいだろう。確かに見た目のバランスは悪いようにも思えるけれども[8]、名前と違って、習っていないものは書きようがない、仕方がない、といえる。漢字を混ぜることで語の分節が分かりやすくなる、という感覚は、もう少し学年もあがって、常用漢字を概ね使いこなせるという達成が見込まれる義務教育修了以降、さらに日本語の読み書きを断続的に重ねていく上で醸成されていくものと思われる。「端をもってください／箸をもってください」のように、いわば分節も同じとなる同音異義語についても漢字は視覚的に便利な一面をもっている。先にも挙げたがこれをさらに推し進めて「深化と進化」とか、「悲しいというより哀しいという感じだ」といった口頭の日本語ではなかなかできない（結局、「深いのシンと、進むのシン」などと補足説明しなくてはならない）ことも、漢字を利用すれば、表現可能である。たとえば、萬葉集の研究では、「思」「念」「憶」などの、同訓であるものにおける使い分けを考えることがあるが[9]、そういったことは現代にも一脈通じよう。

3、書く行為と読む行為とそれを分析する行為

3-1、書くことと読むこと

　我々が、日常漢字に接する時、それは読むほうが多いだろうか、あるいは書くほうが多いだろうか。人によったり、日によったりではあろうが、大抵は読むことのほうが多いはずである。町中の看板や建物内の掲示物など、読むともなしに目に入ってくるものも含めれば、接し方としては読むことのほうがおそらく多い。それに、書いているとしても、書き手は同時にそれを読んでいるわけでもあるから（推敲もするなら、まさに読み手に成り代わっている）、やはり、読むということの比率は高くなる。そこに交えられた漢字をはじめとする文字に、読み手たるその人は何らかの発音を当てつつ読むわけだが、たとえば

　（1）　2月の初めまでに提出してください。
　（2）　今日は月がよくみえるなぁ。

という文において、「月」の読み分けを必然的に行っている。俗にいう、「おんよみ」、「くんよみ」（次節にて詳説する）というものであるが、これは裏返せば、「ニガツ」という字音語を書いたもの、「つき」という倭語を書いたものだと言い換えられる。その書き手が書いたことを瞬間的に推し量りつつ、読み手は読むのであるが、その時、前後に記された言葉から絞り込んでいることも重要である。（2）は、「がよくみえるなぁ」が「ゲツ」と読まれる可能性を排除するであろう。（1）は直前の「2」の存在が大きい。「2」がなければ、「つき」と読まれ、しかも（2）とは違う意味の「つき」になる。脳内での処理がごく瞬間的なので普通自覚はしないが、読解上の手続きとして、当該の文字だけを見つめているわけではなく、前後も見渡していることに注意せねばならない。もちろん、

　（3）　家賃は月末までに払ってくださいね。

のように、前後から推し量ろうにも、1つに絞り込めない場合もある（「げつまつ」／「つきずえ」）が、しかしそのどちらかではあるのだろう、と見込

みをつける。この、どちらかだろう、と見込めることが、すなわち、漢字が実際に使用されていることを意味する。つまり、表現の一方法として書くことが選ばれ、そしてその方法に沿って文字が選択され、列をなして並べられている以上、個々の文字は何らかの言葉を一つだけ表すものとしておかれているはずで、読み手が、「ゲツマツ」なのか「つきずえ」なのか悩んでしまうのも、どちらかのつもりで書かれているはずだという思いが前提的に頭にあるからである（択一的に決めることなく通り過ぎる場合もあり得るが）。なお、古代の場合、この保証が必ずしもない。つまり、書かれるべき言葉が択一的かどうか裏付けがないこともある。それは現代の我々が知り得ないだけの場合と、本当に当時の書き手自身も、択一的でなく書いている可能性もある。たとえば書式にのっとった役所の古文書類などに出てくる文言が、音読みか訓読みか決めがたい場合もあろう[10]。また、古事記の冒頭部分の「天地初發之時」は、アメツチノヒラケシか、アメツチノオコリシか、一定しない（させられない）。「發」の訓を一つに定める根拠が得られないのである。この点だけいえば、「月末までに」がゲツマツなのかツキズエなのか決められないのと似ているところがあろう。亀井孝は「古事記は　よめるか　散文の部分における字訓およびいはゆる訓読の問題」（『古事記大成　言語文字篇』平凡社　1957）において、我々が、語の同定はできずとも、意味は分かる――として、それを（「ヨメ」なくても）「よめる」と表現した。古事記の文章、表記とその読解を考究していく上で、よく言われるように、亀井の言葉は半世紀以上前のものだけれども今日まで重い問いかけとして存在感をもっている。ただ、文字の背後にある言葉を決めなくても構わない（どうでもいい）という意味では必ずしもない。この点、乾善彦『日本語書記用文体の成立基盤』（塙書房　2017）が、亀井は、表音用法によって書かれたものと対比して「古事記は　よめるか」と問うたのであることに注意すべきだと説いている（7 p）。そういう、背後にある日本語が不定だというのはむしろ正倉院文書のたぐいになじむと乾はいう。その通りであろう。「月末」を究極的には読み手が「ヨミ」を決め得ないこと（書き手は「ヨミ」を決めていたかもしれない）、しかしこの二文字はまさに「ヨメ」なくても「よめ」るのであ

るが、それは「ヨメ」る場合もあることありきの、「よめる」とみるべきであろう（たとえば「月ずえ」の「月」字の読みは択一的である）。ところで、亀井の上記の発言はあまりにも有名で、ここばかりがクローズアップされがちだが、一方で「ヨミによつて、漢字による表現を、理解する習慣がつとに成立してゐた」「当時におけるクン─すなはち、和訓─の固定」ともあって、つまり、文字と訓とが固定的に対応しているものもあると亀井はいっているのである。やはり、「ヨメる」ものもある中での、「よめる」なのである。

　さて、だれしも一度や二度は経験があることだと思うが、実際の言葉や文脈から離れて、漢字の読みの種類を尋ねたり、教えあったりという場面を想像してもらいたい。たとえば「月」という字にはどれだけ読み方がある？と尋ねるような場合である。聞かれたほうは「つき」「ゲツ」「ガツ」などと答えるだろう。この、どうということはないごくありふれた漢字クイズのようなやりとりは、上の（1）〜（3）における「月」字を読解する作業とは区別されなくてはならない。この会話における「月」はその漢字が実際に運用されているとはいい難い点で、違うのである。「月」字に、「音よみ」と「訓よみ」がある、それぞれはこうである──というのはいわば「月」字の使い道を説明しているに等しい。ある漢字がもっている意味や、その由来などの辞書的情報は、その漢字の本質的な機能を列挙するものであって、実際にはそれを使用にうつす──書き手（日本語の文章を書こうとする中で用いる人）がおり、またそれを読むことによって〝稼働〟するという次元がある。使われなければ、その漢字は使われる時を静かに待っているだけで、いわば抽象的な存在としてあるのみなのである（あとの節で再度詳述する）。

3−2、読み手と書き手

　前述の通り、書き手は読み手でもある。話しながら自分の声が聞こえているのに似て、まずは第一の読み手であるといえよう。推敲という作業は、まさに読み手への成り代わりに他ならない。このようなことから、得てして私

たちはある文章を読むときに、自分の読みを書き手の意図にすり替えがちである。むろん小説にせよ、エッセイにせよ、書き手は思いをできるだけそのままに、読み手に伝えたいと考えて綴るわけだから、書き手、読み手の両者が限りなく重ね合わされることを希求するはずではある（簡単にわからせたくないとして、難解に書く人もいるが）。しかし、実際のところ、どれほど書き手の思惑がその通りに読者に伝わっているかということを、たとえば第三者が客観的に確認するのは難しいし、また書き手自身もふつうそれを知り得ない。読み手は読み手で、これもまたその裏付けは困難である。周知の通り、これは主に文学理論を展開される上で延々と議論されてきたことでもある。それゆえ「内包された読者[11]」といった設定がなされてきたりもした。たとえば論文の口頭試問などというのは、書き手と読み手が、相互に考えをすりあわせてみようと実践する場であるが、そういう機会が必要なこと自体、つまりは書かれたものを巡って書き手と読み手の間に完全なる相互理解が難しいことを示していよう。この世に、言いたいことを寸分のブレもなく余すことなく言語化できる書き手と、それを正確無比に100％（120％であってはいけない）読みとって、書き手に同一化可能な読者だけが存在するのであれば、口頭試問のたぐいはもちろん、「書評」「読書感想」などは存在する意味がないことになる――むろん、現実にはそうではない。しかし、研究においては、その万人万様をそのまま認めていては、考察が前に進まないために、作業仮説として、その表記（書記）に関わる人を抽象化する必要がでてくる。

3-3、抽象化される読み手

　ある表記（ないし書記）を探求するにあたって設定される読み手というのは、現実に存在する誰かという個別の読み手ではなく、〝その文章を読むに当たって期待される標準的な文字リテラシーを持っている〟という、いうなれば抽象的な読み手を仮説するのがまずは順当と思われる。〝期待される標準的〟という設定自体が、実はすでに恣意的だともいえるのだが、多様なリテラシーを複数想定して同時進行でテストをかけたところで、議論を混線さ

せるだけのことなので、さしあたりかように定めることになろう。だから、傑出して読み書きに優れていそうな特殊な人をモデルにしたり、あるいは当然だが文字が読めるかどうかもあやしいような人を想定したりはしない。また、どんな人でも何かのはずみで直感で閃いたように読めることもあるかもしれない——などという名人芸のような事例を持ち出して可能性を論じることも、普通はしない。このようなことから、結果として、ごくごく理想的で、かつ極端でもない読み手を設定することになる（というか、そうせざるを得ない）わけだが、その、実在しない抽象的読み手に成り代わるのはだれかというと、分析者（現代人）である。結局はこの〈仮説読み手〉は、分析者のアバターのようなものである。このことについて、現代人だって読み手の一人なのだから問題ないといわれるかもしれないが、なかなかそうともいえない。そして、そこにこそ留意しておくべき点が２つあげられる。第一に、現代人である分析者のアバターである読み手と、導き出した読解可能性や種々の判断の選択可能性シミュレートは、同じく分析者によって、いずれ必然的に、書き手が事前に想定したことだとスライドされ、結局千年以上前の人物であるはずの「書き手」に、現代人分析者のリテラシーおよび分析能力が投影されることになる（ただし、このことが直ちに「非」とは限らない）。第二に、仮想・読み手は分析者のアバターと言ったが、それは一側面であり、実際のところは、矢田勉「定家の表記再考」（『国語文字・表記史の研究』汲古書院　2012）が「研究者は一般の読者では到底あり得ないほどに一つの資料に深く付き合うことから、表面的には気付かれないことまで「見てしまう」ことも多い」、「そもそも「見て分かる」ことが書記要素にとって最も重要な要件なのであるから、表面的に見えないことを殊更取り上げるについては、ひとまず懐疑的でなくてはならないはずである」と注意しているように、結局、分析者は〝とある読み手〟の視点を借りつつも、その読み方のある一つというだけではとうてい収まらない、様々な読み方をする。読むと言うより、考えつく限りの読解の可能性を洗い出す作業を行うわけで、まさに文字通りの「分析」である。だから、分析者も読み手の一人なのだからと、安易に不問に付してはいけないのである。分析者は、読み手に同一化し、か

つまた対象化もしつつ、しかも書き手にも成り代わってと言う具合に2つの立場を行き来する。前述の通りこの方法論自体が、直ちに否定されるものではない。というより、このやり方が認められなければ、分析者は一読者以外の感想を述べることができず、もしここが別の仮名で書かれていたとしたら、といったような仮説に基づく推察などもできず（〝普通の〟読み手はそんなことを考えながら読まないから）、研究にならない。だから、上に、「問題点」ではなく「留意点」と言ったのである。

4、漢字という文字の〝動態〟と〝静態〟

4－1、基本的概念として

　本書は萬葉集を主たる研究対象にするので、すなわちそれは用例が漢字だけで占められることを意味する。その漢字を研究する時に、「素材としての文字」と、「用法における文字」という別個の観点でこれを区別すべきであると提唱したのは山田俊雄である[12]（同時期に池上禎造も同様の区別の観念に基づいて弁別すべきだと説いている）。すでに**術語説明**にかえてで述べたけれども、再度あげておく。この基本的な弁別は、漢字という文字を、様々に使ってきた日本語表記（書記）の歴史的研究においては大変重要なものであり、『日本語の歴史　第2巻』（亀井孝・大藤時彦・山田俊雄編　平凡社　2007）でも大々的に取り上げられている（主に405p〜）。当該書では、この区別のうち前者を静態、後者を動態というようにとらえている。つまり素材として、どのように言葉に対応できるかということと（静態）、実際に言葉にあてて使われている場合（動態）とを区別するわけである[13]。今や研究の導入部の概説でこのことを説く専門学術書も少なくない[14]。

4－2、動態としての漢字の用法

　漢字は語を表す文字である。従ってこれを表語文字という（表意文字というと意味だけを表すかのようで、多くの場合実情にそぐわないので、本書ではつかわない[15]）。実際に漢字を使う時、その語を表すものとして使うわけであ

るから、

　　君はあしたも来るかい？

における「君」字は、表語文字が表語用法で使われているといえる。「君主が交替した」という場合の「君」は音読みでの表語用法ということになる──ごく当たり前のことをくどくどしく説明したのは、まさに、表語用法ではない用法が萬葉集に多く出てくるからである。二合仮名で挙例しよう。

　　事尓不有君「ことにあらなくに」（巻7・1385）

ここでの「君」はまず音読みで使われていて、しかも「君主」等の意でもなく、また二人称「きみ」の意味でもなければ、敬称でもない。ようするに意味は捨てられ、「クニ」（クンの開音節化、/N/＋i）という音節をあらわすためにあてられている。つまり、文字としては表語文字でも、表音用法もあるというわけである。そして、ここにこそ、漢字を静態と動態で区別しておくべき意義がある。仮に「事尓不有君／ことにあらなくに」の「君」を意味を捨てているから表音文字だと呼ぶと、平仮名や片仮名と同じところへカテゴライズされてしまう。しかし、当然だが萬葉集の音仮名と平仮名の働きにはずいぶん違う点がある。そういった質の差が、問えなくなってしまう。動態という点において、萬葉集の仮名と平仮名・片仮名には語形を表すという重なりはあるが、静態においては前者はやはり漢字であって、区別される。

　ところで、上に「君はあしたも来るかい？」と「君主が交替した」を、それぞれ訓読み、音読みでの表語用法といって一括りにしたが、元来は日本語に文字はなかったので、中国語における表語用法を、日本側において、意味の共通を基盤に適用したということになる。斉藤希史が「表語機能を媒介として表音機能を獲得したのが倭訓であった」と指摘するのがそうである[16]。つまり日本におけるいわゆる「訓」とは、中国語の漢字という文字を使うにあたって、いわば意味を媒介にして、かわりに音を自由化して使うことになった表語用法だということになる。一方中国の場合は、かつて音の共通という要素を媒介にして、意味を自由化して使う方法があった。「我」「無」など、今おなじみの漢字とその意味は、もとはいずれも違う意味であった[17]。

音が通じることをもって転用したのである。たとえば「然」は燃えるという意味であった（「犬」の「肉（月）」が「火」で焼かれている）が[18]、意味としては無関係ながら、シカリの意に通じさせてこれを使うことになった。結果、そちらに使われることが主体になり、「然」から「もえる」の意味が薄れた——いうなれば、庇を貸して母屋を取られたような形である——この場合長らくの動態（音通による借用）が、結果、静態としての漢字にも変更を加えた例といえよう。

4－3、漢字は表記（書記）の中で〝稼働〟する

　以上、日本語表記における漢字を様々な観点からみてきた。一般に漢字は語を表す文字ということは知られているが、実際その一文字だけをぽつんと使うことはあまりない。町中の看板や標識などで時にみかけはするものの、あらゆる漢字がそのような方法で溢れかえっているわけではないし、そのように使おうにも、使いようがない漢字は多々ある。たとえば当該項で、最初のほうに使っている漢字は、以、上、日、本、語、表、記、漢、字、様、観、点だが、たった一字で何かを伝達するという、そういった使い方をされるものは案外多くない。上記のうち、あえていえば、方向を表示するための「上」、書店の看板「本」、データを示すためなどの「表」、言葉の「語」であろうか。一文字だけを表示して使うというのはある程度字種が限られているし、ものによっては表記といえるかどうか微妙な面もある。漢字は、表語文字とはいわれながらも、このように、実際には一文字それだけでは厳密な「語」の伝達にはなりにくいことが多い。近年恒例にもなっている年末の「今年の漢字[19]」というのは、いわば、その一文字の意味（厳密にはその文字が表象する語の意味）にまつわって、まさにあらゆることを読みとらせようとする試みである。文章中で、ある一つの読みに同定するのとは反対に、その意味を最大限に開放する試みであるといえよう。大書されるあの一文字は、特定の言葉との緊密な対応はむしろ希薄であって、そういう意味では、典型的な日本語表記からすると無論例外的で、漢和辞典の見出し字の如く、まさにシンボリックな表示というべきであろう。かの試みは、漢字一字一字

には意味があって、それを表示する機能があるということについて、そこに、まさに強くスポットをあてるのだけれども（これこそが漢字の本懐たる機能といったとらえ方を誘引するところがある）、現実には、日本語表記における漢字の使用方法としてはごく周辺的なものである。

　漢字は語をあらわすというが、実際には表記（書記）の中におかれ、その表記（書記）においてある語に定められること——文中のほかの成分、助詞や修飾語、さらには文脈におかれてはじめて、表語文字としての機能を稼働させるのである。

注
1）　この節に限り、「現行の」という注記は無用であるので、省略に従う。
2）　「フクシマ」という片仮名表記に嫌悪感を覚える人もいるようである。具体的な引用はさけるが、Twitter ではそのような発言が散見する。
3）　『上代文字言語の研究』（増補版　笠間書院　2005：主に第 4 部281p〜）
4）　定家のこういった〝周到〟ともいえるような表記はよく指摘されているが、過剰に、〝精緻に張り巡らされたシステム〟のように捉えることもまた、注意が必要である。この点は、矢田勉「定家の表記再考」（『国語文字・表記史の研究』汲古書院　2012：303p〜）に指摘がある。筆者も「土左日記の「表記論」と「書記論」とこれから」（『奈良女子大学文学部研究教育年報』14　2017）にて論じているので、あわせて参照されたい。
5）　遠藤邦基の指摘による。なお、定家本では書写の終わりが近づくと、正しい仮名遣いで「なほ」と書かれている箇所も出てくる。このことについて、遠藤は、「土左日記を僅か二日間で書写したという速度と無関係ではないと思われる。そのような環境の許では、時間の経過とともに自らの定めた原則も弛緩しがちだからである。と同時に、原本である貫之自筆本を書写するに際して、仮名を漢字に改めることはともかくとしても、仮名遣までをも改めることには、いささか躊躇するものがあったのではないかと考えられる。」と指摘している。（『国語表記史と解釈音韻論』和泉書院　2010：pp124-125）
6）　その分節表示を、どれほど、読解上の補助とするか（感じるか）は読み手によるが、多様であるゆえ、その点には踏み込まない。言い換えればこの場合の読者は抽象的存在として措定するものである。次節も参照。
7）　「最近、自分の名前であっても学校で習ってない漢字を使ってはならないと

先生が指導するという。おかしい。だって名前の漢字はすべて学校で習うとは限らない。ならばいつまでも自分の名前は漢字で書けない。名前は親が指導し、学校では友達の名前を読めるように指導すべきと思う」と教育学者で小学校教諭の陰山英男氏が自身の twitter に書き込み（2012年2月15日）をし、反響を呼んだことがある。

8） 「バランスが悪い」というのも、いわば経験によって得られるものだから、「配りょ」や「りょう理」といった例を、たとえば（義務教育、高等教育を経た）大人がこれみよがしに批判するのも奇異である。ニュース、新聞では「破たん」「し烈」「覚せい剤」「抜てき」など、それで社会的に認知されている交ぜ書きも存在する。まして、子供の場合、学習の途上の一つの方便である（いずれは書けるようになるし、そう指導される）わけだから、「はい慮」では見た目が悪いといった批判は、あまり当を得ていないと思う。

9） たとえば柿本人麻呂の巻 2・196〜199 に集中して出てくる。また筆者は、ミチないしチと読まれる同訓異字「道」「路」「径」について考察したことがある（尾山慎「萬葉集における「道」「路」「径」」『美夫君志』82　2011）。

10） 乾善彦「正倉院文書請暇解の訓読語と字音語」（国語語彙史研究会編『国語語彙史の研究30』和泉書院　2011――のち、『日本語書記用文体の成立基盤　表記体から文体へ』塙書房　2017に収録）に指摘がある。

11） 「内包された読者」は W. イーザー著、轡田収翻訳『行為としての読書』（岩波書店　1982）にて説かれるものである。

12） 「国語学における文字の研究について」（『国語学』20　1955）

13） 本書は執筆者の寄せた原稿を亀井がまとめあげてリライトしたということで有名だが、この箇所では山田の指摘であるとことわられている。一部引用すれば、「漢字については、表記素材として静態的にみる場合とは、まったくべつな分類をあたえることが可能になるのである（中略）日本語における漢字について言及するときは、ことに静態文字論、動態文字論というべき区別が必要になる、というのが、山田の主張でもある」とされている。

14） たとえば乾善彦『漢字による日本語書記の史的研究』（塙書房　2003）では主に第1章11p〜、犬飼隆『上代文字言語の研究』（笠間書院　1992――のち増補版　2005）では15pに言及がある。なお、犬飼は、この把握の重要さを認めた上で、「素材」を「system」と呼んでいる。

15） 本書「**術語説明にかえて**」**第2節**注4に同じ。

16） 『漢字世界の地平　私たちにとって文字とは何か』（新潮社　2014：83p）

17） 「我」はもともと刃先がぎざぎざの矛を指し、「無」はもともと「舞」と同じ意味であった。

18) 杜甫の詩「絶句」にその例がある。
　　江碧鳥逾白（江碧にして鳥逾白く）　山青花欲然（山青くして花然えんと欲す）　今春看又過（今春みすみす又過ぐ）　何日是帰年（何れの日か是れ帰年ならん）
19) 公益財団法人日本漢字能力検定協会によって1994年から行われている。同会HPによれば「漢字の奥深い意味を伝授する活動の一環として、毎年年末に全国公募により1年の世相漢字を決定しております」とのこと。選出された漢字は、京都の清水寺にて同寺僧侶によって大書される。

第2節　古代日本語と文字、表記、書記

1、「音」「訓」という用語

　まずは本書でも、たびたび登場することになる「音」「訓」について確認しておこう。現代人である我々の使用する術語からであるが、「音」「訓」といえば、まずは学校教育等において教わるそれが想起されるだろう。通常、「おんよみ」「くんよみ」と称され、ある漢字に対する「読み」として学習していく（以下、カギ括弧は省略し、一般になじみのある音よみ・訓よみと記す）。日本漢字の場合の、音よみ・訓よみとは、ある文字が備えるまさに読みというイメージで学習されていく側面があるが、実際には、それは「語」である。たとえば「空」字がもつ、クウ、コウ、そら、から、むなしい、あく…などの読み、それはすなわち、実際にはこの文字をその「語」で使うということに同じである。日本語の場合は、音よみ一語で使うこともあるにはあるが[1]、多くが熟語をなす。ただ、ある1つの語、あるいは語を担う形態素としての働きは、音よみも訓よみも同じである。それらは原則として中国由来か、あるいは日本の固有語かという弁別によることが多いけれども、実際個々にはその枠にはまらないものも少なくない。たとえば「働」は音よみが「ドウ」だが、もとが国字なので、中国由来ではない。「竹」は「チク」と「たけ」で音よみ・訓よみが区別されているが、子音が共通していて、「梅」「銭」「馬」あたりと同様、字音由来の可能性もあり、現在、一般に訓よみと認識されているからといって、もとからの日本語だとは必ずしも言い切れない可能性がある[2]。つまり、その漢字の読みが古来から本当に日本固有なのか、中国由来なのかという振り分けはときに難しいが、語と結びついている状態であることには違いない。この結びつきは、日本列島における歴史時間の中で裏付けられてきたものであり、そしてそれはほかでもなく「人が使

う」ことによって強められてきたもの（あるいは緩んで捨てられることも）である。「使う」とは、この場合、読み書きのサイクルのことである。ゆえに、個々の漢字とそれが備える読みには時間の変遷に伴って出入りはある——たとえば「去」字の訓としてのユクは[3]、現在は事実上忘れられているといってよい——し、また空間を移せば、同じ漢字でもその結びつきは異なる。音でいえば、現代中国語では「月（yuè）」、韓国語（朝鮮語）では現在は「月（월_{ウォル}）」である。

2、「日本語」という「訓」

前項では、主に現代において一般にいう音よみ・訓よみというところから述べたが、「訓」という言葉自体は、『爾雅』に「訓、謂字有意義也」、『字彙』に「訓、釋也」とあり、『漢語大詞典』（上海辞书出版社）に「解説」ともあるように、いうなれば「意味」という意味である。翻って日本の、俗にいう「訓よみ」の場合、「読み」が強調されているだけに、語形、ただそれだけというイメージがあるかもしれない。つまり「山」字でいえば、/saN/に対する/jama/という音の連鎖、これこそが訓よみであるというように。しかし、よく考えてみると、意味や概念を全く想起させない、語形/jama/だけを指すのが訓よみとみなすのは無理がある——換言すれば、「山」字の訓は？と聞かれて、〝地上が隆起して岩や石、あるいは木々等で覆われている地帯〟、等とはふつう答えない、ということである。また、「山」字を視認しても、/jama/という語形を全く脳裏に介在させないままに、ひたすらどこかの山の映像だけが想起されるということも、考えにくい。つまり、「訓」とは、いわば〝意味〟や〝解説〟だけれども、日本語の場合、訓とは、意味や概念と、そして常に、そこには/jama/という語形が結合してあらわれてくるはずである。日本語表記における漢字の「訓」とは、その漢字が備える日本語としての、「意味」と「音」との結合体——「語」——ということになる。もし仮に語形だけを表すとすれば、次のようなもの——「訓仮名」——を挙げることができる。すでに話題にした例だが、再掲しよう。

第2節　古代日本語と文字、表記、書記　97

　　アガコヒヤマメ
　　吾戀山目（巻12・2883）

「止まめ」にあてられた「山」「目」はそれぞれ訓よみをもとにして、かつ意味を捨象した使い方である。もう一つ例を挙げておこう。

　　　　　　　　　　　　　　　　　　　　　　　ねがひつるかも
　　今夜の　早く明けなば　すべをなみ　秋の百夜を　願鶴鴨

　　　　　　　　　　　　　　　　　　　　　　　（巻4・548）

　実際に書くときには、鳥の種類でそろえるという一種の戯れ的な発想など、書き手（特に、史上初、この表記を為した者）が意味への考慮をしたと考えられるが（本書**術語説明にかえて**参照）、歌の表現内容と解釈内部においては、「鶴」や「鴨」といった鳥の意は全く関係してこない。現代人にとってみれば、訓よみの読みだけを使って意味は捨てる、などと説明されるのが一般的であろう。そしてまた、現代では通常こういうことをしない——つまり漢字という文字の、語の意味と語形とを切り離して使うということがふつうはないので、追体験しにくいものがあるが、それだけに、古代まで視野を広げて考えるとき、訓よみという言葉自体に、ある種の紛らわしさもある。先の「つるかも」の例を、訓よみを利用した、などと説明するのは、上述のように「語」を利用しているとも聞こえてしまい、いささか紛らわしい。見方を変えれば「よみ」というこの連用名詞には、単に〝音の羅列を発現していくこと〟を指すのみならず、「語」を把握し解釈するという要素も既に含意されていると見るべきかもしれない。

　さて、日本語の場合、訓よみがすなわち語であるとしたとき、外国語の文字に、日本語を結びつけているという構図になるわけだが、これが達成されるには、中国語としての意味への顧慮が前提にある必要がある。「山」字という二次元の記号が、日本でも使われるには、中国で指し示されるそれと、日本でのそれとの間に共通するスキーマ（schema）が把捉されることで成立し得るであろう。ある種の「抽象化」ともいえる。実際、象形文字に近い甲骨の「⛰」字は、どこか具体的な山を指すわけではない。

　このように、意味の共通が、外国語の文字たる漢字を自国語表記に用いることができる1つの前提になるわけだが、それでいて、そのことに縛られ続けない自由さ、柔軟さも同時に備えていなくてはならない。手続きの1つ

は、前述した抽象化だが、もう一つには類似性の許容が挙げられよう。単純な名詞でもない限り、たいていは2つの言語の間で意味が完全に重なることは稀だからである。たとえば英語でも、speak、say、talk、tell は語義がよく似ているけれども、実際には使い分けがあり、それぞれ意味の張り合いをもって対立して、存在しているのである。しかもそれが、日本語側の「話す」「語る」「しゃべる」「いう」などの差異にぴったり重なるわけでもない（学校教育ではこれらの訳語を択一的にあてる指導をすることもあるけれども便宜に過ぎない）。しかしまた、こうした緩い対応を許容する態度がないと、日本語訓のようなものはなかなか成立し難い。少々のズレどころか、実際には原義を逸脱した国訓[4]があることからしても、その柔軟さは存分に発揮されたものであるらしい。

　次項に見るように、単に「音」「訓」というと、古代語の場合は表音用法（「音」）と表語用法（「訓」）の違いを指すことになるので、以下本書の本編では、字音由来の仮名と、字訓由来の仮名を扱ったりする関係上、混乱を防ぐため、ある文字の読みとして分析者が文字を分類する際に、「吉(よし)」／「吉(キ甲)」の差異については、統一的に現代語における術語をもって「訓よみ」「音よみ」と呼んで区別することにする。

3、古事記の「音」「訓」

3－1、序文にいう「音」「訓」と漢字の用法

　古代の文献に具体的に「音」「訓」という術語が出てくるので、それを見ていこう。すなわち古事記の序文におけるものである。

　　　上古之時、言意並朴、敷文構句、於字即難、已因訓述者、詞不逮心、全以音連者、事趣更長。是以今、或一句之中、交用音訓、或一事之内、全以訓録…　　　　　　　　　（※古事記序文より抜粋。傍線は筆者による。）

　これを、前項で取り上げた、現代で一般にいう音よみ、訓よみの意で解釈すると筋が通らない。周知の通り、ここでの「音」とは、漢字を、意味を捨象した仮名として使うことであり、「訓」とはこの場合漢字の表す語に応じ

第 2 節　古代日本語と文字、表記、書記　99

て用い、それを並べて文章を記すことをいう。さて、この古事記にいう「音」「訓」はいま述べたように現代のそれとズレることはよく知られているが、名称が共通しているだけで全く別の、隔絶したものなのかどうかということに、改めて言及しておこう。この点、従来曖昧なところがあったように思われる。以下に、音よみ、訓よみという観点から、古事記にいう音訓との相似点と相違点を探り、「音」「訓」の捉えられかたを位置づけてみよう。先ほど、訓仮名を紹介し、現在は通常こういうことをしないと述べたが、それは、たとえ音よみであっても同様であろう。つまり、私たちは現在、漢字を、純粋に音にあてるために意味を無視して使うということがほぼない。たとえば「ゴミ箱」の「ゴミ」を、「後未」と書くようなことを、しないであろう。「護美箱」と書く例があるが、これは「ゴ」「ミ」という音節を表していることに上乗せして、「美しさを護る箱」という、対象にマッチングする意が読みとれるからこそ、成立しているのである（本書「術語説明にかえて」の第 2 節、「表意性」にて既に述べた）。よって、一時の諧謔でもなく大まじめに「*後未婆庫（ごみばこ）」とか「*譜出波古（ふでばこ）」とか、全く意味を考慮しないで漢字をあてることに、ふつうは大きな違和感があろう。これは、1 つには平仮名や片仮名、あるいはローマ字があるので、意味なく漢字をあてるとは考えにくく、わざわざ漢字を使うということは、何か意味を表したいからこそ使っているのだと考えてしまうからであろう。現代の私たちにとって、音よみのいわゆる字音語は、日本語の一翼を担う存在であって、「ちちはは」に対する「父母」、「ふるさと」に対する「故郷」のように、れっきとした「語」としてある。「父母」は「父」／「母」とちぎっても単独で使い道があるが、「父」「母」は単独では原則として使い道がない。しかし、だからといって、この一文字単位で見た音よみのそれを、意味をもたないとはふつう我々は見なさない。「岳父」「父兄」「養母」「母性」などの別語において、やはり「ちち」「はは」の意で使うものという点は揺るがないわけである。このように、現代日本の漢字は、音よみ訓よみともに、単独でも使えるか、結合することで用いられるか、そのいずれであっても、語を表すものであると基本的には見なされている。字音とその意が、まさに「語」と

して既に日本語に内在化しているのであって、間違いなく、日本語を構成する要素なのである。

3－2、現代の音よみ訓よみと、古事記の「音」「訓」

　前項で見たことをもとに、古事記序文の「音」「訓」に立ち返ってみよう。古事記序文の「音」はいわゆる字音語を指すのではない。換言すれば、古事記序文においては、「音」といったとき、それが意を捨象した仮名を指し示すという回路があったことを示している——そういう〝術語〟であったことになる。これは、仮名の絶対数としておおむね字音由来のほうが多く、かつ使用度数も高いことで、無標的になっているゆえの呼称とも考えられよう。実際には、訓仮名も古事記には存在する——「天之真鹿児矢」「湯津々間櫛」など（訓仮名認定は山口佳紀『古事記の表記と訓読』（有精堂出版　1995：258p〜）によった）。が、序文はこれらを「訓」の側に入れていないと見られる。そもそも、仮に訓仮名を並べても、「事趣更長」というところに陥るであろう。日本語音節を表す方法として、漢字の意を捨象して使う場合を「音」としていると大きく見なせば、序文の謂いに訓仮名が漏れているとは見なくていい。

　繰り返すように、古事記序文の「音」「訓」は、現代日本人のいう音よみ・訓よみにぴったりとは重なっていない。そこで、重なっていることと、重なっていないことを整理すれば次のようになろう——まず、古事記序文の「音」と、現代日本語の「音よみ」で重なる点は、中国音に由来する字音が該当する場合が多いということである。たとえば「阿」がアを表していると見なすこと、などである。ただし、古事記の場合は、前述の通り、今日いう「訓よみ」に相当する語形であっても、意義を捨てたもの（訓仮名）であればここに含まれると見られるが、現代語の場合は、「音よみ」という限り、いかなる使用法であっても、「訓よみ」とは排他的である。一方、異なる点としては、前者（古事記序文）は意義を捨てたそれを原則として指すのに対し、後者（現代日本語「音よみ」）はあくまで「語」としてのそれである。

　次に、古事記序文「訓」と現代日本語「訓よみ」において重なる点は、日

第2節　古代日本語と文字、表記、書記　101

本語を表すための文字の使い方という点であろう。漢字という記号に託して、語を表し、文をなすという点では、共通するものがある。一方で異なる点は、古事記の場合、たしかに漢字を使って書かれ、それが読まれるという道筋を経て、現行校訂テキストなどが存在しているわけだが、冒頭の「初發」の「發」字のように、読みが定まらない（定め難い）という点は特筆すべきことであり、すなわち現代日本語では考えにくいものがある（「ドアが開いた」のように、「ひらいた」か「あいた」か特定し難いケースがあるにはあるが）。当時、文字と日本語訓との関係はいわば弛緩的で、非固定的で、未成熟なところもあったと見通すことが、最近は行われている[5)]――むろん、比較的強く文字と読みが結ばれているものも個々にはあった（たとえば古事記に幾度も出てくる「神」―「カミ」の紐帯の強さは疑うべくもなかろう）と見られるけれども、文字と訓の関係が、いちいちにおいて必ずしも強固に結ばれていたとは限らない、というのは近時しばしば見られる考え方である。そういうことからすると、古事記テキストの読みは、依然として、そしてこれからも「1つの仮説としてのよみ」であり続けることになる。各社から出ている諸テキスト類では、異同を示すことはあっても、本文にはとりあえず一つのよみを与えて示しているから、先に挙げた亀井孝の表記を借りればあたかも「ヨン」でいるかに見えるが、古事記テキスト研究総体でいえば、訓を巡って一様でない部分は、事実上「よん」でいる状態ということになろう。

　ところで、現行テキストでは、悉く日本語訓が与えられて、字音語というのは見いだし難いが、字音語との関係性は、書くという行為を我々が想像するに当たって、今一度考えてみたいところである。たとえば、大国主が石で押しつぶされて死んでしまうシーン（上巻）に、「転落」という表記が出てくる（字音語といってしまうと、さしあたり語弊があるはずである）。現行テキスト（おうふう『古事記』）は「マロバシオトシキ」と読んでいる。他のテキストでもテンラクと読むものは見いだし難いし、そもそも「テンラク」とするなどあり得ない、といわれることだろう。そこで、字音語かどうかといったことはおくとして、一応なんらかの日本語を書こうとしているという前提

でさかのぼって考えると、可能性としては、マロバシオトシキという日本語がすでにあって、それに「転落」とあて、それをやはりマロバシオトシキと後世の我々も読んでいるというのが一つ。次に、もとがどんな語かは不明であるが、ともかく「転落」と書かれたそれを、あくまで後世の人によって「マロバシオトシキ」と読まれているだけとみておくのが一つ。また、第三に、ちょうど良い言葉がなく、字音語「転落」からの発想で、マロバシオトシキという語を新規に着想し、当然表記は「転落」とした[6]、といったことが考えられようか。阿礼の暗誦ということ——つまり口承——からすれば、第三の仮説は考えにくいといわれるかもしれないが、口承だけが純粋に受け継がれ安万侶にいたってはじめて書き記されたとは考えにくく、書承の要素もすでに含有されていたとみるのであれば、不自然な推察ではない[7]。三者のうちいずれであったのか、あるいはその他の可能性を含め、決め手はなかなかない。仮名書きの「マロバシオトシキ」が見いだせなければ語の存在の保証がなく、もとからあったというような上述の第一の仮説などは危険かもしれないが、いかんせん、〝用例がないこと〟自体も、十分な裏付けたり得ない。そこで、仮に、当該部分が本当に「マロバシオトシキ」であったとする。とすると、既存語か新規作成かはおくとしても、ともかくも漢語「転落」とこの語とが引きあわされていることになる（その際テンラクというような字音も頭によぎったことであろうか）。こういったことをも、安万侶が訓をもって書くということに含めていることに注目したい。仮に私たちがもし、「訓よみ」をもって書くという方針を立てたとすれば、それは「転落させた」ではなく「転がり落とした」というほうの選択を指すと直観的に思うであろう。しかし、古事記にいう「訓をもって書く」とは、いうならば日本語「ころがりおとした」と「転落」表記とが引き合わされている状態——「転落」という方法をも、含むわけである[8]。

4、古代の字音とその受容

4−1、字音の学びと日本化

　前節で字音語の話に触れたが、関連して中国由来の字音という観点からここでは見ていこう。漢字に付随する「音」といえば、当然一様ではない。たとえば中国漢字音、朝鮮漢字音、日本漢字音などと分けるのも一つである。そして、中国も含め、それぞれにあって字音とは変化を伴う性質のものであった。中国でも中古音といわれる層があり、日本漢字音の中でも漢音と関係が深い——つまりは〝日本〟漢字音といっても、当然ながら日本側だけで必ずしも説明しきれない要素があるわけである。これは公私問わず大陸との交流が、中断を挟みつつも継続してきたことにも要因がある。実際に考究するにあたっては、我々はまず資料ありきであるから、古代の日本漢字音はいかなるものであったかという問いは、正確にいえば古代日本語資料からどれほどそれを再構築できるか、ということになる。

　日本人は、漢字という外国語の文字を母語を表す文字として転用し、その一方で、字音語の学習も続けていたと考えられる。読むことを通して書くことを得る——つまり、漢字・漢文学習はすなわち日本語訓を産出する基盤ともなる。日本語の読み書きに使用し得る漢字へと転成させる前提には、漢字漢文学習（受容）過程があった。こういったことは、たとえば『日本語の歴史　2巻』（平凡社　文庫版復刊2007）や『漢字を飼い慣らす』（犬飼隆著　人文書館　2008）で「自家薬籠中」におさめられるなどと比喩的に表現されている。また犬飼同著では「飼い慣らす」（——ただし河野六郎がもともと使った用語であることが冒頭にことわられている）あるいは「鋳直す」（同書41pなど）、また「精錬」（犬飼隆『木簡から探る和歌の起原「難波津の歌」がうたわれ書かれた時代』（笠間書院　2008：p156）に「筆者の考え方のキーワード」とある）といった言葉で、その経緯が表現されてきている。いずれも、日本語が、漢字といういわばよそ者の文字を、よそ者のままに使用（——これを『日本語の歴史　4巻』（同前）では「賓客」扱いと表現）したのではなかったと

いうことをいわんとするものである。実際、日本人が漢文学習に努め、それを様々な形でアウトプットもしていたという証拠は枚挙にいとまがない。たとえば正倉院文書に出てくる様々な漢語や宣命における漢語の使用はもとより、より高次の文学的表現の糧として、萬葉集歌における『千字文』の利用などが指摘されている（奥村和美「『千字文』の受容―『萬葉集』を中心として―」『美夫君志』86 2013など）。漢文学習にあたっては、今日の外国語学習がそうであるように、日本語との対比が意識されたであろうが、漢字の意味を知り、日本語と対照するということにあたって、逐一語形（音形）の認知や学習までなされていたかは、実はわからない。つまり、ここで話題にしている漢字音の実相は、その学びにおいても不明な点が多い[9]。

　中国をはじめとする外国との交易に必要な外交文書作成であるとか、あるいは日本国内でも漢文ないしそれに準じる文章の作成にあたって、必要に駆られて漢字、漢文は習得されるようになっていったであろう。すなわち、官人の素養として基本的かつ必須のものとなっていたと思量される。事実、木簡などの出土資料からも、7～8世紀に地方まで含めて、漢字漢文リテラシーは相当なレベルに達していたことが指摘されている[10]。その一方で、その官人たちが、おしなべて正しい漢文ばかりを綴っていたわけでもないところが、実に興味深いところである[11]。たとえば、正倉院文書には多数の見た目上の字音語とおぼしきものが出てくる[12]（参考：乾善彦「正倉院文書請暇解の訓読語と字音語」（吉川弘文館　2002――『日本語書記用文体の成立基盤』塙書房　2017に収録）――これを〝表記上の字音語〟と仮称しておくと、実際は訓（先のマロバシオトシキのごとく）なのか、そのまま字音なのか、その「ヨミ」は、最終的にいずれなのであろう。いずれでも、あろうか。いちいちの特定は難しいけれども、古代の日本語とその体系性を考える上で看過できない問題である。たとえばよく出てくる「啓」は「まをす」なのだろうか、それとも「ケイす」なのであろうか[13]。乾前掲書が指摘するとおり、〝表記上の字音語〟を悉く訓よみに置き換える、あるいは音よみに決め打ちしてしまう根拠はないのかもしれないのであって、訓よみも、字音語としての通用も、それぞれにあった可能性を考慮しておくのが穏当であるように思われる。

4－2、古代における日本漢字音の存在とその徴証

郷 キャゥ

『醍醐寺本遊仙窟
総索引』（汲古書
院）より翻刻

　　左の翻刻は古代からずっと下って康永３年（1344年）に筆写された醍醐寺本『遊仙窟』の一節である。古代のみならず、時代を通じて、日本の文学作品においても大きな影響を及ぼした有名な作品だが、実際に私たちが触れることができるのは、書写年代がずっと下って残っている当該本である。そしてこのように、漢字の横に、今日の私たちでも直ちに音よみとわかる読みが片仮名で付されていることから、字音語がたしかにその音で、その時期に運用されていたということを知ることができる[14]。同時に、当然ながらこれらが倭化字音であるということも知られる。この醍醐寺本『遊仙窟』については、奥書から、年代のみならず、「十月十六日」に宗算なる人物が書写したということまでわかっており、いつ・だれが・なにをもとに写したか等、資料の産出過程を知ることができるという訓点資料の、まさに面目躍如といえるところである。これに対して、古代には振り仮名というものが存在しない。上述の正倉院文書や木簡など、確実に古代に制作された一次資料というものはあっても、具体的にどのような字音であったかということを知るのは、後世の資料に比して相当に困難である。たとえば本書の研究対象である、k韻尾を開音節化させて「作（サク）」と使う二合仮名や、t韻尾を捨象して「末（マ）」と使う略音仮名の存在から、韻尾の処理がすなわち日本漢字音化そのものであると一応は見なし得る。しかし、実際に和歌に当てられる、動態としてのそれはよいとしても、その素材となったであろう字音がどれほど、二合仮名やあるいは略音仮名のようにすでに変化していたかはわからない。かなり訛った（つまり、もはや二合仮名そのもののような）字音もあったかもしれないが、おしなべてあらゆる字音が日本化し、まさに現代日本漢字音のように把握されていたと断じていいものか。萬葉集には、１例しか出てこない二合仮名がかなりある。そういったものは、字音から、このたび初めて転用されたかもしれないわけで、その元になった字音が、しっかりと二合仮名用に訛ってすでに準備されていた、といっていいだろうか。二合仮名や略音仮名の存在は事実でも、も

とになった字音の音価がおなじく、すでにそうであったとは、必ずしも保証されないのである[15]。

ただ、すでに述べたように、日本人が中国語音を知り、ときに朝鮮人が話す字音も知り、また自らの日本漢字音もおそらくは運用していたことは先にも述べた通りで、疑いはないといえる。『論語』は大学寮で講義されていたし、ネイティブの音博士に習って直読もされたであろうし、また地方から漢文の一節を記した木簡までも出土している（たとえば徳島県観音寺遺跡出土木簡）。その学びの広がりはすでに証明されているのだ。漢籍文献を読み、また漢字を使って様々に書くというサイクルは事実として存在した。6世紀の仏教伝来以来、経典は音読されていたであろうから、繰り返すように、日本人は字音を運用していただろう。そして同時に、中国人、朝鮮人の往来、大学寮での教育といった、ネイティブやそれに準じる発音に触れ、学ぶ状況がある一方、運用するのが日本人である限り、外国語音の母語音化、訛りは不可避である――以上のことから、日本漢字音の読みを振り仮名で振った資料は存在しないが、字音（語）が用いられ、学習され、かつそれがなんらかの日本化した字音として通用していたと見なすことに、大きな問題はないと考える。これは、あらためて繰り返すまでもないことかもしれない。しかし、何度もいうが、問題は、その具体的な音価である。我々のように、体系性を把握し、どんな漢字であっても、一定のルールで、日本漢字音で読むことができるという状態を、そのまま古代にあてはめていいものだろうか。

ごくわずかだが、直接証拠に近いものが存在する。これは通常「音義木簡」といわれるものである。漢字の読みを記したとみられるもので、先に『論語』を記したものがあると紹介したが、やはりこれも地方からも出土している。現在5点ほど見つかっている。平城京二条大路、飛鳥池、北大津遺跡、観音寺遺跡、山口吉田遺跡である。音よみを示すのみならず、たとえば一番最近見つかった山口の吉田

（赤外線画像　奈良文化財研究所提供）

遺跡のものには「雨」に「不路（ふる）」と記すような、字音以外のものを載せている場合もある。飛鳥池木簡には、「熊」字の下に割書で「汙吾」とあり、「匝」字の下には「ナ布」とあって、韻尾をも記した（吾は ng、布は p か）ものと見られている。むろん、実際のところ、たとえばこれをそのまま読んだような「ウゴ」「サフ」だったと直ちに断じることはできない——この発音表記がどれほど実際に忠実だったかはわからないし——、辞書学習的な産物なのか、現実に通行しているものからの帰納なのかも確定し難い[16]。少なくとも中国字音の反切にはあたらず、むしろ後世の『金光明最勝王経音義』に見られるような日本漢字音反切風であることからしても、倭化字音を記そうとしたものと見ていいのだろう。ただ、現時点での出土状況としては、ごく稀な、当時の漢字音をしのばせる貴重な記録であることには違いない。

　この字音音価は、本書が、二合仮名、略音仮名という用例を認定するという大前提の作業に関わってくることでもある。よって、具体的考察に入る**第1章**にて、あらためて述べることとし、ここでは上記の概言にとどめておく。

5、「訓」の定着度

　中国語の文字としての漢字とその音があり、それが日本化したものとして日本漢字音があるとすれば、文字と「音よみ」の間には、いわゆる慣用音[17]を除けば、それぞれに一定の紐帯が（日本側にすれば）もとより裏付けられているといえよう。対して、訓よみはどうであろうか。たとえば萬葉集には「月」という字が約300例出てくるが、これらはすべて「つき」と読む。そして、1300年経った現代もそう読むから、「月」字と「つき」訓は強固に結びついているのであろう、と判断したりする。これは一つの妥当な把握だと思われる。しかし、そういう把捉の仕方はいつも有効とは限らない。たとえば「暖」という字も同じく萬葉集に出てくるが、「はる」と読まれている例が2例存在する。いわゆる義訓とされ、「暖かい」＝「春」という回路によるものと考えられる。そして「あたたけし」という訓が与えられているも

のは萬葉集に1例のみである。ここから我々はどのように判断を下すだろう。「暖」字の訓は数の多い「はる」のほうであった、というだろうか——まず、否である。たった1例であっても、「暖」字の訓は「あたたけし」だと見なすはずだ。中国側の意味を考えても、それでいいのだとは思う。しかし、先の「月」字のケースもあわせて考えると、古代の、文字とその読みの関係を探る上で、上掲の方法論には、2つの、曖昧でともすれば危うい回路が働いていることが指摘できる。一つには、「現代の我々の文字感」と関係づけること、二つには、用例数に頼ったり、反対に無視したりというダブルスタンダードが働いていることである。つまり、現代語で「月」は「つき」だし、「暖」は「あたたかい」であるということが、古代における文字と読みの関係に重ね合わせられたり、連続させられたり、ときにすり替えられているということだ。そして、あわせてそのときに、「月」字の場合は、圧倒的に「つき」訓に用例が偏るという〝数の論理〟に頼り、反対に「暖」字の場合は、「はる」訓が数としては上回っているという事実は黙殺される——〝数の論理〟は顧みられない（1例であってもアタタケシだと決定する）。こういう、いってしまえば場当たり的な〝証拠〟でもって個々の文字ごとに検証を繰り返していても、古代の文字と語との関係は体系的には明確には見えてこないのではないか。少なくとも、現代人の語感・文字感を安易に持ち込むことは控えなければならない。早くにこのことに注意したのは池上禎造であった。

> 春登が正訓[18]といふことを後代人意識で言つたのに対し、上代にそれが立ちうるかからまづ疑つてみたかつたのである。
> 　　　　　　　　　　　（「正訓字の整理について」『萬葉』34　1960）

池上は、釈春登のそれとして注意したのだけれども、「後代人意識」という点では我々も十分に顧みるところがあるはずである。とはいえ、上述のところは、考究における態度としていささか潔癖といわれるかもしれない。文献に残されたものであれば、可能な限りでの悉皆調査、そしてその分布の把握——数値的把握は必要であるからだ。現に本書も、その手続きはあらゆるところで行っている。木簡のように現在進行形で用例が増え得るものなら

第2節　古代日本語と文字、表記、書記　109

いざ知らず、萬葉集など、一応は一つの閉じた世界とも見なし得るものであれば、ふつうは余すことのない用例確認、そしてその数の把握などは基本中の基本ではある。それを否定するわけではない。注意したいのは、先の「月」字と「暖」字のように文字ごとに場当たり的に〝数の論理〟を持ち出すこと、そして、それに頼りすぎると必ず頭打ちになるという次の「去」字のような例がある点である。「去」字（のべ390余例）の場合、現行テキスト類によればサル訓がおよそ80余例、ユク訓がおよそ140例である。1.7倍ほどの開きがあるが、ここで「サル」訓は「ユク」訓に比べてあまり使われない、といってみてもさほど意味をなすまい。そもそもサルという語がユクほどに要求されなかっただけかもしれないからである。それに、歴然と数値的差異が出ているともいい難い。現代ではこの字に「ユク」訓はふつう用いないが、だからといって上代の「去」字における訓の優劣を決定できるわけではない。「後代人意識」はこの場合介入させようがないのである。また「訓字」としてみたとき、たとえば「ユク」という日本語にあてられる「行」字は萬葉集に170余例、「去」は約140例ある。この170対140という差異はどう捉えればいいのだろうか。すぐさま「ユク」に定着した訓字は「行」であると断言できる裏付けたり得ようか。やはりいかんせん数だけでは、悩ましいのである。先の池上論文も、「古写本中の異同が多くて容易に判断の下せない場合」「結局は例の少なさが常に決断をにぶらせる」「一語に数通り字がある場合、例が少ないと、どの程度に固定したかの判断に苦しむ」といった生々しい苦悶を述べているが、まさに、その通りであろう。こういったことからすると、訓の定着といったことについては、数値を数え上げる以外に何か別の観点が必要になってくるのではないか、と考えられる。一例として、音仮名の列に挟まれる一音節訓字の例を挙げてみよう。

安良多麻乃登之可敝流麻泥安比見袮婆許己呂毛之努尓於母保由流香聞
（あらたまの　としかへるまで　あひみねば　こころもしのに　おもほゆるかも）
（巻17・3979）

川端善明『萬葉仮名の成立と展相』（世界思想社　1975）が、このような例における「見」字などについて「訓仮名性を与えられているもの」と説明し

ている通り、たしかに、一見すると仮名の文字列に埋没しているかのようである。しかし、そのように見えるだけであって、実際は「み（る）」と読む以外あり得ないし、意味もとらねばならない、。つまり、立派な訓字なのである。ということは、このように考えられないだろうか——これほど音よみの仮名が並ぶ中で、このように一字だけ訓字を紛れ込ませても、それに誤読の恐れがないという判断があった、それほどに「見」字と「み（る）」の関係は強固な紐帯を結んでいた、と。また、「見」字は「ケ」などの音仮名では使われないのだが、そのことも、上述のところに整合する事象であろう。これはほんの一例に過ぎないが、こういった方法を用いれば、「見」字が「み（る）」の文字として何例使われているか、という数値にだけ頼らなくても、複合的な判断を下すことができ、文字と語の定着度を測る一つの指針にできると考える[19]。

件の亀井孝の「ヨメる」と「よめる」は、文字と訓との関係を考えるときに、固定化した訓読と、文脈に依存する（たいていは臨時的な）翻訳とが併存している見解だと解釈できよう。筆者は基本的にこれに賛同しており、両者は、古代において混在していたと考えている。これについて次にいくつかのことを述べておきたい。

6、《訓読》の内実

古代にはすでに文字ごとに決まった日本語がすでに定着して結びついており、古事記などはそれによって書かれたものだと説いた論があった。小林芳規論文である。これを小林は「訓漢字」と呼んだ。

> 古事記では、丁度音仮名の用法に統一が見られるように、表意の漢字の用法にも、一定漢字に一定の訓を対応させる原則に基づく、用字法の統一性が見られる。（中略）一定漢字を一定訓に対応させ、この関係を利用（中略）この一定訓を担った漢字のそれぞれの訓—そのような漢字を「訓漢字」と呼ぶ—。
>
> （「古事記訓読について」『日本思想体系　古事記』岩波書店　1982）

実際にみると、一字に一訓とは限らない事例（ようするに反証）がまま見いだされ、現在、この考えはあまり賛成されていないとみられる。ただ、文字と訓の定着度を既存資料から可能な限り突き詰めるという狙い自体は、意味があっただろう（やってみなければ、〝そうでないものもある〟と知ることもまた、できないから）。
　一方、奥村悦三は「訓は、少なくとも上代には、雑多なものでしかあり得なかった」（『古代日本語をよむ』和泉書院　2017：130p）、「万葉集が読めるのは、上代における字―訓の対応関係の「固定」によるのではまったくない」（122p）（萬葉集が読めているのは、類例との「重ね合せ」による推察（あり得る上代語の推定）、音数律などが参考にされていることによるのだという）、「（上代は――筆者注）それぞれの漢字（その意味）を理解し、それに当てるべき訓を探し求めていた時代であったと考えられる」（128p）として、いわば、小林論の対極をなす考えが示される（実際、奥村の著作『古代日本語をよむ』では、常にこの小林の「訓漢字」が対象化され、それが認めがたいという観点で行論される）。両者はいわば全く正反対の捉え方だけれども、文字と漢字の結びつきについて、傾斜や偏重は仮説的に排除し、全てフラットに捉えるあり方という点では、実は共通しているところもある。
　先にも述べたように、筆者は、字と語の結びつき、つまり定着度の強弱について、理論的には、結びつきの強いものから弱いものまで多様な広がりをなしていたと、とらえている。それはいうならば、上の二者の、間をいくような考え方であり、もう少し子細にいえば、〝文字によって、語との結びつきが強いものとそうでないものがあった〟ということになるが、そのように広がりを捉える前提には、ある種の時系列を想定していることを意味する。
　そして、古代、漢字・漢文に向き合うとき、いくつかの方法があったのではないかと考える。1つは直読（字音語のまま理解、受容。ただし発音は訛化する場合も）、もう1つに「翻訳（翻読）」（個別的、臨時的）、いま一つに《訓読》（メソッド化した文字―訓の固定的対応）である[20]。三者を総括して《広義の訓読》と呼称してもよい[21]。後二者の違いは、文脈を離れてもある程度、自動化、固定化しているか否か、という弁別だとしておく。なお、《臨

時的、個別的な翻読》というレベルの営為を繰り返すことで、それがいずれ《固定化、メソッド化》していくものもあるという時系列的経緯を想定するなら、以上3つは、場合によっては同一平面上には並ばないことでもある。また、ある「訓読」が、ある「翻読」に臨むときに参照されたり、援用されたりということも、想定できる——つまり、すべての「翻読」が、すべての「訓読」に常に先行するとは限らない。

　なお、奥村は、筆者のいう《訓読》は認めていないと判断できる——それは奥村の論「和語、訓読語、翻読語」(『萬葉』121　1985) によっても知られるところであって、すなわち「上代の文献には、訓読語と呼べるものは見つからないし、ウクも訓読語とは言えないと言うべきではないだろうか (筆者注——ウクは「翻読語」とみる : 31p)」とあるのがそうである。たしかに、文字と訓との固定化を、ではいかに客観的に証するのかという問題はある[22]。そもそも、筆者が、固定化した《訓読》をも想定するのは、一つには、先述の通り、前提として古代内部に時系列をみているということ、および、次のようなことが浮かび上がってくるからである。たとえば、萬葉集において、仮名の文字列に孤立的に交じって使われ得る訓字の存在[23]、あるいは音仮名にはほとんど使われず、訓字にほぼ専用される例 (たとえば「見」字) などは、文字と訓とに相応の紐帯が結ばれていることを意味するのではないかと考える。また訓仮名は意味を離れて語形だけを用いる用法であるから、文字とことばの結びつきが不確定なままに、しかし、語形だけを残しつつその意味を離れて、しかも繰り返し使うということは難しいのではないかと考える (たとえば「名 (な)」や「八 (や)」は萬葉集では、しばしば使われる、比較的汎用性の高い訓仮名である。また「止求止佐田目手」の「手」「田」「目」のように、木簡において訓仮名が少なくないことも、注目されよう)。さらに、いわゆる義訓、戯書などは、無標の訓字表記に対して、有標として産出され、また現に我々がそう認定して分類を与えているが、字—訓の対応関係に固定的な標準がなかったのであれば、有標に見えるのはあくまで我々の目とデータ統計によるのに過ぎず、古代人にとっては、たとえば《春—はる》と《暖—はる》の間に方法として差異はないフラットなものだったとみる

ことになろうか。これは書く側の事情にも踏み込んでいるが、書く上で、書き手の選択として浮かぶ文字とことばが、読むことから獲得され、選択可能性に登録されるという経緯に鑑みれば、考慮されてよい。

　前述の通り、固定化したものもあったと想定するにしても、その客観的裏付けは、一々においては確かに困難がある。文字資料という結果からしか我々が分析、推察できない以上、留保するしかない側面はある。その点、奥村氏の立場は、古代内部の個別性、歴史性をいわばフラットにし、抽象した《共時態》のごとく見ている側面があるようにみられる。核心の一つである文字と訓との関係も「上代には、雑多なものでしかあり得なかった」（130p）というほうへ、これもやはりフラットに、一般化している。

7、古代の表記論を説くにあたって

　「音」「訓」それぞれの内実を現代との簡易な比較を通して把握、そして日本語訓の獲得とその紐帯（つながりの強さ）の問題、漢字漢文の学習を通しての、字音（語）の習得・通行と、その基盤上に訓の獲得があることなどを見、さらには字音音価の推定の難しさ――すなわち、古代の資料的制約に伴う研究上の問題等に言及してきた。ここまで見てきてわかることは、個々の文字が、「音」ないし「訓」とつながりをもっているように見えても、それは実例――つまりは動態としての漢字使用の現場から、我々が方法論として一字一字にばらすことで見える個々の実相なのであり、実際にはこれらの文字は、そうしたある文脈という動態の現場で使われていた、ということである。文字を１つ１つに切り分けて抽象化し、静的観察に持ち込めるのも、研究方法の手続きとしては、もとはといえば動態（資料的実例）からしか導かれないはずである。

　古代は、文献上さかのぼれる最古の時代であり、かつまた平仮名・片仮名をいまだ見ない時代であることから、日本語を書くということの、その揺籃期であるという言い方が、一つできようとは思う。ただ、それは、千数百年経った我々の目から見てということであって、この時代に生きた人々が、

"我々の文字表現は未成熟である〟と考えていたわけではないだろう。漢字しかないのは不便だった、と想像するのは、我々からしてそう思えるだけのことである。その点では、太安万侶が、「上古之時、言意並朴、敷文構句、於字即難。已因訓述者、詞不逮心、全以音連者、事趣更長」と述懐していることは、いかにも明確な自覚として瞠目に値するが、いうまでもなく、後世出来する様々な文字や表記の方法に比しての悩みではない点、結局は上述のところと同じであるといえよう。現代に生きる我々も、文字を使って文章を記すときに、ときに悩みを致すわけだが、社会的慣習がある程度は定まっており、教育も体系的になっているという点は特筆すべきかと思う。漢字を制限したり、廃止しようとしたり、あるいは新たな表記を模索したりということがここ150年間にそれなりに断続的にあったが[24]、それらが主導権を握ることは遂になかった。結局は政策として微細な調節を受けつつ（それに連動して教育も改訂を重ねながら）、大変革を起こすこともないままに行われているとみえるのが現代だが、果たして、古代はどうであろうか。二合仮名、略音仮名の運用を様々な角度から検証し、その実相を探求していきたいと思う。

注

1） 「いぬを飼っています」とはいえても、「ケンを飼っています」とはいえない。ただ、「胃」「腸」「肺」をはじめ「蛾」「蝶」「象」などの名詞、また「理にかなう」「式が始まる」「分がある」「…という体で」「我が強い」といった、比較的定型的な言い回しにも、一字の漢語は存在することは、する。

2） 国字のように日本で生まれたものでも、「リンパ腺」などの「腺」字など、訓をもたないという反対の事例もある。

3） 萬葉集の次の歌における「去」字はふつうユクとよまれている。
　　　塩津山　打越去者　我が乗れる　馬そつまづく　家恋ふらしも
　　　　　　うちこえゆけば
(巻3・365)

4） 中国語側にない意味を与えた日本独自の訓で、古くからある。たとえば「椿」に「ツ婆木」と読みを付したものがあるが（徳島県徳島市国府町観音寺遺跡出土木簡）、中国語としてのこの字には日本でいうツバキ科の植物を指す意味はない。

5） 文字と訓の定着度を巡っては、次のような議論があるので、やや古いもの

から最近までの議論をいくつか参考に引いておく。「正訓字とは、邦語訳に相当する定着訓を利用した漢字の表意的用法」(『萬葉集必携』學燈社　1979：39p、項目執筆は稲岡耕二)、「自立語はことに正訓字で書かれることが多かった。しかし、実際には表わされる意味と表わす文字との間の結びつきはゆるく、かなり流動的であったといってよい」(小学館日本古典文学全集『萬葉集(１)』解説)、「一字一訓みたいな言い方をされると、それは現実と違い過ぎはしないかと思います」(「討論会　古事記の文章法と表記」山口佳紀氏発言部分『萬葉語文研究９』和泉書院　2013)、「一字に一訓が対応しているなどというのは、基本的に期待されることではない」「訓は、少なくとも上代には、雑多なものでしかありえなかった」(奥村悦三「話すことばへ」『萬葉』219 2015)。

6)　漢語を日本語に変換することによって、あらたな日本語として存在した(つまり、漢語との出会いがなければ、その日本語はなかった可能性が高い)ものがある、ということについては、すでに諸賢の考察がある。漢文と訓読、そしてその〝産物〟は上代の日本語を考える上で非常に重要なものである。以下に代表的な論考を示すので、参照されたい。小島憲之「日本文学における漢語的表現―その翻読語を中心として」(『文学』53-4　1985)、奥村悦三「倭語、訓読語、翻読語」(『萬葉』121　1985)、大槻信「古代日本語のうつりかわり―読むことと書くこと―」(『日本語の起源と古代日本語』臨川書店　2015)など。

7)　口承と書承の関係性については、研究史も踏まえたものとして「討論会　古事記の文章法と表記」『萬葉語文研究』９和泉書院　2013)に詳しい。奥村悦三は、口承とされるものにもそれ以前の書承の要素が、また書承にも口承の要素が含み込まれていると見る。

8)　あるいは「転落」という漢字列に日本語を引き当てることによって、ここで初めて生まれた言葉なのであれば、漢字表記「転落」はいわば当然の結びつきとしてここに措かれるものであり、いずれにせよ、臨時的であるにしても漢語と日本語が結びつけられている状態といえるだろう。古事記の「転落（マロバシオトシキ)」などは、我々にとって現代詩や歌詞などで、当て字、当て読み(「当て読み」という術語は笹原宏之編著『当て字・当て読み漢字表現辞典』(三省堂　2010) による)の感覚に近いものがあると思う。たとえば「わけ」に「根拠」とあてる場合がある(早野梓「青木ヶ原樹海を科学する　自殺するには根拠（ワケ）がある」)。こういったものを、当て字や当て読みとはいっても、「訓をもって書く」とは我々はいわないはずである。この点でも、術語「訓」を巡っての、古事記序文と我々の間にはズレがあることにもなる。

9） 漢文読解にそれなりに熟達し、日本語訓も発達してくれば、中国語としての発音を知らずとも、辞書などの力を借りつつ意味を知ることができたりするので、文字ごとに逐一字音が学習されていたかはわからない。現に、いまの我々も、古代のあるいは現代の中国語音を知らないままに、『廣韻』といった中国製の辞書の「○○也」という記述を通して、その漢字の意味を悟ることも可能であろう（古代の中国語音を知らずとも）。

10） 犬飼隆『木簡による日本語書記史』（増補版　笠間書院　2005）には、日本人の漢字・漢文の読み書き能力について、一次資料から帰納された多くのことが指摘されているので、参照されたい。

11） たとえば正倉院写経所文書では、暇を請う文章が、日本語的語順になっていたりする。日本書紀β群（森博達『古代の音韻と日本書紀の成立』大修館書店　1991）における漢文の間違い（和習）とは必ずしも同種のものとはいえず、むしろ〝わかっていてそう書いている〟節もあるように思われる。こういったことは乾善彦「日本語と中国語の接触がもたらしたもの」（『日本語学』29-14　2010――のち同『日本語書記用文体の成立基盤』塙書房　2017に採録）に詳しい考察があるのであわせて参照されたい。

12） 桑原祐子「正倉院文書における墨の記述―墨頭・墨端と助数詞―」（正倉院文書研究会編『正倉院文書研究8』吉川弘文館　2002）に指摘されるように、いわゆる和製漢語もあり、これらは「ボクタン」などと字音読みされていたであろうことも指摘されている。

13） たとえば次のような資料から、「ケイす」の蓋然性が高いということも考えられる。
　　　　附童兒乙継申上、以啓　　　　　　　　　　　　（続々修40の3）
　　つまり、「申」と「啓」がこれほど近い距離におかれて、「まをす」「まをす」と繰り返されるとは考えにくい、ということである。

14） 「その音で」というのはもちろん一つの言い方で、字音仮名遣い化してしまう場合もあったであろう。現在、「競争」にキョウソウと振り仮名を振るからといって、2回出てくる「ウ」をきっちと円唇で発音するわけではない。「キョーソー」のほうがまだ実情に近い。そういったことがあることも念頭に、振り仮名付き資料であっても注意はせねばならない。古代以降の、字音とその表記の話はここではこれ以上踏み込まないことにする。

15） このことは、上代特殊仮名遣いに関係しても、いい得ると思われる。二合仮名の後位音節が上代特殊仮名遣いにあたっている場合があるが、漢字音が、甲類音で開音節化、乙類音で開音節化する、といったことがあり得るだろうか。上代特殊仮名遣い音節はあくまで日本語側の話であって、漢語世界の、漢

字音の日本化とはひとまず区別されるはずである。二合仮名の場合、上代特殊仮名遣い音節を含む語にあてられることで、結果としてその音節を表す仮名だと言い得ているだけではないだろうか。これは**第1章**で詳しく考察する。

16) 音義木簡のうち、訓については滋賀県北大津遺跡出土の木簡に「誣」字にアザムカムヤモという、いかにも実際の文章中から切り取ったような語句で記されているし、字音を示したものにしても、どうしてその字なのか、ということを思えば、いずれもなんらかの実例（文章からの摘出）によると考えられる（が、必ずしも現実に通行していたものの記録とは限らないと、いまは見ておくしかない）。

17) 単刀直入にいえば、中国伝来ではない日本漢字音の総称である。たとえば「立」はもともとp入声音で、建立（コンリュウ）などに残るが、ツで終わる音もある（対立（タイリツ））。これは「立派（リッパ）」のような場合から字音をちぎって把握したためであると考えられている。またこういったケースとは違って、「攪拌」「垂涎」「消耗」をそれぞれを「カクハン」「スイエン」「ショウモウ」と読むのは、音符読みにひかれた、元来は誤読である（本来は、「コウハン」「スイゼン」「ショウコウ」）。しかし、それなりに使用が広がってくると（「消耗」などはもはや「モウ」で正しいだろう）、間違い扱いされにくくなり、通行してしまう。こういうのも慣用音と呼んでいる。ようするに、「慣用音」という字音があるのではなく、分類上の、日本漢字音特殊例の掃き溜めとしての名称なのである。慣用音については沖森卓也・笹原宏之編著『朝倉日本語ライブラリー　漢字』（朝倉書店　2017　漢字音の項、「慣用音」にて筆者が執筆）で言及したことがある。

18) 「正訓」という術語については筆者が別に考察した論考があるので、あわせて参照されたい（尾山慎「萬葉集「正訓」攷」『文学史研究』56　2016）。

19) 巻17について、筆者がこの方法で試みた論があるので、あわせて参照されたい（尾山慎「萬葉集仮名主体表記歌巻における単音節訓字―巻十七を中心に―」『美夫君志』92　2016）。

20) このとらえ方は別段珍しくはなく、半世紀以上前に、亀井孝がすでに述べていることにほぼ同じである。亀井のことばは、古事記についての、「一定の、このヨミかた以外ではいけないといふかたちでヨムことをヤスマロは要求してゐたらうか」（「古事記はよめるか―散文の部分における字訓およびいはゆる訓読の問題―」『亀井孝論文集4』吉川弘文館　1985）があまりにも有名で、ここばかりがクローズアップされがちだが、一方で「ヨミによつて、漢字による表現を、理解する習慣がつとに成立してゐた」「当時におけるクン―すなはち、和訓―の固定」とも言っているのである。奥村悦三は、亀井のこの後二

者の発言には賛同できない、としている（「漢字による表現」について、「ヨミによつて」読まれうるものであったとまで言っている点には同意しがたく思われる）。
21) 広義とはいえ、字音のままに受容するものをも《訓読》と呼ぶことに異論があるかもしれないが、日本語に内在化が果たされていくものとしての字音語であるならば、広く、漢字・漢文に対する《訓読》行為の一つとみてよいと筆者は考えている。
22) 注18に同じ。
23) 注19に同じ。
24) このような経緯をまとめたものとしては近時では安田敏朗『漢字廃止の思想史』（平凡社　2016）などが挙げられる。ちなみに、全面ローマ字表記への変更案といったのとは別に、日本語表記の一案として、語種と文字種、字の大きさを変えることを駆使した、「事実ヮ　あとヵラ　創造サレタ　モノノ　ヨーニ　おしえテ　ィルガ」といった表記の方法を金田一春彦が提案している（『日本語への希望』大修館書店　1976：119p）。金田一も、こういったものが受け入れられ難いことは承知の上で、その一案を示しているのだが、日本語の文字にとって、本質的に採用されるべき〝正解〟などないことを思えば、この表記法もあっていいはずで、しかしそこに我々が抵抗を感じるのは、ひとえに社会的慣習に裏付けられた経験と保守性によるものであるはずだろう。古代は、書くことの前例といえばまずは漢文という時代であるゆえに、そういった〝とらわれ〟がかえって希薄な一面はあったかもしれない。しかし、奔放というわけでもなく、萬葉集歌と木簡での書き方の違いなど、場面に応じた書き方（合理的というべきかもしれない）も、ある程度は醸成されていたはずであろう。でなければ、安万侶も悩む必要はなかった。悩ましいということは、〝ふさわしいあり方〟への模索があったことを意味するだろう。

まとめ

　以上、現代日本語および本書が主たる考察対象とする古代の、文字、表記（書記）について、従来説の約言も含みつつ、筆者の捉え方を述べてきた。私たちが把握し得る時代スケールで、いわば両極におかれる二者を引き比べたのは、古代のことを分析する筆者自身が現代人だからである。こういうと、あまりに短絡な理由と思われるかも知れないが、筆者には常に既掲の池上禎造の言葉が頭にある。

　「3－3　抽象化される読み手」の項でも述べたように、分析者の分析、見解は、当時の書き手読み手のそれへと投影される。それ自体は致し方ない。古代人には成り代われないのだから、それを否定すると研究が成立しない。しかし、そのとき、現代人の感覚、現代語としてのありようをいかに不用意に滑り込ませないかという留意は必要である。同時に、現代人としての語感や直感がヒントになることがあることも、もちろんである。この両輪のバランスに留意するのが肝要だと筆者は考えている。それは結論（帰結）だけではなく、議論の出発点においても、である。たとえば「港」という私たちにはおなじみの文字が、萬葉集には一つも出てこない（多く「水門」と記される）。このことを「なぜだろう」と思って考究の入り口にすることはあり得ても、「港」という文字は一般的であるはずなのに出てこないのはおかしいと前提するのは問題がある、ということである。

　筆者は、現代人で、そしてこれから用例分析に望む「分析者」である。漢字を使う、音よみ、訓よみもしばしば古代と共通している。共通していることと、しないことを見極め、一読者かつ分析者であることを自覚しつつ、以下、本編に入って検証を加えていこうと思う。

【参考文献】
　犬飼　隆編『古代の文字文化』（竹林舎　2017）

佐藤喜代治編『漢字講座』1～12（明治書院）
富田富祺・野村雅昭編『朝倉漢字講座』1～5（朝倉書店）
平川　南編『古代日本　文字の来た道―古代中国・朝鮮から列島へ　歴博フォーラム』（大修館書店　2005）
国立歴史民俗博物館・平川南編『古代日本と古代朝鮮の文字文化交流』（大修館書店　2014）

乾　善彦『日本語書記用文体の成立基盤』（塙書房　2017）
犬飼　隆『文字・表記探究法』（朝倉書店　2002）
――『上代文字言語の研究』（増補版　笠間書院　2005）
內田賢德『上代日本語表現と訓詁』（塙書房　2005）
沖森卓也『古代日本の表記と文体』（吉川弘文館　2000）
――『日本語の誕生―古代の文学と表記』（吉川弘文館　2003）
――『古代日本の文字と表記』（吉川弘文館　2009）
尾山　慎「漢字の「表意的用法」による表記とその解釈」（国語文字史研究会編『国語文字史の研究15』和泉書院　2016）
今野真二『日本語講座　書かれたことば』（清文堂出版　2010）
――『漢字からみた日本語の歴史』（ちくまプリマー新書　2013）
小柳智一「日本の文字」（諏訪春雄編『日本語の現在』勉誠出版　2006）
笹原宏之『日本の漢字』（岩波新書　2006）
――『漢字の現在　リアルな文字生活と日本語』（三省堂　2011）
高田智和・横山詔一編『日本語文字・表記の難しさとおもしろさ』（彩流社　2014）
野村雅昭『漢字の未来』（新版　三元社　2008）
矢田　勉『国語文字・表記史の研究』（汲古書院　2012）
山口佳紀『古事記の表記と訓読』（有精堂出版　1995）

第1章　子音韻尾字由来の仮名とその実相

導　言

　本章では、入声韻尾字由来の略音仮名、撥音韻尾字由来の略音仮名、そして二合仮名（数が多くないので韻尾の種別は一括）について、萬葉集内における用例分布やその基本的な内実を見ていく。本書の、最初の基礎調査・考証にあたる部分である。

　子音韻尾字が使われるにあたっては、春日政治によって「連合仮名」というものが指摘されているので、まずはこれについて触れておかねばならない[1]。たとえば「吉多」という表記について、t韻尾を持つ「吉」が、t音を頭子音に持つ字「多」を従え、結果これで「キ甲タ」と読むものを指すとされる。tが重複することになるが、「連ね合わされ」（春日）、一つに解消されるというものである。これは、いわゆる「推古朝遺文[2]」における用例や、朝鮮半島の吏読などに照らしても、存在した方法であったことは、おそらく疑いがない[3]。しかし、萬葉集の歌表記においてそれを認め得るかどうかは別である。この章で行う考察の結論を先取りすれば、萬葉集に定義通りの経緯で成立した連合仮名は、認定しなくてよいとみられる。集中では、子音韻尾由来の仮名は、韻尾を捨象した略音仮名と、韻尾に母音を付加した二合仮名の二種を認める。

　議論の順序としては、まず、子音韻尾字がどのように利用されているかを概観し、次いで、漢字音（推定中国中古音）を参照して、子音韻尾字が、他の、韻尾を持たない字音が仮名にされる場合（たとえば「左」や「加」など）と相通することを見る。これは確認に近いことであるが、音仮名である以上、中古音との対応を確認するのは伝統的に考証されてきたことであり、それをあらためて行っておくことがまず1つの理由である。それから、子音韻尾字音ではない音仮名と、韻尾以外の、声母や韻母の差異によって、仮名の運用にも違いが現れているのではないことを確認するねらいもある。次いで、入声韻尾字音仮名を先鞭として、萬葉集における実相を悉皆調査し、加

えて定義通りの経緯で成立した連合仮名を、認めずともよいことを示す。また同様の方法論で撥音韻尾字音仮名を見、最後に二合仮名の使用について分析する。

注

1) 具体的には次に引用する部分である。「其の音尾を後續する子音に連ね合せて用ゐた方法もあつて、例へば「吉多斯比弥」に於ける吉字は音尾 t を後續音の多に連ね合せたものであり、「凡牟都和希」に於ける凡字は音尾 m を後續音の牟に連ね合せたものである如きが是である。之を連合仮名とでも名づけて置かう」(春日政治『假名發達史序説』、後『春日政治著作集 第一』に収録。勉誠社 1933)。

2) 「伊予道後温泉碑文」「元興寺露盤銘」「元興寺丈六光背銘」「法隆寺金堂釈迦仏光背銘」「天壽国曼荼羅繡帳銘」「法隆寺三尊仏光背銘」「上宮記逸文」「上宮太子系譜」をまとめて指すのが、従来のいわゆる「推古朝遺文」であった。鉄剣等以外で現存の最も古い文字資料群を一括した呼称である——とはいえ、近年の木簡の出土から、時代が下ると目されるようになっている資料、あるいはそもそも転写されたものしか残っていない(「伊予道後温泉碑文」「元興寺露盤銘」)ものなど、いまとなっては一概に扱うことが難しい資料群である。本書では、こういった研究の進展があるまえに「推古朝遺文」として取り扱って、注目すべき指摘をなしている諸賢の先行論を参照することもあるため、一応ひとつの資料群として挙げた。ただし、上述のところを踏まえ、常に「いわゆる」を冠し、かつカギ括弧を施すことにする。

3) 近時では、犬飼隆「連合仮名を文字運用の一般論から見る」(『古代の文字文化』竹林舎 2017)に最新の、朝鮮半島での連合仮名についての考察がなされている。

第1節　子音韻尾字と、仮名としての使用

1、表音用法としての仮名

　漢字の表音用法[1]は、当然ながら中国にその起源がある。仏典等において翻訳不可能な語あるいは固有名詞の表記に用いられた。そして、古代朝鮮にもまた、吏読と呼ばれる漢字の表音用法が存在し、姜斗興『吏読と萬葉仮名の研究』（和泉書院　1982）において論じられているとおり、それらにおいて日本側所用の仮名と共通する字母も少なくない。実際に、渡来人の存在や、そういった人物を中心とする交流によってもたらされた字母があったことは想像に難くないが、具体的にそれがどれにあたるかを定めることは難しいし、定めることに必ずしも意味があるとも限らない。たとえば、いわゆる「推古朝遺文」の例において、吏読とされるものと萬葉集所用の仮名字母とで共通する字母が使用されている事実があるわけだが、たとえばそれを吏読であって、萬葉仮名ではない、という認定をするとすれば、書き手が朝鮮半島の人だったということを同時に認めることになる。おそらく渡来人が深く関わったことに疑いはないが、しかし、我々は実際には書き手、書記行為の現場をまざまざと目撃できるわけではない。よって、結局は、吏読か、萬葉仮名かというのはどの資料に属しているかということからの判断によることになる（よらざるを得ない）。この点からすれば、たとえば〈「推古朝遺文」所用仮名〉ならニュートラルな響きをもつであろう。以上のことは、仏典における表音用法を引き合いにしてもよくわかる。仏典の陀羅尼・真言と共通する字母は萬葉集にも出てくるが、（たとえば「三婆縛縛日羅（サムバムバ バ ザ ラ）」——真言宗『十八道念誦次第』大虚空蔵真言抜粋）といって、〝陀羅尼には萬葉集の仮名が使われている（あるいはその逆）〟という言い方はしない、しても意味がないのと同じことである。しかも、サンスクリットに通じた日本人僧侶が漢字を

表音用法で用いたらどうなるのか。それは「対音」(漢字による音転写)なのか、萬葉仮名なのか。誰が書いたかというより、どんな資料に何を書いているかという側面からしか分類のしようがない。「萬葉仮名」という呼称には批判があるが[2]、資料を横断して、またそこに歴史性を重ねて観察しようとするとき、上述の〈「推古朝遺文」所用仮名〉の如く、たとえば萬葉集所用は萬葉仮名、古事記所用は古事記仮名、風土記仮名、木簡仮名…などと呼ぶと、案外に便利な側面もあるように思う[3](ただ本書は、考察対象がほぼ萬葉集だけなので、そういう意味においてそのような「萬葉仮名」という言い方も必要としないものと考え、記述している)。

　子音韻尾字は萬葉集でおよそ8000例を数える。用例の数は時に重要だったり重要でなかったりするものだが、古代の場合は、資料的制約から用例がおのずと有限であることも多く、知り得る限りは一通りの把握をしておくべきであろう。

2、倭語の音節と漢字音との関係

　日本語はおそらく古代も通じて開音節構造であったと推定される。この点に鑑みれば、借音による表記では、やはり開音節CV構造の漢字音がまずは最も運用に適当なはずであり、逆に、閉音節構造の字音は、それらに比べれば使いにくいものであったのではないか、とまずは考えられる。この仮説は、たとえば古事記・日本書紀・萬葉集等より以前の文字資料においては実際に当てはまることが多い。つまり、いわゆる「推古朝遺文」では子音韻尾字が相対的に多くはあらわれず(等、良、明、作、凡、吉の6字)、韻尾をもつ閉音節字はできるだけ忌避されているとみられる(姜斗興『吏読と萬葉仮名の研究』(同前))ただし、要求される音節がそもそも様々な語に及ぶに至っていなかったことが要因とも考え得るわけだが、ひとつの趨勢として、忌避は認めて良さそうである。さらにその使われ方であるが、前述した春日政治が「連合仮名」としたものに集中する(春日は「天壽國曼荼羅繡張銘」「上宮記」から挙例――両資料とも、7世紀の一次資料として扱うには問題もある

第1節　子音韻尾字と、仮名としての使用　127

が、ここでは、春日の指摘が萬葉集におけるものではない、ということを確認する意味で挙げておく）。また、大野透『萬葉假名の研究』（明治書院　1962）によれば、このように韻尾を次の字の頭音節に重ねるようにする方法は、中国における仏典翻訳作業のうち、梵語の音訳表記において発案された方法であるという。つまり、日本語表記のためだけに開発されたわけではないという点は留意しておきたい。

　萬葉集に目を向けた場合、このように漢字音のうちでも子音韻尾字として分類される字が仮名として使われているのをごく容易に見いだすことができる。前掲の資料群などでは使用に消極的かと見られた子音韻尾字が、前述のように萬葉集においてはのべ約8000余例あらわれる。これが多いか少ないか——数値は相対的なものにすぎないとはいえ、子音韻尾字がそれなりに〝台頭〟しているように見える点、注目に値するだろう。ここで、我々が通常一字一音表記として扱う歌についてその漢字音の特徴を概観してみると、実は種々のものが混在していることに気づく。

奈呉<u>能</u>宇美<u>能</u>　意<u>吉</u>都之<u>良</u>奈美　志苦思苦尓　於毛保要武可母　多知和
　　　（なごのうみの）（おきつしらなみ）（しくしくに）（おもほえむかも）（たちわ
可礼奈婆　　　　　　　　　　　　　　　（巻17・3989　大伴家持）
かれなば）

たとえば一部を挙げるだけでも、
　　能・良………撥音 ng 韻尾字
　　吉……………入声 t 韻尾字
　　要・毛・礼…重母音字
といったところである。このように、いわゆる直音の字が使用される仮名のバリエーションを独占しているわけでは決してなく、子音韻尾字、重母音字も一字一音節の仮名として使われていることがわかる。元来、字音としては音節構造が異なる字が、このように一字一音の字母としていわば同等に機能していると見られるわけである（原音に照らしても同等かどうかは、次節で確認をする）。この歌の表記だけをみれば、これら漢字原音に異種の構造をもつ仮名が、あたかも同時的に存在しているかのようであるが、前述のような「推古朝遺文」における子音韻尾字の忌避を思えば、この萬葉集における仮名原音の多様性については注意してよい。かつては相対的に少数派で、優先

順位として低かったとみられる子音韻尾字が、それなりに萬葉集で見いだされるとき、たとえば連合仮名のような方法は廃棄され、韻尾は捨てて単音節として使われるに至っている、などと見通してもよいのではないかと考えられる。

3、三内入声音、三内撥音

　いわゆる字音仮名には、中古音の推定音をみるかぎり、ほぼそのまま利用できそうに思われるものもある。たとえば、
　　果摂・歌韻　「何」（カ）推定音：/kʻa/ もしくは /ɦa/
　　同　　　　　「多」（タ）推定音：/ta/
　　　　　※推定音は藤堂明保・小林博『音注　韻鏡校本』（木耳社　1971）、
　　　　　カールグレンの推定、平山久雄「音韻論」（中国文化叢書（1）新装版
　　　　　言語　大修館書店　2011）等による。原則として以下同。

などである。ただ、萬葉集の歌表記では、わざわざ仮名の部首をそろえたり、あるいは同字を忌避するといったように、多様な試みが集積した結果とみるべき側面もままある。したがって、いうなれば手持ちの駒を増やすべく、原音として倭語音節にそのままは使いにくそうな漢字にも使用範囲が広げられることは、想像できることである。前節にふれたように、不適合な字音はどうやら避ける向きがあったという、先の例はあったと思われるけれども、字母が様々に求められることで、ある種〝割り切って〟使うということも出てきたのではないか。韻尾を捨てるというのは、たとえばその一つの表れであるとみられる。あるいは韻尾を利用して、二音節の箇所に当てることもまたしかりである。以下順に、子音韻尾字─入声字・撥音字について概説しておく。

3-1、入声字

　入声とは平声上声去声とならんで四声の一つであるが、下降・上昇といったアクセントの種類をいう四声としての特徴のほかに（六声体系では、入声

重が低平調に、入声軽が高平調と推定されている[4])、韻尾に子音p、t、kのいずれかを擁するものがこれに当てはまる。『韻鏡』では、tが内転十八、十九、二十及び外転十七、二十一、二十二、二十三、二十四、kが内転第一、二、三十一、三十二、四十二、四十三及び外転三、三十三、三十四、三十五、三十六、pが内転三十八及び外転三十九、四十、四十一に分類されている。現代日本語における漢字音は一音節と二音節で大別できるが、二音節の読みのうち、後位音節がタ行子音のもの（t）、カ行子音のもの（k）、そして母音ウをもつもののうちの一部（開音節化したフがハ行転呼を経てウとなる）がこの入声字である。

例：p入声字／颯（サフ）、塔（タフ）、﨟（ラフ）
　　t入声字／烈（レツ）、越（ヲト）
　　k入声字／楽（ラク）、幕（マク）、落（ラク）

3－2、撥音字

m、n、ngの3種をいう。声調は入声以外の上・平・去の3種に分布する。『韻鏡』では、mが内転三十八、四十一および外転三十九、四十、nが内転十八、十九、二十および外転十七、二十一、二十二、二十三、二十四、ngが内転一、二、三十一、三十二、三十三、三十四、三十五、三十六、四十二、四十三および外転三にあらわれる。入声字は、最終的には仏教声明など伝統歌唱などの一部を除いて日本語の環境において閉音節を保つことはなく、すべて開音節化への道を辿る。これに対し、撥音字は子音韻尾字でありながら、上代以降は、開音節化とは別の道を歩む。平安時代には、母音弱化によって、n音便、m音便が発生し、中世には/m/と/n/との区別を失う。また/ng/は平安朝に入って鼻音性を失って母音/u/に転化する。現代日本語における二音節漢字音で、後位音節がンのものは、もともとn韻尾・m韻尾のいずれかであり、後位音節がウのものの一部に元来ng韻尾字であったものが該当する。

例：m入声字／南（ナミ）、甘（カム）、敢（カム）
　　n入声字／干（カニ）、散（サニ）

ng 入声字／鍾（シグ）※現代日本漢字音：ショウ
當（タギ）※現代日本漢字音：トウ

以上、入声字・撥音字ともに、例ではいずれも開音節形を挙げたが、萬葉集では韻尾を捨象した略音仮名も多数使用されている。なお、漢字原音では韻尾を含む CVC はもちろんのこと、頭子音・介音・韻母などと、どれだけ一字で音素を有していようと、等しく一音節として扱われる。これに対し、倭語は CV 単位で字音を捉えていることが上の例からもよく分かる。つまり、一字二音節の開音節形字音としてあてられている。

4、子音韻尾字と開音節化

奈良県明日香村の萬葉文化館建設に伴う発掘調査で、平成3年（1991）以降、通称飛鳥池木簡が合計で7500余点出土した。これらのうちには、「天皇」の文字から、その称号の使用時期や使用場面についての再考を促したもの、また「次米」という字が、当時の宮廷祭祀にかかわる問題を提起したものなどが含まれ、日本語表記史にとどまらず、歴史学的にみても極めて重要な木簡群として夙に有名である。その飛鳥池木簡の中に、音義木簡と呼ばれるものが含まれる（資料引用は奈良文化財研究所・木簡庫に拠った）。**序章**にて触れたけれども、ここであらためて、取り上げてみよう。

「蜚皮尸之忰懼」
「熊吾羆彼下通ナ布戀尓蔦上横詠營詠」

左では、子音韻尾字が開音節形と見られるものとして、表示されている。漢字原音において ng 韻尾字の「熊」字の下には、「汙吾」と表記され、ng の開音節化にあたる音「吾」があてられている。また原音において p 入声字である「迺」には「ナ布」（ナは「左」字の略体字）とあり、p が開音節化した「布（フ）」があてられている。このように、掲出字の下に小字双行で書かれた仮名から、字音を開音節化して受け止めているらしいことがうかがえる。さらに注目すべきなのは「蜚皮屓」である。「皮」は従来「ヒ」とみて「ヒイ」という長音に近い音を写したものかとする

第 1 節　子音韻尾字と、仮名としての使用　131

説があったが、犬飼隆「漢字の日本語への適応」(『朝倉日本語講座②文字・書記』朝倉書店　2005)は、「皮」字が「ヒ」の仮名として使用された実績がなく、「ハ」として使われることがもっぱらであるため、「ハイ」がふさわしいとする。「ハイ」ということは、これは語頭以外に単独母音がたって、母音連続の状態をなしていることになる。当時は原則としてこのような並びの音節をもつ語はないから、これは、倭語ではなくて漢字音を示したものとして理解するのが穏当であろう。逆説的にいえば、倭語としてこういった音連続のものは存在しなくても、必要あらばこのように示されたことになる。ところで、この小字双行で記された「皮伊」をたとえば中国人が読んでみてもそれは「蜚」の原音音節とは一致しない。つまり、この双行で記された音節表記は本来の意味での反切ではないわけであるが、少なくとも倭語に存在しない音連続であっても、そしてまた、厳密に中国音ではないにせよ反切風に表示しようとしている点は注意される。やや時代は下るが、『新譯華厳経音義私記』(延暦13年 (794) 書了の識語)においては、倭化した字音を、上掲の例と同様、「徹天智反」「隣利尓反」「淪輪二反」「瞻世牟反」として反切に準えるようにして記した例がみられる。

　ところで、これらの存在は、いわば二合仮名という一字二音節の仮名の存在を確信させる傍証のように見えるわけだが、仮名の生成という点において、この先、本書でみていく二合仮名が、どれほど所与のものとしてあったか、ということについてはなんともいえない。ようするに、歌表記に当たって、その時点でどれほどしっかりと訛って二合仮名につかえるように存在していたのか、あるいは語に当てられる際に、直接字音から引きあてられたが、結果それを私たちが語にあわせて読むから二合仮名と認定し得るのか、その辺りの仮名としての成立論は、なかなか問えないものがある。本書では、必要あらばそのあたりにも踏み込むが、基本的には、すでに一字二音節として日本漢字音に存在していたかどうか、ということは問わないで、結果的なものとして二合仮名の用例群を認定し、分析していくこととしたい。

　先に、連合仮名が萬葉集では認めずともよいという方向で仮説を立てることをすでに言及したが、たとえば子音韻尾字の韻尾を捨てることなく、と

いって一字二音に開音節化することなく倭語表記をなそうとすれば、ともすれば語を同認することさえ叶わないということが起こり得るかと思う。「湾安悪宇」——これは「わななく」を試みに韻尾字で表記したものである。湾、安、悪、宇　をつなげると CV 連続の倭語/wananaku/に一応はなり得るのだが、萬葉集には見いだし難い。
　　　/wan/　/an/　/ak/　/u/

注
1)　詳細は**序章**を参照。本書では、「借音」という言葉も使う。
2)　山田健三「書記用語「万葉仮名」をめぐって」(『人文科学論集』47 2013)。
3)　山田の注2論文の批判の一つには、萬葉集所用外のものも、「萬葉仮名」と呼んでいることの不合理性がある。これは、首肯できる指摘であろう。ただ、あまりにも一般にこの言葉が有名になりすぎてしまったため、たとえばここで提案したような、萬葉集に使用されるものだけを萬葉仮名と呼ぶという定義をしてみても、もはやさほど効力を持たないようにも思われる。
4)　金田一春彦『四座講式の研究』(三省堂　1964)。

第2節　子音韻尾字の韻母と声母
——非子音韻尾字との比較を通じて——

はじめに

　子音韻尾字が仮名として使われるとき、連合仮名を今一端措くとすれば、韻尾を捨象するか（略音仮名）、韻尾に母音を付加するか（二合仮名）という選択肢がある。いわば字音の倭化であるわけだが、しかしそれは、韻尾捨象（あるいは付加）に限ったことではない。音韻構造がそもそも中国漢字音と違うわけだから、どのような漢字であれ、日本語の音節表記の為に用いられて、それで通行している以上、その仮名を切り取れば、倭化字音として取り出せることになる。たとえば、萬葉集の表記を見る限り、牙音と喉音をいずれもカ行音/k/字の声母として帰納させていることが知られるが、本来、中国では存在する音韻的対立を混同してしまっているという点でいわば字音の倭化ということができる（繰り返しになるが、すでに倭化した字音を仮名としてあてたのか、このたびはじめて語にあてられた結果から帰納するに、倭化字音とみることになる、といった区別は、見た目上はわからないし、経緯を推察するのは難しい。よってこういった側面は棚上げにした、いわゆる共時論的な行論をせざるをえない）。また、別の見方をすれば、日本語のカ行音にとって、牙音と喉音の区別が非音韻的対立、つまりはどちらでもよかったため、いずれもが通用するものとしてあてられ、そしてカ行表記の仮名として結果として通行している、という言い方もできる[1]。本節では、子音韻尾字が韻尾処理以外の点でどのように仮名字母へと帰納されているのか見ておく。後の章で詳しく検証するように、略音仮名は非子音韻尾字と同様の機能を果たしていると見なされるわけであるが、子音韻尾字が韻尾処理以外に、特殊な要素を抱えていないかどうかを、確認しておくのである。字音と仮名の関係は、大野透『萬葉假名の研究』（明治書院　1962）、同『續・萬葉假名の研究』（高山

本店　1977)、大塚毅『萬葉仮名音韻字典　上・下』(勉誠社　1978) など、網羅的に検証している先行研究が既にあるが、子音韻尾字を対象に絞り込んでの検証は、あらためてここで行っておく意義があると考える。

1、非子音韻尾字との交替例

中国字音は、一般に IMVE ／ T——すなわち、頭子音・介音・中心母音・韻尾／声調——で構成され、子音韻尾字はEを有することに特徴がある。萬葉集歌表記の結果からみれば、たとえば略音仮名は一字一音の音節として、非子音韻尾字と同等に機能しているように見られるものが多い。「同等」というのは、同語の表記に用いられているということ——たとえば「多末伎波流」(たまきはる)(巻17・4003)と、「多麻伎波流」(たまきはる)(巻17・3962) など——を意味する。実際には、原音を調査するまでもなく、この事実をもってしても、子音韻尾字由来ということは、一字一音として使われていることにおいて、もはや特別な意味をもっていないといいなすことも可能ではあるが、萬葉集という用例の結果的な傍証に加えて、字音(推定中古音)から、非子音韻尾字音仮名と比較し、両者が、「E(韻尾)」以外では同じような字音(とその倭化)のもとに、仮名として使用されていることを示しておきたい。

まずは、非子音韻尾字との通用例を確認しておこう。

t入声字
　①末：多**末**伎波流／たまきはる　(巻17・4003　大伴池主)
　②吉：由**吉**波氣奴等勿／ゆきはけぬとも　(巻5・849　大伴旅人)
　③伐：無有世**伐**／なかりせば　(巻3・387　若宮年魚麻呂)

非子音韻尾字
　1麻：多**麻**伎波流／たまきはる　(巻17・3962　大伴家持)
　2伎：由**伎**布理之伎弖／ゆきふりしきて　(巻17・4000　大伴家持)
　3婆：奈可里世**婆**／なかりせば　(巻15・3733　中臣宅守)

k入声字

第 2 節　子音韻尾字の韻母と声母　135

　④則：**則**許母倍婆／そこ（お）もへば（巻17・4006　大伴家持）
　⑤作：由古**作**枳尓／ゆこ**さ**きに（巻20・4385　防人）
　⑥欲：神代**欲**里／かみ**よ**より（巻18・4106　大伴家持）

非子音韻尾字
　4 所：**所**己乎之毛／**そ**こをしも（巻 2・196　柿本人麻呂）
　5 左：由久**左**伎之良受／ゆく**さ**きしらず（巻20・4436　防人）
　6 余：波萬へ**余**里／（はまへ**よ**り（巻18・4044　大伴家持）

n 鼻音字
　⑦安：**安**麻乃波良／**あ**まのはら（巻14・3355　東歌）
　⑧仁：許能野麻能閇**仁**／このやまの（う）へ**に**（巻 5・872　大伴旅人か）
　⑨散：**散**久伴奈能／**さ**くはなの（巻 5・804　山上憶良）

非子音韻尾字
　7 ：**阿**麻能見虛喩／**あ**まのみそらゆ（巻 5・894　山上憶良）
　8 ：曽乃可波能倍**尓**／そのかわの（う）へ**に**（巻17・3953　大伴家持）
　9 ：**佐**久波奈波／**さ**くはなは（巻20・4484　大伴家持）

2、声母別分類

　まずは萬葉集に於ける仮名字母として、一字一音節の子音韻尾字音仮名の音節を韻尾別に示す。なお、詳しくは次章で説明するが、集中に連合仮名は認めずともよく、すべて略音仮名か二合仮名で認定する。ここでは略音仮名を一覧にする。該当する字母は次のとおり。

　　p：甲カ
　　t：吉キ甲、結ケ甲、日ニ、八ハ、伐バ、必ヒ甲、別ベ甲、末マ、勿物モ、
　　　　列烈レ、越ヲ
　　k：憶オ、作サ、積サ、式シ、則ソ乙、俗ゾ甲、賊ゾ乙、得ト乙、特ド乙、
　　　　泊薄ハ
　　　　欲ヨ甲、木モ、楽ラ
　　m：南ナ

n：安ア、印イ、雲ウ、君ク、散サ、新准シ、盡ジ、陳チ、天テ、田デ、難ナ、仁ニ、年ネ、伴ハ、半ハ、嬪ヒ甲、邊弁返反ヘ甲、便ベ甲、滿萬マ、民ミ甲、面メ甲、聞文モ、延江、隣リ、連レ、遠袁怨ヲ

ng：香カ、興コ乙、凝ゴ乙、宗ソ甲、曽僧ソ乙、登等騰藤ト乙、騰ド乙、寧ナ、農濃ヌ、能ノ乙、房芳方防ハ、平ヘ甲、方朋ホ、蒙望モ、楊ヤ、容用ヨ甲、浪良ラ

以下、推定音は藤堂明保・小林博『音注韻鏡校本』（木耳社　1971）、カールグレン、平山久雄「音韻論」（中国文化叢書（1）新装版　言語　大修館書店2011）、沼本克明『日本漢字音の研究』（東京堂出版　1986）などにしたがって、声母で分け、さらにその調音方法で大別して整理する。甲乙の別がある場合は、乙類のフリガナを平仮名表記とした。また、声母は問題とする韻尾字があらわれるもののみを掲示する。表の右側は非子音韻尾字であり、萬葉集では、これらの仮名は、子音韻尾と非子音韻尾の別を問わず、使われているとみられる。

表1：唇音

	子音韻尾字	非子音韻尾字
幫 p	方ハ/ホ、半ハ、八ハ、必ヒ、邊ヘ、反ヘ、返ヘ	播ハ、波ハ、宝ホ
並 b	泊ハ、薄ハ、伴ハ、房ホ、嬪ヒ、弁ヘ、平ヘ、別ベ、便ベ、朋ホ	婆バ、弊ベ、陛ヘ
奉 v	防バ、伐バ、煩ボ	
敷 f'	芳ハ	破ハ
明 m	末マ、滿マ、民ミ、面メ、蒙モ、木モ	牟ム、麻マ、磨マ、摩マ、弥ミ、美ミ、模ム/モ、母モ、毛モ、茂モ
微 w [2]	萬マ、望モ、文モ、勿モ、物モ、聞モ	武ム

第 2 節　子音韻尾字の韻母と声母　137

表 2：舌音

	子音韻尾字	非子音韻尾字
端 t	得(ト)、登(ト)、等(ト)	低(テ)
透 t'	天(テ)	他(タ)、土(ト)
定 d	田(デ)、特(ド)、藤(ト)、騰(トノ)	提(デ)
泥 n	南(ナ)、農(ヌ)、濃(ノ)、難(ナ)、年(ネ)、寧(ネ)、能(ノ)	那(ナ)、奈(ナ)、乃(ノ)
娘 n		
澄 ɖ	陳(チ)	杼(ド)

表 3：牙音

	子音韻尾字	非子音韻尾字
見 k	甲(カ)、吉(キ)、君(ク)、結(ケ)	加(カ)、迦(カ)、箇(カ)、枳(キ)、玖(ク)、家(ケ)、計(ケ)、鶏(ケ)
渓 k'		棄(キ)、口(ク)、苦(ク)
群 g		伎(キ)
疑 ŋ	凝(ゴ)、楽(ラ)3)	

表 4：歯音

	子音韻尾字	非子音韻尾字
精 ts	作(サ)、積(サ)、曽(ソ)、則(ソ)、宗(ソ)	左(サ)、佐(サ)、紫(シ)、祖(ソ)
従 dz	賊(ゾ)、盡(ジ)	
邪 z	俗(ゾ)	序(ゾ)、叙(ゾ)
心 s	散(サ)、僧(ソ)、新(シ)	斯(シ)、蘇(ソ)、素(ソ)
審 ʃ	式(シ)	始(シ)、試(シ)、詩(シ)
章 tʃ	准(シ)	志(シ)、之(シ)

表 5：喉音

	子音韻尾字	非子音韻尾字
影	安(ア)、印(イ)、憶(オ)、怨(オ)	阿(ア)、伊(イ)、意(オ)、於(オ)
暁 h	香(カ)、興(こ)	呼(ヲ)
云 ɥ	雲(ウ)、越(ヲ)、遠(ヲ)、袁(ヲ)	汙(ウ)、有(ウ)、羽(ウ)、于(ウ)

138　第1章　子音韻尾字由来の仮名とその実相

| 以j | ヤ楊、ヨ欲、ヨ用、ヨ容、エ延 | イ夷、イ以、イ怡、ヤ耶、ヤ野 |

表6：半舌音

	子音韻尾字	非子音韻尾字
來l	ラ良、ラ浪、リ隣、レ烈、レ列、レ連	ラ羅、リ理、リ里、リ利、レ礼、レ例

表7：半歯音

	子音韻尾字	非子音韻尾字
日r	ニ日、ニ仁	ニ尓、ニ二、ジ而、ジ迩、ジ耳

　以上、各声母別に分類してみた場合、韻尾字も非韻尾字も子音行が同じ様相でその声母に対応していることが分かる。

3、韻母別分類

　次に、韻母を検証する。韻母はふつう、16のグループに分けられ、〜摂と呼んで分類する。この韻母は介音、核母音、尾母音などで構成され、日本語のように母音が一つしか含まれない摂はむしろ希である。たとえば「果摂」の「歌韻」が示すのは核母音/a/だけで、「多」「羅」などが所属し、これはそのまま日本語音節の母音と整合する。しかし「遇摂」の「虞韻」は介母音/i/を含む/iu/という韻母をもつ。ここに所属する字音は、仮名字母の場合「ウ字」「具」などとなって、介母音が無視されていることがわかる。これらも倭化という言い方ができよう。ここでは、韻尾字の韻母と仮名字母の関係、非子音韻尾字の韻母と仮名字母の関係をみておきたい。先にも述べたように、韻母とは韻尾までを含む種族分類なので、おのずと非子音韻尾字とは構造が違い、別の摂に振り分けられるのであるが、中核となる母音だけを抽出することはできるので、大概を把握するという意味で、母音部分を抽出する形で比較検証しておきたい。次の表8では、介音はi、uの区別のみとし、強弱 l、ĭの区別は省略に従う。非子音韻尾字の韻母の母音構造は代表的なものを抜粋した。

第2節　子音韻尾字の韻母と声母　139

表8：韻母と日本語音節

	子音韻尾字	非子音韻尾字
u	ウ列	
o	オ列	オ列
e	エ列	
io	オ列	
ie	イ列	エ列・イ列
iɛ	エ列	
ei		エ列
ii		イ列
iei		イ列・エ列
iɛi		イ列・エ列
iə	オ列	オ列
iu		ウ列
ai		ア列・エ列・オ列
a	ア列	ア列
iʌ	ア列	
au		オ列
əu		ウ列・オ列
iəu		オ列・ウ列
ə	オ列	オ列

摂はすなわち韻母の違いであるので、左表のように、非子音韻尾字と子音韻尾字で構造が一致しない場合もあるが、日本語母音への帰納のされ方において、両者の間で大きな離齬はないといえる。漢字音の母音は、核となるものが9種類（a, ā, ʌ, ɛ, ə, o, ɔ, e, u）であり、これに介音が三種（u, ɿ, ï）加わって、多様に組み合わせた様々な音節を構成する。これを、日本語の仮名字母として取り入れるときに、わずか数種類の母音に収束させていることになる。なお、表をみて分かるように、介音が無視される場合と、核母音が無視される場合とがあり、やや混沌とした様相を示している。また『韻鏡』の推定音と必ずしも一致しないことについては、これは従来から指摘されるように、いわゆる「推古朝遺文」等からの古い字母が連続して継承さ

れていることによる、古代朝鮮の漢字音（や、基づく吏読）の混在のためともみられる[4]が、ここでは詳しくは踏み込まない。以下、参考として子音韻尾字の摂分類を挙げておく。

表9：通摂

東 iuŋ	モ 蒙、
冬 oŋ	ソゥ ヌゥ 宗、農
鍾 ɪoŋ	ヨ ゥ 容、濃
燭 iok	ゾ ヨ 俗、欲
屋 uk	モ 木

表10：曽摂

登 əŋ	そ そ と と と と/ど の ホ 曽、僧、登、等、藤、騰、能、朋
蒸 ɪeŋˀ	こ こ 興、凝、
徳 ək	ぞ ソ と と 賊、則、得、特
職 ïekˀ	ヨ 憶、式、

表11：宕摂

鐸 ak	作、泊ハ、薄ハ、楽ラ
陽 ɪaŋ	香カ、芳ハ、方ハ/ホ、房ハ、防ハ、望モ、楊ヤ、良ラ
用 ioŋ	用ヨ、
唐 aŋ	浪ラ

表12：梗摂

庚 ïʌŋ'	平ハ
昔 ɪɛk	積サ
青 eŋ'	寧ナ

表13：山摂

桓 wan	満マ、伴ハ
末 wat	末マ、萬マ
元 ɪwʌn	反ヘ、返ヘ、煩ホ、萬マ、袁ヲ、遠ヲ、怨ヲ
仙 ɪɛn	便ベ、面メ、延江、連レ
先 en	年ネ、天テ、田デ、邊ヘ
寒 an	安ア、散サ、難ナ
黠 uʌt	八ハ
屑 et	結ケ
薛 ɪɛt	別ベ、列レ、烈レ
月 ɪwʌt	伐バ、越ヲ

表14：臻摂

震 iĕn	印イ、嬪ヒ、民ミ、
軫 iĕn	盡ジ
真 iĕn	新シ、陳チ、仁ニ、隣リ
諄 ɪwĕn	准シ
質 ɪĕt	日ニ、吉キ、必ヒ、
文 ɪwən	雲ウ、君ク、文モ、聞モ
物 ɪwət	物モ、勿モ

表15：咸摂

| 覃 əm | 南ナ |
| 狎 ap | 甲カ |

小　括

　以上、非子音韻尾字における声母および韻母と子音韻尾字のそれとの比較検証から、子音韻尾字が仮名として使用される際、頭子音〜母音部分は、非子音韻尾字と概ね同様の基準で選択されていることが判明した。つまり、p、t、k、m、n、ng の各韻尾は、その音節中の韻尾以外の部分では、非子音韻尾字と同じような条件で字母となり得ているということである。
　既述の通り、ある表記に字音仮名があてられているとき、その仮名の元の字音が倭化しているという言い方は、優れてその通りなのであるが、倭化と

いうのがどの時点での状態を指すかによっては、曖昧でもある。たとえば、初めてその表記に用いられる以前、その漢字の字音が予めどれほど倭化していたかは分からない。あくまで、倭語表記に充てられている以上、その字母はその音節を背負っていることになるとして、倭化と呼んでいるに過ぎない、ともいえるわけである。その観点からすると、漢字原音の参照はまさに確認に過ぎないのであるが、基本的手続きとしてここに示しておく。二合仮名については上代特殊仮名遣いの問題が絡むので、後章で再び言及する[5]。

注
1） ここで、ある同じ現象――カに加字があてられること――を双方向からくどくどしく言ったのには理由がある。字音が倭化したということばかり強調すると、物事の順序として、日本語のカに充てるために、漢字「加」を訛らせておいて準備し、そして充てた、という経緯それだけだったように見えるからである。実際には、字音を近似している音として日本語音に引き当てた結果、我々がそれを語形から帰納する形で、字音を確定しているので倭化と呼んでいる場合もある。どちらから言っても結局は同じ事なのだが、字音が倭化しているという説明だけでは、精密ではないと考える次第である。これは以下、一々言及せずとも、本書が考える基本的立場である。
2） 『廣韻』では、軽唇音はまだ分化しておらず、すべて/b/「並」もしくは/m/「明」であるが、ここでは韻鏡の分類にしたがって、軽唇音「微」/w/、「奉」/v/の項も設けた。
3） 「楽」の頭子音が漢音の「ガ」であらわれている。「ラ」はこれより古い音であると考えられる。「楽」は『廣韻』に「落」と同韻の字がある（来母）。
4） よく指摘されるところでは「止（ト）」「寧（ナ）」「移（ヤ）」などがある。これらは日本漢字音では説明がつかず、その埒外にあったものからの継承とみるほかないとされる。現在は朝鮮半島の古代漢字音からの移植という説で一応の一致をみていると思われる。
5） 字音との関係という点では、二合仮名について、Sven Osterkamp の、（平子達也和訳、紹介）「Sven Osterkamp Nicht-monosyllabische Phonogramme in Altjapanischen: Kritische Bestandsaufnahme, Auswertung und Systematisierung der Fälle vom Typ oṅgana.」（国語文字史研究会編『国語文字史の研究14』和泉書院　2014）は大変な労作であるが、ここに述べたように、二合仮名の音価は、歌表記の用例ありきの、結果的な認定によって知られるもので、もとの

字音がどれほど訛ったかということは、漢字原音と二合仮名とを比較しているようで、実際は漢字音と日本語音節を比較していることでもある。その点で、本書は当章に検証したことも、参考までの確認と述べたのである。氏の検証は精緻かつ貴重なものだが（筆者はドイツ語を理解しないので、すべて平子の訳文によっての所感である）、本書のみる二合仮名の分析の主眼はそこには措かれない。

第3節　略音仮名の基本的検証
―― 入声 ――

1、「連合仮名」と略音仮名

　萬葉集の用字を分類したもののうち近世の時宗の学僧、釋春登（1769～1836）による『萬葉用字格』は、音・訓それぞれの仮名の読みを正音、畧音、正訓、義訓、略訓、約訓、借訓、戯書の八項目をたてて分類し、巻数を添えて用例を示し、注を加えている。本章で問題とする略音仮名という用語もここにあらわれるものである。鈴置浩一（『萬葉用字格』解説　和泉書院1984）が指摘するように、本書の分類は近年の研究から、問題が多いことが判明しているのであるが、現状、この用語や分類の一部が踏襲されているというのが実情である。

　さて、ここで再び「連合仮名」について触れておこう。春日の説明によれば、「吉」字、あるいは「凡」字の韻尾/t/、/m/は、実は捨象されておらず、後続子音と同じであることから「連ね合わせ」て表記されたのであって、いわば子音韻尾は活かされた表記であるとみている。「吉多斯比弥」にせよ、「凡牟都和希」にせよ、そもそもこの連合仮名という方法だと見なすべき理由は何であろうか。言い換えれば、なぜこの場合の「吉」字が「キ」/ki/で、「凡」字が「ホ」/Φo/であるとみることはしないで、韻尾をそのまま後続の子音に「連ね合わせ」たのだという解釈が必要となるのであろうか。我々は表記された結果としてしかこれらに対峙できないにもかかわらず、なぜ、その字音に対する認識、仮名の用法と運用経緯までをも推定し得るのであろうか。1つには、渡来人が関わっている可能性、中国、朝鮮には存在したような表記であることなどが根拠になろう。さらに、韻尾字の韻尾と同音を頭子音に持つ例が必ずといっていいほど後続するということも、裏付けとされているところがあると思う。では、このように問い直そう。渡来

人の存在を考慮にいれずともよく、韻尾字の韻尾と同音をもつ字が必ずしも後続していなかったら——（たとえば「伎欲吉勢其等尓／きよきせごとに」（巻17・3991 大伴家持）七韻尾にサ行音後接）、すなわちそれは連合仮名と見なす根拠の欠如ということではないか。そして萬葉集は、実はこのような用例で満ちあふれている。すでに触れたように、連合仮名を認めずともよいという仮説はここに起点がある。詳細は以下の節に譲ろう。

2、用例概観

萬葉集中で音仮名としての運用を確認できる子音韻尾字は次のとおり。
p入声
　　甲雜颯匣塔蒚
t入声
　　壹欝吉結乞薩日伐八必別末勿物列烈越
k入声
　　憶各極作叔拭色式積則俗賊筑得徳特泊薄福莫幕木欲落楽

このうち、略音仮名字種は越結日伐別勿列烈八末吉必物憶作式楽俗賊得特泊薄則欲である。一例を挙げよう。

　　多麻之末能／たましまの（巻5・854　大伴旅人）
　　伎欲吉勢其等尓／きよきせごとに（巻17・3991　大伴家持）
　　作夜深而／さよふけて（巻7・1143　作者未詳）
　　日乎可俗閇都々／ひをかぞへつつ（巻5・890　山上憶良）

これらの「末」「吉」「作」「俗」はそれぞれ「ま」「き甲」「さ」「ぞ甲」の仮名として認め得る。次に、韻尾と同じ子音を有する一音節の仮名が、その入声字の直後に表記された形のものを挙げる。これは、春日が連合仮名と呼んだ状態に合致するものである。

　　安積香山／あさか山（巻16・3807　作者未詳）
　　百式紀乃／ももしきの（巻3・323　山部赤人）
　　末都良能加波尓／まつらのかはに（巻5・857　山上憶良）

伎奈吉等余牟流／きなきとよむる（巻15・3780　中臣宅守）
麻多越知奴倍之／またをちぬべし（巻5・848　大伴旅人）

　仮にこれらの用例が「連合仮名」として記されたとすれば、原音における入声韻尾の存在を少なくともその書き手は認識し、しかも子音韻尾のままこれを後続に「連ね合わせ」てなされたものということである。このような例は集中では作楽式積則得欲木越吉八必末物甲の15字種に、のべ95例認められる。

　犬飼隆『上代文字言語の研究』（増補版　笠間書院　2005）は、「八世紀初頭までの文献において、固有名詞の表記に陽声字が用いられていたなら、二合仮名か連合仮名のいずれかの用法と予想してよい」（75p）といい、さらに、その後の趨勢について、「陽声字の万葉仮名は、その韻尾を次第に忘却され、二合仮名または連合仮名という特殊な連鎖から解放されて行った」（78p）と指摘してしており、重要なものである。そこで、地名以外にも多数用例をもつ萬葉集中の用例からは、果たしてどのような傾向が見いだされるのであろうか。なお、上に参考にあげた数例を含む問題の用例（たとえば「末都良能加波尓」）は、結果として連合仮名と一致をみているだけで、実際その定義通りの方法で行われたかの是非については、以降の考察を通じて帰納されることである。つまり、連合仮名かどうか仮説ということになるのだけれども、といって、別の呼び名を用意するのも回りくどいので、便宜上区別してカギ括弧つきの「連合仮名」と呼んでおくことにする（春日の定義としての連合仮名に言及するときは、カギ括弧を付けない）。それ以外の単音節の子音韻尾字はすべて略音仮名と呼称する。

3、形態別用例数と後接子音

　入声字の略音仮名はおよそ600例認められる。一方の「連合仮名」に用いられている字種は15字種あるが、専用字種となっている「木」「甲」を除いた他の13字種は、すべて略音仮名もしくは二合仮名での使用例があり、特に略音仮名が多い。

ここで、略音仮名の具体例をいくつか呈示しておく。各アルファベットは入声字に後接している仮名の頭子音を表す。

・t 入声字の場合
　　なし：思過倍吉／思ひ過ぐべき（巻3・422　丹生王）
　　i：伎欲吉伊蘇未尔／清き磯廻に（巻17・3954　大伴家持）
　　k：伊去波伐加利／い行きはばかり（巻3・317　山部赤人）
　　e：伊麻勿愛弖之可／今も得てしか（巻5・806　大伴家持）

・k 入声字の場合
　　なし：伊尓之敝欲／古よ（巻18・4122　大伴家持）
　　m：比可里乎伎欲美／光を清み（巻15・3622　作者未詳）
　　r：欲流等家也須家／夜解け易け（巻14・3483　東歌）
　　w：登抱吉和伎母賀／遠き我妹が（巻14・3453　東歌）
　　r：美許等尓作例波／命にされば（巻20・4393　防人　雀部広島）

　上掲のうち、入声字音仮名が後続音を制限しないことを最も如実に語る使用箇所として、句末使用が挙げられよう。「連合仮名」云々以前の存在と言える。k 韻尾字では35例、t 韻尾字で86例みとめられる。
　次に、母音字が後続の場合を見ておこう。

　　伊麻勿愛弖之可／今も得てしか（巻5・806　大伴旅人）
　　比等欲伊母尓安布／一夜妹に逢ふ（巻15・3657　作者未詳）
　　伎欲吉伊蘇未尔／清き磯廻に（巻17・3954　大伴家持）

　連合仮名の定義によれば、子音韻尾が書き手に認識されていることが必要である。そうするとたとえば上に挙げた例は、入声字に母音字「伊 i」や「愛 e」が続いて表記されているのだから、「欲伊 よき」「勿愛 もて」「吉伊 きち」などとよまれてもよいことになる。「亦打山」のような母音脱落を想定した表記などが一方に存在することからすれば[1)]、いわば母音を補う形の表記があっても問題はないはずであるし、連合仮名の定義に照らしても、またそうあるべきではないか。ところが、仮にそうだとすると、「伊麻勿愛弖之可」「伎欲吉伊蘇未尔」はそれぞれ「いまもててしか」「きよきちそみに」となって語が損なわれてしまう。また「比等欲伊母尓安布」における「妹」の「イ^伊」は短

歌第二句B群に位置する母音であるから、前音節と結合するとは見なしがたい[2]。実際には、入声字＋母音字の二字表記で開音節CVに読ませるものは見いだされない。そうすると、一字二音での開音節形（二合仮名）は存在するのに、母音字を添えた二字表記の開音節形が存在しないということは、要するに入声字音仮名が閉音節としては機能していないことを示すひとつの傍証となるであろう。このように、用例の傾向を概観することで、萬葉集における入声字音仮名は、とくに後続音を制限するものではなく、t、kが続いていても、あくまでそれは数ある音節が後続し得る可能性のそのひとつとしてあらわれているのではないかという見通しがたつ。

4、類似調音点の子音が後接する場合

　木下正俊「唇内韻尾の省略される場合」（『萬葉』10　1954）では、唇内撥音字（m）が使用される場合、それは、二合仮名（「草結兼」「甘營備乃」）か、もしくはm音かb音が後続する場合に限る（「情有南畝」「甘南備」）という傾向が指摘されている。韻尾と同音のm音のみならず、b音をも同様に扱っているのは、唇音という調音点の類似性によるのだとした。よって、この調音方法の見地から検証しておきたいと思う。まず、歯茎音tと調音方法が同じなのは、d、s、z、r、nで、軟口蓋音kと同じなのはgである。
　たとえばt入声字で調音方法が類似する子音が続いているものは確かにある。まず「吉」字で、
　　r子音接続　乏吉呂賀聞／ともしきろかも（巻1・53　作者未詳）
が確認されるが、同じ「吉」字で、調音方法が異なる子音（あるいは母音）が後続している例がある。
　　吾於富吉美可聞／我が大君かも（巻3・239　柿本人麻呂）：子音m後続
　　須々吉於之奈倍／すすきおしなべ（巻17・4016高市黒人）：母音o後続
　後者２例において「吉」字は確実な一字一音節の略音仮名として機能している。この２例と先のr子音接続の例を併せて考えたとき、一方では略音で使われ、一方では後続する音節を調音方法の類似性から選択して記す方法が

実行されたとするのは無理があるのではないか。さらにもう1例、d子音接続の例とその類例を見ておこう。

  d子音接続　与久列杼吾等乎／避くれど我を（巻9・1697　人麻呂歌集歌）

「列」字は、同じ人麻呂歌集歌で別に2例確認されるが、やはり調音方法が異なる子音が後続している。

  落波太列可／降りしはだれか（巻9・1709　人麻呂歌集非略体歌）：子音k後続
  消失多列夜／消え失せたれや（巻9・1782　人麻呂歌集非略体歌）：子音j後続

これもやはり、d子音接続の場合のみを連合仮名の定義のもとに成立しているとみる必然性は希薄であると思われる。このようなことから、萬葉集の入声字音仮名においては調音方法が類似している場合でも、連合仮名と認める必要はないといえる。ここでは一部の例を挙げて説明したが、tやkと調音方法が類似する子音が後続する他の例についても、右にみたように常に反証が同時に挙げられるため、やはり連合仮名としての位置づけはふさわしくない。

5、類例による検証――「吉」字を手がかりとして

　本項および次項では具体的に字種を取り上げて個別にみていきたい。代表としてここでは「吉」字を例にとって考察を加える。「吉」字は、萬葉集において使用される入声字でもっとも頻繁に使われており、のべ298例が確認される。用例数がとくに多いことから、傾向を把握するのに都合がよいと考えられるので、まずはこの字を検証し、「連合仮名」が、略音仮名なのか、あるいはやはり連合仮名であるのかを、類例を挙げつつ検証していく。

　「吉」字の「連合仮名」用例は46例ある。このうち、異なり語では20語が抽出される。結論からいえば、これらの「連合仮名」「吉」字の用例は、やはりその定義通りに成立しているとは考え難い（つまり略音仮名でよい）。そ

の根拠は、別の歌における同一語中に同じ「吉」字が用いられ、なおかつそれが確実な略音仮名として認め得るからである。本項、次項では、入声字の「連合仮名」の用例を、その類例の有無の観点から次の５つの視点で分類する。

略音仮名確例をもつグループ

　［Ⅰ］、同一字で同一語が表記されるが、活用形・後続語などが違うため、韻尾字の後続音節が異なる類例をもつもの。

　［Ⅱ］、同一字ではないが別の確実な一字一音仮名（非子音韻尾字）で表記された同一語の類例があるもの。また、自身も確実な略音仮名用例をもつもの。

　［Ⅲ］、［Ⅰ］［Ⅱ］のような用例をもたないが、確実な略音仮名が存在するもの。

略音仮名確例をもたないグループ

　［Ⅳ］、同一語の、非韻尾字による一字一音仮名表記はあるが、後続字の音節が韻尾と同子音ではない略音仮名の例をもたないもの。

　［Ⅴ］、［Ⅰ］～［Ⅳ］いずれにも該当しない。同一字の略音仮名例が存在せず、同一語の一字一音仮名表記も存在しないもの。

　この分類の意味するところを具体的に述べておく。まず［Ⅰ］分類は、後続語、あるいは活用形が違うだけで、その韻尾字が同じ語に使用された略音仮名の確例が存在するグループである。これらの類例が存在するということは、後続字がt音やk音として続くことが単なる可能性のひとつにすぎず、連合仮名ではないことを示唆する。次に［Ⅱ］は、同一語で韻尾字ではない一字一音表記の類例をもつもので、かつ後続字も同じという類例が確認されるグループである。この類例によって、その韻尾字は、非子音韻尾字と同様の機能を果たしているといえる。更に、他に略音仮名の用例もあることから、連合仮名とみるべき蓋然性は低いとみられる。［Ⅲ］は、［Ⅰ］や［Ⅱ］のような類例をもたないが、確実な略音仮名としての用法が他の語において存在するもので、連合仮名がその字だけについてなされたと見るのはやはり難があるというものである。以上［Ⅰ］～［Ⅲ］は、「連合仮名」以外に略

音仮名用例をもつグループとまとめ得る。続いて［Ⅳ］は、［Ⅱ］と同様の類例をもつものの、自身に略音仮名の用例がないというもので、いわば「連合仮名」がその定義どおりになされている可能性を［Ⅰ］～［Ⅲ］よりは残すものである。最後に［Ⅴ］は、いずれの類例ももたないもので、連合仮名が定義通りに用いられた可能性を最も残すグループである。韻尾字が、「連合仮名」以外で使われる場合を認めることができない［Ⅳ］［Ⅴ］は注意する必要がある。

　まずは［Ⅰ］群からみていこう。「吉」字が、体言、用言の語幹中あるいは活用語尾中に表記されていて、t音が後接している「連合仮名」を異なり語で挙げる（用例を並べる認識符号として小文字アルファベットで序列を付す。用例が複数ある場合は代表として１例を掲示する）。その下に、後続語、あるいは活用形が違うだけで、「吉」字が同じ語に使用された略音仮名の確例を掲げる（同アルファベットのダッシュ以下）。

5－1、［Ⅰ］群

　a　波流能<u>吉</u>多良婆／春の来たらば（巻5・815　紀卿）
　a'　阿須波吉奈武遠／明日は来なむを（巻5・870　山上憶良）
　　　吉倍由久等志乃／来経行く年の（巻5・881　山上憶良）
　　　氣尓餘婆受吉奴／けによばず来ぬ／（巻14・3356　東歌）
　　　可反里吉麻佐武／帰り来まさむ（巻15・3774　狭野茅上娘子）
　　　奈仁加吉奈可父／なにか来鳴かね（巻17・3983　大伴家持）
　　　久麻吉乎左之氏／熊来をさして（巻17・4027　大伴家持）
　b　佐<u>吉</u>多流僧能々／咲きたる園の（巻5・817　粟田人上）
　b'　莫佐吉伊風曽祢／な咲き出でそね（巻14・3575　東歌）
　　　佐吉乃盛波／咲きの盛りは（巻17・3904　大伴書持）
　　　許奴礼波奈左吉／木末花咲き（巻17・3991　大伴家持）
　　　佐吉泥己受豆牟／咲き出来ずけむ（巻20・4323　防人　丈部真麻呂）
　c　布施於<u>吉</u>弖／布施置きて（巻5・906　山上憶良）
　c'　比登乃左刀尓於吉／人の里に置き（巻14・3571　東歌）

第 3 節　略音仮名の基本的検証　151

　　於吉夜可良佐武／置きや枯らさむ（巻14・3573　東歌）
　　等利安宜麻敝尓於吉／取り上げ前に置き（巻18・4129　大伴池主）
d　伊豆知武吉弓加／いづち向きてか（巻14・3357　東歌）
d'　久佐波母呂武吉／草はもろ向き（巻14・3377　東歌）
e　安波麻吉弓／粟蒔きて（巻14・3364　東歌）
e'　麻吉之波多氣毛／蒔きし畑も（巻18・4122　大伴家持）
f　伎奈吉等余牟流／来鳴きとよむる（巻15・3780　中臣宅守）
f'　奈吉奴流登吉波／鳴きぬる時は（巻17・3951　秦八千島）
　　之波奈吉尓之乎／しば鳴きにしを（巻19・4286　大伴家持）
g　由吉氐居者／行きて居ば（巻17・3913　大伴家持）
g'　遊吉須宜可提奴／行き過ぎかてぬ（巻14・3423　東歌）
　　登之由吉我敝利／年行き反り（巻17・3978　大伴家持）
　　等之由吉我弊理／年行き反り（巻18・4116　大伴家持）
h　黒髪之吉氐／黒髪敷きて（巻17・3962　大伴家持）
h'　領巾可多思吉／領巾片敷き（巻8・1520　山上憶良）
i　伎吉氐目尓見奴／聞きて目に見ぬ（巻18・4039　田辺福麻呂）
i'　伎吉乃可奈之母／聞きのかなしも（巻18・4089　大伴家持）
j　奈久倍吉登伎尓／鳴くべき時に（巻18・4042　田辺福麻呂）
j'　令視倍吉君之／見すべき君が（巻2・166　大伯皇女）
　　思過倍吉／思ひ過ぐべき（巻3・422　丹生王）
　　投越都倍吉／投げ越しつべき（巻8・1522　山上憶良）
　　歡有倍吉／嬉しかるべき（巻12・2865　作者未詳）
　　奈久倍吉毛能可／鳴くべきものか（巻15・3784　中臣宅守）
　　思奴倍吉於母倍婆／死ぬべき思へば（巻17・3963　大伴家持）
k　手尓麻吉弓／手に巻きて（巻18・4111　大伴家持）
k'　須恵尓多麻末吉／末に玉巻き（巻14・3487　東歌）
　　鵜尓麻吉母知弖／手に巻き持ちて（巻17・3993　大伴池主）
l　奈氣吉都流香母／嘆きつるかも（巻20・4398　大伴家持）
l'　武祢宇知奈氣吉／胸打ち嘆き（巻5・904　山上憶良）

伊布奈宜吉思毛／言ふ嘆きしも（巻18・4135　大伴家持）
m　安伎可是不吉弖／秋風吹きて（巻20・4452　安宿王）
m'伊多久奈布吉曽／いたくな吹きそ（巻15・3592　作者未詳）
n　於吉都麻可母能／沖つま鴨の（巻14・3524　東歌）
n'意吉由久布祢遠／沖行く舟を（巻5・874　大伴旅人）
　　於吉尓須毛／沖に住も（巻14・3527　東歌）
　　於吉敞欲里／沖辺より（巻15・3643　作者未詳）

　以上14語については、それぞれに列挙した略音仮名表記確例のありように鑑みて、定義通りの連合仮名が行われたとは考えにくいことが分かる。一方、以下に見ていく残り6語については、上にみてきたような形での類例は見いだされない。これらについて検証し、先述の分類にしたがって見ていこう。

　次の［Ⅱ］は、［Ⅰ］でみたような類例は見いだされないものの、同一語で、非子音韻尾字が表記されている類例をもつものである。「吉」字では2例ある。これらもやはり、「吉」字が確実な略音仮名としてのみ使われているということを確信させるものである[3]。

5-2、［Ⅱ］群

o　布流伎可吉都能／古き垣内の（巻18・4077　大伴家持）
o'鳴之可伎都尓／鳴きし垣内に（巻19・4287　大伴家持）
　　可伎都楊疑／垣内柳（巻14・3455　東歌）

　oにおける「吉」字は、o'に見られるように、非子音韻尾字「伎」と同等の機能を果しているといえよう。また、次のpはやや特殊である。すなわち一首中に、同一語が一方は入声仮名を含んで「連合仮名」として表記され、もう一方は確実な非子音韻尾字による一字一音表記として存在している、というものである。

p　保吉等餘毛之／寿きとよもし（巻19・4266　大伴家持）
　うずに刺し　紐解き放けて　千年保伎　保吉等餘毛之　ゑらゑらに　仕
　へ奉るを　見るが貴さ

第3節　略音仮名の基本的検証　153

　萬葉集中において、仮名書きでなおかつ連用形のものは当該例と、同一歌中の「千年保伎」（ちとせほき）のみで、残りは活用形が違うか（「寿く（保久）」など）、もしくは訓字表記である。この例は、家持が「保伎」を「保吉」と書き換えているのを、t音ではじまる助詞「と（等）」が続く為に「吉」字を据えたのだと見ることもできなくはない。ここで定義通りに連合仮名を用いたという可能性を完全に否定することもまたできない。ただし、家持は「吉」字をのべ113例にわたって用いており、そのうち、略音仮名は93例、「連合仮名」が20例ある。この20例のうち、18例までが［Ⅰ］に属すタイプのもの、1例が［Ⅱ］における上述 o、そして残り1例が当該である。この事実から、家持が、「吉」字を略音仮名「き」として使用していることは疑いがないのではないか。ここでのみ、「吉」字が連合仮名表記でなされたという必然性はない。それよりは、単に同一字での重複表記を避けるといった程度のことと見るべきであろう。
　次に［Ⅲ］群に分類されるものを挙げる。ここには［Ⅰ］、［Ⅱ］でみたような、いずれのタイプの類例も萬葉集中に確認されない。「吉」字では4語を数える。それぞれどのように理解できるか、逐一見ていくこととする。

5－3、［Ⅲ］群

　q <u>佐吉多萬能</u>／<u>さきたまの</u>　（巻14・3380　東歌）
　萬葉集中で「さきたま」は2例のみ。当該例以外の1例は訓仮名表記「前玉之」である。
なお東歌における「吉」字の略音仮名での確例は33例見いだすことができ、そのうち「連合仮名」の方は当該例以外に4例を数えるが、すべて［Ⅰ］に属するタイプである。

　r <u>加吉都播多</u>／<u>かきつはた</u>　（巻17・3921　大伴家持）
　当該例以外では、集中には訓仮名表記しか確認されず（「垣津旗」「垣津幡」「垣幡」）、すべて作者未詳である。なお、家持は、別に、「許恵乃孤悲思吉」「加受奈吉身奈利」のように、93例にわたって「吉」字を確実な略音仮名として使用している。

154　第1章　子音韻尾字由来の仮名とその実相

s　多可吉多知夜麻／高き立山（巻17・4003　大伴池主）

　萬葉集において「高き立山」は当該例が唯一である。「高き」の非子音韻尾字表記は１例のみ確認（「多可伎」）され、当該例を含め音仮名表記は２例のみとなる。ちなみに「多可伎」に続くのは訓字「嶺」である。池主には「吉」字の確実な略音仮名での使用が16例ある。「連合仮名」にあたるのは当該例と、もう１例は［Ⅰ］に属するものである。

t　多知波吉弖／大刀佩きて（巻20・4456　薛妙観）

t"　許志尓刀利波枳／腰に取り佩き（巻5・804　山上憶良）

　　己志尓等里波伎／腰に取り佩き（巻20・4413　防人）

　一応同一語の別表記が存在するが、「佩きて」のようにtに続くものは見いだせない。薛妙観の歌は集中に２首であり、もう１首は仮名書きであるものの、すべて非子音韻尾字で表記されたものである。「佩き」のその他の用例はすべて訓字である。薛妙観の用例以外は、それぞれに解説したように、各作者の、別の「吉」字の使用の在り方から考えて連合仮名ではなく略音仮名とみるのが穏当であろう。とくに、例q～s各々の作者の、［Ⅲ］以外の「連合仮名」が、いずれも［Ⅰ］に属するタイプのものであることから、この［Ⅲ］に分類されたものにおいてのみ連合仮名をなしたと考えるのは適当でない。そういう意味では、他に「連合仮名」の用例をもたない薛妙観の例は決め手に欠くことになるが、［Ⅰ］のc、d、e、h、k、mの例でみたように、カ行四段動詞連用形活用語尾「キ（吉）」+助詞「て（弖）」の例における「吉」は、その類例の存在からも連合仮名として成立しているとはいえないものであった。このことからも、ここでの連用形活用語尾「き」+「て」も、略音仮名として書かれていると見るのがふさわしい。

　以上の考察に加え、「吉」字には、確実な略音仮名として252例存在するという事実から、たとえ連合仮名に相当する表記になっていても、それは略音仮名であると理解して差し支えない。自身が確実な略音仮名表記例をもつこと、そして、［Ⅰ］ないし［Ⅱ］のような類例がその子音韻尾字に認められることによって、もはやその字は連合仮名として記されることはなく、一字一音の字母としてその地位を固めているものとみてよい。なお、略音仮名の存

在から、必然的に「吉」字には［Ⅳ］［Ⅴ］群に該当するものはない。

では、この視点で以下残りの字種の「連合仮名」について考えていこう。

6、「吉」字以外の例から

　萬葉集中の「連合仮名」は、先に挙げた「吉」字以外に14字種49例存在する。これらの様相を以下、「吉」字の考察と同様の手続きでもって検証する。各数値は異なり語数で、該当する用例が認められたグループ別に異なりで何語が見いだせるかを示す。

　　越：［Ⅱ］に２語（略音仮名用例：２例）
　　八：［Ⅱ］に１語、［Ⅲ］に２語（略音仮名用例：１例）
　　必：［Ⅱ］に１語（略音仮名用例：８例）
　　末：［Ⅰ］に１語、［Ⅱ］に５語（略音仮名用例：84例）
　　物：［Ⅱ］に２語（略音仮名用例：22例）
　　作：［Ⅱ］に１語（略音仮名用例：６例）
　　則：［Ⅱ］に１語（略音仮名用例：１例）
　　得：［Ⅲ］に１語（略音仮名用例：27例）
　　楽：［Ⅱ］に１語（略音仮名用例：８例）
　　欲：［Ⅰ］に１語（略音仮名用例：159例）
　　式：［Ⅳ］に１語
　　木：［Ⅴ］に１語
　　積：［Ⅴ］に１語
　　甲：［Ⅴ］に１語

このように、多くは［Ⅰ］乃至［Ⅱ］群所属の類例をもち、一字一音の非子音韻尾字と同等の機能で交替がなされていると認められる。しかも、それぞれに確実な略音仮名例をも認め得ることから、連合仮名ではないとみてよい。そこで、ここではそれに洩れる、問題のある例（［Ⅳ］［Ⅴ］）についてみておきたい。これらは上に述べたように、略音仮名の確例をもたないという特徴があり、検討を要するものである。［Ⅳ］所属の「式」からみていこう。

百式紀乃／ももしきの（巻3・323　山部赤人）

「式」字は、略音仮名の用例がなく、二合仮名以外ではこれが集中唯一となる。なお、他の非子音韻尾字表記である、

百師紀能／ももしきの（巻6・1005）

が存在するため、［Ⅳ］に計上した。「紀」字以外の「磯」「城」であれば、「百□□」という三字の「ももしき」表記は20例ほど存在する。この「式」字は、純粋な略音仮名が見いだせないため、決め手に欠くことになるが、赤人は、略音仮名を54例使っており、うち入声字は3字（吉、伐、欲）3例見られ、k入声字の略音仮名も使用している。また「連合仮名」が2例（ng韻尾「香」、n韻尾「邊」）あるが、いずれも［Ⅰ］群に分類される略音仮名となっている。「式」字は既述のように二合仮名で使われる場合がある。

百式乃／ももしきの（巻3・260　鴨君足人）

これが赤人に先行して存在することから、尚更、当該における「紀」の存在には疑念が抱かれるが、大塚毅は当該の「百式紀」表記を「檜橋従来許武」（巻16・3824）などと同類の方法とみて、用字に対する周到な姿勢であると指摘している。また三吉陽「入聲音より見た人麻呂の用字法」（『萬葉』7　1953）は当該表記の「紀」を「捨て仮名式に用ゐた」としている。いずれも、確実とはいえず、断じることは難しいが、二氏ともに連合仮名という把握をしていない点は注意される。論者は、赤人の子音韻尾字運用の在りよう、および「百師紀能／ももしきの」という用例の存在に鑑みて、やはり連合仮名ではなく、一音節字「式」（シ）であると捉えたい。なお当該表記の諸本異同はない。

次に［Ⅴ］所属について。

「木」は

木丘開道乎／もくさくみちを（巻2・185　日並皇子舎人）

「木」字は集中では専ら訓で使われ、音仮名は当該例が唯一となる。日並皇子舎人とされる作品には、他字の略音仮名用法もあり、ここだけ子音韻尾が連ね合わせられるという表記原理が実行されたとは考えにくいが、略音仮名用例がないために断じることはできない。なお、古事記上巻に「風木津別

第3節　略音仮名の基本的検証　157

之忍男命」があり、ここではk音が続いてはおらず、略音仮名となっている。当該185番の例は、単純な音仮名表記ではなく、訓字主体中のものであり、伊藤博『萬葉集釋注』が指摘するように、木が茂るという「もく」に、意味も合致するようあてた表記（「表意性」——**術語説明にかえて参照**）とみなされる。伊藤は武田祐吉『萬葉集全註釋』の「ツツジが群れをなして咲き、まるで丘のように盛り上って見えるのを思わせる」用字であるとした理解に賛同している。なお、類聚古集、神田本では「きくさく」と「木」を訓でよんでいる異同があり、細井本、神宮文庫本も同じく「木」字の左に「キ」の書き入れがある。本節では「モクサク」とみて一応検証を加えたが、諸注釈の指摘も踏まえると、当該表記はやや特殊であり、やはり連合仮名と見なす根拠には欠けるといえよう。

　次に、「積」字は、

　　安積香山／あさかやま（巻16・3807　作者未詳）

で見られ、集中本文中では唯一である。「あさか（やま）」という地名自体も集中に他に例をみない（同音節の「浅香」は存在するがこれとは別の土地である）ため［Ⅴ］に分類される。人名では、題詞であるため本書では参考にとどめる立場をとるが、2例「安積皇子」「安積親王」が、家持の歌（巻3・475、巻6・1040）で確認できる。こちらは二合仮名「安積」で表記されており、当該とは異なるが、「安積」の表記を含みもつ「あさか」はこの人名「安積」の2例と当該「安積香山」のみである。また、上代文献中、音仮名としての「積」字は二合仮名「智積（チサカ）」（『続日本紀』）があるが、これも固有名詞であり、「積」字は訓字・訓仮名としての「つむ」の使用が専らである。つまり、ここで「積」字が字音で用いられていることはかなり例外的といわねばならない。また、「安積皇子」で「あさかのみこ」とよめるのであれば、「香」の表記は何故必要なのか、という疑念も生じるが、そのあたりの〝書き手の意図〟は不明である。萬葉集の一般語表記では当該字はもっぱら「ツム」であるため、「安曇（あづみ）」に誤読されることを忌避するために付したかとも考えられるが、想像に過ぎない。地名であるゆえ、いずれにせよ、前章までの［Ⅰ］～［Ⅲ］と区別しても問題はないと考える。

また同じく［Ⅴ］に分類される「甲」字の用例は、

　　甲斐乃國／かひのくに（巻3・319　高橋虫麻呂）

である。p入声字は萬葉集ではこれ以外はすべて一字二音節である二合仮名として用いられ、上代文献中においても、純粋に略音仮名――つまり後続子音が全く韻尾と無関係の音節であるもの――が見いだし難い特徴がある。ただ、この当該例「甲斐」も、先の「安積香」と同様、地名である。地名とは、「本来、二人以上の人間のあいだで、ある場所を他の場所と区別するために用いられた共通の符号であり、同じ語形で継承されるのが望ましい」（井手至「仮名表記される語彙」（『遊文録　国語史篇二』和泉書院　1999））ものである。風土記において地名起源が多く語られているように、地名が日本のことがら――すなわち倭語を基盤としていることは疑いがない。地名はその継承性によって、地名以外の意義には動揺しない（せしめない）ようにされるはずである。それによってこそ常に地名は地名として文字列上で認識され得るのである。地名に音仮名表記は少なくないが、前後の文字の用法にはあまり影響を受けていないということにも、その固定性、継承性が示唆されている。すなわち、k入声韻尾字を用いた「筑波」は、訓字主体表記にもよくあらわれるといったことである。

　　今日尓　何如将及　筑波嶺　昔人之　将来其日毛
　　　　　　　　　　　　　　　　（巻9・1754　高橋虫麻呂歌集）
　　（今日の日に　いかにかしかむ　筑波嶺に　昔の人の　来けむその日も）

この1首は訓字を主体とし、助辞以外には音仮名を使わない表記を採っている。しかし、地名の「筑波」だけは、変わらず音仮名表記のままである。たとえばある文字列上に「青森」という表記が介在していることを視覚的に認めたとき、我々はおそらく文脈を読み解く以前に、東北地方の一県を想起するだろう。地名表記とその音節表示の固定性によって、その文字列が地名であると同認される。そういった点では、音や訓あるいはその交用などと表記の多様性を有する非固有名詞と比して特殊であるといわねばならない。ここで出た地名2例（安積香、甲斐）は、上述の非固有名詞の検証でみたような類例は得られず、あるいは連合仮名が実践されていた時期に創出された表

記である可能性も否定はできない。しかしながら、地名の固定的性質、継承的性質に鑑みれば、成立時における可能性は認め得ても、萬葉集での歌表記そのものにおいて連合仮名が実践されていないという位置づけを揺るがすものではないと考える。つまりここ［Ⅴ］の二つの地名例をもって、［Ⅰ］などの位置づけをすべて覆す合理性はない。なお、地名で、かつ音仮名使用が希少な、ここ［Ⅳ］、［Ⅴ］にあらわれた字種は、全て訓字主体表記にあらわれるという共通点がある

小　括

　入声韻尾字音仮名の後に続く音節は多様で、必ずしもその韻尾（t、kなど）と同子音に集中するものではない。したがって、t入声音にt音が、k入声音にk音の音節がそれぞれ続く場合のみを、特に連合仮名とみる必要はない。また後続音が、韻尾の子音の調音方法と類似している場合も、同断である。同一語に用いられて、後続音節が違うだけの類例［Ⅰ］や、同一語の同一語形でも、非子音韻尾字と交替しているだけと見られる類例が確認される場合［Ⅱ］が多くを占め、しかも同字が確実な略音仮名用例をも擁する場合が多いことから、萬葉集中における「連合仮名」は、春日の定義した連合仮名ではないとみてよい。

　ある限られた音節が続くときのみ、入声字音仮名が閉音節の子音韻尾字の仮名として持ち出されるということは考えにくく、萬葉集中における「連合仮名」は、実は略音仮名なのであって、その入声韻尾と同音の音節が続いているのも、数ある後続音節の可能性のひとつがあらわれているだけである。子音韻尾字にその子音を頭子音にもつ仮名が続いていても、それぞれが、確かに一音節を担う、一字一音の字母として機能していると見るべきものである。

注
　1）吉井健「萬葉集における母音脱落を想定した表記」（『萬葉』152　1994）。

2） 毛利正守「古代日本語に於ける字余り・脱落を論じて音節構造に及ぶ――萬葉（和歌）と宣命を通して」（『国語と国文学』75-5　1998）。
3） 非子音韻尾字表記の同一語例は、後続字も同じ場合にはじめて［Ⅱ］群属類例とみなす。たとえば問題となる「宇梅能半奈」（梅の花）の類例として「宇梅能波奈」はここ［Ⅱ］群類例をもつものとして該当するが、「烏梅能波那」は類例扱いとしない。「半」字が確実に非子音韻尾字と交替できると証するには、厳密には後続字も同一でなければ比較できないからである。

第4節　略音仮名の基本的検証
——撥音——

1、入声字で得られた見解から

　前節では、連合仮名が、萬葉集における入声韻尾字ではもはや認められず、韻尾が捨象された一字一音の字母として把握すべきことをみた。本節では、入声字と同じ子音韻尾字である撥音韻尾字音仮名、すなわち韻尾が m、n、ng のいずれかでおわるという字音の仮名を取り上げ、同様の見地で考察を加える。前節で帰納されたこととあわせ、子音韻尾字の韻尾捨象による運用を検証したい。

　撥音韻尾字は二合仮名を除いても萬葉集中におよそ6900例あり、入声字とは使用度数や分布がかなり異なるため、やはり同様に実例に基づいた考察が必要である。以下、入声字で得られた結論はいったんおいて、本節末にあわせて検証することにし、さしあたり撥音韻尾字だけで考察を進めることにしたい。なお、カギ括弧つきの「連合仮名」は、前節と同じ理由で、ここでも使用する。

2、用例概観

　萬葉集における撥音韻尾字音仮名は次のとおり。
m 撥音
　　敢甘監金兼険今瞻三點南念濫藍覽廉
n 撥音（※「万」、「萬」は実例を挙げる場合、他者の論文中に「万」と記されるのを引用する以外は、一括して「萬」字と記す）
　　安印雲延干漢君讃散信新准盡弾丹珍陳天田難仁年伴半嬪粉弁返反邊便煩遍萬満敏民面聞文隣連丸遠袁怨

ng 撥音

香凝興相鍾僧曽宗當登等騰藤農濃寧能平房芳防方朋望蒙容用楊良浪

　このうち二合仮名に使われるのは、敢甘監金兼今南念濫藍覽廉瞻點険三（m撥音）、雲干漢君散讃信弾丹珍粉遍萬難敏丸（n撥音）、香相鍾凝當（ng撥音）である。略音仮名および「連合仮名」では、南（m撥音）、安印雲延君散新准盡陳天田難仁年反半伴嬪便邊返煩萬満民面聞文弁隣連遠袁怨（n撥音）、香凝興僧曽宗登等騰藤農濃寧能芳防房方平朋望蒙楊容用浪良（ng撥音）となっている。

　さて、撥音韻尾字において「連合仮名」はおよそ300例確認される。いくつか実例を表示する。

　　奈伎和多里南牟／泣きわたりなむ（巻14・3390）
　　※mで終わる字音「南」に、mからはじまる「牟」が後接。
　　宇梅能半奈／うめのはな（巻5・849）
　　※nで終わる字音「半」に、nからはじまる「奈」が後接。
　　安志可流登我毛／悪しかるとがも（巻14・3391）
　　※gで終わる字音「登」に、gからはじまる「我」が後接。なお、当該字音の韻尾はngであってgはその一音素であるが、ngを「連ね合わせ」るとみるなら、「ン＋ガ行音」が構成されているものが該当するかとも考えられる。しかし、言うまでもないがまたンの単独表記は認められない。音義木簡にみえる字音の開音節形かと見られる「熊（汙吾）」からも、当該韻尾字の韻尾を「ガ行音」としてとらえていることの手がかりになろう。よって、ガ行音の音節が後接している場合を連合仮名に一致するものとみなして検索する。

　このような用例をもつ字種は、安印雲延遠君散盡天陳田仁年伴半邊弁便煩文萬満民聞隣（n撥音）、南（m撥音）、興香宗曽登等能平楊良（ng撥音）がある。

　一方、上の「連合仮名」と同様、二字二音の表記ながら、必ずしも韻尾と同子音が続くわけではない、略音仮名も多数見いだされる。以下に具体例を挙げる。

　　半也久奈知利曽／はやくな散りそ（巻5・849）

神佐備世須登(ng韻尾)／神さびせすと（巻1・38）

　以上の例では、たとえばn韻尾字の後に必ずしもn韻尾が後接しておらず、ここにおける韻尾は確実に捨象されていると分かる。同時に、韻尾字の後ろの音節がとくに制限されていないことを示唆していよう。ところで、m韻尾字についてはこのような例が見いだされない。この問題も含め、「連合仮名」及び略音仮名の用例がどのような様相を呈しているかを精査する必要がある。それがすなわち、撥音韻尾字における「連合仮名」の是非を問うことに連結すると考える。

3、作業仮説

　上に「連合仮名」として挙げた用例群は、「韻尾字に韻尾と同子音を頭音に持つ仮名が続けて表記されている」というものであって、これは事実である。よって、前節に同じく、類例を吟味する検証法が最適であると考える[1]。あらためて用例グループを掲げておく。

略音仮名確例をもつグループ
　［Ⅰ］、同一字で同一語が表記されるが、活用形・後続語などが違うため、韻尾字の後続音節が異なる類例をもつもの。
　［Ⅱ］、同一字ではないが別の確実な一字一音仮名（非子音韻尾字）で表記された同一語の類例があるもの。また、自身も確実な略音仮名用例をもつもの。
　［Ⅲ］、［Ⅰ］［Ⅱ］のような用例はもたないが、確実な略音仮名が存在するもの。

略音仮名確例をもたないグループ
　［Ⅳ］、同一語の、非韻尾字による一字一音仮名表記はあるが、後続字の音節が韻尾と同子音ではない略音仮名の例をもたないもの。
　［Ⅴ］、［Ⅰ］〜［Ⅳ］いずれにも該当しない。同一字の略音仮名例が存在せず、同一語の非子音韻尾字表記も存在しないもの。
　なお、「連合仮名」が、春日の定義通りに実行されているとは考えにくい

ことを示唆する傍証[Ⅰ]～[Ⅲ]分類においては、煩雑さを避けるために次のような方針で掲示する。すなわち、[Ⅰ]に分類される語をもつ場合は、同字で[Ⅱ]、[Ⅲ]に分類されるものがあっても、そこでは字種と異なり語数だけを挙げるに留める。同様に、[Ⅱ]に分類されるものが初出となる場合、次いで同一字で[Ⅲ]に分類される語があっても、そこでは字種と語数だけを掲示するに留める。これは、それ以前にすでに連合仮名が実践されていないことを裏付ける、より確実な例がすでに得られているためである。したがって、当然ながら前節同様問題となる[Ⅳ]、[Ⅴ]群に分類されるものについては全ての用例を挙げて考察することになる。なお、[Ⅰ]群に類例を挙げる際に、韻尾と類似する調音方法のものは連合仮名認定に準じることになるので、避けた(避けてなお、用例がえられれば、[Ⅰ]群に該当すると見なす)。それぞれ類似調音方法の子音を挙げておく。

m 韻尾(両唇音):/Φ/、/w/
n 韻尾(歯音、歯茎音):/t/、/d/、/s/、/z/
ng 韻尾(軟口蓋音):/k/

4、用例検証[Ⅰ]～[Ⅴ]の分類から

4-1、[Ⅰ]群

この[Ⅰ]に属するものは、同一語に対して同じ撥音韻尾字が記されているが、後続音節が韻尾と同じ子音ではないものを挙げる。したがってこれらは、文字列と音連続が連合仮名と一致していても、連合仮名という方法論をもってなしたというわけではなく、略音仮名として機能するものとして扱われているとみるべきである(※異なり語でみていくため、用例数が複数ある場合は「他〇例」の如く注記する)。

【m 韻尾字】
 m 韻尾字は、[Ⅰ]群に該当する用例をもたない。

【n 韻尾字】※「延」はア行のエと区別して訳文では「江」と記し、頭子音

は /j/ とする。

- 安

「足」

安奈由牟古麻能／足悩む駒の（巻14・3533　東歌）他1例
　安我枳乃美豆尓／足掻きの水に（巻17・4022　大伴家持）：g音節後続
　安由比多豆久利／足結手作り（巻17・4008　大伴池主）：j音節後続
略音仮名は905例存在する。

- 仁

花仁奈蘇倍弖／花になぞへて（巻20・4307　大伴家持）
　多鶏蘇香仁／たけそかに（巻6・1015　榎井王）：後続音節なし
　由棄仁末自例留／雪に交じれる（巻5・849　大伴旅人）：m音節後続
略音仮名は53例存在する。

- 年

伊末太年那久尓／いまだ寝なくに（巻14・3543　東歌）
　伊能年良延奴尓／眠の寝ら江ぬに（巻15・3680　作者未詳）：j音節後続
略音仮名は10例存在する。

- 邊

倭邊上／やまとへのぼる（巻6・944　山部赤人）
　新羅邊伊麻須／新羅へいます（巻15・3587　作者未詳）：i音節後続
略音仮名は14例存在する。

- 便[2]

用例は35例あるが、異なりでは1語「すべ」である。表記は「須便」、「為便」の2種類あるので代表としてそれぞれ1例ずつ挙げる。

世武須便乃／せむすべの（巻5・904　山上憶良）
生為便無／いけるすべなし（巻13・3347　作者未詳）
　為便乎無見／すべをなみ（巻2・207　柿本人麻呂）：w音節後続
　将為須便毛奈思／せむすべもなし（巻3・475　大伴家持）：m音節後続
略音仮名は28例存在する。

- 聞

言者可聞奈吉／ことはかもなき（巻8・1654　大伴坂上郎女）

　　國遠見可聞／国遠みかも（巻1・44　石上麻呂）：後続音節なし

略音仮名は165例存在する。

- 民

於保吉民能／おほきみの（巻17・3969　大伴家持）

　　吉民我弥世武等／君が見せむと（巻18・4036　田邊福麻呂）：g音節後続

略音仮名は5例存在する。

- 文

助詞「モ」＋「なし」：他3例

生跡文奈思／いけりともなし（巻12・3060　作者未詳）

助詞「モ」＋「野」：他1例

山二文野二文／山にも野にも（巻10・1824　作者未詳）

助詞「モ」＋「鳴」

諾文鳴来／うべもなきけり（巻10・2161　作者未詳）

助詞「モ」＋「長」

下文長／したにもながく（巻13・3307　作者未詳）

　　可良仁文幾許／からにもここだ（巻9・1803　福麻呂歌集）：k音節後続

　　真名子仁文／まなごにも（巻9・1799　人麻呂歌集）：後続音節なし

略音仮名は50例存在する。

- 延

「枝」

烏梅我志豆延尓／梅が下枝に（巻5・827　山口若麻呂）他2例

　　毛等母延毛／本も枝も（巻17・4006　大伴家持）：m音節後続

「絶え」

多延奴期等／絶江ぬごと（巻17・4005　大伴家持）他3例

　　多延無日尓許曽／絶江む日にこそ（巻15・3605　作者未詳）：m音節後続

略音仮名は40例存在する。

- 遠

世牟周弊遠奈美／せむすべをなみ（巻5・901　山上憶良）

第4節　略音仮名の基本的検証　167

　　安久母阿良牟遠／安くもあらむを（巻5・897　山上憶良）：後続音節な
　　し
　　必例遠布利家牟／領巾を振りけむ（巻5・872　大伴旅人か）：Φ音節後
　　続
略音仮名は60例存在する。

【ng 韻尾字】
・香
　明日香河／あすかがは（巻2・196　柿本人麻呂）他14例
　　明日香乃河尓／あすかのかはに（巻4・626　8代女王）：n音節後続
　　平城之明日香乎／ならのあすかを（巻6・992　大伴坂上郎女）：w音節
　　後続
略音仮名は286例存在する。
・登
「人」
　安志等比登其等／あしと人言（巻14・3446　東歌）他4例
　　将来云比登乎／来むといふ人を（巻4・744　大伴家持）：w音節後続
　　比登乃等布麻泥／人の問ふまで（巻18・4075　大伴池主）：n音節後続
「能登」
　能登河之／のとがわの（巻10・1861　作者未詳）他1例
　　能登乃嶋山／のとのしまやま（巻17・4026　大伴家持）：n音節後続
　　能登瀬乃川之／のとせのかはの（巻12・3018　作者未詳）：s音節後続
略音仮名は541例存在する。
・等
　敷刀能里等其等／太祝詞言（巻17・4031）大伴家持
　　許等騰波奴／言問はぬ（巻5・812　藤原房前）：t音節後続
　　許等尓曽夜須伎／言にそやすき（巻15・3743　中臣宅守）：n音節後続
略音仮名は1105例存在する。
・能
　助詞「の」

168　第1章　子音韻尾字由来の仮名とその実相

安麻能我波／あまのがは（巻15・3658　作者未詳）他12例
　紫草能／むらさきの（巻1・21　天武天皇）：後続音節なし
接頭語「との」
登能雲入／とのぐもり（巻12・3012　作者未詳）他4例
　等能妣久夜麻手／とのびく山を（巻20・4403　防人）：b音節後続
「おの」（己）
於能我於弊流／己がおへる（巻18・4098　大伴家持）他2例
　於能豆麻乎／己づまを（巻14・3571　東歌）：z音節後続
「もの」
母能其等尓／ものごとに（巻20・4360　大伴家持）
　毛能由恵尓／ものゆゑに（巻19・4242　藤原仲麻呂）：j音節後続
略音仮名は1207例存在する。

・良

「松浦川」「松浦潟」
麻都良我波／松浦川（巻5・860　山上憶良）他2例
麻都良我多／松浦潟（巻5・868　山上憶良）
　麻都良奈流／松浦なる（巻5・856　山上憶良）：n音節後続
　麻通良佐用比米／松浦佐用姫（巻5・871　大伴旅人）：s音節後続
「あから柏に」
安可良我之波々／あから柏は（巻20・4301　安宿王）
　安加良多知婆奈／あから橘（巻18・4060　粟田女王）：t音節後続
「うら」
宇良我奈之伎尓／うら悲しきに（巻15・3752　狭野弟上娘子）他1例
　宇良和可美許曽／うら若みこそ（巻14・3574　東歌）：w音節後続
接尾辞「ら」
乎等賣良我／娘子らが（巻20・4452　安宿王）他15例
　吾目良波／吾が目らは（巻16・3885　乞食者）：Φ音節後続
　波之伎都麻良波／はしき妻らは（巻20・4331　大伴家持）：Φ音節後続
略音仮名は1261例存在する。

4−2、[Ⅱ] 群

　ここは、同じ語で、後続の字が全く同じ仮名でありながら、非子音韻尾字で記されている類例が見いだされるという群である。[Ⅱ] もまた、該当字が連合仮名ではなく、韻尾を捨て去った略音仮名としてみなし得る。

【m 韻尾字】
　m 韻尾字は、[Ⅱ] 群に該当する用例をもたない。

【n 韻尾字】
・君
　知跡言莫君二／知るといはなくに（巻2・97　石川郎女）
　　我念羽奈九二／我が思はなくに（巻11・2581　作者未詳）
　　獨宿名久二／ひとり寝なくに（巻3・390　紀皇女）
　略音仮名は8例存在する。
・散
　可敝流散尓／かへるさに（巻15・3614　作者未詳）
　　可反流左尓見牟／かへるさに見む（巻15・3706　大使　阿部継麻呂）
　　還左尓／かへるさに（巻3・449　大伴旅人）
　略音仮名は13例存在する。
・半
　宇梅能半奈／梅の花（巻5・849　大伴旅人）
　　宇梅能波奈／梅の花（巻5・851　大伴旅人）
　略音仮名は2例存在する。
・伴
　「花」
　散久伴奈能／咲く花の（巻5・804　山上憶良）
　　宇家良我波奈乃／うけらが花の（巻14・3376　東歌）
　「母」
　奈我波伴尓／なが母に（巻14・3519　東歌）他1例
　　有都久之波々尓／うつくし母に（巻20・4392　防人）

170　第1章　子音韻尾字由来の仮名とその実相

略音仮名は6例存在する。
この他、[Ⅰ]群既出のものとして
　　「民」：1語
　　「遠」：2語
　　「安」：1語
　　「延」：2語
がある。

【ng韻尾字】
・楊
　　安乎楊疑能／青柳の（巻15・3603　作者未詳）他2例
　　　阿遠也疑波／青柳は（巻5・817　粟田人上）
　略音仮名は5例存在する。
このほか、[Ⅰ]群既出字として
　　「香」カ：1語

4－3、[Ⅲ]群

　[Ⅲ]は、同一語の非子音韻尾字表記は見いだせないため、[Ⅱ]とは別に計上するものであるが、その字自身が別に略音仮名としての確実な用例をもっている共通点がある。冒頭に述べたように、略音仮名はつまり韻尾と同子音以外の音節の後続を許容しているのであって、そういった制約の緩さが素地として認められる以上、同じ字が、特定の音節の場合においてのみ連合仮名という方法でなされたとはやはり考えにくい。

【m韻尾字】
　m韻尾字は、[Ⅲ]群に該当する用例をもたない。

【n韻尾字】
・盡
　　不盡能高嶺者／富士の高嶺は（巻3・317　山部赤人）他4例
　略音仮名用例
　　　不盡河跡／富士川と（巻3・319　高橋虫麻呂歌集）：k音節後続

第4節　略音仮名の基本的検証　171

・田
　感動詞「いで」
　伊田何／いでなにか（巻11・2400　人麻呂歌集）
　略音仮名用例
　　　聞戀麻田／聞き恋ふるまで（巻10・1937）：後続音節なし
　略音仮名は6例存在する。

・天
　伊弖可天尓／いでかてに（巻14・3534　東歌）
　略音仮名用例
　　　友無二指天／友なしにして（巻4・575　大伴旅人）：後続音節なし
　略音仮名は52例存在する。

・弁
　佐弁奈弁奴／障へなへぬ（巻20・4432　防人）
　略音仮名用例
　　　於久流我弁／後るがへ（巻20・4429　防人）：後続音節なし
　　　奈々弁加流／七重着る（巻20・4431　防人）：k音節後続
　略音仮名は上掲2例。

・煩
　美都煩奈須／水泡なす（巻20・4470　大伴家持）
　略音仮名用例
　　　於煩呂加尓／おぼろかに（巻20・4465　大伴家持）：r音節後続
　　　於煩保之久／おぼほしく（巻17・3899　作者未詳）：Φ音節後続

・満
　志満乃己太知母／山斎の木立も（巻5・867　吉田宜）
　略音仮名用例
　　　吉民萬通良楊満／君松浦山（巻5・883　三島王）：後続音節なし
　略音仮名上掲1例。

・萬
　「真間の」

麻萬能宇良未乎／真間のうらみを（巻14・3349　東歌）他2例
「埼玉の」
佐吉多萬能／さきたまの（巻14・3380　東歌）
「馬荷」
宇萬尓布都麻尓／馬荷両馬に（巻18・4081　大伴坂上郎女）※「萬」はママ
略音仮名用例
　「遊布麻夜萬」／木綿間山（巻14・3475　東歌）：後続音節なし※「萬」はママ
　都萬麻乎見者／つままをみれば（巻19・4159　大伴家持）：m音節後続
略音仮名は38例存在する。
このほか、
[Ⅰ] 既出字として
　「邊」：1語
　「年」：2語
[Ⅰ][Ⅱ] 既出字として
　「民」ミ：1語
　「遠」ヲ：1語
　「延」エ：6語
[Ⅱ] 既出字として
　「散」サ：1語
　「君」ク：2語
がある。
【ng 韻尾字】
・宗
　宗我乃河原尓／そがの河原に（巻12・3087　作者未詳）
　略音仮名用例
　　志留波乃伊宗等／白羽の磯と（巻20・4324　防人）
　　須宗尓等里都伎／裾に取り付き（巻20・4401　防人）
　略音仮名は上掲2例

・曽

「そがひ」

曽我比尓美由流／そがひにみゆる（巻14・3391　東歌）他5例

「朝臣（あそ）」

池田乃阿曽我／池田の朝臣が（巻16・3841　東歌）他2例

略音仮名用例

　　時自久曽／時じくそ（巻1・26　天武天皇）：後続音節なし
　　吉雲曽無寸／良けくもそなき（巻2・210　柿本人麻呂）：n音節後続

略音仮名は625例存在する。

このほか、［Ⅰ］群既出字として

　　「登」：4語

　　「等」：3語

　　「能」：1語

　　「良」：6語

［Ⅰ］群及び［Ⅱ］群既出字として

　　「香」：7語

がある。

　以上、類例の種（有無）によって［Ⅰ］［Ⅱ］［Ⅲ］の3群にわけた。これらはいずれも、略音仮名としての確例がある。「連合仮名」として挙げた該当例だけにおいて、閉音節を保持した状態で「連ね合わせ」て記され、その他では韻尾をすてて様々な音節が後続する状態——連合仮名で使われていた——とみるのは不自然であろう。やはり、いずれも略音仮名であって、韻尾に同子音が後続していても、それは数ある音節のひとつがたまたま韻尾字につづいたものとみるべきである。

4－4、［Ⅳ］群

　後続字が同じである非子音韻尾字類例をもつという点においては、［Ⅱ］と同様であるが、ここに属するものは、自身が略音仮名用例をもたないものである。

174　第1章　子音韻尾字由来の仮名とその実相

【m韻尾字】

・南

「なむ」

奈伎和多里南牟／泣き渡りなむ（巻14・3390　東歌）

奈枳和多良奈牟／鳴き渡らなむ（巻17・4495　大伴家持）

「かむなび」

神南備能／かむなびの（巻11・2774　作者未詳）：b音節後続

神名備山尓／かむなびやまに（巻10・1937　作者未詳）

神奈備山従／かむなびやまゆ（巻13・3268　作者未詳）

【n韻尾字】

・雲

雲根火雄男志等／畝傍ををしと（巻1・13　天智天皇）

雲聚玉蔭／うずの玉蔭（巻13・3229　作者未詳）：z音節後続

「雲」字の当該2例のみ。前者は「連合仮名」、後者は「雲」字が使われており、n音節後続ではないものの、類似調音方法の子音が後続しているため［Ⅲ］ではなく、［Ⅳ］に分類した。

【ng韻尾字】

・興

興凝敷道乎／こごしきみちを（巻13・3274　作者未詳）

磐根己凝敷／いはねこごしき（巻7・1130　作者未詳）

許凝敷道之／こごしきみちの（巻13・3329　作者未詳）

「興」字の略音仮名確例は見いだされない。

　n韻尾字としては唯一［Ⅳ］に分類される「雲」字は、萬葉集では訓字「雲」あるいは訓仮名「くも」として200余例使われるものであり、音仮名としての使用がそもそも稀少である。なお『播磨風土記』に「雲彌(ウミ)」があり、「雲」字は略音仮名で使われることもある。「南」字は二合仮名以外ではm韻尾唯一の字種で、［Ⅰ］〜［Ⅲ］いずれの群にもあらわれておらず、ここ［Ⅳ］と次の［Ⅴ］にしかあらわれない。これは後節で［Ⅴ］群のものともあわせて詳しく考える。また、ng韻尾字「興」字もここだけにあらわれて

特殊である。二字目の同じくng韻尾の「凝」字は、二合仮名として「凝敷山尓」(巻7・1332)「凝敷山乎」(巻3・301)をもっている。一字一音表記の場合は「凝」は濁音「ゴ(乙)」であり、字音/ŋɪəŋ/の韻尾を捨象したものとして、確かにふさわしい。しかし、それからすれば二合仮名表記「凝敷」は頭子音の清濁が正確ではなく、厳密には「ゴゴ」となってしまう。これに鑑みて、巻7・1130及び巻13・3329では、清音である「許」ないし「己」を前に配置したのではないか。「興」もまた清音/h/を頭子音にもつので、その点では整合する。ng韻尾字は平安朝に入ると鼻音性が弱化して韻尾がウに転化することが示すように、6種の子音韻字の中でもっとも韻尾が捨てられやすいという特徴がある（**第2章**参照）。なお、当該例、類例でともに用いられている「凝」字は、倭語「こごし」のもつ、「固まってごつごつしている」(伊藤博『萬葉集釋注』1130番注釈)状態という意を汲んでの用字かとも考えられる。「磐根己凝敷」「許凝敷道之」が示すように、後続字がこの「凝」で同じであることからも一字一音とみてよいと考えられるが、やはり略音仮名の確例が他に存在しないので、断じることはできない。

4-5、[V]群

　[V]は「略音仮名」とみなせる例が見いだせず、[Ⅰ]〜[Ⅳ]で得られるような類例も存在しないため、検証を要する。

【m韻尾字】
・南
　情有南畝／心あらなも（巻1・18　額田王）

【n韻尾字】
・印
　印南野者／いなみ野は（巻7・1178　作者未詳）
　印南野乃／いなみのの（巻7・1179　作者未詳）
　印南都麻／いなみつま（巻15・3596　作者未詳）
　…地名
・陳

陳奴乃海尓／ちぬの海に（巻7・1145　作者未詳）
陳努荘士尓之／ちぬ荘士にし（巻9・1811　高橋虫麻呂歌集）
…地名

・隣
八十一隣之宮尓／くくりの宮に（巻13・3242　作者未詳）
…地名

【ng 韻尾字】
・平
平群乃阿曽我／へぐりの朝臣が（巻16・3843　穂積朝臣）
平群乃山尓／へぐりの山に（巻16・3885　乞食者）
…地名

　[Ⅳ]で問題となった「南」字が挙がるほか、残りはすべて地名である。地名表記とは、前節においても述べたように、一定して継承される性質がある。[Ⅱ]にあらわれた地名もあったが、ここ[Ⅴ]という、異表記をもたない群にこのように傾向的にあらわれることは、地名そのものの性質に鑑みれば、首肯されることといえる。地名が、表記のたびに一回一回書き手が工夫して為すものというよりは、因襲的、継承的性格に裏付けられていることは先にものべた。ここに分類された地名に関しては、あるいはかつてその表記の創出時において連合仮名の方法が実行された可能性もある。しかしながら、上述してきたように、これらの地名表記の例をもって、ことに[Ⅰ]〜[Ⅲ]群において連合仮名を認めずともよいということが覆されるわけではない。**第3章**で論じるが、韻尾字（ことには二合仮名）の使用は、地名と一般名詞において棲み分けが認め得るのである。よって、これら地名表記例が一見孤立しているようにみえることは矛盾ではない。
　なお「南」字の問題については後に考察を加える。

5、考察①　各韻尾ごとの出現分布から

　以上、萬葉集において、撥音韻尾字による「連合仮名」とその類例を整理

してきた。上述のように、［Ⅰ］～［Ⅲ］は、連合仮名が定義通りには使用されていない——すなわち、韻尾とそれに続く頭子音の並びは偶々である——ことを示唆する群といえる。これに対し、［Ⅳ］［Ⅴ］については問題が残るが、地名に関しては既述の位置づけが穏当であり、「雲」、「興」字についてもやはり子音韻尾と頭子音を連ねあわせるという連合仮名の定義でもってなされたものとは考えにくく、他のn韻尾字、ng韻尾字の扱いからしても、萬葉集における扱いとしては一字一音と捉えて差し支えないものと考える。なお「雲」、「興」はともに訓字主体表記での使用であり、前節の入声字においてやはり問題となった［Ⅳ］［Ⅴ］群の該当字と共通する在りようを示す。

　ここでは各分類の分布を一覧にし、その傾向をあらためて確認しておく。仮名は五十音順に並べ、さらに［Ⅰ］～［Ⅴ］各群での字種の出現様相を明示するため、縦の行で字種をそろえて掲示する。地名専用字には網掛けを施す。

表1：韻尾字ごとの［Ⅰ］～［Ⅴ］分布表

	n							
［Ⅰ］	安		仁年		便邊	民	聞文延	遠
［Ⅱ］	安	君散		半伴		民	延	遠
［Ⅲ］		君散盡	田天　年		弁便邊煩萬満民		延	遠
［Ⅳ］	雲							
［Ⅴ］	印	陳						隣

	ng	m
［Ⅰ］	香　　登等能　　良	なし
［Ⅱ］	香　　　　　　楊	なし
［Ⅲ］	香　曽宗登等能　良	なし
［Ⅳ］	興	南
［Ⅴ］	平	南

　あらためて確認すると、殆どは［Ⅰ］～［Ⅲ］に分布し、重複している場合も少なくない。このほか注目すべき点としてng韻尾字の分布がある。ng

韻尾字は、n に比べて［Ⅱ］群に字種があまりあらわれていない。［Ⅱ］群は、一字一音の非子音韻尾字による同一語表記という類例が存在するグループであったが、ng の場合は、そういった他の一字一音仮名表記の類例があまり見いだせない。このことは、この ng 韻尾字自身が萬葉集におけるその音節で、相対的な数値として優勢になっていることが関わっているかも知れない。「登」「等」「能」「良」の仮名はそれぞれ「と乙」、「と乙」、「の乙」、「ら」の仮名として頻用されており、この4字の仮名だけで集中ではのべおよそ4000例ある。［Ⅲ］の「曽」も集中に600余例ある。このような、一字一音の字母としてのいわば〝活躍〟ぶりが、これらを略音仮名と見なすべきことを後押しするであろう。また［Ⅳ］、［Ⅴ］群に分類されたものは、地名や、訓字訓仮名での使用が中心の字「雲」、あるいは孤例「興」、そして m 韻尾字「南」であった。n 韻尾字「雲」や ng 韻尾字「興」は一字一音としては使用度数の高い字母ではなく、どちらかといえば臨時的[3]なものといえる。これに対し、多数を占める［Ⅰ］、［Ⅱ］、［Ⅲ］の、ことに［Ⅰ］、［Ⅱ］における字種は、一字一音の字母として相対的な使用頻度は高い。これは前節においてみた入声字における在りようと整合することである。なお、「南」字だけは、m 韻尾字そのものがこれ以外にあらわれないという特殊性をもっているので次項で詳しく考えたい。

6、考察②　唇音・m 韻尾字の特徴と開音節化

6−1、二合仮名の割合との比較

　二合仮名については次節にて詳しく論じるが、ここで若干先取りして述べておく。二合仮名とはつまり結果的に、開音節形＝母音付加形という形で読みとれるものであるが、そこには出現傾向に、相対的な差が認められる。

　　韻尾字の各形態における二合仮名の割合
　　（入声）p ＞ k ＞ t
　　（撥音）m ＞ n ＞ ng

これを見ると、本節でみてきた、各韻尾における略音仮名の用例のその偏

りと逆転していることがわかる。本論で知られた傾向は、最も頻用されるのがng韻尾で、ついでn韻尾、最も少ないのがm韻尾であった（これらの分布に関する詳細は**第2章**であらためて言及する）。二合仮名の場合はこれと正反対である。形態としては「作」/tsak/という字を/tsa/として使うか、/tsaku/として使うかの違いであるが、m韻尾は後者の方、つまり一字二音の仮名になる。ng韻尾は前者で、韻尾を捨てて一字一音節となることが多い。入声字も、二合仮名ではp韻尾においてその割合が最も高いが、略音になるとp韻尾は今回見た「南」と同じく用例が僅少となり、集中ではわずかに「甲斐」で認められるのみである。このp韻尾とm韻尾は用例出現の傾向のみならず、両唇音であるという点で共通している。木下前掲論文では、この二者が母音付加形で殆ど占められることを指摘し、それは唇を合わせるという発音行為において比較的明瞭に韻尾が認識されたからだとした。略音仮名とはつまり韻尾以下を捨て去ってしまうことだが、mやpは韻尾が意識される分、捨てがたかったと理解される。これと逆であるのがng韻尾である。ng韻尾は3つの撥音のうち軟口蓋音で、最も口の奥で発音され、三内撥音中で日本語話者がおそらく特に子音として聞き取りにくく、かつ再現しにくい音である。事実、後代ウに転化する。したがってこのng字音の韻尾がよく捨象される傾向にあることは首肯されることであろう。

6－2、m韻尾字の韻尾に対する〝意識〟

　m韻尾字に略音が見いだしがたいことについて、木下の指摘のごとく、音声的な問題――「聞こえ」と「発音」という実際的な要因が大きくかかわっているのだとすれば。では、本論で挙げられた「南」字の例は、連合仮名が実際に用いられたと理解すべきであろうか。結論からいうとやはりその定義どおりの手続きを踏んでなされたものではないと考える。［Ⅰ］〜［Ⅲ］に分類されたような、他の韻尾字の傾向、そして前節の入声字における傾向からすると、定義通りの連合仮名が実践された素地は萬葉集にはもはや認められないといってよい。その点で、「南」字においてのみ、子音韻尾を保存した表記法がそのまま守られているとはまず考えがたい――が、これは

「南」字以外の状況証拠によることであって、直接の証明ではない。そこでもう少し用例に沿って考えてみよう。問題となる３例はどのように理解すべきであるのか。

　前述の通り、m韻尾字は二合仮名──母音を付加した形で使用する（また、結果的にそうよめるよう措かれている）ということが多い。萬葉集中に16字種（敢甘監金兼険今瞻三點南念濫藍覧廉）あり、のべ用例数は113例、このうちの110例までが二合仮名である。次節で詳しく触れるが、二合仮名は訓字主体表記に主に用いられるという特徴がある。そのような中で「南」字は「なむ」の二合仮名として29例が見いだされる。

　一方、二合仮名ではない「南」字の用例は次の３例である。今一度掲示し、便宜上Ⓐ〜Ⓒと標識する。

　Ⓐ奈伎和多里**南**牟／泣き渡りなむ（巻14・3390）
　Ⓑ情有**南**畝／心あらなも（巻１・18）
　Ⓒ神**南**備能／かむなびの（巻11・2774）

m韻尾字使用に際して、相対的に二合仮名へ強く偏向していることからしても、「南」字が音仮名としては、まずは二合仮名「ナム」で通用することが多い点が注目される。つまり、「南」は/namu/「ナム」という音連続の時に使用しやすく、二合仮名での使用が優勢であった。しかもすべて訓字主体表記において、である。そのような中、これを仮名主体の一字一音表記に使ったⒶでは、表記上のバランスを保つため、一字一音の体裁をとって「牟」を添えたのではないか。またⒷは訓字主体表記であるので、「南」字はそのまま使ってもよさそうであるが、二合仮名は基本的にｉかｕの狭母音付加形が多く、実際「南」は地名「印南」以外はすべて「ナム」である。「ナモ」と読ませるべく捨て仮名のように付したとも考えられる。奥村和美「出典としての『千字文』「萬葉集」の歌と文章」（『萬葉』217　2014）によれば、『千字文』に載る「俶載南畝　我藝黍稷」に当該例の典拠があるとし、音形とともにこの文字列が熟字として硬く結びついていたとみて、「この「南畝」という文字に、漢籍の初歩的な知識に基づく意図的な選択とそれによる知的遊戯性を認めてよいのではないかと思われる」とある。これに基づくなら

ば、なおのこと、連合仮名の実践による産物とは見なくてよいであろう。ⓒについては、「南」字が一字で「ナビ」にあてられた例はなく、二合仮名「南」字の後位音節を「ビ」と同等に把握していたとは考えにくい。類例「神名備山尓」「神奈備山従」の存在からも、ここでの「南」字は「名」「奈」と同等であり、韻尾が次の字に渡っているととらえる必要はないだろう。「南」字が、ナ音節の後ろにマ行音を想定しやすいことは認められるが、それは開音節形（二合仮名）「ナム」の/mu/が背後にあるという認識であって、子音音節/m/としての認識ではないと考えられる。

韻尾が開音節化しやすく、「ナム」という「南」字としての通用が多いことから、この並びの音連続のところに使用されやすいという傾向で上掲3例は捉えるのが良く、必ずしも連合仮名の実際例と見なす妥当性はないと考えられる。

小　括

入声字音仮名と同様、萬葉集の撥音韻尾字音仮名において定義通りの連合仮名はもはや実践されていないといえる。一部に直接の傍証が得られないものもあったが、入声字もあわせた萬葉集における子音韻尾字運用の実態として、連合仮名が定義通りなされることはなかったとみて支障ないであろう。

撥音韻尾字は入声字と比べ、相対的に用例数が多く、略音仮名としての使用も豊富だが、その優勢もつまりは、韻尾からの解放を意味していよう。ことに顕著であったのはng韻尾である。韻尾を捨象したng韻尾字——たとえば「等」「登」がト乙類の主たる仮名字母となって、頻用されていることからわかるように、韻尾字に同子音が後接していても、それは子音韻尾を連ね合わせるという方法ではあく、数ある音節の可能性の一つとしてあらわれていると見るべきである。そういう点で、m韻尾はやや特殊といわねばならないが、既述のように、二合仮名としての使用が一般的であるために、これを背景に意識した運用がなされたものと理解するのが穏当で、局所的に連合仮名を認めることはないと考えられる。

182　第1章　子音韻尾字由来の仮名とその実相

注

1）　本節の検証は、韻尾字に後続する音節を検証していくものであるから、当然、第一等資料は仮名表記のものということになる。しかしながら、600余例であった入声字と違い、撥音字は用例数が6900余例あり、訓字主体表記に交じって用いられるものも2000例近く存在するという状況である。韻尾字に直接訓字が続く例も多くある。それらを仮名表記ではないからと一括して例外あるいは別考察とするのもひとつの立場かと思われるのであるが、本論考では、原則として萬葉集の本文で認められる韻尾字の例は、「凡」字の如く（**用例の扱い**）、特に問題があるものや、音転化、字音語表記という場合を除いてはいずれも考察対象とするという立場をとる。したがって、訓字訓仮名が続く場合も例外とはしていない。たとえば「伊田何／いでなにか」（巻11・2400）では、n韻尾字「田」に正訓字「何」が続いているが、こういったものも計上してある。音仮名ではなく、訓字が続けて記されていることは、連合仮名実践の希薄さを裏付ける一つにもなるかとも考えられ、特別に区別は設けていない。

2）　「すべ」を「為便」、「柳」を「楊疑」と記すことは、音仮名でありながら、表意性を帯びているかとも疑われる。ただし、「すべ」については「須便」もあり、「便」が使われる全てがこの表記ではない。また「楊」も、ヤの音仮名として「吉民萬通良楊満／君松浦山」（巻5・883）があって、「柳」を記す専用字というわけではない。表意性の読みとり自体が、分析者の恣意となることもあるから、本書ではこれらの用例を特別に区別はしていない。表意性はあくまで上乗せ情報であり、表音用法に寄っている点ではかわらないからである（この点、訓字という性質との交錯が疑われる「香」「邊」字とは事情が異なる）。表意性については**術語説明にかえて**を参照。

3）　井手至前掲論文では「四寶三都良武香」（巻1・40）「陰尓虵蛾欲布」（巻11・2642）、「馬聲蜂音石花蜘蛛荒鹿」（巻12・2991）を挙げ、「（これらの――筆者注）意図的、修辞的な文字使用などは、それぞれ個性的な、その一首限りの臨時的要素の卓越したものである」と述べる。「臨時的」な使用といった場合、典型例としてこういった例がまず挙げられる。本書は、子音韻尾字の二形態を対照させて考察を加えるものだが、その際に、この「臨時的（使用）」という観点を導入し、またそれと対照な在りようを、相対的にみての「反復（使用）」と呼ぶ。この反復使用とは、ある歌の内容や文脈などによる拘束を受けているとはみられずに、また特定の作者に偏ることもなく、いわゆる一般的な音仮名として繰り返し使用されているもので概ね占められている場合をいう。それに比して、用例数が少ない（孤例）、あるいは表意性を帯びて歌意との連関が認められる、あるいは記された文字同士で連想がある、また漢籍でもみら

れる文字並びになるといった表意性が認められる場合を「臨時的」と位置づけている。二者は単なる相対的「多対少」の関係に留まらず、機能性の違いで捉えられる関係である。つまり、反復使用されているものは、特定の制限を受けずに、必要な場所に使うことができる、まさに仮名としての機能性のあらわれとして認め得る。一方、臨時的なものは、その歌、その語の表現において音仮名でありながら一種の表現性を帯びるという限定性をもつのであるから、仮名としての機能性とは別の意味でのいわば機能を獲得しているものといえるのである。この両者の方向性の違いに着目し、2種の子音韻尾字音仮名のありようを捉えようとするものである。

第5節　二合仮名の基本的検証

はじめに

　二合仮名とは、子音韻尾字に母音を付加した一字で二音の音節をもつと把握される仮名である。萬葉集中の二合仮名は、入声字（p、t、k 韻尾）において88例、撥音字（m、n、ng 韻尾）において約211例がそれぞれ確認できるが、韻尾の子音ごとでその様相は異なる。なお略音仮名の使用度数との比較において、二合仮名の使用が略音仮名を上回っているのは m 韻尾字、p 韻尾字（ただしそもそもの用例数僅少）のみで、のこりはすべて略音仮名の方が多くなっており（詳細は**第2章**にて）、用度数には大きな開きがある。子音韻尾字のすべての例についていえば、萬葉集において二合仮名は上述の通り約300例であるのに対し、略音仮名はおよそ7700例である。春日政治が、早く「奈良朝末期に於いて歌謡の表記が一字一音式となり、而も其の字母が漸次簡易となる傾向をとつて來たし、散文に於いて純眞假名文が發生し、其の字母に於ては歌謡に比して一層簡易化してゐた」と指摘している（『仮名発達史序説』岩波書店　1933）ことにもそれは沿うことである。また、犬飼隆『上代文字言語の研究』【増補版】同前）が「木簡のような実用を旨とする回転の早い media を作成する場では、萬葉仮名で倭語をつづる経験が大量に蓄積される。そこでは、右に述べてきたような変化（――筆者注：字体の種類が整理淘汰されること）が著しかったであろうし、少画の字が好んで用いられたであろう。ここでも、識字層の底辺的な部分が萬葉"仮名"から仮名への道を拓いたといえるのである」と指摘するように、次代の"仮名"への連続性も、仮名のいわば〝淘汰〟――一字一音で、しかも少画字への志向性――に裏付けられているという。当然のことだが、一字一音の略音仮名の方が二合仮名よりも汎用性が高く、使用が蓄積されているのは自然なことで

第5節　二合仮名の基本的検証　185

あろう。それぞれの行く末を先取りしていえば、二合仮名はごく一部の特殊な場合をのぞいて仮名字母にはなることができなかった。では、そのように借音仮名として多くを占める子音韻尾字の略音仮名に対し、一字二音の音仮名である二合仮名はどのように存在して、運用されるものであったのか。なぜ両者は、同時代的に共存し得るものであったのか。その意義、また萬葉集の歌表記においていかに位置づけられるものであったのか、考察を加えたい。

　さて、二合仮名をはじめとする多音節の仮名について考察した橋本四郎「多音節假名」（『澤瀉博士喜壽記念萬葉學論叢』澤瀉博士喜壽記念論文集刊行會　1966）では、

　　これらの文字（二合仮名を含む多音節仮名――筆者注）に「假名らしくな
　　い假名」といふ評價を與へがちな意識の束縛から脱却しきつてはゐな
　　い。

と指摘されており、そして、この橋本氏の言を、「今でも新鮮に響くところがある」とした沖森卓也「子音韻尾の音仮名について」（『鎌倉時代語研究』23 2000――のち、『古代日本の文字と表記』吉川弘文館　2009に収録）においては、

　　使用例も少なく、やや技巧的な用法であるという印象が強く、また、日
　　本語の音節構造から見て二合仮名は臨時的なものであるというように、
　　漠然と考えられてきた

と述べられている。そして、これに続けて、二合仮名が倭語の音韻表記において大きな意義をもつにもかかわらず、あまり重要視されてこなかったことを指摘し、位置づけが未だ明確でないことを強調している。さらに橋本前掲論文では、多音節という観点から二合仮名および多音節訓仮名とをあわせて考察し、これらの仮名は、「漢字の運用面において多様であるといふ實態と、その素材的性格と運用的性格の間に横たはる斷層が必然的に求めたもの」と位置づけている。

　二合仮名は、まずその形態と、用例分布において一字一音仮名とは異なる性質がある。まず一字多音節であることと、そして仮名主体表記にほとんどあらわれないという点である。音仮名でありながら仮名主体表記にあらわれにくいということから、多音節仮名というくくりで訓仮名との関係をもって考察し、その成立論にまで及ぶという橋本の指摘は正鵠を射たものである。

しかしながら、二合仮名自体が実際どのように運用され、その音節が借音仮名としての要素をいかに擁しているのか、また逆に借音仮名とは言い難い要素をどのように擁しているのかについてはなお考究の余地があると考える。

本章では、先行指摘をうけて二合仮名の運用について観察し、萬葉集の表記におけるその機能を位置づけることを目的とする。なお、方法論として大きく2つの視点を設定し、考察を加える。1つには萬葉集における用例分布および異なり語での使用度数、傾向を観察することによって二合仮名の運用上の特徴を位置づけること、もう1つには、二合仮名があてられている語の音節との対応のあり方について、甲乙の別が存する音節を手がかりに、前位音節・後位音節でそれぞれ検証する。なお、二合仮名を非固有名詞に使用するのは現状、萬葉集のみであり、古事記・日本書紀・風土記では固有名詞でしか見いだされない[1)]。

1、巻ごとの分布

本節では、まず用例数と表記される語の異なり数を調査し、さらにその語を分類して傾向を観察する。また、表記主体別に巻を分け、そこにおいてどのようにあらわれているかをあわせて考察する。各分類において知られた傾向の整合性とその意味を見いだし、集中における二合仮名の運用様相を具体的に把握するのが目的である。

二合仮名は、韻尾字の種類によってそのあらわれ方が異なる。次の表1で

表1：二合仮名の用例分布（韻尾別）

		字種	のべ用例数
入声	p	藺雜颯塔匝	5
	t	欝越薩壹乞	23
	k	憶作式各極叔拭色積筑徳莫福幕落楽	60
撥音	m	敢甘監金兼今南念濫藍覧廉瞻點険三	113
	n	雲干漢君散讃信弾丹珍難粉萬遍敏丸	68
	ng	香凝鍾當相	30

第5節 二合仮名の基本的検証 187

は、各韻尾ごとにおける二合仮名の字種とそののべ用例数を挙げた。

次に、表記主体別に用例数(のべ数)を挙げる。

表2：二合仮名の巻ごとに
おける出現一覧

訓字主体表記	267
仮名主体表記（巻19含）	32

このように、二合仮名は訓字主体表記に偏ってあらわれていることがわかる。さらに、次項以降ではそれぞれ表記主体別に、二合仮名で記された語の様相をみてみる。

2、表記主体別にみる品詞の分布

　二合仮名は上にみたように、主として訓字主体表記にあらわれている。そして、後に詳しく見るが、用例の多寡はあるものの、書かれる語は自立語（用言・体言）・付属語・固有名詞と多岐にわたっている。しかし、仮名主体表記においては、表記語の品詞分布が訓字主体表記の場合と違い、偏りを見せている。まずはこの仮名主体表記における様相を表3に一覧として挙げる。なお、地名等固有名詞は別途論じる（**第3章**）ので、ここでは深く立ち入らない（表には掲示しておく）。

　巻5・901、憶良の「可久夜歎<ruby>敢<rt>かむ</rt></ruby>」が動詞活用語尾と付属語に跨るように使用されている以外はすべて、付属語か地名に限られていることがわかる。異なり語で整理すると仮名主体表記では、地名に7、付属語に1、非固有名詞自立語＋付属語が1となり、純粋に非固有名詞自立語だけに用いられた出現していないことが判明する。なお、884は大伴君熊凝という人物が行路で死んだ時の嘆きの歌で、885とあわせて2首詠まれている。題詞左注によれば麻田陽春が熊凝の立場で詠んだものという。さらに、表3で挙げた886、

表3：仮名主体表記にあらわれる用例一覧

巻	歌番	作者	韻尾	仮名	本文	訳文
14	3352	東歌	n	信	信濃奈流	信濃なる
14	3399	東歌	n	信	信濃道者	信濃道は
14	3400	東歌	n	信	信濃奈流	信濃なる
17	4020	大伴家持	n	信	信濃乃波麻乎	信濃の浜を
5	896	山上憶良	n	難	難波津尓	難波津に
19	4245	作者未詳	n	難	難波尓久太里	難波に下り
20	4331	大伴家持	n	難	難波能美津尓	難波の三津に
20	4360	大伴家持	n	難	難波乃久尓〃	難波の国に
20	4360	大伴家持	n	難	難波宮者	難波の宮は
20	4361	大伴家持	n	難	難波乃海	難波の海
20	4398	大伴家持	n	難	難波尓伎為弖	難波に来居て
5	901	山上憶良	m	敢	可久夜歎敢	かくや嘆かむ
5	884	麻田陽春	m	南	計布夜須疑南	今日や過ぎなむ
5	886	山上憶良	m	南	伊能知周疑南	命過ぎなむ
5	891	山上憶良	m	南	阿我和加礼南	我が別れなむ
5	891	山上憶良	m	南	相別南（一云）	相別れなむ
15	3596	作者未詳	m	南	印南[2)]都麻	印南つま
19	4189	大伴家持	k	叔	叔羅河	叔羅川
19	4190	大伴家持	k	叔	叔羅河	叔羅川
5	794	山上憶良	k	筑	筑紫國尓	筑紫の国に
14	3350	東歌	k	筑	筑波祢乃	筑波嶺の
14	3351	東歌	k	筑	筑波祢尓	筑波嶺に
14	3388	東歌	k	筑	筑波祢乃	筑波嶺の
14	3390	東歌	k	筑	筑波祢尓	筑波嶺に
14	3391	東歌	k	筑	筑波祢尓	筑波嶺に
14	3392	東歌	k	筑	筑波祢乃	筑波嶺の
14	3393	東歌	k	筑	筑波祢乃	筑波嶺の
14	3427	東歌	k	筑	筑紫奈留	筑紫なる
15	3634	作者未詳	k	筑	筑紫道能	筑紫道の
20	4331	大伴家持	k	筑	筑紫國波	筑紫の国は
14	3362	東歌	ng	相	相模祢乃	相模嶺の
14	3372	東歌	ng	相	相模治乃	相模道の

891は、山上憶良がこの陽春の2首に追和した6首（886〜891）のうちに含まれているものである。伊藤博『萬葉集釋注』における当該歌群注釈によれば、陽春の2首は「小篇ながら、憶良の力篇を導き出した震源として注目される」とあって、憶良の6首との深い関係を指摘する。このことからすると、表3の「南」の二合仮名用法は、いわばこの一群にのみ特別にあらわれていると理解してよい。さらに「敢」の例もまた憶良であるので、仮名主体表記における地名以外の二合仮名用例は、単に用例が少ないのみならず、個人的用法として帰納もできる、臨時的なものとみておきたい。

一方、訓字主体表記における内訳を異なりで集計すると、地名に19、人名に1、付属語に17、自立語に30、自立語＋付属語（活用語尾＋助動詞、体言＋助詞など）に19ある。訓字主体表記の例では自立語が比較的多く、仮名主体表記の場合とかなり対照的な傾向を見せていることが分かる。

以上、二合仮名の用例分布を観察してきたところ、二合仮名は訓字主体表記で主に用いられ、仮名主体表記に用いられるのはかなり僅少で、しかも表記されるのは付属語や地名に限られたものであったことが知られた。

3、二合仮名の使用実態――継承的なものと一回性のもの

二合仮名では孤例が比較的目立つという特徴がある一方で、繰り返されて用いられている場合もある。この二面性を、表記される語の性質から考究してみる。

表4：二合仮名表記例の異なり語の用例数（単位：語）

	他に例なし	他に1例	2例以上	計
自立語	17	7	6	30
自立語＋付属語	15	1	4	20
付属語	4	2	11	17
固有名詞（地名・人名）	9	4	9	22
合計	45	14	30	89

表4は、仮名主体・訓字主体表記を一括し、自立語・付属語（付属語＋付

属語を含む)・自立語＋付属語・地名・人名で分類し、その用例 (語) が、他に同一表記例をどのくらい持つかで分類したものである。自身以外に同一表記がなく、孤例となっていればすなわち「他に例なし」の項目に計上した。

表を見てわかるように、自立語および付属語に跨って表記される自立語の場合は、比較的孤例が多くなっている (表中網がけの「他に例なし」の項)。一方、地名・付属語は複数例を持っている場合が自立語に比して多い。

また、自立語のグループは、前節でみたように仮名主体表記にはあらわれず、そもそも二合仮名用例は稀少である。地名以外で具体的にいえば、前述のように憶良の例が専らであり、家持等が活躍した時期と目される歌では、付属語表記でさえも用いられていない。なお大伴家持は、訓字主体表記の方では二合仮名を地名以外にも用いている (「今日の鍾礼(しぐれ)に」(巻8・1554)、「相見そめ兼(けむ)」(巻4・612) など)。しかし、家持には300首を超える仮名主体表記の作品があるにもかかわらず、訓字主体表記には使っている二合仮名を、仮名主体表記では地名 (「叔羅川(しくらがは)」) 以外に使っていない。これは、単なる偶然とは考えにくく、やはり仮名主体表記は二合仮名が主として機能する場ではなかったことが確信される。

4、訓字主体表記において使われる二合仮名

4－1、繰り返し用いられる二合仮名付属語表記

二合仮名は主として訓字主体表記に使用されることを先にみた。そして、二合仮名があてられる語は、表4でみたように孤例 (ないしそれに準じる) ものと、相対的に繰り返し用いられているものという対照をみせている。比較的繰り返し用いられているのは付属語表記の場合で、こちらは用例数は多くはないが、仮名主体表記にもあらわれる。井手至前掲書によれば、「主として詞的 (自立語的) な語詞を表す表意性の漢字表記の間に介在し文節の切れ目を示す役割を果たすものであったため、仮名書きの方がむしろ望ましいという積極面ももっていた」とある。橋本前掲論文も、多音節仮名による付属語表記が「文節のまとまりを際立たせる方向に強く奉仕」すると指摘して

いる。付属語はそもそも漢字を表語用法として用いて表すのが困難なことが多く、事実、二合仮名の付属語表記例における「覽」「兼」「濫」「藍」「監」「南」などはいずれも意味は無関係である。これらが訓字主体表記の間に介在すれば、文節の切れ目を視覚的に訴えることは勿論、一字多音節が多い訓字に交じるということにおいても、自身が一字二音節であることから均衡がとれたのかとも考えられる。二合仮名の付属語表記が比較的、蓄積される傾向にあるのも、右のような事情によるのではないかと考えられる。

4－2、二合仮名自立語表記の特徴

　上掲の表２で確認したように、二合仮名による自立語表記では一回性の用例が多い。したがって異なり語も当然多く、二合仮名を特徴づけていることの１つである。そして、このありようがすなわち「臨時的」ということになる。臨時的とはつまり、個性的ないわばその１首限りのあり方を指す。

　さて、「可我見」(「鏡」)の例などで知られるように、表意性を帯びた仮名の使用が、萬葉集には認められる。あくまで表音用法なのだが、そこに上乗せするかのように、関連した意味も、歌意ないし語義に沿うように仕掛けてあるのである（「術語説明にかえて」参照）。言ってしまえば余剰的表現であるが、二合仮名にもこの方法が散見される。もっとも、付属語表記においてそれはたいてい、捨象されている。「南」と表記される係助詞「なむ」に方角の南の意は無関係だからである。一方の自立語表記の場合、「作楽花」「黄土粉」「我恋楽」「百積」「鍾礼」などは、あくまで表音用法で記されているものの、そこに意味がマッチングするようににおわせてある、ようは凝った表記だとみられる。たとえば「鍾礼」については内田賢徳『上代日本語表現と訓詁』(塙書房　2000)に詳しい指摘があるのでここで引用しておきたい。内田は、訓字主体表記に交じる「鍾礼」は「一種の訓字のように、視覚的には機能している」のであり、「鍾」字は、「表記の中で自からうったえるものとして感じられていた」とする。つまり、単なる音仮名ではなく、「当たる」という「鍾」字の意味が意識されているという。「「鍾礼」は、時、つまり黄葉の時にあたって下るにわか雨といった意味を析出する。訓字をもたなかっ

たシグレに対して、孤例「為暮」よりずっと多用されたこの表記は訓字のような見え方において、まさしく訓字として位置しえた」とされている。たとえば「作楽花」は〝楽をなす花〟として、「黄土粉」は、はにふという黄色い土であるが、土の連想から「粉」字が選ばれたのであろう。「我恋楽」は、ク語法「こふらく」を表記したもので、文字列では「我」の「恋」に「楽」と続く。「百積」は、本来は「百尺」で、規模の大きい船をいうが、そのため、たくさんのものを積み込むことができるという連想から「積」字が選択されていると捉えられる。このように、意味が、その語の語義あるいは歌意などにみあった字として選択されていると思しいのである。ただ、繰り返すように、そのまえに、音節が合致していることが前提である（その点で、これらはすぐれて音仮名である）。なお、訓仮名の方では、やはり正訓を背景にしているためにこのような傾向はより強く、橋本四郎（同前）は、「寫すべき語の實質的意義に對して文字の素材的意義が並行的に働いてゐる」と述べている。訓仮名が正訓を背景に、その意義を活かして借訓で運用されているのと同様、二合仮名がもとの漢字の意味を並行的ににおわせるようにおかれている場合があることは注目に値しよう。

　以上、用例を種々の視点から分類した結果、音仮名でありながら仮名主体表記においてほとんど使われず、しかも自立語表記では孤例が目立つ一方、付属語では特定表記化して継承されている場合が多いという二面的な二合仮名の在りようが知られた。後者——付属語表記の場合は、仮名主体表記において繰り返し様々な語の表記に用いられる一字一音の借音仮名に近い性質と見ることもできるが、「文字の素材的意義が並行的に働いてゐる」という孤例が多い前者については、これと遠い位置づけにあるものといわねばならず、臨時的な性格と捉えるのがふさわしい。

5、二合仮名の音節と漢字音

5－1、音仮名としての二合仮名——前位音節

　二合仮名は、子音韻尾字が開音節化している状態の仮名であるから、当然

第5節 二合仮名の基本的検証

属性としては音仮名と分類される。音節はCVCV（もしくはVCV）である。韻尾字であるので、字音としては頭音〜韻尾—CVCの部分が該当することになるが、二合仮名として実際に運用されている場合はCV/CVという分節で捉えられる。つまり、後位音節は字音韻尾Cを含むものの、母音が付加されることによっていわば漢字原音からは乖離したCVとして存在している。漢字音を背景にする前音節と、開音節で支えられる後位音節には運用上の違いがないか。つまり、単純に一字一音CVが二つ連なったものと捉えてよいか、ということである。

二合仮名の音節、そして漢字音との対応を見ていくにあたり、ここでは甲乙の別がある場合を手がかりとして考察を加えることにする。本節では、二合仮名で使われる字種のうち、前位音節について検証する。なお、一字一音表記での用例を手がかりに、それぞれ甲乙の別を把握した（表5）。

表5：前位音節で甲乙の別が存する字

字	カナ	甲乙	用例	仮名書き例
極	コ	乙	極太／<u>こ</u>こだ恋ふる（⑪2494）	許己太（⑰4019）
	コ	乙	極此／<u>こ</u>ごし（③322）	許其志可毛（⑰4003）※仮名書き唯一例
凝	コ	乙	凝敷山乎／こ<u>ご</u>しき山を（③301）	許其志可毛（⑰4003）
乞	コ	乙	越乞／をち<u>こ</u>ち（⑥920）	乎知許知（⑳4360）
	コ	乙	乞痛鴨³⁾／<u>こ</u>ちたかるかも（⑪2768）	許知痛美（②116）
金	コ	乙	今還金／今かえり<u>来</u>む（⑬3322）	可反里許武（⑮3770）
今	コ	乙	乱今可聞／乱れ<u>来</u>むかも（⑫2927）	「乱れ来む」他例ナシ（よって傍証は同上とする）。
兼	ケ	甲	散惜兼／散らば惜し<u>け</u>む（⑩2116）	乎思家牟（⑭3558）
監	ケ	甲	裏戀監／うら恋し<u>け</u>む（⑫3203）	孤悲思家武（⑰3995）
険	ケ	甲	妹觸険／妹も触れ<u>け</u>む（⑨1799）	觸家武（③435）

※二合仮名該当箇所に下線、前位音節に網がけを施した（丸囲み数字は巻を指す）

次に、各字種の漢字音をみてみる。先と同じくカールグレンの推定、平山久雄「音韻論」（中国文化叢書（１）新装版　言語　大修館書店　2011）、藤堂明保・小林博『韻鏡』（木耳社　1971）を参考に、適宜筆者による推定も含めて整理してあげると次の表６のとおりである。

表６：前位音節に甲乙の別を含む字－韻鏡における等位と推定音表

字	音節	甲乙	韻鏡				推定音
徳	ト	乙	徳韻	入声	一等	全清	内転第42開	/tək/
極	コ	乙	職韻	入声	三等	全濁	内転第42開	/gıək/
凝	コ	乙	蒸韻	平声	三等	次濁	内転第42開	/ŋıəŋ/
乞	コ	乙	迄韻	入声	三等	次清	内転第19開	/kʼıət/
金	コ	乙	侵韻	平声	三等	全清	内転第38区別なし	/kəm/
今	コ	乙	侵韻	平声	三等	全清	内転第38区別なし	/kəm/
兼	ケ	甲	添韻	平声	四等	全清	外転第39区別なし	/kem/
監	ケ	甲	銜韻	平声	二等	全清	外転第40区別なし	/kãm/
険	ケ	甲	琰韻	上声	三等	清	外転第39区別なし	/hıɛm/

これらが、果たして単音節仮名の場合とどの程度一致するものであるのか、それぞれ（主要なものを代表させる。略音仮名を含む）、韻鏡での等位などを挙げると次の表７の如くである。

甲乙の別が韻鏡の等位で特徴ある傾向を示すことは従来指摘されている。そこで、本論においても表５〜表７で得られた情報をもとに考察を加えておきたい。韻鏡の等位と甲乙の別の関係を論じたものとしては古く小西甚一「特殊假名遣私考」（『國語國文』20-6　1942）をはじめ、大野晋『上代仮名遣の研究―日本書紀の仮名を中心として』（岩波書店　1953）等があるが、それらをはじめとする諸論を総括してあらためてここで考察しておく。

一字一音の上代特殊仮名遣いの字種を列挙した表７では、二合仮名で出てきたト乙類、コ乙類、ケ甲類に該当する一字一音仮名の等位と転次を挙げた。結果、表７においてト乙類は一等、コ乙類は三等、ケ甲類は二等、乃至四等と出ている。一方二合仮名の表６をみてもト乙類の一等、コ乙類の三等、ケ甲類の二等乃至四等までは一致している。甲類では「険」字が甲類ケ

表 7 ：単音節仮名の韻鏡における等位

仮名	甲乙	韻鏡等位			推定音
等	ト乙	内転第42開	上声	一等	/təŋ/
登	ト乙	内転第42開	平声	一等	/təŋ/
騰	ト乙	内転第42開	平声	一等	/dəŋ/
縢	ト乙	内転第42開	平声	一等	/dəŋ/
臺	ト乙	外転第13開	平声	一等	/dəi/
苔	ト乙	外転第13開	平声	一等	/dəi/
許	コ乙	内転第11区別なし	上声	三等	/hıo/
巨	コ乙	内転第11区別なし	上声	三等	/gıo/
渠	コ乙	内転第11区別なし	平声	三等	/gıo/
去	コ乙	内転第11区別なし	去声	三等	/k'ıo/
居	コ乙	内転第11区別なし	平声	三等	/kıo/
擧	コ乙	内転第11区別なし	上声	三等	/kıo/
虚	コ乙	内転第11区別なし	平声	三等	/hıo/
據	コ乙	内転第11区別なし	去声	三等	/kıo/
莒	コ乙	内転第11区別なし	上声	三等	/kıo/
計	ケ甲	外転第13開	去声	四等	/ieı/
稽	ケ甲	外転第13開	平声	四等	/kei/
奚	ケ甲	外転第13開	平声	四等	/ɦei/
啓	ケ甲	外転第13開	上声	四等	/k'ei/
鷄	ケ甲	外転第13開	平声	四等	/kei/
祁	ケ甲	内転第 6 開	平声	四等	/gıɪ/
家	ケ甲	外転第29開	平声	二等	/ka/
價	ケ甲	外転第29開	去声	二等	/ka/
賈	ケ甲	外転第29開	上声	二等	/ka/

に該当していながら三等ででているが、全体としてほぼ一致しているといってよい。乙類はそもそも多く三等相当といわれ、表 7 のコ乙類はすべて三等である。そして、二合仮名の場合の表 6 のコ乙類を見ても、やはり三等であらわれていて、一致している。また、ト乙類は「徳」が乙類で一等だが、表 7 の各一字一音仮名も一等で一致している[4]。

次にケであるが、甲類は二等乃至四等であらわれ、乙類は一・三等であらわれるとされる。これも、二合仮名前位音節にケ甲類をもつ「兼」(四等)、

「監」(二等)において一致している。ただし「険」については三等であって一致しない。甲類ケで三等に出現しているものは見いだせず、これは例外と見ざるを得ない。以上、ひとつの例外を含むものの、前位音節における甲乙の別のあり方は、一字一音の上代特殊仮名遣いと同様に捉えて支障ない。二合仮名の前位音節は漢字音由来なので当然といえば当然の結果であるが、一応の確認をした次第である。

5−2、後位音節検証その①——付加母音

　ここでは後位音節の、付加された母音を整理して一覧にする。次の表8〜13に、二合仮名各字種を、付加されている母音別に整理して列挙した。

　開音節化するとき、原則は「聞こえ(sonarity)の小さい母音が選ばれるという一般原理」(沖森卓也前掲論文)があるとされ、狭母音イカウが多いのであるが、実際にはア、オなどの広母音が付加された形も認められる。たとえば広母音では「百積」(ももさか)、「極此」(こごし)などである[5]。また、一字で二種類の母音付加形(「越」ヲト、ヲチなど)が存在している場合があり、こういったことが起こりうるということはつまり、その場限りの、引き合わせが行われることがあったと見通されよう。なお各表では参考として、前音節の韻母もあわせて挙げ、用例は、代表的なものを1例ずつ提示する。上代特殊仮名遣に関わる音節には網がけを施す。

　＊母音は上代特殊仮名遣いを巡って諸説あるので、さしあたり五母音で表す(検証にそのことは影響しない)。波下線は甲乙の別がある音節。韻母は相当する倭語の音韻で記す。用例の丸囲み数字は巻を指す。作者名は省略に従う。

表8：p入声韻尾字と付加母音

p入声字	韻母	用例
﨟ラフ (+u)	a	雜豆﨟／さひづらふ (⑦1273)
颯サフ (+u)	a	奧名豆颯／沖になづさふ (③430)
塔タフ (+u)	a	絶塔浪尓／たゆたふ波に (⑦1089)
匝サヒ (+i)	a	名津匝来与／なづさひ来むと (③443)
雜サヒ (+i)	a	雜豆﨟／さひづらふ (⑦1273)

第5節 二合仮名の基本的検証　197

表9：t入声韻尾字と付加母音

t入声字	韻母	用例
欝ウツ（＋u）	u	欝蝉乃／うつせみの（③443）
薩サツ（＋a）	a	薩麻乃／さつまの（③248）、射去薩雄者／い行く猟雄は（⑩2147）
壹イチ（＋i）	i	壹師花／いちしの花の（⑪2480）
越ヲチ（＋i）	o	越得之旱物／をちえてしかも（⑬3245）
乞コチ（＋i）	o	越乞尓／をちこちに（⑥920）
越ヲト（＋o）	o	泊瀬越女我／泊瀬娘子が（③424）

表10：k入声韻尾字と付加母音

k入声字	韻母	用例
積サカ（＋a）	a	百積／ももさかの（⑪2407）
各カク（＋a）	a	干各／かにかくに（⑦1298）
幕マク（＋u）	a	戀幕思者／恋ひまく思へば（⑦1217）
莫マク（＋u）	a	散莫惜裳／散らまく惜しも（⑩2187）
作サク（＋u）	a	作楽花／さくらはな（⑬3309）
楽ラク（＋u）	a	吾戀楽者／我が恋ふらくは（⑪2709）
落ラク（＋u）	a	吾戀落波／我が恋ふらくは（⑪2612）
叔シク（＋u）	i	叔羅河／しくら川（⑲4189）
筑ツク（＋u）	u	筑波乃山之／筑波の山の（⑨1759）、筑紫也何處／筑紫やいづち（④574）
福フク（＋u）	u	福路庭／袋には（②160）
憶オク（＋u）	o	憶良等者／おくららは（③337）
式シキ（＋i）	i	百式乃／ももしきの（③260）、式嶋之／磯城島の（⑬3248）
色シキ（＋i）	i	黒髪色天／黒髪敷きて（⑪2631）、色妙乃／しきたへの（②222）
拭シキ（＋i）	i	今悔拭／今そ悔しき（⑦1337）
極コゴ（＋o）	o	極此疑／こごしかも（③322）、極太戀／ここだ恋ふるを（⑪2494）

表11：m撥音韻尾字と付加母音

m撥音字	韻母	用例
南ナミ（＋i）	a	印南野者／いなみのは（⑦1178）
瞻セミ（＋i）	e	欝瞻乃／うつせみの（④729）
覧ラム（＋u）	a	梅乃散覧／梅の散るらむ（⑩1856）
藍ラム（＋u）	a	見欲賀藍／見が欲しからむ（⑥910）
濫ラム（＋u）	a	待戀奴濫／待ち恋ひぬらむ（④651）

敢カム（＋u）	a	可久夜歎敢／かくや嘆かむ（⑤901）
甘カム（＋u）	a	甘甞備乃／神奈備の（⑬3227）
南ナム（＋u）	a	指南与我兄／死なむよ我が背（⑫2936）
三サム（＋u）	a	神思知三／神し知らさむ（④561）
點テム（＋u）	e	人見點鴨／人見てむかも（⑪2353）
険ケム（＋u）	e	妹觸険／妹も触れけむ（⑨1799）
廉レム（＋u）	e	有廉叙波／うれむぞは（⑪2487）
監ケム（＋u）	e	待監人者／待ちけむ人は（③443）
兼ケム（＋u）	e	相見始兼／相見そめけむ（④612）
念ネム（＋u）	e	獨鴨念／ひとりかも寝む（④735）
今コム（＋u）	o	乱今可聞／乱れ来むかも（⑫2927）
金コム（＋u）	o	今還金／今帰り来む（⑬3322）

表12：n 撥音韻尾字と付加母音

n 撥音字	韻母	用例
信シナ（＋a）	i	信濃奈流／信濃なる（⑭3352）
丹タニ（＋i）	a	丹波道之／たにはぢの（⑫3071）
彈ダニ（＋i）	a	今夕彈／こよひだに（⑫3119）
萬マニ（＋i）	a	遣之萬々／任けのまにまに（⑬3291）※「萬」字はママ
漢カニ（＋i）	a	尓故余漢／にこよかに（⑪2762）
干カニ（＋i）	a	干各／かにかくに（⑦1298）、湯塵干／ゆくらかに（⑫3174）
散サニ（＋i）	a	散頻相／さにつらふ（⑪2523）
丸ワニ（＋i）	a	相狭丸／あふさわに（⑪2362）
君クニ（＋i）	u	吾念名君／我が思ひなくに（⑪2523）
粉フニ（＋i）	u	岸乃黄土粉／きしのはにふに（⑥932）
遍ヘニ（＋i）	e	邊津遍者／辺つへには（③260）
讃サヌ（＋u）	a	讃岐國者／さぬきの国は（②220）
珍チヌ（＋u）	i	珍海／ちぬの海の（⑪2486）
敏ミヌ（＋u）	i	敏馬乎過／敏馬を過ぎて（③250）
雲ウネ（＋e）	u	雲飛山仁／畝傍の山に（⑦1335）

表13：ng 撥音韻尾字と付加母音

ng 撥音	韻母	用例
相サガ（＋a）	a	相模治乃／相模道の（⑭3372）

當タギ (＋i)	a	當都心／たぎつ心を（⑪2432）、布當乃宮者／ふたぎの宮は（⑥1050）
香カグ (＋u)	a	香山之／かぐやまの（③259）
香カゴ (＋o)	a	伊香／いかご（⑧1533）
鍾シグ (＋u)	i	落鍾礼能／落つるしぐれの（⑧1551）
凝コゴ (＋o)	o	凝敷山乎／こごしき山を（③301）

　それぞれ表で見てきたように、基本的には狭母音/i/か/u/が付加されたもので占められるが、それ以外の母音も目に付くこと、また一字で２種類ある場合もある。この母音付加の傾向であるが、p、t、k等の別が付加母音の別と対応しているとは見られず、同一韻尾、同一韻母でも、付加母音がi、uの間で一定せず、明確な法則性は特にないようである。後位音節の付加母音には、どういった理解が働いていたのかを検証したい。

５－３、後位音節検証その②――上代特殊仮名遣いに関わる場合

　後位音節は、もともと漢字音には存在しないCV音節を形成している。甲乙の別と仮名としての音節との因果関係はどういったところに求められるのか。
　例
　　p入声字：匝
　　　「名津匝／なづさひ」（巻３・443　大伴三中）
　　　「匝」の後位音節＝甲類ヒ（巻19・4189　「奈頭左比」大伴家持）
　　t入声字：「越」
　　　「尓太遥越賣／にほへをとめ」（巻13・3309　人麻呂歌集非略体歌）
　　　「越」の後位音節＝乙類ト（巻17・4021　「乎等賣良之」大伴家持）

　この場合、「匝」字の後位音節と甲類としてのヒ、また「越」字の後位音節と乙類としてのトはいかにして結びつき得ているのか。甲乙の別は諸説あるけれども、あくまで日本語側の差異である。仮名の字音をたどると対応関係が見えるのは、その日本語側の違いにあてようとするがゆえ、連動していると観察し得る。よって、字音側の事情として、たとえば乙類で開音節化するとか、甲類で開音節化するという字音変化現象があったとは考えにくい。

「ヲトメ」のトは乙類だが、このとき、「越」字が、乙類のトで開音節化するから、ここにあてられているとみるのは無理がある。なぜならば、「越」はヲチのように上代特殊仮名遣いに関わらない形にもあてられているからである。つまり、「越」字を、ヲト乙用の所与の仮名としてここにもってきた、とみるのは無理があるのである。他の例からもそれは分かる。よくあるイ形の開音節形で、k入声韻尾が「キ」音節にあてられている場合を見てみよう。「式」字の二合仮名例は「式嶋之」(巻13・3248 作者未詳)で、乙類音節「キ」にあてられている(一字一音表記例「之奇志麻」巻20・4466 大伴家持)。この「式」の漢字原音は『韻鏡』における推定音によれば/tʃɪək/であり、韻母は/ə/である。これと同じ条件の字、つまりk入声字で原音韻母が/ɪə/の字でかつ二合仮名のものとして、「憶」/ɪək/、「拭」/ʃɪək/があるが、「憶」字は、付加母音がウの「憶良」(巻3・337 山上憶良)であり、イではない。また「拭」は、「今悔拭」(巻7・1337 作者未詳)で、付加母音がイであるものの「已麻叙久夜志伎」(巻20・4337 防人)、「安連曽久夜思伎」(巻17・3939 平群郎女)の例から、甲類キにあたっていることがわかる。つまり、韻尾及び漢字原音の韻母が同じであっても、付加母音はイであるとは限らず、また付加母音が同じイでも甲乙が統一されているわけではない。このようなことから、後位音節と甲乙の別の結びつきは、音韻的な因果関係で説明されるものではないことが分かる。

そうすると、甲乙の別のある音節にこれをあててそれでよしとされている理由は、おのずと分かるであろう。つまり、狭母音に絶対的に限るわけでなく開音節化させた仮名として使用している表8〜13にみられたことから知られるように、二合仮名の後位音節における付加母音が、原則はあるものの厳密に固定されているものではなく、表記対象の語の音節に該当し得るものという、いわば制約の緩さ——任意性があったために許容されたことであると考えられる。これはたとえば、一字一音の仮名、「佐」(サ)の韻母を/i/や/u/に変えて、「シ」「ス」などという音節にあてることがないのとは事情が違うことである。上の表でみたように、二合仮名の後位音節の付加母音は、基本的に狭母音であるものの、絶対ではなく、広母音も含めて、結果、

多様な音節があらわれている。また一字で2種類の母音付加形が認められる場合があるが、こういった使い方を可能にしているのも、つまり後位音節の任意性によっているのである。

小　括

　甲乙の別が存する音節にあてられた例でみたところ、二合仮名前位音節には漢字音が背景にあり、単音節仮名と使用傾向に齟齬がない。一方、漢字音との関係が前位音節に比して希薄な後位音節は、上掲の例でいえば、甲乙の別のある音節に対応させても支障ないという判断に支えられており、そして表記されたその結果、たとえば「越」字の後位音節は乙類トを担うという関係が成立したのである（我々分析者が、そう読みとることができた）。換言すれば「越」字の後位音節がもとより乙類トの音節を持っていた――まして、字音の倭化現象において、〝乙類で開音節化〟などということは考えにくい。
　二合仮名は出自としては音仮名である。前位音節はその出自のとおり、字音からの借音として理解できるものであるが、後位音節は、狭母音付加で読める形を基本としつつも、それを逸脱する場合もあるが、いわば母音の広狭については寛容に対応できるものとみなされていたと考えられる。
　二合仮名は、仮名主体表記において使用されることは少なく、多くは訓字主体表記にあらわれる。また字音との対応、語の音節との対応を検証するに、前位音節は単音節仮名と相通する傾向を見せるが、後位音節は必ずしもそうではない。結果的に、付加母音の任意性が認められる。俗な言い方をすれば〝緩い〟のであって、前位音節の字音構造にかかわらず甲乙いずれにも使われ得たり、広母音狭母音いずれにも使われ得たりということは、確かに「假名らしからぬ假名」（橋本四郎）といえよう。また、主に自立語表記において一回性の使用が目立つのも特徴で、表意性を読みとれるものもしばしばある。一方の付属語については繰り返し用いられているものが多く、それらは音節表示機能に傾いている。
　さて、「假名らしくない假名」という二合仮名とは、すなわち、ひとつに

は、出自は字音仮名で、音節の一部は借音としての在りようを示すものの、もう一方の音節は純粋に借音とはいい難い要素よって成立している性質、またもうひとつには、付属語表記のように繰り返し使われる一方、訓仮名に通じるような、表意性を帯びるような場合があるという、種々の二面的な性質を指すといえよう。

　なお、この**第1章**においてみた、同じ子音韻尾字を基盤とする略音仮名とこの二合仮名とは、形態上はいわば韻尾以下の処理が違うだけであるが、両者の運用における内実は大きく異なっていることが知られた。音仮名、子音韻尾字という共通項で両者を括ることはできるが、そもそもその「共通項」というのは、我々が用例あるいは字種の別を、韻書等をもとに観察した結果付与し得る分類であって、萬葉歌人が規範的なものとして自覚していたことは限らない。二合仮名は、常に音仮名からの援用という理解で持ち出されたというよりは、訓字主体表記の環境が要求した、多様な表記方法のひとつとして運用されたものであったと捉えられる。

注
1）　古事記と日本書紀については**補章**にて触れる。
2）　「印南」は、印が/i/、南が/nami/であると理解するのが穏当である。蜂矢真郷『古代地名の国語学的研究』（和泉書院　2017）においても、二文字表記の場合、前者が被覆形的で、後者が露出形的な傾向があるとの指摘があり、イナ/ミと切った場合、前者はア音で被覆形的ではあるが、後者の「南」がミとなって後部音節だけをとるという異例なことになる。イ/ナミとした場合は、後者が露出形的で矛盾はしないし、前者の字音も齟齬しない。
3）　「言痛し／こといたし」の縮約形コチタシを表記したもので、当該表記は脱落想定表記と考えられる。集中には、「事痛」「言痛」があり、おそらくは語源を反映していると考えられる。こういったものは、借訓ではないので、脱落想定表記とはいい切れない。表5にも挙げたように、一字一音では「許知痛」がある。これによって、「乞痛」はコチの二合仮名と判断した。「痛」のところが共通しているが、これを訓字とみることはできない。「こち」の部分が「許知」である以上、「痛」をその意味では理解できないからである。これらの例においては「痛」は訓字ながら訓仮名相当の扱いになっているとみるのが穏当では

4）ト乙類は三等にあらわれるが、ここのように一等に出る場合もある。この一等には実は甲類トもあらわれ、大塚毅は内転が甲、外転は乙という傾向があることを指摘しているが、表7で挙げたように内転第42は、内転でありながら例外的に乙類トが出るという複雑な様相を呈す。ただ、一等で出ている二合仮名の表6「徳」は、まさしくその問題の内転第42に属し、これが乙類トであることは、結局一字一音の場合、すなわち表7と合致するあり方ということになる。

5）便宜上、広母音が「付加」という言い方をするけれども、広母音の音節に引き当てられていて、その結果、そう読めるという言い方のほうが実情にあっているかもしれない。以下、この説明上の表現の区別を一々繰り返さないが、二合仮名が、もとの字音から乖離してどの程度所与のものとしてあったかというのは、追跡が不可能に近い。たとえば「こごし」という言葉にあてるとき、史上初めて、「極」字をコゴにあてたかもしれない。一方この瞬間に二合仮名「極」が成立したとも考えられる。あるいは、全く別の場面で、「極」と訛っている状態の漢字音を知っていた、あるいは資料として残ってはいないけれども、すでに仮名として通用していた、などあらゆる経緯が想像される。この、様々な経緯があり得ることを承知の上で、「母音が付加」といった言い方をしている。本書では、煩瑣をも顧みず、これに類する断りを幾度か繰り返すが、仮名の成立と、我々が結果としての産物を研究するという、その間隙を意識しておくことの重要性に常に言及しておきたいからである。

まとめ

　以上の考察を通じ、萬葉集において、子音韻尾字由来の仮名は、略音仮名と二合仮名の二種を認める。日本語表記のために用いられたそれは、結果として原音から乖離してしまっており、漢字を素材とはするものの、日本語独自のそれとなっている。先賢が指摘するように、かつて日本において渡来人が書くことを主導していたとみなされる時期、開音節言語を書く上で韻尾字（閉音節字）を利用するためには、連合仮名という方法が持ち出されることがあったであろう。朝鮮資料にはそのような用例が事実多いとの報告もある[1]。しかし、仮名をはじめとして、漢字が、日本語を書く手段として、いわば日本語に内在化した存在たり得たとき、それは必然的に連合仮名という方法論との決別を意味したといえる。唇音韻尾字に純粋な略音仮名が見いだされないのは、子音韻尾の意識というよりは、開音節化した母音付加形の意識が背後にあると理解すべきであろう。韻尾字の韻尾という制約からの解放、あるいは母音付加の形を持って、日本語音節表記へと適合せしめられるということに裏付けられて、萬葉集における歌表記は、結果的に、子音韻尾字が多彩に使われる場となったのである。

　大野透『萬葉假名の研究』（明治書院　1962）がそうであるように、韻尾字に同子音が後続している表記は、ひとしなみに連合仮名として分類されてきたところがあった。しかし、連合仮名と名付けてそれを括る以上は、春日政治の指摘したその運用定義をもそこに認めることになるだろう。その点では、本節で見てきたように、萬葉集においてその連合仮名という区分は認めなくてよい。

　二合仮名は、二音節であるゆえに、その使用用途が自ずと単音節に比べて制限されるため、用例数は相対的に少ない。訓字主体表記において、訓字に親和するというのは、もとより多くの単音節訓仮名とは異なる傾向を有しているのであり、橋本が「假名らしくない假名」と呼んだことは首肯される。

付属語に繰り返し用いられることと、一回性の臨時的な使用という対照的なありよう、そして字音でいう前位音節と後位音節の性質の違いといった、二面的な性質を有している。この、固有名詞表記を除いてわずかに200例ほどの存在を、以下徹底的に解剖してみたい。訓字を主たるものとする場でいかに立ち回っているのか、帰納的に類似する訓仮名、そして出自として類似する略音仮名との比較を行いつつ、考察を加えることにする。

注
1) たとえば、すでに挙げたが、犬飼隆「連合仮名を文字運用の一般論から見る」(『古代の文字文化』竹林舎 2017)、また犬飼隆「木簡を資料にすると古代日本語について何が新しくわかるか」(『木簡研究의成果』2016年3月12日 서울大學校開催)のなかでは、古代朝鮮の文字表記における有韻尾字にも着目しており、本書の中心とする問題とも大いに関わることが指摘されている。

【参考文献】
平川　南編『古代日本 文字の来た道―古代中国・朝鮮から列島へ　歴博フォーラム』(大修館書店　2005)
国立歴史民俗博物館・平川南編『古代日本と古代朝鮮の文字文化交流』(大修館書店　2014)
乾　善彦『日本語書記用文体の成立基盤』(塙書房　2017)
犬飼　隆『文字・表記探究法』(朝倉書店　2002)
內田賢德『上代日本語表現と訓詁』(塙書房　2005)
江湖山恒明『上代特殊仮名遣研究史』(明治書院　1978)
今野真二『日本語講座9　仮名の歴史』(清文堂出版　2009)
─────『漢字からみた日本語の歴史』(ちくまプリマー新書　2013)
沖森卓也『古代日本の表記と文体』(吉川弘文館　2000)
─────『日本語の誕生―古代の文学と表記』(吉川弘文館　2003)
奥田俊博『古代日本における文字表現の展開』(塙書房　2016)
尾山　慎「漢字の「表意的用法」による表記とその解釈」(国語文字史研究会編『国語文字史の研究15』和泉書院　2016)
佐々木隆『上代の韻文と散文』(おうふう　2009)
西宮一民『日本上代の文章と表記』(風間書房　1970)
早田輝洋『上代日本語の音韻』(岩波書店　2017)

藤井茂利『古代日本語の表記法研究―東アジアに於ける漢字の使用法比較』（近代文芸社　1996）
藤井游惟『白村江敗戦と上代特殊仮名遣い―「日本」を生んだ白村江敗戦　その言語学的証拠』（東京図書出版会　2007）
古屋　彰『万葉集の文字と表記』（和泉書院　1998）
───『万葉集用字覚書』（和泉書院　2009）
松本克己『古代日本語母音論―上代特殊仮名遣の再解釈』（ひつじ書房　1995）
矢田　勉『国語文字・表記史の研究』（汲古書院　2012）

第 2 章　略音仮名と二合仮名との関係

導 言

　本章では、前章で基本的なその実態の知られた略音仮名と二合仮名とが、互いにどういった関係にあるかを詳細に検証する。両者は一音節と二音節という、いわば大きな違いがあって、主たる使用環境も異なると言えば異なる。しかし、完全に棲み分けられているわけではないし、また字母がまったく重複しないわけでもない。たとえば「登（ト乙）」「吉（キ甲）」などの略音仮名は訓字主体表記も使われるし、「作」「越」などの字母は、略音仮名にも二合仮名にも見えるものである。よって、子細にこれらの関係性を問いたい。
第1節では、萬葉集の中に流れる時系列において、略音仮名が反復使用を重ねるのと反対に、二合仮名が如実に衰退していくことをみる。**第2節**では、三内入声と三内撥音のうち、略音仮名になりやすいものと二合仮名になりやすいものという傾向を、使用された実例群から裏付けて、子音韻尾字音仮名生成の問題に踏み込む。**第3節**は、**第1節**、**第2節**を承けて、ある一つの子音韻尾字が、略音仮名と二合仮名で両用されるという実態を見て、著しく重複しないようになっている様相について考察を加える。

第1節　略音仮名と二合仮名の消長

はじめに

　本節では、子音韻尾字の2つの形態である略音仮名と二合仮名が萬葉集中においてどのような推移を見せており、そしてそれが萬葉集の歌表記のあり方との関係においていかに理解されるかについていくらかの考察を加える。子音韻尾字を、音仮名として略音仮名、二合仮名のいずれの形態でも用いている歌人は少なくないが、やはり第一に柿本人麻呂を挙げねばならない。人麻呂は、ことに二合仮名の方で孤例が相対的に多く認められ、地名以外にも自立語、付属語において、結果的に最も二合仮名をよく用いた人物である（あくまで結果的に、なのだが）。その一方で、やはり萬葉集の末期を代表する歌人で、集中におよそ470余首が収められる大伴家持の子音韻尾字運用に目を向けてみると[1]、その様相はかなり異なっている。活躍する時期におそらく数十年の開きがあると思われる二人の間で、特に二合仮名の使用に差異がでていることは注目される。なお、使用頻度の目安を量る便宜として、使用している総文字数を出し、それを母胎として算出した。総文字数は歌本文に限ったが、これも数えようによっては多少出入りがあるので（たとえば「或曰」以下の文字数もカウントするかどうか、など――本節はカウントしない）、概数ということで、1の位以下は四捨五入した。逐一、「約」と冠することはしない。

表1：人麻呂と家持の子音韻尾字使用傾向から

	のべ字数	略音	略音仮名使用頻度	二合	二合仮名使用頻度
人麻呂（含歌集）	9980字	227例	1/43.9字	44例	1/226.8字
家持	20500字	1998例	1/10.2字	14例	1/1464.6字

人麻呂と家持を比較してみると、家持は人麻呂にくらべて略音仮名の使用頻度が高まり、逆に二合仮名の使用頻度は下がっていると読みとれる。家持の使用する二合仮名は、地名を除くと、兼（けむ）か、鍾礼（しぐれ）のみであって、これらはそれまでにも二合仮名として用いられてきたもので、家持の独創的な用法ではない。萬葉集を代表する歌人の一人である家持をしても、二合仮名の使用に積極的でないと見られる点、注意される。

　さて、ここで得られた知見から本節では次のような仮説を提出し、そして方法論に言及しておきたい。すなわち、萬葉集において、略音仮名は一字一音式の浸透によって使用頻度が上がるが、それとは対照的に二合仮名の使用頻度は下がり、家持の頃には地名などの固定的使用をのぞいてほとんど用いられなくなっていたという、対照的な展相があった——と見通す。これはすなわち、上にみた、歌人個人の間にみられる傾向差が萬葉集における趨勢としても捉え返すことができるかどうかを、全用例の分布をもとに検証するということである。今回は、このことに加えて子音韻尾字字種の継承・拡充についても検証し、使用頻度の変遷との連関をみて、子音韻尾字音仮名両形態の質的な差異を把握したい。すでに触れたように、春日政治が、すでに80年前に、一字一音を指向する旨を指摘しているわけだが（『假名發達史序説』(同前)）、それは、一字多音節の仮名の衰退を観察できればなお実証的であろう。

1、略音・二合と字種

1−1、形態別字種分布

　以下に、形態別の字母分布をしめす。続いて、延べ用例数を韻尾ごとに産出する。

表2：子音韻尾字音仮名字種

	略音	二合
p	甲	雜颯匝塔﨟
t	越吉結日八伐必別末勿物列烈	越壹欝乞薩

k	憶作積式楽則俗賊得特泊薄木欲	憶作積式楽各極叔拭色筑徳莫福幕落
m	南	南敢甘監金兼今念濫藍覽廉瞻點険三
n	雲君散難萬安印新准盡陳天田仁年伴半孀弁返反邊便煩聞文延隣遠袁怨	雲君散難萬干漢讚信弾丹珍粉遍敏丸
ng	香凝興僧曽宗當登等騰藤農濃寧能平方房芳防朋望蒙容用楊良浪	香凝相鍾當

表3：表記主体別のべ用例数（略：略音仮名、二：二合仮名）

	p		t		k		m		n		ng		用例数合計	
	略	二	略	二	略	二	略	二	略	二	略	二	略	二
合計	1	5	457	23	257	60	3	110	1623	71	5333	30	7674	299

　以上が、萬葉集における略音仮名・二合仮名の使用実態である。t、n、ngにおいては略音仮名が字種数でも用例数でも、相対的にだが二合仮名を圧倒するほどの数であって、kでは字種は二合仮名の方が多いが、用例数は略音仮名の方がかなり多い。またpとmにおいては二合仮名の方が字種数も用例数も略音仮名より多いということがわかる。以下、種々の視点から整理分類していくこととする。

2、考察①　略音仮名、二合仮名の推移と消長

　略音仮名と二合仮名は、萬葉集歌表記の運用において、どのような時系列に沿った推移をみせているのか。前章で既に明らかになったように、同じ子音韻尾字を素材とした仮名でありながら、両者の機能は異なるところが多い。萬葉集では、用例数が比較的豊富であるのと同時に、作品には年代幅がある。先に人麻呂と家持の状況を比較したように、時間の経過に沿った観察も、一つ有意ではないかと考える。そこで、集中の子音韻尾字の各形態での時代差を考慮した分類から使用動向の変遷をみて、そして訓字主体、仮名主体という表記上のあり方の別という視点からも考察を加えることとする。

2－1、時代変遷と使用頻度の推移——略音仮名

　萬葉集という歌集を扱う上でいくつかの時期に区分する方法は研究史において様々に指摘されてきていることであるが、本節では、藤原京以前——前期とする——と、平城京遷都（西暦710年）以降——後期とする——という二区分で基本的に整理する。さらに必要に応じて後期をさらに二分する（後期前半、後期後半と称す——**終章**でも再び触れる予定である）。分割する根拠は歌人の活躍年代によるもので、目安に留まるものではある。まず表4では略音仮名ののべ用例数動向と使用頻度をみておこう。なお、使用頻度を測る目安として、先と同様総文字数から算出している（1の位以下は四捨五入——以下同）。

表4：略音仮名（時代区分別）

時期（のべ字数）	韻尾 p	t	k	m	n	ng	合計	使用頻度
前期（19670字）	0	21	17	1	99	431	569	1／34.6字
後期（65050字）	1	360	184	0	1118	3736	5399	1／12.0字
年代未詳（40970字）	0	76	56	2	406	1166	1706	1／24.0字

※参考：後期前半1／16.6字、後期後半1／10.7字

　略音仮名の、使用頻度が前期～後期で大きく上昇していることがわかる。合計の欄には、各時代ののべ字数に基づいた出現頻度を算出しているが、これでみても、前期では569例、平均34.6字に1回使用であったのが、後期では5399例、平均12字に1回と明らかに使用頻度が上昇している。なお、参考として後期をさらに二分した、後期前半／後期後半で示して見てみると、後期前半には16.6字に1回使用であったのが、後期後半には10.7字に1回と出、やはり時代が下るとともに使用頻度を上げていることがわかる。

2－2、時代変遷と使用頻度の推移——二合仮名

　前項と同様の方法で、二合仮名について見る。表5をみると、略音仮名の場合とは対照的に使用頻度は下がっていることがわかる。なお、二合仮名は地名表記が多く、集中では地名専用字となっているものも少なくないので、

これを除外した数値も（ ）内に掲げておく。

表5：二合仮名〜時代区分別

時期 (のべ字数)	韻尾 p	t	k	m	n	ng	合計	使用頻度
前期 (19670字)	3 (3)	7 (4)	10 (7)	22 (22)	13 (6)	7 (4)	62 (46)	1／317.2字 (1／427.6字)
後期 (65050字)	1 (1)	5 (5)	22 (4)	27 (25)	26 (2)	16 (9)	97 (46)	1／670.6字 (1／1414.1字)
年代未詳 (40970字)	1 (1)	11 (10)	28 (16)	61 (57)	32 (20)	7 (5)	140 (109)	1／292.6字 (1／375.9字)

※参考：後期前半1／356.4字、後期後半1／1128.8字
※参考（地名以外）：後期前半1／700.9字、後期後半1／2751.5字

　地名を除くと、使用頻度が前期と後期で後期のほうが低いという傾向がいっそう際だち、やはり二合仮名が衰退していることがよくわかる。なお、後期を細分して後期前半と後期後半でみてみても、後期前半は700.9字に1回、後期後半は2751.5字に1回となり、時代が降るに従っての明らかな二合仮名の衰退を認めることができる。

　二合仮名の、もともとののべ用例数（地名除く）が略音仮名のおよそ40分の1しかないので、たとえば、前期に略音仮名が約35字に1回使われるのと、二合仮名（地名を除く）が約700字に1回使われるという差異は当然である（むしろ、二合仮名はそれなりに前期はよくつかわれているという言い方もできる）。よって、ここで重要なのは、後期になって略音仮名が12字に1回使用とさらに頻度を上昇させるのに対し、二合仮名はおよそ2700字に1回と、一気に下落しているというこの明らかな対照に注目したい。このように二合仮名の衰退と略音仮名の台頭を乾善彦『日本語書記用文体の成立基盤―表記体から文体へ―』（塙書房　2017）が、以下のように指摘するとおりである。

　　連合仮名の用法が採用されず、二合仮名が捨象される環境において、仮名は一字一音の体系を指向し、平仮名へと連続すると考えられる。その意味で、一字一音への指向が仮名の条件の一つとして考えられよう。少なくとも、基層の仮名は、さまざまな文献における仮名の最大公約数的

なものであるが、そこでは、平仮名への連続性においても一字一音をめざすのである。韻尾の処理において、二合仮名は「仮名」らしくない仮名なのであり、一字一音の略音仮名への指向こそが、「仮名」成立の条件としてあることになる。　　　　　　　　　　　　　　　　（98p）

　二合仮名はすでに述べたように、訓字主体表記において主に機能する仮名であり、臨時的な使用をうけたと考えられる孤例が散見する。二合仮名は、あらかじめ二音節分の音連続がある程度決定しているという前提を有するのだから、略音仮名に比して汎用性で劣ることは否めない。しかも、音節表示だけでなく、表意性が読みとられ得るようなものがある以上、一字一音の音節表記とは相容れないところがあったであろう。

3、考察②　時代別字種分布

　ここでは、前項までと同様の前期・後期区分を用いて、字種がどのようにあらわれているかを観察する。なお仮名字種は音よみで50音順に上から下へ並べ、また時代の変遷に伴っての字種の出入りの様相が分かるように、横の項目でも字種をそろえて掲示してある。ここでの考察の意義は、前項で、使用頻度（用例数）の伸びという点で検証したため、これが字種の出入りとどのように連関するものであるかを考察することにある。まずは略音仮名からみておく。

3－1、略音仮名の字種分布
・波線を施した字は地名にしか使用が確認できない字である。
・字種数の項目は、前期には認められなかったが後期で新たに確認された字種が何字あるか（「字種（増加）」）、あるいはその逆にどれだけ字種が減少したか（「字種（減少）」）を計上したもの（加えて、後期前半〜後期後半でも同様に検証）。年代不詳歌群については出現時が知られないので字種数の出入りは掲示しない。

216　第2章　略音仮名と二合仮名との関係

・**網がけ**は、訓字主体表記にしか確認されない字である。

表6：入声字
【p入声】

時期	字種	字種数	字種数（増加）	字種数（減少）
後期	**甲**	1	＋1	−
年代未詳		−		

【t入声】

時期	字種	字種数	字種数（増加）	字種数（減少）
前期	吉　**日**　八　　　物　列	5	−	−
後期	吉**結**　　八伐必**別**末物勿列　越	11	＋7	−1
年代未詳	吉　　　八　必　末物　**烈**	6		

参考：【t入声】後期前半〜後期後半

後期前半	吉　　　　　伐必**別**末物勿列　越	9	＋6	−2
後期後半	吉**結**　　八伐必　末物	7	＋2	−4

【k入声】

時期	字種	字種数	字種数（増加）	字種数（減少）
前期	作　　**賊**　得　**薄**　**木**　欲楽	7	−	−
後期	憶作　**式**則　俗得特　泊　　欲楽	10	＋6	−3
年代未詳	作**積**　　　得　薄　泊　　欲	7		

参考：【k入声】後期前半〜後期後半

後期前半	**式**則　俗得　　　　欲楽	6	＋3	−4
後期後半	憶作　　則　得特　泊　　欲楽	8	＋4	−2

表7：撥音字
【m韻尾】

時期	字種	字種数	字種数（増加）	字種数（減少）
前期	**南**	1	−	−
後期			−	−
年代未詳	**南**	1		

第1節　略音仮名と二合仮名の消長　217

【n 韻尾】

時期	字種	字種数	字種数(増加)	字種数(減少)
前期	安　雲君散新　　　天田難仁年　　　邊　　　便　　萬文聞　　延　遠	17	—	—
後期	安印　君散新　盡陳天田難仁年伴半嬪邊返反弁便煩萬文聞満民面延　連遠袁怨	32	+16	−1
年代未詳	安印雲君散新准盡陳天　難仁年伴　　邊　　　便　　萬文聞　　延隣遠	22		

参考：【n 韻尾】後期前半～後期後半【ng 韻尾】

	字種	字種数	増加	減少
後期前半	安　　君散新　盡陳天　　仁　伴半嬪邊返　　便煩萬文聞満民面延　遠袁怨	25	+12	−4
後期後半	安印　君散新　　　天田難仁年伴半　邊　　反弁便煩萬文聞　民　延　連遠	24	+7	−8

時期	字種	字種数	増加	減少
前期	香　曽　　等登　騰寧濃　能　　　　　　望用良	11	—	—
後期	香　曽僧宗等登藤騰寧濃農能平方房　芳防　蒙楊用容良浪	23	+13	−1
年代未詳	香興凝曽僧宗等登　騰　濃　能　方　朋　　楊良	15		

参考：【ng 韻尾】後期前半～後期後半

	字種	字種数	増加	減少
後期前半	香　曽僧　等登藤騰寧濃農能　方房　防　蒙楊用容良	19	+9	−1
後期後半	香　曽　宗等登　騰寧濃　能平　　芳　　蒙楊用良浪	16	+4	−7

　表から読みとれることとして、まずは、字種が増加の一途を辿るわけではなく、出入りがあり、字種数が概ね最終的に(すなわち参考としてあげた各表の後期後半)減少傾向にあるという点があげられる。用例数の推移にも注意してみると、前期・後期を通して使われるような、「吉」「安」「等」「能」「良」といった頻用字が存在しているとわかる。用例数をもとに、試みにこれを前項の使用頻度検証と同じく各時代の総文字数を母胎として比率を出すと、たとえば「吉」字では、前期に1966.8字に1回の使用であったのが、後期には268.8字に1回の使用、また「良」字は前期に198.6字に1回の使用で

あったのが、後期には70.4字に1回の使用となっており、いずれも上昇傾向にあることがわかる。

　以上のように、字種の動きと、また総文字数を母胎とした使用頻度の伸びという事実と併せて考えると、字種の出入りがある中で、「吉」「安」「等」「能」「良」などといった頻用字というものが存在し、それの台頭が略音仮名の伸びを裏付けている主要因と分かる。また、「吉」や「安」ほどの用例数ではないが、「仁」(n) や「騰」(ng) なども前期から後期にかけて、そして後期の中の、その前半期〜後半期でもともに使用頻度を伸ばしている。しかしその一方、孤例ではないものの、「用」(ng)、「伐」(t)、「得」(k) のような、用例数はさほど多くはなく、前期から後期では上昇傾向にあるものの、最終的に後期後半の段階ではいずれも使用頻度が下がっているというものもある。最終的に使用頻度を伸ばすものと、下げるものという対照的な様相をここでも認めることができる。

　全体の趨勢として、字種数は減少の傾向にあり、そしてその内実においては使用頻度を伸ばす字種群と、そうでないものあるいは1回使用で終わっている字種群という対照的な分布をみせている。前項の用例数における検証で、略音仮名の使用頻度の（二合仮名に対して相対的に）飛躍的な伸びがあることを観察したが、本項目でみたことと併せてみると、子音韻尾字で、略音仮名となっている字が悉くいずれも等しく使用を蓄積していく傾向にあるのではなく、出入りを見せながら頻用字へと絞り込まれていくという道筋が浮かび上がり、ほぼ全時代に使われているようなそれらの字が最終的に一気に使用を蓄積することによって伸びているものと理解できる。

3－2、二合仮名
・掲示方法は基本的に前項に同じ。
・両形態通じて地名にしか確認できない場合は波線を施してある。

第1節　略音仮名と二合仮名の消長　219

表8：入声字
【p 韻尾】

時期	字種	字種数	字種数（増加）	字種数（減少）
前期	雜颯䕺	3	−	−
後期	匝	1	+1	−3
年代未詳	塔	1		

【p 韻尾】後期前半～後期後半

後期前半	匝	1	+1	−3
後期後半		0	−	−1

【t 韻尾】

時期	字種	字種数	字種数（増加）	字種数（減少）
前期	壹　薩越	3	−	−
後期	欝乞　越	3	+2	−2
年代未詳	乞薩越	3		

参考：【t 韻尾】後期前半～後期後半

後期前半	欝乞　越	3	+2	−2
後期後半		0	−	−3

【k 韻尾】

時期	字種	字種数	字種数（増加）	字種数（減少）
前期	各極作積式色　徳福莫	10	−	−
後期	憶　極　　　叔筑　　　楽	5	+4	−9
年代未詳	各　　式色拭　筑　莫幕　楽落	9		

【k 韻尾】後期前半～後期後半

後期前半	憶　極　　　　筑　　楽	4	+3	−9
後期後半	叔筑　　楽	3	+1	−2

表9：撥音字
【m 韻尾】

時期	字種	字種数	字種数（増加）	字種数（減少）
前期	兼険監　點南　濫廉	7	−	−

| 後期 | 甘敢兼　監　　三贍　南念　濫藍 | 10 | ＋6 | －3 |
| 年代未詳 | 甘　兼　　監今金三　　南　　覧濫藍 | 10 | | |

参考：【m 韻尾】後期前半～後期後半

| 後期前半 | 敢　監　　三贍　南念　濫藍 | 9 | ＋5 | －3 |
| 後期後半 | 甘兼　　　　　　南 | 3 | ＋1 | －7 |

【n 韻尾】

時期	字種	字種数	字種数(増加)	字種数(減少)
前期	干君　信讃　　珍難　遍　敏丸	9	－	－
後期	散信　　　難粉　敏	5	＋2	－6
年代未詳	雲漢干君散信　丹弾　難　遍萬敏	12		

参考：【n 韻尾】後期前半～後期後半

| 後期前半 | 難粉　　敏 | 3 | ＋1 | －7 |
| 後期後半 | 散信　　難 | 3 | ＋2 | －2 |

【ng 韻尾】

時期	字種	字種数	字種数(増加)	字種数(減少)
前期	香凝鍾當	4	－	－
後期	香　鍾當相	4	＋1	－1
年代未詳	凝鍾當相	4		

【ng 韻尾】後期前半～後期後半

| 後期前半 | 香　鍾當 | 3 | 0 | －1 |
| 後期後半 | 　鍾當相 | 3 | ＋1 | －1 |

　表で注目すべき箇所をいくつか挙げる。たとえばt韻尾字では、字種数が前期では3字、後期でも3字だが、続く後期前半～後期後半の表であがっているとおり、後期後半ではt入声の二合仮名は使われなくなっている。またk韻尾では、字種数が前期が10字種であったのが後期には5字種に減り、さらに、後期前半から後期後半にかけても減っている。しかも後期後半のうち二字は地名字であって、非固有名詞への二合仮名の使用が衰退していることがわかる。またm韻尾では、前期7字種に対して後期10字種と増えている

が、続く後期前半〜後期後半の表をみると、後期後半の段階ではやはり字種は３字種までに減っている。以上のように、二合仮名の場合は、前の項目でみた使用頻度の下降傾向と同様、後期の特に後半にかけては、概ね字種が減少し、地名や付属語など繰り返し使用をうける二合仮名字種だけが残っていく状態である。つまり、非固有名詞への臨時的な使用は、徐々にされなくなっていくという道筋がはっきりわかり、二合仮名は真に衰退していると認められる。

小　括

　略音仮名と二合仮名は、音節構造としては、同じ子音韻尾字を素材として、原音における韻尾を捨てるか、韻尾に母音を付加するかの違いに由来するものである。一方は一音節、もう一方は二音節となっているが、萬葉集の歌表記においては大きく異なる機能を有し、さらに両者の使用の様相が描く道筋は、対照的であった。略音仮名は使用頻度が時代とともに伸びていくが、字種にも注目すると、種々の字種がある中で、相対的に頻用字というものが認められ、それらが後期には使用を蓄積している。つまり字母としてその地位を固めているという言い方も可能である。一方の二合仮名は訓字主体表記において主に用いられるもので、ときに表意性が読みとられうるものもあり、また二音節分の音連続が概ね決まっている、などの点から相対的に汎用性としては低くならざるを得ないところがあったであろう。ただ、二合仮名はその位置において、略音仮名と直接競合してしまうような性質の仮名ではないので（主に**第４章**参照）、その衰退についてはなお検討が必要である。これは後章に預けることとする。

注
1)　人麻呂と家持を選抜したことについて。子音韻尾字を用いている歌人は他にもいるが、まとまった用例をもち、なおかつその本人が詠んだ歌をおそらく書いたのであろうという人物がこの場合妥当であると考えた。そして時間変移

に伴う傾向を観察するために、比較する二者は時代的にそれなりに隔たっていることが望ましい。そこで人麻呂をまず候補として挙げ、これと時代が隔たっていて、なおかつ上記の条件を備える人物ということで家持を取り上げた。

第2節　韻尾の別と二種の仮名の生成

はじめに

　本節では、略音と二合との二形態について、必ずしも韻尾ごとに使用が一定しない——略音仮名は ng 韻尾が相対的に多く、二合仮名は m 韻尾が相対的に多い。この偏りがどういった意味を持っているのかについて、子音韻尾字が日本語環境に取り入れられ開音節化するという現象に手がかりをもとめ、考察を加える。なお、いうまでもなく、子音韻尾字のみならず、表語文字の漢字が表音用法として使われ、さらにそこから乖離して日本語表記のための仮名として使われはじめた、その原初の姿や生成過程——つまり乖離しつつある過程そのものを観察することは困難だが、子音韻尾字がこのように韻尾ごとで特徴的な分布をなすことについて考察を加えておくことに意味はあると考える。

1、字種の分布

1－1、形態別の分布
　各種韻尾ごとにあらわれる字種を列挙し、両形態にあらわれるものについては網掛けを施して示す。

表1：入声字音仮名字種

	略音	二合
p	甲	雜颯匝塔﨟
t	越吉結日八伐必別末勿物列烈	越壹欝乞薩
k	憶作積式楽則俗賊得特泊薄木欲	憶作積式楽各極叔拭色筑徳莫福幕落

　p 入声字には、略音二合両方の通用例がなく、また t 入声では1字のみ、

224　第2章　略音仮名と二合仮名との関係

k入声では6字が両形態通用とややひらきが出ている。具体的に用例をみてみよう。

　t入声字「結」：略音仮名

　　和備曽四二結類／わひそしにける（巻4・644　紀郎女）

　t入声字「越」：略音仮名／両形態通用

　　用流能伊昧仁越／夜の夢にを（巻5・807　大伴旅人）

　t入声字「越」：二合仮名／両形態通用

　　越乙尓／をちこちに（巻6・920　笠金村）

　k入声字「則」略音仮名

　　和何則能尓／わがそのに（巻5・822　大伴旅人）

　k入声字「楽」：略音仮名／両形態通用

　　作楽花／さくらばな（巻13・3309　人麻呂歌集非略体歌）

　k入声字「楽」：二合仮名／両形態通用

　　我戀楽者／あがこふらくは（巻11・2725　作者未詳）

字種の偏りでみてみると、二合仮名に偏るのがp、略音仮名に偏るのがt、いずれにも通用される字が比較的多いのがkとあらわれている。次に撥音字をみてみよう。

表2：撥音字音仮名字種

	略音	二合
m	南	南敢甘監金兼今念濫藍覽廉瞻點険三
n	雲君散難萬安印干漢讃信新准盡丹珍陳天田仁年伴半嬪粉弁返反邊便煩遍満敏民面聞文延隣連丸遠袁怨	雲君散難萬干漢讃信弾丹珍粉遍敏丸
ng	香凝興相鍾僧曽宗當登等騰藤農濃寧能平房芳防方朋望蒙容用楊良浪	香凝相鍾當

以下、いくつか具体的に例を挙げる。

　n撥音字「散」：略音仮名／両形態通用

　　幾許毛散和口／ここだもさわく（巻6・924　山部赤人）

　n撥音字「散」：二合仮名／両形態通用

　　散頬相／さにつらふ（巻11・2523　作者未詳）

ng 撥音字「等」：略音仮名
　　神佐備世須等／神さびせすと（巻1・45　柿本人麻呂）
ng 撥音字「鍾」：二合仮名
　　鍾礼乃落者／しぐれの降れば（巻13・3223　作者未詳）

　入声字の場合と同じく字種の偏りでみてみると、二合仮名に使われる場合が多いのはm、略音仮名で使われる場合が多いのはng、いずれにも通用される字が比較的多いのがnであるとわかる。次項にそれぞれの字種が該当する音節を一覧にして観察する。

1－2、音節別分類

　ここでは、それぞれの韻尾字がどの音節の仮名として機能しているかを概観しておく。

表3：音節種

	略音	二合
p	甲カ	雜サヒ、颯匝サフ、塔タフ、薦ラフ
t	吉キ甲、結ケ甲、日ニ、伐バ、八ハ、必ヒ甲、別ベ甲、末マ、勿物モ、列烈レ、越ヲ	壹イチ、欝ウツ、乞コチ、薩サツ、越ヲチ、越ヲト
k	憶オ、作サ、積サ、式シ、則ソ甲、俗ゾ甲、賊ゾ乙、得ト乙、特ド乙、泊薄ハ、木モ、欲ヨ甲、楽ラ	憶オク、各カク、極コゴ、積サカ、作サク、式拭色シキ、叔シク、筑ツク、徳トコ、福フク、幕莫マク、楽落ラク
n	安ア、印イ、雲ウ、君ク、散サ、新准シ、盡ジ、天テ、陳チ、田デ、難ナ、仁ニ、年ネ、伴半ハ、嬪ヒ甲、邊弁返反ヘ甲、便ベ甲、煩ボ、萬満マ、民ミ甲、面メ甲、聞文モ、隣リ、連レ、延江、袁遠怨ヲ	雲ウネ、干漢カニ、君クニ、萬マニ、散サニ、讃サヌ、信シナ、丹タニ、弾ダニ、珍チヌ、難ナニ、粉フニ、遍ヘニ、敏ミヌ、丸ワニ
m	南ナ	敢甘カム、監兼険ケム、金今コム、三サム、瞻セミ、點テム、南ナム、南ナミ、念ネム、濫藍覧ラム、廉レム
ng	香カ、興コ乙、凝ゴ乙、宗ソ甲、曽僧ソ乙、登等藤騰ト乙、騰ド乙、寧ナ、濃農ヌ、能ノ乙、方芳房防ハ、平ヘ甲、朋方ホ、望蒙モ、楊ヤ、容用ヨ甲、良浪ラ	香カグ、香カゴ、鍾シグ、凝コゴ、相サガ、當タギ

226　第2章　略音仮名と二合仮名との関係

　大野透『萬葉假名の研究』(明治書院　1962)はその韻尾字が対応している音節の種類の多寡をもって、単音節仮名としての使われやすさの指針としている。つまり、一音節仮名として多くの音節種があらわれておれば、それはすなわち韻尾が捨象されやすいことのあらわれだとみている。

　表3で見れば、略音仮名音節が多いのは入声字ではk韻尾、撥音字ではn韻尾である。しかし、同時にこれらの韻尾字では二合仮名の音節も決して少なくないことが注意される。また、先に表1、2で見たように、k韻尾字・n韻尾字の特徴として、略音・二合のいずれでも使われる字を他にくらべて多く擁している点があげられる。このようなことから、音節種だけに注目するのではなく、略音と二合の占める割合にも注意すべきであろう。次項では、仮名としてどれほどに使用が蓄積されているか、という観点でみてみよう。

2、のべ用例数分布

2−1、分布

　第1章といささか重複するけれども、便宜上、形態別に韻尾ごとの用例数をここに再掲する。まずはのべ用例数で計上する。また、参考として仮名主体表記、訓字主体表記別でも挙げた。まずは略音仮名からみておこう。

表4：略音仮名（表記主体別のべ用例数）

	p	t	k	m	n	ng	合計
仮名主体	0	381	209	1	1197	3855	5643
訓字主体	1	76	48	2	426	1478	2031
合計	1	457	257	3	1623	5333	7674

　表より、字種や音節数で最も多かったkやnが、のべ用例数では入声、撥音のそれぞれで首位でない点、注意される。次に二合仮名を掲げる。

表5：二合仮名（表記主体別のべ用例数）

	p	t	k	m	n	ng	合計
仮名主体	0	0	13	6	11	2	32

訓字主体	5	23	47	107	57	28	267
合計	5	23	60	113	68	30	299

さて、この表4、5で得られた傾向（のべ用例数）を先の表1、2、3（異なり字数の数値）と併せて以下に、韻尾ごとで解釈してみよう。

2－2、入声

p：二合仮名の方が字種も用例数も多くなっている。韻尾は残存しやすい字として扱われていると解釈できる。なお、一字種1例ずつしかなく、継承性は希薄で、臨時的な運用がなされている。

t：字種の数は入声字三内音のうちでは中間に位置し、kより少ないが、累積用例数自体は入声字でもっとも多く、略音仮名が二合仮名を大きく上回っている。略音仮名として使われる場合に汎用性の高さを示す。

k：字種は最も多いが、総用例数はtより下回る。二合仮名と略音仮名の両方に使われる字が三音の中で最も多い。略音仮名として使われる場合は、ある程度繰り返し用いられるが、二合仮名は一回的・臨時的なものが多い（**第1章参照**）。二合仮名と略音仮名それぞれにおける音節数はほぼ拮抗しており、必ずしも韻尾は捨てられやすいとはいえないと考えられる。

以上、字種とのべ用例数、そして略音・二合への偏向度合いから、それぞれの形態における偏りを不等式で表せば、

・略音仮名としての偏り
　t＞k（＞p）（pは用例総数が少ない。6例中5例が二合仮名である）
・二合仮名としての偏り　　（p＞）k＞t

となる。

次に同じく撥音字について解釈されることをまとめよう。

2－3、撥音

m：字種ものべ用例数も二合仮名の方に大きく偏っており、ほぼ韻尾は残

存する形で使用されるといってよい。用例数も二合仮名が略音仮名を圧倒している。

n：三音のうちもっとも字種が多く、略音・二合ともによく使われている。略音仮名の場合は繰り返し運用が多いが、二合仮名はやはり一回性のものが多い。ただし、いずれも最も多いわけではなく、略音は ng のほうが、二合は m のほうが多い。二合仮名の用例数、また二合仮名と略音仮名のいずれにも使われる字種が他にくらべて多いことからして、必ずしも韻尾は捨てられやすいとはいえないと考えられる。

ng：二合仮名が多数を占める m 韻尾とは逆に、略音仮名が圧倒的に多く、字種も略音仮名のほうが多い。ng 韻尾字は、略音仮名として主に機能する字音であったといえる。

さて、先とおなじく、それぞれの形態における偏りを不等式で表せば、次の如くである。

・略音仮名としての偏り　　ng＞n＞m
・二合仮名としての偏り　　m＞n＞ng

以上のことから、入声字において韻尾が残りにくいのは t 入声、撥音字では ng 撥音であり、逆に韻尾が残りやすいのは入声字においては p 入声、撥音字では m 撥音であることが判明した。残る k 入声、n 撥音はいうなればそれぞれの中間に位置することになる。したがって、あるひとつの韻尾が韻尾捨象（略音）と母音付加（二合）のいずれにも秀でて他を圧倒することはなく、入声・撥音ともに、二合に偏る韻尾（p, m）、略音に偏る韻尾（t, ng）、そしてその中間に位置する韻尾（k, n）があるという傾向を見せている。

以上述べたったような傾向が生じる理由を考える上で、日本語環境における字音の開音節化の在りようにてがかりを求めたい。

3、字音語資料における日本漢字音を手がかりに

3－1、声明資料

　入声・撥音の計6種の韻尾は、いずれの環境においても全て開音節化されたわけではなく、中国原音のまま学習されることもあり、たとえば仏典読誦などでは保存の努力がなされた。これは平安朝以降の漢文直読資料に付された訓点、あるいは声点、振り仮名などから立証されている[1]。ここでは、そういった保守性の高い資料にみる子音韻尾字の在りよう、およびそれに関する先行指摘を参考に、仮名による日本語表記とは違う場における字音の音韻変化に注目してみたい。

　日本語を仮名で記すのとは異なる場——字音語の世界ではどうなっているか。**序章**にも述べたとおり、上代には字音語音韻の実態を明確に語る資料に乏しいので、ここでは時代はやや下るが、漢字音に関して高い保守性をもつことで知られる資料——仏典声明資料を参考としたい。橋本進吉「国語史研究資料としての声明」（『密教研究』32　1929）が「過去の國語の發音を考へるに当つては有力なる参考資料となる」と指摘したように、国語音韻史研究において仏教声楽の譜である声明資料は非常に有効なアクセント・音韻資料とされる。金田一春彦『四座講式の研究』（三省堂　1964）が真言宗所用の『四座講式』の施点、博士などから鎌倉時代のアクセントを復元したことはその代表的成果であろう。このように、声明資料は日本漢字音の在りようや変化を考究する上で非常に有効——とくに、字音を守ろうとする環境における様相を知ることができる点にある。守ろうとする中で、それでも倭化するところが知られれば、それこそが、開音節化の韻尾ごとの差異といえよう。以下、韻尾別に、従来、声明資料をもとに指摘されてきたことについて確認し、前節までに見られた韻尾ごとの分布との整合性を検証していきたい。

3−2、入声

　浅田健太朗「声明資料における入声音」(『国語学』51-3　2000)では、成立時代の異なる種々の声明集における節博士と仮名の検証を通じ、結果、喉内入声音kが、舌内tよりも先に母音付加されたという経緯が裏付けられている。これによって従来漠然と説かれるのみであった開音節化の序列はp、k、tの順であったことが、声明譜とその変遷によって明示された。そして、この開音節化の序列は、上にみてきた萬葉集における入声字の二合仮名と略音仮名の使用度数の関係に整合する。つまり開音節化が早いとされるp入声字はやはり二合仮名が多く、略音仮名は少ない。しかし、開音節化が遅いとされるt入声字は略音仮名として用いられることが多く、しかも繰り返し用いられるといった汎用性の高さを有する。略音仮名として使われやすい字、二合仮名として使われやすい字という特徴が、ちょうど字音が開音節化していく序列のとおりあらわれている。前節で中間に位置するとした/k/は略音にも二合にも比較的よく使われる仮名であり、開音節化の序列においてもやはり中間である。

3−3、撥音

　前節までにも見たように、m韻尾とp韻尾は母音付加形の二合仮名が圧倒的に多く、他の韻尾とは一線を画する存在である。この二種の韻尾に共通するのは調音器官が両唇という点である。木下正俊「脣内韻尾の省略される場合」(『萬葉』10　1954)は、この二種の韻尾字に母音付加形の仮名が多い点については、唇をあわせることで発音が比較的明瞭に意識されたためであり、聴覚的に聞き逃し得ない響きをもつからだと指摘している。先にみた、入声字におけるp入声の開音節化の早さに鑑みても、両唇音という調音方法に起因する現象と位置付けることは首肯される。

　また、ngは、韻尾が残る開音節形の場合ガ行音であるが、後にウに転化している。ng韻尾の鼻音性が弱化してしまい、母音のウとなったことが示すように、音節としての独立性が最も低いのはngであった。n韻尾、m韻尾字は平安朝に生起した音便のため、入声のような開音節化への道はたどら

ず、日本語において特殊音素とされる単独子音音節を形成する。なお浅田健太朗「声明譜における「ム」「ン」両仮名の書き分けについて」(『訓点語と訓点資料』114　2005)において、「真言宗声明相応院流と、(天台宗の──筆者注)聖宣本声明集においてはm韻尾と認識され「ム」で表記されたものは、「ン」で表記されたものより独立性が高い」ことが明らかにされている。つまり、m韻尾字とn韻尾字では独立性においては、やはりm韻尾字が上とみられる。

　以上より、漢字音として撥音字の韻尾は、その独立性の高さにおいて、m、n、ngの順で差違があるものとして受容されていたことがわかる。この序列は、やはり入声字音仮名の場合と同じく、略音仮名主体のものと、二合仮名主体のものとの差に適合する。独立性の高いm韻尾字は二合仮名として主に機能し、独立性の低いng韻尾字は略音仮名として主に機能している。

　以上、表4、5でみた用例分布は、字音語環境における漢字音変化の現象と相通する。韻尾を捨てて略音仮名とすること、あるいは韻尾を付加して二合仮名とすることにおいて、日本語が漢字音を取り入れるその際の変容と整合しているのである。

小　括

　漢字の表音用法によって日本の「ことがら」を記すこと──その嚆矢は固有名詞表記であった。そして次第に非固有名詞をも記すのに伴って、その仮名の字種も必然的に増加する。そういった趨勢の中で、子音韻尾字も、子音韻尾という日本語音節にとって本来は不適合ともいえる音素を持つにもかかわらず、それを捨象あるいはそこに母音を付加する形で表記に適合された(当てられた結果を分析者が観察し、その語とその字音とを合わせ考えた結果、開音節化している状態だと分析できるという言い方が、実際には厳密であるが)。

　日本漢字音という言葉の通り、話者に備わる音韻体系によって導かれた漢字音の音韻変化(倭化)がある。従来、字音と仮名との対応についての研究

では、中国側の音韻的対立を混同して日本語音節へと帰納している点が特に照射されてきたと思われる。たとえば牙音と喉音の区別無くカ行音字母としていることなど、萬葉仮名と漢字音との関係における倭化の問題といえば、まずそこに議論が集中してきた。一方、本節でみてきたように、韻尾字を、どのように使うか（韻尾捨象もしくは母音付加）という点において、日本語環境に於ける漢字音の変容を知ることができる。

注

1）　浅田健太朗「声明譜から見た入声音の音価」（『国文学攷』192　2007）、同「漢字音における後位モーラの独立性について：仏教声楽譜から見た日本語の音節構造の推移」（『音声研究』8　2004）、同「漢語音節における特殊モーラの自立性について：声明資料による分析」（『国語学』53　2002）など。筆者も尾山慎「声明資料『般若理趣経』加点博士について―仁和寺本五音博士を中心として―」（『訓点語と訓点資料114』　2005）、尾山慎「声明資料『般若理趣経』における加点博士とその改変―国語音韻資料としての意義―」（『文学史研究』44　2004）で考えたことがある。

第3節　略音仮名と二合仮名の「両用」

はじめに

　本節では、ある字母が二合仮名と略音仮名で両用される場合に、どのような様相を呈すのか調査する。以下の表に、略音仮名と二合仮名の両形態で使用が認められるものについて、網掛けを施して示す。また地名使用字母もここではさしあたり一括して挙げている。

表1：入声字音仮名字種

	略音	二合
p	甲	雜颯匝塔﨟
t	**越**吉結日八伐必別末勿物列烈	**越**壹欝乞薩
k	**憶作積式楽**則俗賊得特泊薄木欲	**憶作積式楽**各極叔拭色筑徳莫福幕落

表2：撥音字音仮名字種

	略音	二合
m	**南**	**南**敢甘監金兼今念濫藍覧廉瞻點険三
n	**雲君散難萬**安印干漢讚信新准盡丹珍陳天田仁年伴半嬪粉弁返反邊便煩遍満敏民面聞文延隣連丸遠袁怨	**雲君散難萬**干漢讚信弾丹珍粉遍敏丸
ng	**香凝興相鍾僧曽宗當登等騰藤農濃寧能平房**芳防方朋望蒙容用楊良浪	**香**凝相鍾當

　略音仮名に偏るt、ngと二合仮名に偏るp、mの中間にあたるk韻尾とn韻尾において、両形態に使用される字母が相対的に最も多くなっている。以下、まず入声字の方でいくつか具体例を挙げておこう。両用される場合と、いずれか一方の場合をそれぞれ示しておく。

　　p入声字「匝」：二合仮名のみ
　　　名津**匝**来与／なづさひこむと（巻3・443）

t入声字「結」：略音仮名のみ
　　　　和備曽四二**結**類／わひそしに**け**る（巻4・644）
　　t入声字「越」：略音仮名／両形態通用
　　　　用流能伊昧仁**越**／夜の夢に**を**（巻5・807）
　　t入声字「越」：二合仮名／両形態通用
　　　　越乞尓／**を**ちこちに（巻6・920）
　　k入声字「則」：略音仮名のみ
　　　　和何**則**能尓／わが**そ**のに（巻5・822）
　　k入声字「楽」：略音仮名／両形態通用
　　　　作**楽**花／さく**ら**ばな（巻13・3309）
　　k入声字「楽」：二合仮名／両形態通用
　　　　我戀**楽**者／あがこふ**らく**は（巻11・2725）
次に撥音字をみてみよう。
　　m韻尾字「兼」：二合仮名のみ
　　　　玉藻苅**兼**／たまもかり**けむ**（巻3・433）
　　n撥音字「散」：略音仮名／両形態通用
　　　　幾許毛**散**和口／ここだも**さ**わく（巻6・924）
　　n撥音字「散」：二合仮名／両形態通用
　　　　散頻相／**さ**につらふ（巻11・2523）
　　ng撥音字「等」：略音仮名のみ
　　　　神佐備世須**等**／神さびせす**と**（巻1・45）
　　ng撥音字「鍾」：二合仮名のみ
　　　　鍾礼乃落者／**し**ぐれの降れば（巻13・3223）

　すでにこれまでの節でみてきたとおり、n韻尾とk韻尾に両用（略音及び二合）の該当字母が、他の韻尾字に比して相対的に多いことがわかっているが、表をみてわかるとおり、この２つの韻尾の全ての仮名が両用されているわけではないし、むしろどちらかといえばそういうものは少ない。本節では、これらが両用されていることについての実相を探り、そしてその意味を考える。

第3節　略音仮名と二合仮名の「両用」　235

　第1章でみたごとく二合仮名は訓字主体表記を中心に使われるものであり、略音仮名の勢力が増すのに反して、衰微していく。いわば略音仮名と直接競合するようなものではないように思われる。そういう意味では、たとえばもっと両用される字母が多くあっても良さそうなものではないか。萬葉集所用の音仮名の中で、子音韻尾字だけが単音節と多音節の両方に使うことができる。字音を素材として仮名へと作り替えていくこと——開音節言語たる日本語が、様々な字音を取り込むということにおいて、子音韻尾字音仮名を見るのは、そういう意味でも有効なわけであるが、ことに、その子音韻尾字が二形態に両用されるものをみることで、より一層多音節仮名と単音節仮名の関係が明確に見いだせると考える。

1、入声字の場合

1−1、両形態での比較考察
　入声字で、略音二合両方で認められるのは次の通りである。ここでは固有名詞表記例も合計して掲示している。
　　越（略音：4例／二合：12例）、作（略音：7例／二合：1例）、式（略音：1例／二合：1例）、楽（略音：9例／二合：8例）
　　※参考　憶（略音：1例／二合：1例）
　　※参考　積（略音：1例／二合：1例）
以下、逐一の字母においてそれぞれの形態での例を見ていこう。なお、同一語表記の用例で複数存在している場合は代表的に1例を挙げるのみとする。また、萬葉集の中での使用時期について言及する場合の前期、後期は本章**第1節**のそれに準じる。
・**越**
　【略音】
　　用流能伊昧仁**越**／夜の夢にを（巻5・807）、麻多**越**知奴倍之／またをちぬべし（巻5・848）、**越**等賣良波／娘子らは（巻5・865）他1例
　【二合】

尔太遥**越**賣／にほえ娘子（巻13・3309）他2例、**越**乞尓／をちこちに（巻6・920）他3例、持有**越**水／持てるをち水（巻13・3245）他1例

地名 **越**能大野之／越智の大野の（巻2・194）他1例

　二合仮名の方がやや優勢で、全ての語で別人による複数使用があり、作者未詳歌にも認められる。略音仮名の方は後期にのみ使用が見いだせるが、二合仮名は前期から使用がある（をとめ、をちこち、をちの）。両形態で共通の語は「をとめ」である。人麻呂歌集非略体歌で「越賣」、山前王が「越女」と記されるこれに対して「越等賣」の2例はいずれも後期前半の時期に比定される歌人、吉田宜による。二合仮名「越賣」が先行したことになるが、参看された可能性も否定できない。その他の略音仮名「用流能伊昧仁**越**」「麻多**越**知奴倍之」はいずれも大伴旅人によるものである。二合仮名も略音仮名もさほど例が多いというわけではないが、略音仮名の方が用例数と書かれる語が少なく、歌人も特定の人物である点で、臨時的なものではなかっただろうか。

　萬葉集第後期後半以降にあたる時期で、萬葉集以外も含めてこの字の略音仮名使用は見いだせない。ここでの略音仮名はどちらかといえば臨時的使用であり、また二合仮名の方は、特定の歌人にとどまらない（人麻呂、山前王、笠金村、作者未詳など）、やや反復的な使用が認められ、語としても略音仮名で記されるそれより多い。

・作

【略音】

強**作**留行事乎／強ひさるわざを（巻2・97）、**作**美乃山／沙弥の山（巻2・207）、**作**夜深而／さ夜ふけて（巻7・1143）、由古**作**枳尓／行こ先に（巻20・4384）、久留尓久枳**作**之／くるにくぎ鎖し（巻20・4390）、伊母賀加奈志**作**／妹がかなしさ（巻20・4391）、美許等尓**作**例波／命にされば（巻20・4393）

【二合】

作楽花／桜花（巻13・3309）

　略音仮名が優勢である。表記される語も種々の品詞に及んでおり、石川郎

女、人麻呂、作者未詳歌、防人歌など作者も一様でない。これに対し、二合仮名は孤例である（人麻呂作歌）。「桜」を「作楽」とあるのは「表意性」を読みとることができる。

・式
　【略音】
　　百**式**紀乃／ももしきの（巻3・323）
　【二合】
　　百**式**乃／ももしきの（巻3・260）
　　地名 **式**嶋之／磯城島の（巻13・3248）他1例
　二合仮名と略音仮名で「ももしきの」が共通している。枕詞で、大宮にかかる。いずれも孤例の臨時的使用であり、二合仮名の方については、大野透『萬葉假名の研究』（明治書院　1962）は、「大宮人に因む」と述べているが、323番にも通じるとみることも可能か。二合仮名が鴨君足人、略音仮名の方が山部赤人で、二合仮名表記のほうが先行することになる。すでに**第1章**で指摘したことだが、323番は連合仮名の方法による表記と見なくて良い。この323番に関連する例として「百師**紀能**」／ももしきの（巻6・1005）が存在する。同じく作者は赤人である。赤人はこれら以外に、略音仮名を54例使っており、うち入声字は3字（吉、伐、欲）で、のべ3例が見られ、k入声字の略音仮名も使用している。「式」字はそもそも非常に使用が少ない字母で、ことに323番のように略音仮名で使う例はこれ以外に見いだせない。多音節の「式」字は、「式部省」で認められ、平城宮木簡で少なくとも1000例以上存在することから、字音語で使われるものであるという認識が強かったかとも考えられる。

・楽
　【略音】
　　妻尓戀**楽**苦／つまに恋ふらく（巻8・1609）、作**楽**花／桜花（巻13・3309）
　　地名 寧**楽**乃家尓者／奈良の家には（巻1・80）他6例
　【二合】
　　見**楽**思好裳／見らくし良しも（巻6・992）、相**楽**念者／あへらく思へば

（巻6・996）、絶楽思者／絶ゆらく思へば（巻7・1321）、解楽念者／解くらく思へば（巻11・2558）、吾戀楽者／我が恋ふらくは（巻11・2709）他1例、吾丹告楽／我に告ぐらく（巻13・3303）

　|地名| 相楽山乃／相楽山の（巻3・481）

　略音仮名の方は、多く地名「寧楽」で占められる。そのほか、ク語法を表記した「～ラク」のものと、先に「作」の項で見た「作楽」がある。この非固有名詞の2例は臨時的なものであると考えられる。「作楽」の方は先に「作」の項で述べた通りであり、「妻尓戀楽苦」についても、妻に対する愛情を吐露する文脈における「楽苦」という文字並びには表意性を見いだすことも可能である。これに対して、二合仮名の場合はク語法を表記しているものに集中してはいるものの、必ずしもその使用意図が見いだせるものばかりではない（たとえば「絶楽思者／絶ゆらく思へば」）。この点で、二合仮名と、臨時的使用にのみ認められる略音仮名とでは差異があるといえる。

（参考）

・憶

　【略音】

　　憶保枳美能／大君の（巻17・3973）

　【二合】

　　|人名| 憶良等者／憶良らは（巻3・337）

　略音仮名、二合仮名ともに孤例で、臨時的使用と見られる。特に二合仮名は固有名詞であり、両者の関係は希薄と言わざるを得ない。

・積

　【略音】

　　|地名| 安積香山／安積香山（巻16・3807）

　【二合】

　　百積／百積の（巻11・2407）

　いずれも孤例、一方は地名であるのと、二合仮名の場合は「の」を読み添える必要があって、特殊である。「憶」の場合と同様、両者ともそもそも稀少使用であり、競合するような関係にはないと見られる。

以上、入声字において知られた傾向を整理すると、まず、略音仮名と二合仮名の両方が反復使用される（特定の歌、文脈においてのみ使われずに、使用蓄積がある）ということがないという点が挙げられる。つまり、いずれも臨時的か、もしくは一方が反復使用であれば、もう一方は臨時的使用であるということになっている。これはようするに、1つの字母を一音節・二音節の両方で反復的に頻用することはないということであり、冒頭に見た、両形態が認められる字母ののべ数がそもそも少ないことと整合する傾向であるといえる。

2、撥音字の場合

2−1、用例一覧
　撥音字で認められる用例は次の通りである。
　　南（略音：3例／二合：32例）、君（略音：11例／二合：10例）、散（略音：13例／二合：3例）
　　難（略音：5例／二合：32例）、萬（略音：43例／二合：4例）
　　※参考　雲（略音：2例／二合：1例）

2−2、両形態での比較考察
　用例の挙げ方は前節に準じる。以下、順に見ていこう。

・南
　【略音】
　　情有**南**畝／心あらなも（巻1・18）、神**南**備能／神奈備の（巻11・2774）、奈伎和多里**南**牟／泣き渡りなむ（巻14・3390）
　【二合】
　　指**南**与我兄／死なむよ我が背（巻12・2936）、不散在**南**／散らずもあらなむ（巻7・1212）他3例、去別**南**／行き別れなむ（巻2・155）他23例
　　地名　印**南**都麻／印南つま（巻15・3596）他2例
　仮名主体の一字一音表記に使った「奈伎和多里**南**牟／泣き渡りなむ」は、

一字一音の体裁をとって「牟」を添えたか。ただし、仮名主体表記歌巻において「南」字をつかったこのような二字表記の方法がこれ以外において普及していないことに注意せねばならない。さらに二合仮名の「南」を仮名主体表記における「ナム」につかうことは、憶良とそれに強い関連をもつ麻田陽春の作の、わずかの例に限られている（たとえば「計布夜須疑南」（巻5・884））。仮名主体表記歌巻におけるナム表記で優勢なのは「奈牟」「奈武」などであって、3390番の特殊性が浮き彫りとなる。また「情有南畝／心あらなも」は訓字主体表記であるので、「南」字はそのまま使ってもよさそうであるが、二合仮名は基本的にiかuの狭母音付加形が多く、実際「南」では、地名「印南」以外はすべて「ナム」である。そこで語形明示のために「畝」を添えたとも見られるし、漢籍の表現に学んだという説もある（既掲）。つまり、この歌に即しての試み、一回性の臨時的ものである。これに対し、二合仮名の方では、「指南与我兄／死なむよ我が背」など孤例もあるものの、ことに助動詞「な＋む」の用法で顕著な反復使用が見られる。つまり、反復使用が目立つ二合仮名に対して、臨時的な使用の略音仮名という関係が見て取れるのである。

・君
　【略音】
　　美夫君志持／みぶくし持ち（巻1・1）、知跡言莫君二／知るといはなくに（巻2・97）、都久紫能君仁波／筑紫の国は（巻5・866）、盛須疑由君／盛り過ぎ行く（巻8・1600）、乎加能久君美良／岡の茎韮（巻14・3444）、伊久豆君麻弖尓／息づくまでに（巻14・3458）、多奈婢久君母能／たなびく雲の（巻14・3511）他3例、佐乎思賀奈君母／さ雄鹿鳴くも（巻15・3680）

　【二合】
　　雖見不飽君／見れど飽かなくに（巻9・1721）他2例、事尓不有君／ことにあらなくに（巻7・1385）他3例、吾念名君／我が思はなくに（巻11・2523）他1例、所思君／思ほゆらくに（巻10・2184）

　略音仮名の方は、記す語が名詞の一部、活用語尾など種々あって、特定の

第3節　略音仮名と二合仮名の「両用」　241

語に偏っているとは見がたい。中には、「三薦苅　信濃乃真弓　不引為而　強佐留行事乎　知跡言莫君二」のように、先頭と末尾を数字で合わせ、それに関わっての「君二」を認め得るという場合もあるが、概ね、略音仮名「君」字はクの仮名として反復使用があると認めてよく、後述するように、「君」という漢字の意味を活かしている二合仮名とは異なる様相であるといわねばならない。

　二合仮名の方は、用例数はいくらかあるものの、実際は限定された中での使用、つまり歌内容と密接な関係を各歌ごとに見いだすことができる。たとえば「吾念名君」(巻11・2523)は恋の歌だが、「念」「名」「君」の並びは意図的なのではないかと読める。また「妻毛不在君」とある3156番は、夜中に鈴鹿川をわたり、山を越えていかねばならない寂しさを、「妻毛不在君（向こうに妻が居るわけでもないのに）」と歌ったものである。この「不在君」という文字列もまた、歌意に即した意義――表意性を読み手に喚起するだろう。このように、二合仮名として「君」が使われる場合は、概ね、男女間の恋歌あるいは異性を思う内容であり、「君」字が選び、使われる動機として無関係ではないと思われる。男女間の歌そのものではないのは「雖見不飽君」(巻9・1721)と「所思君」(巻10・2184)の二首である。巻9・1721は「元仁歌三首」とあって、吉野を歌ったもののうちの第2首目である。これに続く1722結句に「戀布真國」があって、変え字である可能性がある。また巻10・2184の方は、黄葉が散ることを惜しんだ歌であるが、「もみじの山を恋人のようにして詠んでいる」（伊藤博『萬葉集釋注』当該歌注釈）とあるように、やはりここも二合仮名「君」の他の例と同様と位置づけで支障ないであろう。このように、二合仮名「君」の使用には文字列あるいは歌意との関連が看取できるのであって、たとえば先にみた「ナム」を記す二合仮名「南」のようなものとは異なる在りようであると言わねばならない。やはり、当該「君」字も、制限のある限定的な用法と、それに対して仮名として反復使用が中心になっているもの、という両者の違いを認めることができる。

・散

242　第2章　略音仮名と二合仮名との関係

【略音】
　左**散**難弥乃／楽浪の（巻1・31）、**散**和久御民毛／騒く御民も（巻1・31、50）他1例、仁寶播**散**麻思呼／にほはさましを（巻1・69）、**散**久伴奈能／咲く花の（巻5・804）他1例、**散**度人之／里人の（巻13・3302）、可敝流**散**尓／帰るさに（巻15・3614）、安佐**散**礼婆／朝されば（巻15・3627）、也伎保呂煩**散**牟／焼き滅ぼさむ（巻15・3724）、安美佐**散**麻之乎／網ささましを（巻17・3918）、比多知**散**思／常陸さし（巻20・4366）、可久志伎許**散**婆／かくし聞こさば（巻20・4366、4499）

【二合】
　散頰相／さにつらふ（巻11・2523）、**散**釣相／さにつらふ（巻13・3276）、**散**追良布／さにつらふ（巻16・3813）

　略音仮名の例は概ね、語や一首の歌意に即した使用とも見られず、一字一音仮名として反復使用されているといえる。これに対し、二合仮名は「さにつらふ」のみでの使用である。2523の表記は、同歌群中の2521番、第二句、「丹頰経君／につらふ君」との関係が見いだせる。3813は、車持氏娘子の作であるが、同作者で、この歌を含む歌群の第一首第一句頭で、「左耳通良布」があり、これとの変え字で対応が仕立てられているものと考えられる。以上のように、「散」字についても反復使用されるものと臨時的な使用という関係が見いだせる。

・難

【略音】
　左散**難**弥乃／楽浪の（巻1・31）、夕**難**岐尓／夕なぎに（巻13・3302）、毛等奈那**難**吉曽／もとなな鳴きそ（巻15・3781）、**難**麻理弖居／隠りて居る（巻16・3886）、須邊能思良**難**久／すべの知らなく（巻17・3937）

【二合】
　難可将嗟／何か嘆かむ（巻13・3249）、吾哉**難**二加／我や何にか（巻13・3265）

　地名　**難**波國尓／難波の国に（巻3・443）他29例

　略音仮名の方は、語や一首の文脈との紐帯をとくに有しているとは見られ

ず、一字一音仮名としての反復使用がなされていると見られる。これに対し、二合仮名は、「何」を表記した例が2例ある。この「何」は、通常正訓字表記「何」で記されることがもっぱらで、当該2例はまさに臨時的な表記であるといえる。

磯城島の　大和の国に　人二人　ありとし思はば　難可将嗟(何かなげかむ)
(巻13・3249)

世の中を　憂しと思ひて　家出せし　吾哉難二加(我や何にか)　かへりてならむ
(巻13・3265)

前者は、「大和の国に、あなたが他にもいると思ったら、何を嘆くことがあろう」の意であり、一首の歌意としては、もちろん反語的な表現をもって、結局は嘆いている歌ということになるが、結句だけに限っていえば、「嘆くことは何があろうか、ない」の意となる。その点で「難」という用字は、「嗟」と同一句内に並ぶものとしては、歌意にも合致した選択である。一方で後者は、「世の中をつらいと思って家を出た。私が家に戻って何になろうか」といった意である。出家を歌ったものだが、「私が家に戻って何になろうか」との言はつまり、戻るという選択をすることは困難である、出家を貫くということであろう。ここでも、「難」は、当該四句目から結句への文字列において、歌意に見合ったものと読める。

以上より二合仮名「難」字の2例は、各々一首における歌意に沿った臨時的な用字であるといえ、略音仮名「難」と対照的であることがわかる。

・萬

【略音】

加萬目立多都／かまめ立ち立つ（巻1・2）、伊隠萬代／い隠るまで（巻1・17）他7例

見放武八萬雄／見放けむ山を（巻1・17）他3例、孤悲而死萬思／恋ひて死なまし（巻1・67）他4例

泊之登萬里人／泊てし泊まりに（巻2・151）他1例、召賜萬旨／見したまはまし（巻2・157）

通計萬口波／通ひけまくは（巻3・423）他1例、伊与余麻須萬須／いよ

244　第2章　略音仮名と二合仮名との関係

　よますます（巻5・793）
　吉民**萬**通良楊満／君松浦山（巻5・883）、早還**萬**世／はや帰りませ（巻8・1453）他3例
　安**萬**田悔毛／あまた悔しも（巻12・3184）、麻**萬**能宇良未乎／真間の浦回を（巻14・3349）他2例、**萬**太良夫須麻尓／斑衾に（巻14・354）、佐吉多**萬**能／埼玉の（巻14・3380）
　阿米乎**萬**刀能須／雨を待とのす（巻14・3561）、波**萬**へ余里／浜辺より（巻18・4044）
　多**萬**之賀受／玉敷かず（巻18・4057）、宇**萬**尓布都麻尓／馬荷両馬に（巻18・4081）
　安**萬**射可流／天ざかる（巻18・4082）、都**萬**麻乎見者／つままを見れば（巻19・4159）
　宇**萬**良能宇礼尓／茨の末に（巻20・4352）、安吉豆之**萬**／秋津島（巻20・4465）
　夜**萬**登能久尓乃／大和の国の（巻20・4465）
【二合】
　遣之**萬々**／任けのまにまに（巻13・3291）他1例

　略音仮名の方は、助詞マデの表記「萬代」で表意性が見いだせるものがあるが、ほとんどは、文脈や語とのつながりは特に認められず、後続音節に特に制限があるとも見られない。一字一音の「マ」の仮名として反復性が高いといえる。これに対し、二合仮名は「まにまに（随に）」にのみ使われている。「任けのまにまに」とは、命に従うことの慣用句であるが、その権威の永遠性を思うことに有縁的とも、みられる。もう1例は「往乃萬々」で笠金村の作だが、これも天皇の行幸を歌う内容となっている。

・（参考）**雲**
【略音】
　地名　雲根火雄男志等／畝傍ををしと（巻1・13）
　雲聚玉蔭／うずの玉陰（巻13・3229）
【二合】

地名 雲飛山仁／畝傍の山に（巻7・1335）
　地名「ウネビ」では略音仮名と二合仮名両方の使用があるが、非固有名詞では実質略音仮名が唯一例である。当該字母については二合仮名が地名しかないために参考に止まるものである。なお、「うず」とは、頭に挿して飾りにした木の枝や花などのこと。「聚」とは「集」の意。また「ウネビは、略音仮名と二合仮名の両方がある。「雲根火」表記については、毛利正守「一三番「高山波雲根火雄男志」の解釈をめぐって」（『美夫君志』34　1987）に「雲根」が漢籍に認められる語であることなどをふまえ、「「高山」「雲根火」「雄男志」の用字をもってその連想が視覚的にうつしだされることになった」と指摘するところに従う。一方二合仮名の「雲飛」もまたウネビの表記として唯一例であるが、「雲」を多音節字音仮名として使用したものとしては、播磨国風土記に「雲潤」「雲箇」がある。訓字・訓仮名としては197例あり、この「雲」字は、訓で主用される字母であるといえる。ちなみに漢籍においても「雲飛」が認められる。

　　巨艦雲飛、横斷浿江　　　　　　　（『隋書』帝紀第四　煬帝下　大業8年）
　以上、撥音字についても同様にみてきた。入声字の場合と同様、略音仮名と二合仮名いずれもが反復使用されるということはない。常に、両方とも希少な臨時的使用であるか、あるいは一方のみが反復使用されている。冒頭に示したごとく、子音韻尾字音仮名ののべ字種数に対して両用される字母が相対的に少ないことの意味もこれで理解できる。両用は、極力抑制されているとみるのが穏当と思われる。

3、略音仮名と二合仮名の関係

　冒頭にのべた略音仮名と二合仮名の分布の在りようなども含めつつ、両者の関係を整理してみよう。まず、二合仮名と略音仮名両方に使われる字母というのは、萬葉集における子音韻尾字をもとにした字音仮名167字種中において12字種、約7％に過ぎない。つまり、そもそも両用されることが希である。また、二合仮名と略音仮名を両方つかっている歌人はいるが、ひとつの

字母においてそれを行っている歌人は額田王の「南」、笠金村「萬」、人麻呂「作」それぞれ1例ずつのみであって、さらに限定されることになる。

　次に、略音仮名と二合仮名が両用される字母は、いずれもが反復して使用されることがないという特徴がある。一方が反復性の高い仮名として使われることでほぼ占められる場合、もう一方は非常に希少か、あるいは特定の語や文脈に即した臨時的な使用がなされている。つまり、一音節にも二音節にも存分に使わない――略音仮名と二合仮名両用字の抑制が認められる。それは、その子音韻尾字を含む表記について語を同定する上での可読性の配慮による結果と理解するのが穏やかであろう。

小　括

　略音仮名と二合仮名の両形態に頻用される子音韻尾字というのは存在せず、いわば両用はできるだけ回避されていることが知られた。このことは、ある子音韻尾音仮名の字母を目にしたとき、それを一音節で読むのか、二音節で読むのかという揺れ（あるいは迂回）が起きることからの回避にその根本があると思われる。ひとつの字が幾通りにも読める（使える）というのは、一見便利そうではあるが、それはそのまま読み手への負担とも表裏である。つまり、字母、字音の選択可能性が広がるということは必ずしも機能性の向上と直結しているものではない。ある環境において、その字が二合か、略音かということに、どのように判断をつけていくかということについては、本節の考察を踏まえ、後ほど**第4章**にてさらに深く追求する。

　ところで、萬葉集ではひとつの語が多彩な方法で書き尽くされるということがないという点も注意される。これは、1つの字を幾通りにも読むことがかえって不便さにもつながることと通底していると思われる。たとえば、ある語の表記をなすとして、訓字だけ、あるいは仮名書きだけというのをはじめとして、訓字や多音節仮名をつかう、また訓字や義訓、ときに単音節仮名、といった具合で、仮に幾通りかあったとしても、全ての方法が駆使し尽くされることはないのである。つまり、1つの語が訓字で書かれ義訓でもか

かれ、二合仮名や多音節訓仮名のときもあればさらに一字一音表記のものもある、というような例は存在しない。ある1つの語を何通りにも書くことができる、あるいは1つの文字を何通りのよみも使うことができるというのは、書き手にとっては選択肢の拡大であり、いわば制限の解放に方向が向いているからそういう意味において利便性の向上かもしれないけれども、読み手にとっては負担となってのしかかってくることにもなるわけである。このことは、子音韻尾字をどう使うこともできたはずなのに実際には非常に抑制した在りようをみせるということに鑑みた場合に、重要な意味をもつ。つまり、約7000余例ある略音仮名をどんどん二合仮名に作り替えることもできるし、二合仮名にしても、韻尾を捨ててしまえば略音仮名へと姿を変える。子音韻尾字それ自体には、どちらの形態に転用しようと、制限は本来ないものである。それをしかし、無作為にやっていないところに、可読性への顧慮を認め得るのではないか。

【参考文献】

井手　至「万葉仮名」(佐藤喜代治編『漢字講座4　漢字と仮名』明治書院　1989)
乾　善彦『漢字による日本語表記の史的研究』(塙書房　2003)
犬飼　隆『上代文字言語の研究』(増補版　笠間書院　2005)
内田賢德『上代日本語表現と訓詁』(塙書房　2005)
大野　透『萬葉假名の研究』(明治書院　1962)
大塚　毅『萬葉仮名音韻字典』上巻・下巻（勉誠社　1978)
沖森卓也「子音韻尾の音仮名について」(『鎌倉時代語研究』23　2000──のち『古代日本の文字と表記』(吉川弘文館　2009) に採録
奥田俊博『古代日本における文字表現の展開』(塙書房　2016)
春日政治『假名發達史序説』(『春日政治著作集　第一』勉誠社　1933)
姜斗興『吏読と萬葉仮名の研究』(和泉書院　1982)
木下正俊「脣内韻尾の省略される場合」(『萬葉』10　1954)
高松政雄『日本漢字音概論』(風間書房　1986) 主に第二章「万葉仮名」
沼本克明『平安鎌倉時代に於ける日本漢字音に就いての研究』(武蔵野書院　1982)
　　──『日本漢字音の歴史』(東京堂出版　1986) 主に第一章 pp58-100

―――――「漢字の字音」（佐藤喜代治編『漢字講座１　漢字とは』明治書院　1988）
―――――「字音假名遣いについて」（築島裕編『日本漢字音史論輯』汲古書院　1995）
―――――『日本漢字音の歴史的研究』（汲古書院　1997）
橋本四郎「多音節假名」（『澤瀉博士喜壽記念萬葉學論叢』澤瀉博士喜壽記念論文集刊行會　1966）
馬淵和夫「日本語・音韻の歴史・上代」（『解釈と鑑賞』25　1960）
三吉　陽「入聲音より見た人麻呂の用字法」（『萬葉』7　1953）
毛利正守「和文体以前の「倭文体」をめぐって」（『萬葉』185　2003）
森　博達『古代の音韻と日本書紀の成立』（大修館書店　1991）

第 3 章　二合仮名の機能を巡る分析

導　言

　第3章では、第1章および第2章において基本的な検証でその素性が描き出された二合仮名が、実際にどのように使用されているか、用例に即して詳細に分析する。先の分析方法は、文字ごとに切り出し、字母一覧を提示し、その音節を調査したり、原音との対応をみたりという形での調査であった。ここではそれをより深め、まず文字列上の環境——語のどの部分に二合仮名が位置しているかということを悉皆的に分析する。次いで、二合仮名と機能的に重なるとみられる多音節訓仮名との比較を通して、二合仮名の立ち位置を明確にするという、より動態的な観察、検証を行う。さらには、萬葉集にもいくつかあらわれ、そして古代文献にも広く認められる地名表記における二合仮名を、萬葉集の一般語表記に用いられるものとの比較を通じて、検証する。

　以上をもって二合仮名の実際の使用痕跡を精査し、その働きを帰納する。なお、地名表記における考察においては、字母の選択可能性というところにも及んで、その実相を明らかにする。

第1節　非固有名詞表記における二合仮名

はじめに

　早くに橋本四郎「訓假名をめぐつて」(『萬葉』33　1958) が「訓假名と正訓字が同一環境に現れ易い」と指摘しているように、訓字主体表記歌巻においては訓仮名という仮名が顕著に使用されている。ところが、その中にあって、音仮名である二合仮名が用いられ、しかも仮名主体表記歌巻にくらべて明らかな偏りが認められる。ここにはどのような事情があるのか、考えてみたい。そこでまずは、二合仮名の使用位置、つまり句の文字列上の位置について、前後の文字のいわゆる音訓の別なども視野にいれつつ種々の点から検証する。さらにこれに基づき、付属語表記を中心として反復使用される二合仮名と、そうでないものについてそれぞれ考察を加えたい。

1、考察の方法論

　前述の通り、二合仮名が訓字主体表記歌巻に偏って用いられる（地名も含めてのべ約300例中、約270例が訓字主体表記歌巻中に使用されている）わけだが、冒頭にも触れたように、訓仮名もまた「正訓字の用ゐられる環境に現れ易く」（橋本前掲論文）、二合仮名と共通した特徴を有している。このことから、主用される訓字主体表記歌巻での在りよう、訓字とともに用いられているその様相を分析することで、二合仮名の機能と存在意義がより精密に知られると期待できる。まず、用例のほとんどを擁す訓字主体表記歌巻中における二合仮名が、句中あるいは語中のどういった位置に用いられているかを観察する。検証にあたっては、2つの観点を設定する。
　①句中における使用位置および前接、後接字の検証。すなわち音・訓の別

と二合仮名の前後の文字列についての精査。
②句を構成する語における二合仮名の位置の検証。すなわち語と語の境界と、表記される位置についての精査。

なお、考察にあたっては地名等固有名詞は除き、すべてこの後の**第3節**及び**第4節**における地名表記と二合仮名の検証に預ける。また、訓字主体表記歌巻における考察を経て後、仮名主体表記の二合仮名（のべ5例）について考察をくわえる。

少し先取りして言っておくと、二合仮名は句頭・句中・句末のすべてにおいて使用されており、その前後の文字も音訓を問わず認められる。また前後には、多音節字・単音節字のいずれも承接し得る。傾向としては、概して、自立語表記に関わる場合は句頭句中に位置することが多く、付属語表記に関わる場合は句中句末に多いという、いわば当然ともえいる分布をなしている。用例数の偏りからすれば、後者の付属語表記で、なおかつ句末に位置する場合に最もよく使用されている（付属語表記で句末の使用：199例中67例、自立語と付属語に跨る位置で句末の使用：199例中24例）。概略的な数値はこのようなところである。以下、具体的に1つ1つみていくことにする。

2、考察①　二合仮名と前後の文字列

前述のように、二合仮名は句頭・句中・句末すべてにおいて使用され、なおかつ前後に位置する文字は音訓のいずれも認められる。本節では、その一句の中で二合仮名がどういう位置にあって、機能しているかをより具体的に1つ1つ観察する。二合仮名の使用位置全パターンをモデル化し、その分布を以下に示す。それぞれ具体例も若干挙げておく。

凡例：φ＝文字がない、音（二）＝当該二合仮名、音＝その他の音仮名、訓＝訓字、訓仮名

・**句頭使用**

　ⓐ　│φ│─│音（二）│─│訓│…9例

　　欝蟬乃／うつせみの（巻3・443）

ⓑ　φ━音（二）━音…27例
　　　福路庭／袋には（巻2・160）

　音仮名が後ろに続くⓑの方が相対的に多い。句頭なので、書かれる語はすべて自立語に関わるもので占められる。なお、当該グループで二合仮名に訓字が続くものは、

　　　越得之旱物／をちえてしかも（巻13・3245）
　　　乞痛鴨／言痛かるかも（巻11・2768）

の2例に留まる。後者は脱落想定表記でやや特殊だが、「越／得（をち／えて）」「乞／痛（言／痛）」と、いずれも、二合仮名／訓字という文字列上での切れ目が、ちょうど語と語の境界にも合致している。上に示したように、多くは音との組み合わせ、一部で訓仮名と共にその一語を記している。なお、訓字と二合仮名の二字でもって一語をあらわすという例は見いだせない。

・句中使用

ⓒ　音━音（二）━音…7例
　　　有廉叙波／うれむぞは（巻11・2487）
　　　尓太遥越賣／にほえ娘子（巻13・3309）

ⓓ　訓━音（二）━音…18例
　　　黒髪色天／黒髪敷きて（巻11・2631）
　　　吾者来南登／我は来なむと（巻9・1740）

ⓔ　音━音（二）━訓…4例
　　　越乞兼而／をちこちかねて（巻12・2973）
　　　極尓監鴨／泊てにけむかも（巻9・1718）

ⓕ　訓━音（二）━訓…41例
　　　待監人者／待ちけむ人は（巻3・443）
　　　在濫子等者／あるらむ児らは（巻11・2607）

　ⓕの、訓と訓とに挟まれる二合仮名は、のべ用例数でいえば次に挙げる句末使用におけるⓗに次いで多い。音仮名である二合仮名が訓字に挟まれる形で使用されているわけだが、ここで注意されるのは、先の句頭の項でもみた

ように、二合仮名の文字列上の位置、つまり文字ごとの切れ目が、多くは語と語の境界に対応しているという点である。⑤の挙例でいえば付属語の「けむ」「らむ」が音仮名である二合仮名で記されることによって、明示的であるということがいえよう[1]。語との対応や訓仮名との関係については後節で詳述することとし、ここでは、語と語の境界に合致する形で二合仮名が置かれていることが多いという点をひとまず押さえておきたい。

・**句末使用**

 ⓖ 音─音（二）─φ …10例

  見欲賀藍／見が欲しからむ（巻6・910）

  奥名豆颯／沖になづさふ（巻3・430）

 ⓗ 訓─音（二）─φ …78例

  今悔拭／今そ悔しき（巻7・1337）

  置而徃監／置きて去にけむ（巻3・443）

 この句末使用でのⓗが最も用例数が多い。そしてその78例中の63例が付属語にかかわり、そしてそのうちの23例が、上のごとく前字が訓字の自立語であって、当該二合仮名が付属語および活用語尾を記す、というものである。たとえば1337番は厳密には活用語尾と助動詞の二語にまたがっていることになるが、「悔拭」とあるように二合仮名はちょうど語幹部分と活用語尾以下（さらに後接の付属語含む）という箇所におかれていることがわかる。

 以上、二合仮名とその前後の字の音・訓をモデル化し、それぞれの在りようをみてきた。用例としては句頭・句中・句末において、それぞれ全パターンが存在する中、自立語を記すものに偏っている場合（句頭）と、付属語（一部に活用語尾を含む）を記すことに偏っている場合（句末）とがあるが、語のまとまり、境界に対応する形で置かれている点では句頭・句中・句末で一貫した特徴を持つことが知られた。

 さて、次節考察②では、概略的に傾向を捉えようとする本節から転じて、句を構成する語との対応をより具体的に詳しくみていく。

3、考察② 語の境界と二合仮名の位置

　ここでは、その句を構成する語と二合仮名との対応に目を向けてみたい。二合仮名がある語の表記に用いられるとき、その使用位置について、
　（ア）一語中に収まっているもの
　（イ）二語間に跨る位置に使われているもの
と仮説的に分類する。（ア）は121例、（イ）は73例ある。以下（ア）から詳しくみていこう。

3−1、（ア）について

　この（ア）では、その語が二音節か、三音節以上かで下位分類する。まず二音節の場合であるが、二合仮名は一字二音節であるから、つまりは二合仮名の一字で記されるものがここに該当することになる。表記されるのは自立語および付属語である。使用字母は「越」「乞」「各」「色」「監」「兼」「南」「濫」「藍」「覧」「険」「弾」「難」で、自立語表記例は異なりで7語・のべ15例、付属語表記例は異なりで4語・のべ64例である。

・二音節の語の例

　以下用例を各字母ごとに挙げる。異なり語で11、のべ79例ある。同一字でも、記している語が違う場合はその一々を挙げるが、それが複数ある場合は代表で1例だけ挙げ、その他については用例数のみ記載する（以下同様）。

　　越乞尓／をちこちに（巻6・920）他3例
　　越得之旱物／をちえてしかも（巻13・3245）他1例
　　越乞尓／をちこちに（巻6・920）他3例
　　乞痛鴨／言痛かるかも（巻11・2768）
　　各鑿社吾／かくのみこそ我が（巻13・3298）
　　黒髪色天／黒髪敷きて（巻11・2631）
　　難可将嗟／何か嘆かむ（巻13・3249）他1例
　　待監人者／待ちけむ人は（巻3・443）他8例

射立為**兼**／い立たせりけむ（巻1・9）他218例
　　不散在**南**／散らずもあらなむ（巻7・1212）他3例
　　越**濫**今日曽／越ゆらむ今日そ（巻9・1680）他11例
　　有**藍**君叫／あるらむ君を（巻1・2248）
　　於毛求**覧**／乳母求むらむ（巻12・2925）他5例
　　有**険**人母／ありけむ人も（巻7・1118）他1例
　　今夕**弾**／今夜だに（巻12・3119）

当該グループはのべ用例数が79例にのぼり、最も多いのであるが、語の異なり数では最多ではなく、三音節以上の語を記す後述のグループの方が多い。つまりここは、反復使用されているものが多いのである。特に顕著なのは付属語表記で、たとえば「けむ（兼、監、険）」／40例、「らむ（濫、藍、覧）」／19例などである。

・三音節以上の語の例

　使用字母は「蘺」「雜」「颯」「塔」「匝」「欝」「越」「薩」「壱」「作」「式」「極」「色」「福」「廉」「瞻」「萬」「凝」「鍾」「當」である。用例は自立語表記の場合のみで、語の異なりでは19語・のべ42例ある。なお、三音節以上なので、二合仮名は先頭、中間、末尾かのいずれかに位置することになるが、中間（たとえば四音節語の二～三音節目）に位置するものはない。従って、先頭もしくは末尾の2種となる。先と同様に以下、用例を各字母ごとに挙げる。

　先頭
　　雜豆蘺／さひづらふ（巻7・1273）
　　欝蟬乃／うつせみの（巻3・443）他1例
　　佐可遥**越**賣／栄えをとめ（巻13・3309）他2例
　　薩雄乃祢良比／さつをのねらひ（巻10・2149）他1例
　　壹師花／いちしの花の（巻11・2480）
　　作楽花／さくら花（巻13・3309）
　　極此疑／こごしかも（巻3・322）
　　極太甚／ここだ甚だ（巻11・2400）他1例

色妙乃／しきたへの（巻2・222）

福路庭／ふくろには（巻2・160）

遣之萬々／任けのまにまに（巻13・3291）他1例

凝敷山乎／こごしき山を（巻3・301）他1例

鍾礼乃雨者／しぐれの雨は（巻8・1593）他12例

當都心／たぎつ心を（巻11・2432）他2例

末尾

雜豆繭／さひづらふ（巻7・1273）

奥名豆颯／沖になづさふ（巻3・430）

絶塔浪尓／たゆたふ波に（巻7・1089）

名津匝来与／なづさひ来むと（巻3・443）

百式乃／ももしきの（巻3・260）

有廉叙波／うれむぞは（巻11・2487）

蕀瞻乃／うつせみの（巻4・729）

上のごとく、先頭で使われる場合の方が多く、異なりで13語、35例ある。各字母では、孤例ばかりではなく反復使用も認められるが、先の二音節語表記の場合ほど目立つものではない。語の末尾使用の場合は、6語で7例（語での重複例は「なづさふ」を記す「颯」と「匝」）と、ほぼいずれも1回のみの使用である。

（ア）についてまとめると、二音節語に使用される二合仮名が主勢力であり、さらにそのうちには反復使用されるものを多く含んでいる。中でも、顕著なのが二音節付属語の場合で、これらが主として用例数を蓄積している。井手至「仮名表記される語彙」（『遊文録　国語史篇二』和泉書院　1999）が「本来、助詞、助動詞は、漢字化の困難な、膠着語としての国語に特徴的な語詞であった」と述べるように、そもそも助詞・助動詞類は漢字の意味との関連を持たせ難いことが多く、仮名で書かざるを得ないところがある。橋本四郎前掲論文は、「同一語に同一文字が集中すれば、その字がある表意意図を反映することは否定できない。けれどもそれは運用に伴つて結果的に生じた標性なのであり、素材的表意性とは無関係である」と述べる。さらに

「(付属語類が位置するところは――筆者注)文字に備はつた素材的表意性の活かしにくい位置であり、語との衝突も起こりにくい。二次的表意性が伴はれるのはそのためである」とも指摘していることは、首肯されるだろう。付属語表記に反復使用される二合仮名が、上述のような性質を帯びていたことは想像に難くない。対して、三音節以上の語を記す場合は、さほど反復使用されることはなく、一方で、語の異なりとしては二音節語表記より多いほどである。

3－2、(イ)について

(イ)は、二合仮名が二語間に跨る位置に使われているものが分類される。使用字母は「拭」「莫」「幕」「落」「楽」「甘」「金」「今」「南」「念」「藍」「點」「三」「干」「漢」「君」「散」「粉」「萬」「遍」「丸」で、のべ73例ある。なお、「二語間に跨る」というその認定については、作業仮説として、分析者からみて文法的にそう判断されるものをすべて当該に分類することとした[2]。当該グループはさらに2つに下位分類される。まず1つ目はク語法の用例群である。のべで27例ある。

・ク語法の用例

散莫惜毛／散らまく惜しも (巻8・1517) 他2例

老落惜文／老ゆらく惜しも (巻13・3246) 他2例

見幕下吉／見まくしも良し (巻10・2200) 他2例

吾戀楽者／我が恋ふらくは (巻11・2709) 他6例

ク語法での使用は、概ね作者年代未詳歌なのであるが、いずれも反復使用が認められる。中には、「吾戀楽者／我が恋ふらくは」のように表意性を帯びていると捉えられなくもないものがあるが、同字でその意図を汲みにくい「絶楽思者／絶ゆらくおもへば」もあるため一概に扱うのは躊躇される。これらの語は二合仮名を用いてク語法の形を記しているけれども、語をあらわす肝心の「散」「老」「見」「戀」は、訓字が担当している。ここでの二合仮名が反復使用されていることは、先の(ア)の付属語表記の場合と同様によるものと考えて差し支えない。

なお、二合仮名が使われている位置が上のものと違うが、次のようなものもあり、反復使用が認められる。

  雖見不飽君／見れど飽かなくに（巻9・1721）他10例

・**二合仮名が二語間に跨るもの（＝ク語法の用例以外）**

 二語間に跨っているので、その二語でひとつの異なりとみなして字母ごとに全て挙例する。反復使用がある場合、残りの例については用例数のみを記す。

  今還金／今かへり来む（巻13・3322）
  乱今可聞／乱れ来むかも（巻12・2927）
  戀度南／恋ひ渡りなむ（巻6・997）他19例
  獨鴨念／ひとりかも寝む（巻4・735）
  人見點鴨／人見てむかも（巻11・2353）他1例
  散追良布／さにつらふ（巻16・3813）他2例

  今悔拭／今そ悔しき（巻7・1337）
  汝毛半甘／汝も泣かむ（巻16・3847）他1例
  指南与我兄／死なむよ我が背（巻12・2936）
  神思知三／神し知らさむ（巻4・561）他2例
  見欲賀藍／見が欲しからむ（巻6・910）
  湯桜干／ゆくらかに（巻12・3174）
  尔故余漢／にこよかに（巻11・2762）
  相狭丸／あふさわに（巻11・2362）
  岸乃黄土粉／岸のはにふに（巻6・932）
  邊津遍者／辺つへには（巻3・260）
  千遍敷及／千重にしくしく（巻11・2552）他2例※**補章**にて取り上げる
  遣之萬々／任けのまにまに（巻13・3291）他1例

 上に挙げたうち、最初の6例は二合仮名一字に二語が収まっている場合である。ここではまず「今還金」を例にとってみてよう。「還」については活用語尾表記はないが「金（こむ）」をあてることで、活用形は必然的に同

定され得る。萬葉集中には、「我告来（われにつげこ む ）」（巻11・2384）など、付属語類を読み添えとしている例がままあるが、ここでは「今還来」ではなく、二合仮名を使用している。訓字を主として記すという方針に乗って、しかし二字に渡るような「来＋〈付属語類〉」などではなく、それでいて「む」という付属語類をも漏らさず表現できるものとして二合仮名は選び取られたと推察することが可能である。「獨鴨念」も同様で、付属語類をも含めて句を閉じる表記として二合仮名が採用されているのであろう。なお、ここでは一人想いにふけって寝るということで、「念」字は歌意にも沿う、表意性を帯びた例と読める（既出）。

　7例目以降は、二合仮名が二語間に跨る位置に使われているものの、先の場合と違い、二合仮名一字には収まってないものである。2つの語のうちの前については体言の一部や活用語尾等を記している一方、後ろの語はかならず一音節語（「に」「む」「き」のみ）であるという点に注意したい。つまり、「二合仮名／後接字」という文字列上の切れ目が、そのまま語の切れ目にも一致していることになるのである。二語間に跨る位置に使われるといっても、二合仮名は、決して後ろの語において中途に跨ることはない。付属語類を含めて二合仮名で記し、語のまとまりとして閉じることで、次の語との境界が示されているといえよう。これは結局、二合仮名一字で二語を記す先の場合と、働きとしては共通する点である。

　また、この二語間に跨る場合の二合仮名の使用には注目すべき特徴が1つ挙げられる。のべ73例あるうち、3例だけが句頭（3例とも「サニツラフ」を記した「散」）に使われているが、そのほかのほとんどが前接に訓字を配しているのである。訓字には網がけをして示す。

　　今悔拭／今ぞ悔しき（巻7・1337）
　　人見黚鴨／人見てむかも（巻11・2353）

などのように、句頭を除いた70例中、64例までがこのように訓字を前節に持つ。なお、音仮名に続く例は、

　　戀八九良三／恋ひや暮らさむ（巻1・1925）
　　指南与我兄／死なむよ我が背（巻12・2936）

見欲賀藍／見が欲しからむ（巻6・910）
尓故余漢／にこよかに（巻11・2762）
遣之萬々／任けのまにまに（巻13・3291）

である。

4、1回だけ使用されるものと反復使用されるもの

すでに幾度か触れているとおり、二合仮名には、臨時的に1回だけ使用されるものと、反復使用されるものとが存在する。前節でみた二語間に跨る例では、ク語法の場合に反復使用を認めることができるが、その他では孤例が多い。先にみた（ア）に分類されるものもあわせていえば、反復使用によって用例数が多数に及ぶものとしては、付属語「らむ」「けむ」「なむ」などを記した例が挙げられる。たとえば、

戀度南／恋渡りなむ（巻6・997）
多在南／多くあらなむ（巻11・2829）
妹待覧蚊／妹待つらむか（巻11・2631）
今日可越覧／今日か越ゆらむ（巻12・3194）
待監人者／待ちけむ人は（巻3・443）
挿頭折兼／かざし折りけむ（巻7・1118）

などである。訓字主体表記歌巻・仮名主体表記歌巻あわせて固有名詞を除く二合仮名はのべ197例あるが、そのうち、「けむ」「らむ」「なむ」だけで89例にのぼる。たとえば、「南」（なむ）は訓字主体表記歌巻中に25例ある。二合仮名の中では「兼」と並んで最もよく反復使用される字である。前節では、二語間に跨るものにおいて「南」字が21例あることを示した。厳密にいえば「ナ変の活用語尾＋む」の場合が1例と、「な＋む」の場合が20例であるが、このほかに、（ア）に分類された終助詞「なむ」が4例ある。本節で右に挙げた「南」の2例は、前者が、先にも挙げた「な＋む」、後者が終助詞「なむ」であるが、その語構成を問わず同様に「南」があてられている。さらに、2例ともがいずれも「訓字＋南」という表記をとっており、これは

「南」字のほかの例にも顕著に認められるありようである。つまり、付属語類の語構成の違いには頓着せず、「なむ」という音節を写している。そしてそれゆえに反復使用され得たものと考えられる。なお、集中における二合仮名表記の「らむ」は、助動詞「らむ」のみであって、「ら＋む」は見いだせない。

　ところで、こういった二合仮名の付属語類表記は後の古今集においても、
　　こひわひてうちぬるなかに行かよふ夢のたゝちはうつつなら南
　　　　　　　　　　　　　　　　（元永本／巻12・558　藤原敏行）
のように、平仮名の文字列に交じって使用されている場合がある（**終章**で再び詳しく触れる）。このように、二合仮名一字で記される付属語は萬葉集で反復使用され、後代にも使用されているものがある。ただ、平仮名環境におかれるそれとは、区別しておいたほうがいいと考えるので、本節では、その存在を指摘しておくにとどめる。

5、訓仮名との関係

　以上の考察①②の結果をうけて、二合仮名が訓字主体表記において使われる意義を、訓仮名との関係で考えてみたい。訓字が多く句頭に位置し、訓仮名は句頭以外、特に句末に位置することが多く、一つの分節標識ともなっているようにみられる。そして、本節でみたように、二合仮名もまたこの句末によく使用され、殊に付属語表記に多いという点において、訓仮名との相似性が認められる。訓仮名とは訓字を背景にしたものであり、そこから意義を捨象したものと一応は考えられる。すなわち、川端善明「萬葉仮名の成立と展相」（『古代日本文化の探求　文字』世界思想社　1975）が「訓仮名が訓字と連続的に把握された」、「訓仮名は意義との関連を捨てきれぬ、表音文字としての不純さにおいて、不純さを利用することによって使用されている」と述べる通りである。そして一方、表意性も読みとりうる二合仮名も、やはりこれに相似するところがあろう。さらに、川端前掲論文は「音仮名か訓仮名かという、仮名としての出自を問題にしなければ（中略）仮名としての平等

さ、あるいは表音することの平等さを意味する」といい、また「音仮名と訓仮名の、以上の限り（「表音する」という限り——筆者注）での同質性と、その仮名と訓字の異質性の明確化こそ、よむための文字次元での工夫なのである」とも述べている。

　これは、まさにここでいう二合仮名と訓仮名、そしてそれらに対する訓字との関係として首肯される指摘である。出自は違うけれども、訓字対仮名という図式におけるその仮名の括りに、「音次元」（川端前掲論文）で二合仮名と訓仮名は包摂されうる。つまり、同居し得たのである。そしてその中で役割の違いはむろんあっただろう。たとえば多音節の仮名が必要なときに、ラ行から始まる自立語はないのだから、「らむ」「らく」「れむ」などを記したいときは字音である二合仮名がもっぱら受け持つといった点が挙げられる。また、二合仮名で最も用例数を蓄積している付属語「なむ」「けむ」なども、多音節訓仮名でそれを記すものは稀である。「なむ」については多音節訓仮名では唯一「菅」（集中に6例）があるが、「けむ」については多音節訓仮名での表記は認められない。このように、二音節で、訓仮名に転用できる音節の並びを持っている訓字が見いだし難い場合に、それを二合仮名が担っているところがあると見通される。この点は次の**第2節「二合仮名と多音節訓仮名」**にて、詳細に考究する。

6、萬葉集における仮名主体表記歌巻内でのありよう

　以上、前節まで訓字主体表記歌巻におけるありようをみてきた。次に仮名主体表記歌巻中における二合仮名の様相をみておきたい。用例は「一云」を含めて次の5例である。

　　可久夜歎<u>敢</u>／かくや歎かむ（巻5・901　山上憶良）
　　計布夜須疑<u>南</u>／今日や過ぎなむ（巻5・884　麻田陽春）
　　（但し憶良がこれに追和）
　　伊能知周疑<u>南</u>／命過ぎなむ（巻5・886　山上憶良）
　　阿我和加礼<u>南</u>／我が別れなむ（巻5・891　山上憶良）

第1節　非固有名詞表記における二合仮名

　　相別南／相別れなむ（巻5・891）※一云

　仮名主体表記歌巻中における二合仮名は、上記に挙げた通り多くは憶良の作でしかも「なむ」を記した「南」で占められる。一方の「可久夜歎敢／かくや歎かむ」の二合仮名「敢」は、集中でもこれが唯一例である。これは前章でもみたような二語間に跨る位置に使われているタイプであるが、萬葉集外にもこのような「敢」の例は認められない。

　当該例は語幹「なげ」＋活用語尾「か」＋付属語「む」という構成になっている。このうち「歎」字は語幹「なげ」にあてられ、活用語尾以下を「敢（かむ）」が担っている。ここで、同語「歎かむ」を歌った例をみておこう。当該以外では集中に10例ある。以下に表記の異なりで挙げる（一字一音式のdは、他の例において「可」と「加」、「牟」と「武」の異同があるが、ここでは代表して1例のみを挙げておく）。

　　a、何香将嘆／何か嘆かむ（巻4・489）他2例
　　b、何嘆／何か嘆かむ（巻10・2239）他1例
　　c、難可将嗟／何か嘆かむ（巻13・3249）
　　d、伊毛我奈氣可牟／妹が嘆かむ（巻14・3357）他3例

　このうち、当該と同じく訓字が使われているのはa、bの5首だが、活用語尾および助動詞までをも記したものはない。ここで当該歌をあらためて挙げると、

　　麁妙能　布衣遠陁尓　伎世難尓　可久夜歎敢　世牟周弊遠奈美
　　（荒たへの　布衣をだに　着せかてに　かくや歎かむ　せむすべをなみ）

である。結句は一字一音仮名のみであるが、その他の句はいずれも訓字と混淆されており、「布衣」、「難」、「歎」については訓字である。これらは各句で中核となる語であるとみられる。ここに加えて仮名も駆使した形をとり、どの句も付属語類をも含めて書こうという態度が見いだせる。なお、憶良には「かく」が当該以外に14例あるが、訓の「如是」で記すのが巻8・1520に1例あるほかは、すべて巻5における例で、いずれも仮名（加久、可久、迦久）のみを用いている。さらにそれらにおいて同句中に訓字を混ぜるものはこの「可久夜歎敢」以外になく、当該の特殊性が浮き彫りとなる。訓字

「歎」を記しながらも、なおかつ活用語尾＋助動詞をも記そうとした。そうするとまず単純に考えられるオーソドックスな候補は、結句と同じように一字一音仮名を用い、「歎加牟」などとすることが考えられるが、実際にはこの表記は採用されていない。

前述したように、憶良のこの一首をみてみると、訓字を用いているのはいずれも各句における物言いの中心となる語であるとみられる。当該句でいうと「歎」くという語に力点が（当然）置かれる。これを訓字にし、そして一字一音仮名を続けることをせずに二合仮名を配置する。たとえば「可久夜歎加牟」のように、一字一音の仮名の中に埋没するように配置しないのは、主となる語を訓字で記した上、続く付属語類を同じ多音節の二合仮名で記して句を閉じるという、語と語の境界や句構造の明示効果を配慮してのことではなかったか。別の観点から言えば、やはり二合仮名は訓字に親和するのである。なお、訓字主体表記歌巻中ではあるが、憶良には当該と同様、訓字に後続して二合仮名を配置することで付属語類をも記した例がある。

　　年薄経濫「年は経ぬらむ」（巻9・1716）

憶良の作品では、仮名主体表記において、自立語を訓字で記して仮名と混ぜて用いるものはあっても、その訓字の前後に二字以上の一字一音仮名を配置して挟むような例が見いだせない。つまり、「可久夜歎加牟」のような訓字を埋没させるような表記がとられることはないのである。また、既にみたように、二語間に跨る位置に二合仮名が使われるとき、その前接字をみるとほとんどが訓字（ないし訓仮名）である点ということが、やはりここでの「歎」＋「敢」にも当てはまる。活用語尾と付属語類表記を記し得て、なおかつ一字一音のごとくならず、訓字である「歎」字にそぐうものとして二合仮名「敢」を選び取ったのだと思量される。さらにここでは、粗末な衣すら着せることもできずこのように歎かねばならないのか、という意であるから、難儀をするという歌意にみあうものとしても「敢」字はふさわしかったと読むこともできる。「敢」字がこういった意に使用されるのは、「敢而滂動」／あへて漕ぐなり「難儀をして漕ぐだろう」（巻9・1671──伊藤博『萬葉集釋注』）など「あへて」の訓字としても認められるのであり、当該字の

意味の理解として穏当であるだろう。

小　括

　二合仮名は一首中における文字列上の位置を問うことはなく、また前後の承接字を制限したりするわけでもなく基本的には自由に使い得るものであったとみられる。それゆえ、この仮名は様々に臨時的に用いられ得たともいえよう。

　用例分布にみる実際の使用傾向という点からすると、句末に用いられることが多く、訓仮名のごとく、語の切れ目の指標としてあった蓋然性が高い。また、書かれる語という観点からいっても、一語で記し得る二音節語に多く、やはり語と語の境界を明示することに寄与している場合が多い。二合仮名と、書かれる語の対応においては、多くは一語に収まっているが、中には二語間に跨る位置に使われている場合があり、これらは訓字（訓仮名）に続く形で用いられることがほとんどを占める。〝訓字に続く〟というのは、もちろん単音節の音仮名でもあり得ることである。しかし、二合仮名の場合は、原則として訓字主体表記歌巻から逸脱することがなかった点で通常の単音節の音仮名に比して差異がある。このことは、仮名主体表記歌巻である巻５における憶良の「敢」字が、結局は訓字「歎」の直後に位置していること、そして「南」字の反復使用も、同歌巻中においては数としてごくわずかであることと整合する。

　二合仮名の多くは、訓字主体表記歌巻の中で使用され、仮名主体表記歌巻にはほとんど勢力を拡大することなく事実上次世代には消えている（**第1章参照**）。その理由として、たとえば表意性をも目論んだ（と見られる）、１回だけの臨時的な使用といったあり方が、平仮名による歌表記になじまないといったもさることながら、訓字に交じって、そして訓字に親和し、結果的に語と語の境界を示すといった二合仮名の働きが、総仮名書きとはそもそも相容れない方法であった。このことは、訓字主体表記歌巻においては相当に反復使用されていた付属語表記（「南」）でさえも、一字一音表記においては４

例にとどまり、しかも局所的にしかみられないことからも知られる。つまり、二合仮名を用いても、一字一音の文字列中に埋没するためにその機能をほとんど果たし得ないからであろう。むしろ誤読の恐れさえ、あるかもしれないわけである。

　次節では、その主たる役割を果たす訓字主体表記歌巻におけるもう1つの仮名、訓仮名との比較検証を行う。

注

1）　訓字主体表記歌巻中において、「らむ」、「けむ」が一字一音仮名（「良武」「家武」など）で記されることはあるが、句中でしかも⒡のように訓字でこれを挟むような例は「けむ」では「徃**祁牟**君者」「有**家武**人之」の2例のみ。「らむ」では「越**良武**公者」「待**良武**妹乎」「立**良武**浪者」「戀**良武**鳥者」の4例のみである。句中で使われる場合は「家念**良武**可」「妹見都**良武**香」「神**家武**毛」「散**家武**可聞」のように、後続も音仮名であることが多い。

2）　たとえば「渡りなむ（南）」は「な＋む」と分析されるので、二語を二合仮名一字で記していることになり、（イ）の分類に該当する。もちろん、当時の分節感覚が現代と同一だとみなしているのではない。少なくとも現代の我々は語の構造を微細に分析できるわけだから、いったんこれで仮説的に分類しておく。

第2節　二合仮名と多音節訓仮名

はじめに

　訓仮名について、橋本四郎「訓假名をめぐつて」(『萬葉』33　1959)が「正訓字と訓假名の限界が極めて曖昧」、「假名であると共に意義表象を喚起し易い」と述べているが、たしかに、仮名でありつつ表意性を読みとれる例がある。

　　天橋も　長雲鴨　高山も　高雲鴨　月読の　持るをち水　い取り来て
　　君に奉りて　をち得てしかも　　　　　　　　　　　　(巻13・3245)

この歌は、天上に関する歌で、天にのぼるはしごがもっと長かったら、高い山ももっと高かったら、と歌う。「天」や、「高」いことと「雲」は有縁的であるとみていいだろう。訓仮名「雲」はクモという語形を表示する上、文脈にも沿っていることになる。橋本四郎「多音節假名」(前掲)が「意義表象喚起力を備へた借訓文字が主力を占める」と指摘しているように、ことに多音節訓仮名では右のような例を見いだすことができる。また、それ以外にも、概して付属語表記に使用されることが多いというのも特徴である[1]。一方、二合仮名についてもすでに前章までにみたように、類似のことが指摘できる。多音節訓仮名と同様、訓字主体表記歌巻において主として使用され、しかも付属語表記に最も多い。そしてやはり、表意性を読みとれる例も認められる。

　　大海に　島もあらなくに　海原の　絶塔浪尓(たゆたふなみに)　立てる白雲
　　　　　　　　　　　　　　　　　　　　　　　　　　　　　(巻7・1089)

　p入声字「塔」が二合仮名として使われている。内田賢徳「歌の中の漢字表現―訓字と仮名をめぐって」(『萬葉』161　1997)が「大海の大波とその上に立つ雲という空間の形状に、この字面は有縁的であろう」と説いている

通り、漢字と歌意との関わりが意識された表意性をもった表記であろう。このように、二合仮名は多音節訓仮名と類似した特徴を持っているといえる。

　この二つの仮名の特質をめぐる研究のその先駆けは、前掲した橋本四郎が「多音節假名」と題して二者を括って論じたところにあった。さらに毛利正守「歌木簡と人麻呂歌集の書記をめぐって」(『萬葉』205　2009)が、「訓仮名と二合仮名とは萬葉集にあって、その運用面・機能面からしてともに「訓用法」としての扱いであることがとくに留意される」と述べ、多音節のものを含む訓仮名と二合仮名を「訓用法」と位置づけて、両者の類似を指摘している。このように、二合仮名と多音節訓仮名が類似する働きを持っているということについて、疑いはないであろう。そこで、本節では、その類似する二者同士の関係はいかなる様相で、それがどんな意味を持つかを考察する。

1、多音節訓仮名の音節と二合仮名の音節

1−1、多音節訓仮名で記される音節

　本節は二合仮名の側から二者の関係をみていくので、多音節訓仮名も二音節のものを考察対象としたい[2]が、そもそも、多音節訓仮名はどれくらい存在しているのだろうか。先にも述べたごとく、訓字との境界が曖昧な場合もあるから、はっきりと訓仮名だけの集合を得るということは容易でない。橋本四郎は、多音節訓仮名をカウントするにあたり、枕詞と固有名詞に使用されているものを除外している。ただし、「「玉垣入」(二三九四)の「垣」のやうに、當時の表記の一般から離隔し、われわれの理解からもほど遠い字や、「石走」(五九七)の「走」のやうに、語の意味と無関係なことを承知の上で用ゐたとほぼ認めうる字は採用しておきたい」、「同じ文字で読みが異なる場合には(中略)その語の活用に従つて読みが変る場合を除いて、別字と扱つてゐる」などの方針を示している。その上で、「多少の主観の介入は避け得てゐない」と注意しつつ、のべ2005例(異なり字数288字)を掲出している。同論文では、字母のすべては示されていないので、同音節異字がどの程度あるかは知られない。たとえば「ウツセミ」の「ウツ」を記す多音節訓仮

名は「虚」「打」「空」の3字種あり、助詞「カモ」であれば「鴨」「毳」がある。こういうことからして、CVCVもしくはVCVで構成される音節の種類ということでいえば、少なくとも橋本氏の掲出した字種数よりは少ない288以下と見積もられることになるだろう。本節は、恣意を回避する目的もあって、多音節訓仮名の使用実態だけで話を進めることはせず、より確実である二合仮名の方の字母と対応する音節を基軸に、それと多音節訓仮名がどれほど重複するかという観点に立って考察を加えていくこととしたい。

1-2、二合仮名で記される音節と多音節訓仮名の使用状況

　二合仮名の字母と、その音節を異なりで整理して頭音から五十音順で列挙すると次の通りである。

　　イチ（壹）、ウツ（鬱）
　　カク（各）、カニ（干、漢）、カム（敢）、クニ（君）、ケ甲ム（監、兼、険）、コ乙コ（極）、コ乙ゴ（極、凝）、コ乙チ（乞）、コ乙ム（金、今）
　　サク（作）、サツ（薩）、サニ（散）、サ甲ヒ（雜、匝）、サフ（颯）、サム（三）、シキ（拭、色）、シグ（鍾）、セミ（瞻）
　　タ甲ギ（當）、ダニ（弾）、タフ（塔）、テム（點）
　　ナニ（難）、ナム（南）、ネム（念）
　　フク（福）、フニ（粉）、ヘ甲ニ（遍）
　　マク（幕、莫）、マニ（萬）
　　ラク（落、楽）、ラフ（臈）、ラム（濫、藍、覧）、レム（廉）
　　ワニ（丸）、ヲチ（越）、ヲ乙ト（越）

　このうち、多音節訓仮名の使用も認められる音節は次の11種である。（多音節訓仮名字母／二合仮名字母）として字母もあわせて掲示する。

　　イチ（市／壹）、ウツ（虚・空・打／鬱）、カニ（蟹／干・漢）、クニ（國／君）、サフ（障／颯）、サム（寒／三）、シ甲キ（敷／拭・色[3]）、セミ（蟬／瞻）、ダニ（谷／弾）、ナム（嘗／南）、マク（巻／幕、莫）

　二合仮名が使われる音節はのべ39種であり、そのうち多音節訓仮名も認められるのは上の11種であるから、3分の1以下にとどまるということがわか

る。このように、多くが多音節訓仮名と重複しない関係になっていることについて、以下詳しくみていこう。

1-3、使用の重複からみる多音節訓仮名と二合仮名の関係

　二合仮名が使われる音節のうち、多音節訓仮名があらわれないものについてみてみると、その語形で一語の倭語がない——つまりは訓字がそもそも存在せず[4]、訓仮名を作り出し得ない場合が多いことがわかる。ラ行音を頭音に持つ場合などがその典型といえよう。すなわち、

　　ケム・コゴ^甲・コチ^乙・サツ・サニ^乙・シグ・タギ・テム・ネム・フニ^甲・ヘニ・マニ・ラク・ラフ・ラム・レム

である。これらは、先にみた、多音節訓仮名と二合仮名の二者がいずれも使われる音節よりも数として多いのであって、つまり二合仮名が多音節訓仮名の記し難い音節によく使われていることを示している。また、その音節を語形として持つ訓字では使用が確認できるが、それを訓仮名として使用している例が見いだせない[5]という場合もある。すなわち、

　　カク・カム・ココ^乙・コム^乙・サク・サヒ^乙・タフ・ナニ^甲・フク・ワニ・ヲチ・ヲト^乙

である。つまり、二合仮名が使用される音節のうち多音節訓仮名があらわれていないものは、多音節訓仮名が使えるのに使っていないというのではなく、多音節訓仮名がそもそも使用し難いゆえである、ということがまずは知られよう。

　次項以降では、両用されている場合に二者がどういう関係になっているのかを検証する。

2、同音節で使われる多音節訓仮名と二合仮名

2-1、多音節訓仮名と二合仮名の反復使用と臨時的使用

　先にも挙げたように、二合仮名と多音節訓仮名が両方使われている音節は11種ある。ここでは、それらのうち、二合仮名と多音節訓仮名が同じ音節に

用いられてはいるが、それぞれ別語であるという場合をみていこう。
- イチ
  【多音節訓仮名】
  　市「**市**白久／**いち**白く」（巻12・3021）…集中他4例
  【二合仮名】
  　壹「**壹**師花／**いち**しのはなの」（巻11・2480）…集中唯一例
- カニ
  【多音節訓仮名】
  　蟹「阿要奴**蟹**／あえぬ**がに**」（巻10・2272）…集中他10例
  【二合仮名】
  　干「湯桜**干**／ゆくら**かに**」（巻12・3174）、漢「尓故余**漢**／にこよ**かに**」（巻11・2762）…いずれも集中唯一例
- サフ
  【多音節訓仮名】
  　障「隠**障**浪／隠**さふ**波の」（巻11・2437）…集中他8例
  【二合仮名】
  　颯「奥名豆**颯**／おきなづ**さふ**」（巻3・430）…集中唯一例

　多音節訓仮名が反復使用されているのに対し、二合仮名はいずれも孤例である。これはつまり、同音節表記で反復使用される多音節訓仮名がある一方で、二合仮名を臨時的[6]に使用しているという態度ということになる。このように、以下、訓字主体表記中の多音節訓仮名対二合仮名の関係において、反復使用されるあり方と臨時的なあり方という観点から考察を進めていこう[7]。なお、次項以降は、同一の語に両者が使われるという場合である。

2－2、同一の語に用いられる二合仮名と多音節訓仮名
2－2－1、表記される語と音節
　二合仮名と多音節訓仮名が同一の語において両方使われているのは、次の8種の音節においてである。

ウツ（うつせみ）、クニ（〜なくに）、サム（知らさむ）、シキ甲（悔しき）
セミ甲（うつせみ）、ダニ（だに）、ナム（なむ、な＋む）、マク（〜まく）

　自立語、付属語、またその両者に跨る場合、さらに付属語＋付属語（な＋む）まで一通りある。本節では、これらの語におけるそれぞれの仮名のありようを詳細に考察する。以下、「自立語（活用語尾まで含む）」、「ク語法」、「（ク語法以外の）付属語」の三者にわけてみていくことにしよう[8]。

2－2－2、自立語の場合

　自立語では「うつせみ」「悔しき」が該当する（「悔しき」は厳密には自立語活用語尾＋付属語だが、自立語の一部に渡っており、本節ではこちらに含めておく）。前者の場合は「ウツ」にも「セミ」にも二合仮名が使われているので、それぞれにわけてみておく。

・ウツ
　【多音節訓仮名】
　　虚蟬之／うつせみの（巻8・1453）など他8例
　　空蟬乃／うつせみの（巻4・619）など他7例
　　打蟬等／うつせみと（巻2・210）など他5例、うち1例は「打背見乃」
　【二合仮名】
　　欝蟬乃／うつせみの（巻3・443）他1例

　多音節訓仮名は「虚」「空」「打」の3字種のべ23例あって、二合仮名「欝」の2例に比べてかなり反復使用されている。この「うつせみ」という語の表記は右に挙げた以外には一字一音表記しかなく、つまりはこれら訓仮名で書くのが最もよくある方法ということになっている。

・セミ
　【多音節訓仮名】
　　打蟬等／うつせみと（巻2・210）など他24例
　【二合仮名】
　　欝瞻乃／うつせみの（巻4・729）当該例のみ

　セミは、多音節訓仮名は「蟬」のみで、のべ24例ある。唯一、巻15・3617に「鳴蟬乃（鳴く蟬の）」で訓字として使われている以外はすべてこの「う

「つせみ」に訓仮名として使われ、ほぼ専用となっている。一方の二合仮名「瞻」は１例のみである。この729番の例は、坂上大嬢と大伴家持の贈答歌、計６首のうちの例で、お互いに会えない嘆きを家持が慰める形でやりとりされているものである。そして、そこに一貫してあるのは世間の目、噂の煩わしさへの嘆きである。この例の表意性についてはすでに述べた（**述語説明にかえて**）。なお、家持の歌う733番にも「うつせみ」があるが、こちらは他にも例のある「空蟬」が採られている[9]。

この語にはまず訓字といえるものがなく、のべ40例中、一字一音仮名である13例（大伴家持に12例、大伴坂上郎女に１例）以外は、すべて上にみた多音節訓仮名と二合仮名で占められる。そして多音節訓仮名は反復使用されているのに対し、二合仮名は臨時的な使われ方をしているということがわかる。

・シキ

「悔しき」のシキに使われている。

【多音節訓仮名】

　　事悔**敷**乎／こと悔しきを（巻２・217）

【二合仮名】

　　今悔**拭**／今そ悔しき（巻７・1337）

多音節訓仮名「敷」は、「悔しき」を記したものでは当該１例しかないものの、同じシク活用形容詞においては多数認めることができる。異なりで挙げておくと次の通りである。

　　目頬**敷**／めづらしき（巻７・1146）

　　凝**敷**山尓／こごしき山に（巻７・1332）

　　音名束**敷**／声なつかしき（巻６・1059）

　　幾許戀**敷**／ここだ恋しき（巻10・2299）

なお、シキのみならずシクでも使われており（綾丹乏**敷**／あやにともしく（巻６・913）など）、訓仮名としての使用は多い。これに対して二合仮名の「拭」はここでの１例のみである。当該歌は、

　　葛城の　高間の草野　はや知りて　標刺さましを　**今悔拭**

とあって、人に先を越され、意中の女性を自分のものとできなかった悔しさを歌うものである。「拭」字は、その悔しさを拭い去りたいという思いを意図した、表意性を読みとることも可能である。シキの場合でもやはり反復使用される多音節訓仮名に対し、臨時的に使用される二合仮名という関係が知られる。

2－2－3、ク語法の場合

ここではク語法の例をみてみよう。

・〜マク

【多音節訓仮名】

　　見**巻**欲毛／見まく欲しきも（巻11・2559）他13例

　　散**巻**惜／散らまく惜しき（巻10・1871）他12例

【二合仮名】

　　見**幕**下吉／見まくしも良し（巻10・2200）他2例

　　散**莫**惜毛／散らまく惜しも（巻8・1517）他2例

多音節訓仮名では「巻」が使われる。この「巻」字はほかにもク語法では「過ぎ隠らまく」「恋ひまく」「解かまく」「逢はまく」「言はまく」「枯れまく」「荒れまく」などに22例があり、当該「見まく」「散らまく」とあわせると49例あるという、反復使用が認められる。この字は訓字としてもよく使われ（「手二**巻**流」など）、また固有名詞「巻向」などの使用もあるが、音仮名では使われない。これに対し、二合仮名の「幕」「莫」はそれぞれ3例ずつのみである。ただ、「莫」は多くは禁止や否定をあらわす訓字（「人莫著曽（人にな着せそ）」など）として100例以上ある。「幕」については必ずしも意図があきらかではないが、「莫」の方はその字の意味が意識された上でここに二合仮名として用いられているとみられる。「散**莫**惜毛／散らまく惜しも」（巻8・1517および巻10・2187）では、散ることが惜しい、つまりは散ってくれるなという思いに「莫」字は沿うもので、表意性を読みとることができる。

「過莫呼」（巻13・3329）は「過ぎまくをいたもすべなみ」、つまり過ぎてしまうのがせつなくてどうしようもなく、という意であって、これも、過ぎて

くれるなという思いがその裏にあるだろう。このように、二合仮名はやはりここでも、反復使用される多音節訓仮名がある一方での、臨時的使用であると位置づけられる。

・〜クニ

　【多音節訓仮名】

　　君尓不有國／君にあらなくに（巻4・668）他59例

　【二合仮名】

　　雖見不飽君／見れど飽かなくに（巻9・1721）他9例

　二合仮名「君」と多音節訓仮名「國」との用例数の差はやはりあるが、右にみてきた例とやや違って「君」は9例あるので、両者の様相を詳しくみておこう。

　この「君」も「國」も訓字としては比較的よく使われている。「君」は505例使われ、「國」は168例使われている。さらに、ここでのように句の末尾に位置するのは、当該ク語法を除いて「國」が20例、「君」が37例ある。両者とも句末に位置することは少ないが、「國」字の場合、直前が、「甲斐乃國」「御食都國」のように体言であることが多い。以下の3例のみが用言の場合である。

　　向伏國／向伏す国の（巻3・443）

　　言擧不為國／言挙げせぬ国（巻13・3250）

　　事擧不為國／言挙げせぬ国（巻13・3253）

　これに対して、句末に位置する「君」字は、37例中13例が、直前に、仮名や付属語表記を挟まずに用言をあらわす訓字が位置する。

　　吾戀君／我が恋ふる君（巻2・150）

　　朝嘆君／朝嘆く君（巻2・150）

　以上に鑑みると、「國」字は、「君」ほど訓字で使われることが多くはなく、また句の末尾に位置しても、国名などをあらわすのではないということがわかればすなわち訓仮名と認知できるため、当該のように反復性を持って使われるようになったのではないだろうか。さらに、二合仮名「君」の方は、一首の文脈に沿う表意性を読みとるべくおかれたと思われるものでほぼ

占められるという特徴がある。たとえば「吾念名君」（巻11・2523）は恋の歌であるが、「念」「名」「君」の並びはおそらく意図的であろう。また「妻毛不在君」とある3156番は、夜中に鈴鹿川をわたり、山を越えていかねばならない寂しさを、「妻毛不在君(向こうに妻が居るわけでもないのに)」と歌う。この「不在君」という文字列もまた、歌意に即した意義を読み手に喚起するであろう。このように、二合仮名として「君」が使われる場合は、概ね、男女間の恋歌あるいは異性を思う内容となっており、やはり「君」が使われる動機として無関係ではないとみられる。男女間の歌そのものではないのは「雖見不飽君」（巻9・1721）と「所思君」（巻10・2184）の2首である。巻9・1721は「元仁歌三首」とあって、吉野を歌ったもののうちの第二首目である。これに続く1722結句に「戀布真國」があって、変え字である可能性もある。また巻10・2184の方は、黄葉が散ることを惜しんだ歌であるが、「もみじの山を恋人のようにして詠んでいる」（伊藤博『萬葉集釋注』当該歌注釈）とあるように、やはりここも二合仮名「君」の他の例と同様の位置づけで支障ないであろう。これに対して「國」の方では、恋歌がやはり多いが、それゆえ、「國」字の訓義との関係は積極的に見いだし難く、いわば典型的な訓仮名として捉えられる。このように「國」と「君」もまた、用例数の差異があるだけでなく、少ない方の二合仮名「君」の使用にはその字と文字列あるいは歌意との関連が看取できる。

2-2-4、その他の付属語の場合

ここでは、付属語表記で多音節訓仮名と二合仮名が両用されている場合をみてみよう。

・ダニ

【多音節訓仮名】

夢尓**谷**／夢にだに（巻2・175）他64例

【二合仮名】

今夕**弾**／今夜だに（巻12・3119）

60例以上使われる「谷」に対し、二合仮名「弾」はここの1例のみである。「弾」字の使用については、大野透『萬葉假名の研究』が、「速（当該歌

四句目「速初夜従(ハヤクヨヒヨリ)」——筆者注)に應ずる」と述べている。そのような解釈も可能ではあろう。ここでも前節までにみてきたのと同様、反復使用されるものに対して臨時的という関係が認められる。

・サム

【多音節訓仮名】

　於毛保寒毳／思ほさむかも（巻4・654）

　神祇毛知寒／神も知らさむ（巻4・655）

　手折可佐寒／手折りかざさむ（巻10・2188）

【二合仮名】

　神思知三／神し知らさむ（巻4・561）

　如是二二知三／かくし知らさむ（巻6・907）

　戀八九良三／恋やくらさむ（巻10・1925）

このサムの場合は、多音節訓仮名も二合仮名も右に挙げたのがすべてで、いずれも臨時的とみられる。まずは多音節訓仮名の場合からみていこう。前二者はひとつの歌群の中にでてくる。

　情者(こころには)　不忘物乎(わすれぬものを)　儻(たまさかに)　不見日數多(みぬひさまねく)　月曽経去来(つきぞへにける)　　　（巻4・653）

　相見者(あひみては)　月毛不経尓(つきもへなくに)　戀云者(こふといはば)　乎曽呂登吾乎(をそろとあれを)　於毛保寒毳(おもほさむかも)　（巻4・654）

　不念乎(おもはぬを)　思常云者(おもふといはば)　天地之(あめつちの)　神祇毛知寒(かみもしらさむ)　邑礼左變　　　（巻4・655）

この三首の歌は大伴駿河麻呂の作で、三首目結句に定訓がない。構成からいうと、第一首目の結句「月ぞ経にける」と、第二首の「月も経なくに」が対応しており、続く「恋ふといはば〜（あなたは）於毛保寒毳」と、三首目の「思ふといはば〜神祇毛知寒」の対応が認められる。「寒」字は、「毛」および毛織りの敷物である「毳」との連想があるものと思われる。

また、2188番であるが、

　黄葉之(もみちばの)　丹穂日者繁(にほひはしげし)　然鞆(しかれども)　妻梨木乎(つまなしのきを)　手折可佐寒(たをりかざさむ)

で、これは、妻のない、ひとりきりの自分は梨の木でも手にしてかんざしにでもしようという、寂しさの募る情態に連想を得た用字とみられ、孤独の寂しさと寒さを絡めて詠んだものである[10]。

一方二合仮名の「三」であるが、「戀八九良三」と「如是二二知三」につ

いてはいずれも数字による戯れがあるとみられよう。また、「神思知三」であるが、これは先に挙げた多音節訓仮名「寒」を含む巻4・655番と類似した内容で、

不念乎　思常云者　大野有　三笠　社乃　神思知三　（巻4・561）
<small>おもはぬを　おもふといはば　おほのなる　みかさのもりの　かみししらさむ</small>

直前句の「三笠」の三と揃えたものではないかとも考えられる。

　以上のように、「サム」については多音節訓仮名と二合仮名のいずれも臨時的な使用にとどまっているといえる。

・ナム

　【多音節訓仮名】

　　酒二染甞／酒に染みなむ（巻3・343）

　　吾波乞甞／我は乞ひなむ（巻3・380）

　　奥従酒甞／沖ゆ放けなむ（巻7・1402）

　　不視欸成甞／みずかなりなむ（巻9・1722）

　　反来甞跡／帰り来なむと（巻12・3138）

　　國丹放甞／国に放けなむ（巻13・3346）

　【二合仮名】

　　不散在南／散らずあらなむ（巻7・1212）他3例

　　戀度南／恋ひ渡りなむ（巻6・997）他19例

　　※このほか「ナ変活用語尾＋ム」が1例あるが、多音節訓仮名との交替例はない。

　「なむ」は、助動詞で「な＋む」と分析される場合と、助詞「なむ」の場合、そして「ナ変の活用語尾＋む」という三通りがあるが、いずれにしても最も多用されるのは二合仮名「南」で、のべ25例ある。一方の多音節訓仮名は「甞」で、集中では右に挙げた6例にとどまる。とくに後者3例は、「酒」字とともに使われるという特徴がある。巻13・3346番も一句中ではないものの、「琴酒者　國丹放甞　別避者　宅二離南[11]」とあって、やはり「酒」字が直前にある。漢籍にも「酒」を「甞」というのはみられることから単なる偶然とは考えにくい。

　　呉姫壓酒勸客甞　　　　　　　　　　　　　　　（李白「金陵酒肆留別」）

晏子入門、三讓、升階、用三獻焉、嗛酒嘗膳

（晏子春秋　巻第七　外篇第七）

　このように「甞」の場合は、用例が相対的に少ないこともさることながら、その一首における文字同士の連想によるところも認められ、臨時的な方法であるといえる。ところでこのナムでは、先に自立語やク語法の項でみた場合と逆に、二合仮名が反復使用されるのに対して、多音節訓仮名が臨時的という関係になっている[12]。二合仮名「南」字は、既述のとおり次世代の平仮名にも混じって使われることがあり（終章で詳述）、まさに臨時的ではない存在といえる。既に述べた通り、二合仮名と多音節訓仮名は、同音節をめぐって、そもそもあまり重複して使われていない。その中にあって、本章では多音節訓仮名と二合仮名が同一の語で両方使われている場合をみてきた。サムの場合は、いずれも臨時的であると認められ、またナムについても、二合仮名が反復、多音節訓仮名が臨時的であるといえる。つまり、両方ともが反復使用されて競合するということがないということがわかった。こういった在りようを示す２つの仮名の関係は、どのように捉えられるか。次章でさらに詳しく考えよう。

３、多音節訓仮名と二合仮名の「棲み分け」

３－１、多音節訓仮名の使えない音節

〜ラクというク語法の用例で、二合仮名が使用されることがある。
【二合仮名】
　　老落惜文／老ゆらく惜しも（巻13・3246）他２例
　　吾戀楽者／我が恋ふらくは（巻11・2709）他６例
多音節訓仮名の例は存在しない。また、そのほかの表記をあげてみると、
【一字一音表記】
　　戀良久乃太寸／恋ふらくのおほき（巻７・1394）など
　　公二戀等九／きみに恋ふらく（巻11・2741）など
【クのみ一字一音表記】

妹尓戀久／妹に恋ふらく（巻3・326）など
【ラクにあたる表記なし】
　　吾戀者／あが恋ふらくは（巻4・526）など
である。
　二合仮名を使わない場合、一字一音仮名で二文字にわたって書くか、クのみを書くか、あるいは表記をしないという方法があるようである。多音節訓仮名が存在しないのは、ラ行音を頭音に持つのは、付属語の一部を除いて存在しないためであろう。
　このように、訓字・訓仮名が認められない音節における二合仮名の例を、改めて具体例とともに列挙してみると次の通りである（ラクは上に挙げたので割愛する）。
・ケム(甲)
　　待監人者／待ちけむ人は（巻3・443）他8例
　　射立為兼／い立たせりけむ（巻1・9）他28例
　　有険人母／ありけむ人も（巻7・1118）他1例
・コゴ(乙乙)
　　極此疑／こごしかも（巻3・322）集中唯一例
　　凝敷山乎／こごしき山を（巻3・301）他1例
・コチ(乙)
　　越乞尓／をちこちに（巻6・920）他3例
　　乞痛鴨／言痛かるかも（巻11・2768）集中唯一例
・サツ
　　薩雄乃祢良比／さつをのねらひ（巻10・2149）他1例
・サニ
　　散追良布／さにつらふ（巻16・3813）他2例
・シグ
　　鍾礼乃雨者／しぐれの雨は（巻8・1593）他12例
・タギ(甲)
　　當都心／たぎつ心を（巻11・2432）他2例

第 2 節　二合仮名と多音節訓仮名　283

・テム
　　人見**點**鴨／人みてむかも（巻11・2353）他1例
・ネム
　　獨鴨**念**／ひとりかも寝む（巻4・735）集中唯一例
・フニ
　　岸乃黄土**粉**／岸のはにふに（巻6・932）集中唯一例
・ヘニ（甲）
　　邊津**遍**者／辺つへには（巻3・260）
・マニ
　　千**遍**雖念／千重に思へど（巻11・2371）他2例
　　遣之**萬々**／任けのまにまに（巻13・3291）他1例
・ラフ
　　雜豆**臈**／さひづらふ（巻7・1273）集中唯一例
・ラム
　　有**藍**君叫／あるらむ君を（巻10・2248）集中唯一例
　　越**濫**今日曽／越ゆらむ今日そ（巻9・1680）他11例
　　於毛求**覽**／乳母求むらむ（巻12・2925）他5例
・レム
　　有**廉**叙波／うれむぞは（巻11・2487）

　これらの音節ではこの語形に該当する訓字がなく、多音節訓仮名はもとより作り出せない。また右に挙げたうちで、注意したいのは、ケムやラムでは二合仮名の反復的な使用が認められるが、一方で1例だけの臨時的な使用もやはりあるということである。たとえば「岸乃黄土粉（きしのはにふに）」の「粉」はおそらく土との連想があり、「獨鴨念（ひとりかもねむ）」の「念」は一人物思いながら寝るという意を兼帯させているとみられる（既出）。

3－2、競合しないということの意味

　多音節訓仮名と二合仮名の両者が全く重複することがないのであれば、相補的であると簡潔にいうことができるが、二合仮名が使われる39種の音節

中、11種は重複して多音節訓仮名も用いられているので、単純に相補的とすませることはできない。その11種の音節における様相とは、これまでにみてきた通り、同一音節あるいは同一の語に対して多音節訓仮名と二合仮名がいずれもが著しく反復使用されることがないということであった。同じ音節あるいは同じ語に使われていたとしても反復使用され用例数を蓄積している一方に対して、もう一方は臨時的という関係にある。これは単なる多対少の関係で捉えてよいことではない。というのも、臨時的な方法とは、多くは一首の歌意あるいは用いられている文字間の連想による表意性があるとよめるからである。つまり、その一首との関係において意味を持っている用字であることからして、いわば使用理由が、それぞれにおいてあるということができる。冒頭にもあげた「絶塔（たゆたふ）」について、先にも挙げた内田賢德「歌の中の漢字表現―訓字と仮名をめぐって」（同前）は、「「塔」は仮名の残余からの思いつきではない。その特殊さはここに作為を推測させる」と指摘する。一々において使われる意図が多種多様というのは、仮名としての規範とはなり難いことを意味する。対して、反復使用されるものは、その音節に対応する仮名としての一つの規範性を有していることになる。一首、一句あるいはその語との個別的な紐帯を必ずしも有していなくともよい。ある語の、その音節を表象することを第一として使用が繰り返されて、結果的に規範性を持つことになったものである。

　このように、反復使用され仮名として規範性を有しているものがある一方で、他方は臨時的に使用されている、というのが同一の音節に両用されている場合の多音節訓仮名と二合仮名の関係であるとわかった。従って、同じ多音節だけれども両者は直接競合する関係にはなく、棲み分けられていたということができる。

小　括

　以上みてきたように、多音節訓仮名と二合仮名は、同一の音節に対していずれもが使われる場合において、両方ともが反復使用される仮名として競合するということがないということがわかった。先賢が指摘する通り、両者は機能的に類似し、二音節を一字で記せるものとして括られていたところがあるのは疑いない。そういった中で、反復使用されるものがいくつかでてきたのであったが、それは常に音（二合）・訓（訓仮名）いずれかの一方の仮名であった。多音節訓仮名ではたとえば「鴨」「鶴」など、本節で見たところで言えば「巻」「谷」などが挙げられ、また二合仮名であれば「兼」「覧」「南」などが挙げられるだろう。

　二合仮名は、すでに見てきたように地名表記を含めてもおよそ約300例程度で、多音節訓仮名よりも大幅に少ない[13]。また多音節訓仮名と両用される場合には、ナム（南）を除けば、いずれも反復使用されるのは多音節訓仮名の方であった。そして、二合仮名の側からいえばラ行音を頭音に持つ場合を顕著な例として、多音節訓仮名では記し難い音節をよく記しているといういい方ができる。こういったことからすると、二合仮名はあたかも補助的、穴埋め的な存在としてあるかのようにもみえるが、単なる多音節訓仮名の代替的存在であるようにみるのはふさわしくない。それは、ことに二合仮名の用例のうちの臨時的な方法の存在からいえることである。前述の通り、臨時的に用いられたものというのは、その場限りの一つの表現であって、つまりは書き手の、漢字の意味をふまえた思惑がそれぞれにあったであろう。従って、単なる多音節訓仮名の代替という意識なのではなく、そこにはそこに、二合仮名の必要性があったといっておくほうがよい。

注
1）　橋本四郎「多音節假名」で、用例数を計上した表の解釈（654p〜）において「(c)（付属語が該当する——筆者注）の使用頻度が群を抜く」、「(c)にお

2）「慍下（いかりおろし）」（巻11・2436）などのように三音節の訓仮名も存在する。
3）「色」字は「しきたへ」につかわれる。「色妙」は「色妙乃」（巻2・222 人麻呂作歌）と「色妙子」（巻10・1999　人麻呂歌集）の集中2例あるが、1999番の方は「しきたへの子」ではなく諸テキストの採用する「いろぐはし子」であろう。従って、「色妙」で「しきたへ」は孤例とみるのがよい。この「しきたへ」という語は「敷」をつかった例がもっとも多く（「敷細」「敷栲」など）25例ある。次いでシキに「布」をあてた場合が5例ある。「しきたへ」とは敷物にする栲、つまり布のことであるから、「敷」にせよ、「布」にせよ、これらは、語源的に考えれば仮名とはいい難いかもしれない。萬葉集では枕詞としてのみ使用される語だが、枕詞であるゆゑ、訓字かどうかを問うことは難しい。このようなことから本論部では「色」字を取り上げないこととした。ただし、仮に「敷」を多音節訓仮名であると見たとしても、反復使用される「敷」に対して臨時的に使用される二合仮名「色」という関係にあるわけなので、他の用例の在りようと照らしてみても齟齬はしない。
4）　訓字、訓仮名の検索にあたっては、萬葉集本文データベース（小学館全集に依拠し、筆者校訂を含む）、『萬葉集総索引』（塙書房）、『時代別国語大辞典上代編』（三省堂）、『上代語辞典』（明治書院）、日本書紀・風土記・古事記（以上日本古典文学大系本）を参考にした。可能性のあるものはさしあたり掬うという主旨に基づき、訓字を中心にするが、義訓等で使用があるものも参考に検索対象とした。なお、西宮一民「上代語の清濁―借訓文字を中心として―」（『萬葉』36　1960）で「借訓文字は、その文字の訓（よみ）の、第二音節以下の音（こゑ）を純粋に保持するものである」といい、鶴久「萬葉集における借訓假名の清濁表記～特に二音節訓假名をめぐつて～」（『萬葉』36　1960）も同様に、「（多音節訓仮名の――筆者注）第二音節・第三音節が清音の場合、それを濁音表記にあてたり、第二・第三音節が濁音の場合、それを清音表記に用ゐたりすることは極めて少數」として、第二音節以下の清濁区別の明確さを指摘している。よって、本節でも、第一音節は清濁通用で検索するが、第二音節以下は厳密に区別する。たとえば二合仮名「錘」は「シグ」に使われ、この音節に類似する語形の語としては「シク」があって、訓としては「敷」「布」などが該当する。しかし、「敷」「布」は第二音節が清音であって、「グ」ではない。従って、先賢の指摘によってこれらが「シグ」の訓仮名として使われることはないと見なせる。また、用言で、活用語尾のひとつが該当すれば、それも計上した。たとえば「振」は訓仮名として「フキ」に使われるが、一応「フ

ク」の訓仮名となり得る可能性もある、とみなして計上する。
5）訓字は見いだせるが、訓仮名としての使用は認められないものについての、具体的な字母は次の通り。ただし萬葉集でみられない字母は（　）で括っている。なお、第二音節以下で清濁があわない場合は、「該当訓字なし」とみなすという方針に基づく検索である。・カク…掻、書、懸、（画）　・カム…醸、神、（嚼）　・コ（乙）コ（乙）…此　・コ（乙）ム…（浸）、（湧）　・サク…咲※但し地名、開※但し地名、割、離、放、（列）　・サヒ（甲）…（鋤）　・タフ…賜、（遮）、（勝）　・ナニ…何　・フク…吹、振、更、深、（葺）、（揮）　・ワニ…（鰐）　・ヲチ…遠、変、若　・ヲト（乙）…遠
6）井手至「仮名表記される語彙」（『遊文録　国語史篇二』（和泉書院　1999）では、「四寳三都良武香」（巻1・40）「陰尓蚊蛾欲布」（巻11・2642）、「馬聲蜂音石花蜘蛛荒鹿」（巻12・2991）を挙げ、「（これらの――筆者注）意図的、修辞的な文字使用などは、それぞれ個性的な、その一首限りの臨時的要素の卓越したものである」と述べる。これらは、数字を意図的に使用しているとか、虫篇の字を選んで使っているとか、動物昆虫で揃え、なおかつその擬声からの連想で記すとか、使いようは様々である。ものによっては戯書とよぶこともあるわけだが、その内実の多用さはすなわち個々がまさに臨時的であることのあらわれである。
7）あるひとつの語に対していくつかの表記バリエーションがあって、それぞれの使用度数の多い少ない、反復か臨時かといったことを問うとき、まずは訓字主体表記のものと仮名主体表記（一字一音）のものというのが対比される関係にある。たとえば付属語の表記であれば、一字一音表記対訓字表記でみたときに、多対少あるいは有対無の関係になることがままあろう。本節は、その仮名主体表記のものはいったんおいて、いわばそこから一段階下位分類におかれる、訓字主体表記内という括りにおける二合仮名と多音節訓仮名という二つの多音節仮名の関係を、反復対臨時という観点から捉えようとするものである。
8）**第1節**では、語の切れ目に跨るかどうかで二合仮名を分類し、考察したが、この節では語構成との関わりはさほど考察上重要ではないので、便宜上、自立語、ク語法、付属語の三者にわけて考察することとした。なお、第1節においては厳密さを期して「二語に跨る例」に分類していた「今悔拭（いまぞ悔しき）」であるが、ここでは断ったように、自立語の側で考察しておく。
9）内田賢徳『上代日本語表現と訓詁』（塙書房　2005）では、「虚蟬」表記について、「その内実が一種無常感と結び付くのは後のことだけれども、生の或る局面を説明してみせて、ウツセミの語の淵源する意義の説明であり得た」とする。「空」は「虚」と通じるから、「空蟬」についても同様の理解がよいであ

ろう。「ウツセミ」表記の多音節訓仮名3字種は反復使用されているものであるが、このように、ある種の表意性が読みとれることも確かである。多音節訓仮名が反復使用されるその中には訓義とまず無縁といっていい使用もあるけれども、このようなものもあって、しかもその在りようは個々において様々である。

10) 寒さとひとりの寂しさを歌うものは萬葉集にもいくつかある。
　　　流らふる　つま吹く風の　寒き夜に　我が背の君は　ひとりか寝らむ
　　　　　　　　　　　　　　　　　　　　　　　　（巻1・59　誉謝女王）
　　　み吉野の　山のあらしの　寒けくに　はたや今夜も　我がひとり寝む
　　　　　　　　　　　　　　　　　　　　　　　　（巻1・74　作者未詳）
　　　宇治間山　朝風寒し　旅にして　衣貸すべき　妹もあらなくに
　　　　　　　　　　　　　　　　　　　　　　　　（巻1・75　長屋王）　など

11) ここに「南」が使用されているのは変え字によるかとみられる。が、他の「南」字の在りようからして、やはり「南」とは、「甞」に比して反復使用されている仮名と見て支障ないであろう。

12) 多音節訓仮名も使われている8種の音節のうち、このナムにおいてのみ二合仮名の「南」の方が反復使用されていて、あとはすべて多音節訓仮名の方が反復使用になっているが、これは特段異例というわけではない。両者が使われる場合において、多音節訓仮名が反復使用される場合が多かっただけのことであって、ラム、ナム、ケムなどのように、二合仮名だけがもっぱら使われている場合もあるのだから、このナムもそういった在りように通じるものとして把握できる。

13) 橋本四郎「多音節假名」の指摘する数値をもとに比較した場合、二合仮名は多音節訓仮名より使用が少ないということができる。

第3節　萬葉集所載地名表記における二合仮名
―― 非固有名詞表記との関係をめぐって ――

1、地名とその表記

　地名とは、井手至「古代の地名と上代語」（『遊文録　国語史篇一』和泉書院1999）が「二人以上の人間のあいだで、ある場所を他の場所と区別するために用いられた共通の符合であり、同じ語形で継承されるのが望ましい」と述べるところの性質に裏付けられている[1]。その表記は表語的に記されるのではなく、5世紀の鉄剣銘、鏡銘等にみられるように、「意柴佐加」のごとく表音的に記されることを嚆矢とする。つまり、語形表現の方に重きが置かれていたともいえる。また、字訓による地名表記というのは字音によるそれの後発として漸次生産されていったものと思しいが、その結果、同一地名でも表記は1種類ではないことがまま認められ、音と訓の交用や、音から訓への変更、あるいはその逆など、多様な実態は枚挙にいとまがない。しかし、表記がそのように様々に変容しようとも、基本は常にその地名語形を表すことに第一義が置かれていたはずである。このような中、政策的に地名の二字好字化という枠組みが設けられる。

　　五月甲子、**畿内七道諸國郡郷名、着好字**。其郡内所生。銀銅彩色草木禽
　　獸魚虫等物、具録色目、及土地沃塉、山川原野名号所由、又古老相傳舊
　　聞異事、載于史籍言上。　　　　　　（和銅6年5月甲子『続日本紀』巻6）
この命の中には文字数に関する文言がないが、出雲風土記冒頭に、
　　右件郷字者、依霊亀元年式改里為郷、其**郷名字者、被神亀三年民部省口**
　　宣改之
という記事があり、さらに「故云林神亀三年、改字拝志」「故云鴨神亀三年、改字賀茂」などとあることから、二字改訂の命も実際にくだっていたとみられる[2]。神亀3年とは西暦726年で、和銅6年の命よりも若干降るが、ほぼ

同時期にかような二字化が進められていたことは確実であろう。さらに時代が降るが、延喜式に、

　　凡諸国部内郡里等名。**並用二字。必取嘉名**。　　（『延喜式』巻22　民部上）
という記述もある。

　前述のように地名表記とは、まず第一に語形を表象している必要があるが、そこにこういったある種の規制がかかってくると、それはそのまま文字選択の際の規制にもなってくる可能性がある。そういうある種の〝無理〟があったことを考えると、字訓について、工藤力男「日本語資料としての古代地名―地域と時代と―」（『國學院雑誌』108-11　2007）に「表意文字で書かれた地名だからとて、それが由来を伝えている保証はない」とあるのは傾聴すべきことである。乾善彦「音読みの地名・訓読みの地名」（『日本地名学を学ぶ人のために』世界思想社　2004）も「ことば（音列）が優先」され、「地名の語義よりも語形に対する文字の選択（好字の選択）が優先された」と指摘している。築島裕「地名の漢字表記」（『UP』57　1977）が「強いて漢字二字で表そうとしたところに色々な無理があり、その無理を押し通したために、奇妙なよみ方が多く出現した」と指摘しているが[3]、地名というものが、どれもこれも二字で都合よく記せるとは限らない中で、その型に嵌め込もうとしたならば、当然、一字多音節の字母――つまりは子音韻尾字などが必要となってくるはずである。沖森卓也「古代の地名表記―上代撰述風土記を中心に―」（『國學院雑誌』108-11　2008：37p）が、風土記の地名表記における子音韻尾字の扱いについて、「韻尾の扱いは決して恣意的であるとは言えず、むしろその利用に腐心している」と指摘しているが、たしかにこういった字なしでは、好字二字化は遂行され得なかったと思われる。古代の地名表記を考える上で、子音韻尾字――ことに二合仮名は看過できない存在といえよう。

2、萬葉集の二合仮名と地名表記

　萬葉集中に[4]おける二合仮名の、非固有名詞表記への利用は、古代でも

第3節　萬葉集所載地名表記における二合仮名

結果的に特有の存在となっている。というのも、萬葉集以外に二合仮名が非固有名詞において使用されている例がほぼ（木簡に「近代」（コノシロ）があるが）見いだされない。ひとえに、固有名詞だけが、萬葉集以外においてもこの字音仮名を使用する共通項ということになっている。本章では、萬葉集二合仮名全用例のおよそ3分の1を占める地名表記例とその使用字母を中心に据え、その中でも**第3節**では非固有名詞表記にも用例がある字母について詳しく検証し、**第4節**では、非固有名詞表記例がないもの——つまり、結果的に地名専用字となっているものについてみる。

　さて、地名表記に用いられる多音節字音仮名を、二合仮名として括り、そうよぶこと自体は、たとえば大野透『萬葉假名の研究』（明治書院　1962）などをはじめ、これまでの一般的な分類としてある。筆者もまた、本書**第1章**で二合仮名を考える際、悉皆調査という意味で、地名表記例をも用例数に計上しておいた。ただし、字音出自ということや形態的な特徴から二合仮名として括ることはできても、非固有名詞に用いられる場合の二合仮名の選択および機能と、地名表記の際のそれとがどういう相関関係にあるかは、さらに精確な比較考証が深められなくてはならない。萬葉集中において、地名表記に使われる字母が19字種あるが、同時に、非固有名詞にも使われる——つまりはそういう意味での〝両用字母〟が存在するので、これについて詳しく考察する必要がある。同一字母でも、非固有名詞表記に認められる特筆すべき傾向はないか。実例をもとに考察し、地名・非固有名詞両者の差異をみていく。また、参考として、萬葉集中には地名表記の例はなく、非固有名詞表記の例のみであるものの、他資料では地名表記としての使用がある字母群を抽出し、同様に考察を加える。

　以上の考察によって、地名表記、非固有名詞表記それぞれの様相および関係を位置づけ、二合仮名という括りの中にどう定位されるかを述べる。

3、考察対象となる字母群について

3−1、萬葉集における地名表記の二合仮名字母

集中で地名表記に使われているのは以下の19字種である。

　　　叔筑目楽越薩雲難信丹珍敏駿群南當香相

　非固有名詞表記に二合仮名が使われるのは事実上萬葉集のみであるので、基本的に同書の二合仮名を主軸に考察を加える。前述のとおり焦点となるのは、地名にも非固有名詞にも両方あらわれている字母であり、上に挙げた19字種のうち6字種が該当する。これを【a】群とする。またこれ以外に、萬葉集中には地名としての使用がないが他資料において認められるものを【b】群とする。具体的に次項でこれをみよう。

3−2、【a】群および【b】群字母一覧

【a】群に該当する字母は次のとおりである。

t：「越」「薩」　k：「楽」　m：「南」　n：「難」　ng：「當」

表1：【a】群

韻尾	字母	地名	他の表記（集中）	非固有名詞表記例
t	越	越（をち）	乎知野	越賣（をとめ）、越水（をちみず）、越乞（をちこち）
	薩	薩麻（さつま）	なし	薩雄（さつを）
k	楽	相楽（さがらか）	なし	吾戀楽者（あがこふらくは）
m	南	印南（いなみ）	稲見、伊奈美、不欲見	多在南（多くあらなむ）
n	難	難波（なには）	名庭、那尓波、奈尓波	難可将嗟（何かなげかむ）
ng	當	布當（ふたぎ）	なし	當都心（たぎつこころを）

　次に、萬葉集中には地名表記の例がなく非固有名詞表記の場合のみだが、他資料で地名表記としての使用がある字母【b】群を挙げる。検索にあたっては、藤原宮の木簡資料（『木簡概報』各巻）、奈良文化財研究所木簡データベース、大野透前掲書、大塚毅『萬葉仮名音韻字典』（勉誠社　1978）、および本

居宣長『地名字音轉用例』(『本居宣長全集』筑摩書房)等を適宜、参考にした。
p：「雜」／雜太（日・続）、「塔」／塔志（続）、t：「壹」／壹志（日・続）、k：「作」／美作（日・続）、「各」／各牟（日）各羅（紀）、「色」／色都嶋（続）、「福」／福智（日）福留（日）、n：「漢」／有漢（日）
　　日＝大日本古文書　続＝宣命以外の続日本紀　紀＝日本書紀

4、【a】群の考察

4－1、考察の眼目

　ここでは、集中で地名表記、非固有名詞表記いずれにも使用が認められる「越」「薩」「楽」「南」「難」「當」についてみていこう。地名表記の場合と非固有名詞表記の場合とで、二合仮名として区別すべき特徴があるかどうか、他資料での情況や、個々の歌一首に即した検証を行う。

　まずは、「南」「楽」からみていこう。注意されるのは音形の違いである。非固有名詞の場合の音形は「ナム」「ラク」であって、地名の方の音形（「ナミ」「ラカ」）で使われることがないというのは、両者の異質さを端的に示しているといえるだろう。なお、参考として、萬葉集中で当該地名のよみが同定できるその他の表記があればそれを記し、集中になくて『倭名類聚抄』（原則として高山寺本。『倭名抄』と略称する――以下同、馬淵和夫編著『古写本倭名類聚抄集成』勉誠出版　2008を参考にした）にある場合はそのよみを記す。

4－2、音形が異なる場合――「南」「楽」

・「南」／印南（伊奈美）

　「印南」とは現在の兵庫県加古川から明石の一帯である。播磨風土記に記載される。「ナミ」で用いられるのは地名表記のみで、地名の語形に合わせてm韻尾を開く形であてたと考えられる。非固有名詞「ナム」で反復使用される「南」字と、後位音節が「ミ」と「ム」ということだけでも違うが、その運用の内実をみてみても両者は異質である。なお、訓仮名では「菅」一

字しかなく、しかも僅少であるのに対し、「南」字は反復使用が顕著である。ところで、語を文法的に解析すれば、それらを「ナ＋ム」、「ナム」、「ナ変の活用語尾＋ム」などに分類が可能だが、実際はそれらの別を越えて、「南」は使用されている。

・「楽」／相楽（『倭名抄』：佐賀良賀）
「ラカ」で用いられるのは当該地名表記のみである。非固有名詞の方では「楽」は「ラク」として、ク語法の例に反復使用がある。

　　吾戀楽者／我が恋ふらくは（巻11・2709）他6例
　地名表記「ラカ」としての「楽」は、地名の語形に合わせてk韻尾をaで開く形であてたものとみるのがふさわしく、非固有名詞表記の「楽」とは同質でない仮名とみるべきである。なお、このク語法での「楽」（ラク）は右に挙げた他「見らく」「あへらく」「絶ゆらく」「解くらく」「告ぐらく」があり、「ラク」音節を記すものとして反復使用がある。

4－3、音形が同じ場合──「薩」「難」「當」

　次に非固有名詞表記のものと地名表記のものが、音形では同じというものをみていく。ここでは「薩」「難」「當」についてみる。以下にみるように、いずれも非固有名詞表記の方は用例数が僅少であり、右にみた「南（ナミ）」「楽（ラク）」のように顕著な反復使用があるとはいい難い。その中には一首の歌意に即して漢字の意味を考慮した上で使用していると思しいものもある。歌意の分析を通じて、それぞれの使用を具体的にみていこう。

・「薩」／薩麻（『倭名抄』：散豆萬）
　国名表記「薩麻」に用いられる。この国名サツマは、訓字による表記が見いだされず、文献上はおしなべて「薩摩」か「薩麻」のいずれかである。北川和秀「万葉集の地名表記について─国名を中心に」（『美夫君志』74　2007）は当該「薩麻」の方が古い表記であるとみている。この「薩」字は、大野透前掲書も指摘するごとく、仏典漢訳（「菩薩」「薩埵」など）によく使われるものである。この字は「すくう」といった意味であるが、これが訓字で使われる例は見いだされない。仏典に頻出する借音字としての固定性が強いた

第3節　萬葉集所載地名表記における二合仮名　295

め、訓字には使用されにくかったのかもしれない。一方の非固有名詞表記例
は、次に挙げる一語、のべ2例のみである。

　　射去**薩**雄者／い行く猟雄は（巻10・2147）
　　薩雄乃祢良比／猟雄のねらひ（巻10・2149）
　語源の解釈が一致をみておらず、「サツヲ」とは猟師のことでサツとは弓
矢を表すとみる（日本古典文学全集『萬葉集』3　頭注）他、「幸」サチ＞サ
ツ——すなわち獲物を指すともいう（伊藤博『萬葉集釋注』）。集中には他に
仮名書きと、「弓雄」がある。この2首は伊藤博（『萬葉集釋注』当該歌群注
釈）によれば、2146番〜2149番の4首でまとまっているもので、流下型構造
をなしており、山家での鹿の声を楽しむ宴においての作として括られてい
る。当該歌群にしか用いられておらず、この「薩」は臨時的な使用であると
いえる。

・「難」／難波（那尓波）
「難波」は萬葉集外にも用例が認められる。

　　難波宮雇民粮米二拾二斛料稲肆伯肆　　　　　　　　　（天平10年）
　一方、非固有名詞表記では、「何」を記した例が巻13に2例ある。この
「何」は、通常訓字表記「何」で記されることがもっぱらで、のべ30例ある。
訓字主体表記中での残り2例が当該「難」となっており、やはり臨時的表記
である可能性が高い。いずれも作者年代未詳歌であるが、大野透前掲書も指
摘するごとく、「難」字の選択はそれぞれ歌意にも関係があるようにみられ
る。

　　磯城島の　大和の国に　人二人　ありとし思はば　**難**可将嗟
　　　　　　　　　　　　　　　　　　　　　　　　何かなげかむ
　　　　　　　　　　　　　　　　　　　　　　　　　　　（巻13・3249）
　　世の中を　憂しと思ひて　家出せし　吾哉**難**二加　かへりてならむ
　　　　　　　　　　　　　　　　　　　我や何にか
　　　　　　　　　　　　　　　　　　　　　　　　　　　（巻13・3265）
　3249番は、3248番の反歌である。「大和の国に、あなたが他にもいると
思ったら、何を嘆くことがあろう」の意で結句「嗟」字は、「嘆」の同訓異
字として用いられている。1首の歌意としては、もちろん嘆いている歌であ
るが、結句に限っていえば、「嘆くことは何があろうか、ない」の意である。

そうすると、「難」という用字は、「嗟」と同一句内に並ぶものとしては、歌意にも合致した選択であるといえるのではないか。訓字「何」を使わず「難」を使ったことは、企図されたものとみたい。

3265番は、「世の中をつらいと思って家を出た。私が家に戻って何になろうか」といった意である。もともと出家を歌ったもので、還俗はしないということを述べたものだが、3263番の、妻に先立たれた男の歌の反歌として或本歌では加えられているもの、という経緯が左注より知られる。「私が家に戻って何になろうか」との言はつまり、戻るという選択をすることは困難である、出家を貫くということであろう。ここでも、「難」という字は、当該四句目から結句へ（吾哉<u>難</u>二加　還而将成）の文字列において、歌意に見合ったものとなっている。以上より「難」字の2例は、各々の歌における歌意に沿った臨時的な用字といえる。

・「當」／布當

福麻呂の作にのみ出ている。「布當」とは久邇京のあたりで、京都市加茂町周辺かといわれている。萬葉集以外に用例はないが、地名表記としての「當」はことに「當麻（摩）」の地名表記として使用頻度が高い。記紀にそれぞれ確認でき、人名となっているものを含めて、16例ある。平城宮二条大路木簡にも4例ある他、

　　上五百井造、直従五位上小治田<u>當麻</u>朝臣、津島連、勤従六位上許勢…

（大宝2年）

をはじめ40余例が古文書中に見いだせる。

　一方、非固有名詞表記は次のとおり。

　　水乃<u>當</u>焉／水の激ちそ　（巻3・319）※参考用例　「ち」はよみ添えか

　　落<u>當</u>知足／落ち激ちたる　（巻10・2164）

　　<u>當</u>都心／激つ心を　（巻11・2432）

いずれも「たぎつ」にあてられているが、「たぎつ」とは、水が激しく進り流れるさまをいう。2432番のように心が激動する場合にもいうようである。「當」の「あたる」という意味も、水が激しく岩肌などにあたって弾ける様に連想を得たものかと考えられる。「たぎつ」というひとつの語彙にの

みこのようにあてられていることから、臨時的使用とみておく。
　以上「薩」「難」「當」は、非固有名詞表記における例がいずれも臨時的であって、地名に使われている字母は、非固有名詞表記ではあまり積極的に使われていないことが認められる。

4−4、「越」

　「越」字の例は、以上の5字種と異なる特徴をもっている。まず非固有名詞表記が複数例あり、しかも後位音節が異なるもの（ヲチ─ヲト）も、同一のもの（ヲチ）も両方あること、である。さらに、この字は萬葉集外に一字二音の音仮名として使用の痕跡がない[5]ことも注意される。【a】群を含めいままでみてきた地名表記の字母は、いずれも萬葉集外に、多音節字音仮名としての使用が認められる字母ばかりであった。以上の点において、当該字は特徴的であるといわねばならない。以下、具体的にみてみよう。

・「越」／越（乎智）
　地名表記での全用例は次の3例である。

　　越能大野之／越智の大野の（巻2・194　柿本人麻呂）
　　越野過去／越智野過ぎ行く（巻2・195　柿本人麻呂）
　　越能菅原／越の菅原（巻7・1341　作者未詳）

　人麻呂の歌は長歌とその反歌である。それぞれ「越智の大野」と「越智野」となっているが同地を指すと思われ、諸注、奈良県高取町の「越智」であろうと説いている。澤瀉久孝『萬葉集注釋』では「眞弓、佐田の岡の西につゞく丘陵の西端に近いところに齊明天皇の越智ノ岡上ノ陵がある。その丘陵の周邊の地を越智野といひ、皇子の御墓があつたのであらう」としている。また一方、作者未詳の1341番は滋賀県近江町所在の「遠智」か、とみられている（「息長之　遠智能小菅」（巻13・3323）と同一箇所か）。
　人麻呂の歌では、左注に、「右、或本曰、葬河嶋皇子**越智野**之時、献泊瀬部皇女歌也」とあって、こちらでは「越智野」とある。北川和秀前掲論文がすでに指摘しているように、歌の中では種々ある地名表記が、題詞左注においては二字の公式表記となっているものが萬葉集では特徴的に認められる。

従って、ここでも「越智」の方が標準的な表記であったと思われる。当該歌は、他界した川島皇子とその殯宮で喪に服す泊瀬部皇女に人麻呂が献じた挽歌である。反歌に「過ぎ行く」のことばがあるように、遠くへいってしまった、という意に関連するものとして「越」字一字が選ばれたのではないだろうか。

なお作歌ではなく歌集であるが、人麻呂には二合仮名「越」の使用例がある。

尓太遥**越**賣／にほえ娘子（巻13・3309）
佐可遥**越**賣／栄え娘子（巻13・3309）
越方人迩／彼方人に（巻10・2014）

「ヲトメ」は長歌3309番中のもので、対句的に出現しており、「ヲト」での使用である。2014番は右に挙げた地名と同じ「ヲチ」という音形での使用である。作歌と歌集の別を考慮せねばならないかもしれないが、人麻呂が、同一字を、同音節で非固有名詞にも使っていることがわかる。なお、この「ヲトメ（乙女）」、「ヲチ（遠い、向こう、の意）」におけるものは、他の歌人（山前王、笠金村）や作者未詳歌にも使用例があって、のべ9例ある。

この地名「ヲチ」に使われている多音節字音仮名「越」は、先の「薩摩」の「薩」や、「難波」の「難」と同じ括りには入れがたいものがある。それは、非固有名詞での使用の方が盛んであるということも根拠のひとつだが、多音節字音仮名としての使用実績が萬葉集以外に見いだし難いという点が重要である。左注にある「**越智**野」が、おそらく標準の地名表記である一方で、右にみたように歌の意に即して、二字ではなく一字の二合仮名を用いたと思われること、しかも人麻呂歌集に於いて非固有名詞「ヲチ」「ヲト」での使用実績があることからして、当該例は、非固有名詞表記に用いられる二合仮名として、「越」を「ヲチ」という地名に一字をもってあてたもの、とみたい。

作者未詳の1341番については手掛かりが少ないが、この「越の菅原」とは女性のたとえで、結句にも繰り返されているごとく、憧れるがものにできず、惜しいということを歌ったものである。

真珠付 越能菅原　吾不苅　人之苅巻　惜菅原
　　(またまつく) (をちのすがはら) (われからず) (ひとのからまく) (をしきすがはら)

　この場合、単に土地としての菅原を詠んだ歌ではないのだから、むしろ通用としての地名表記でない方が1首の意に沿うのであろう。つまり、自分の届かない向こうに居るという連想から、「越」一字をもって記したと考えられるのである。これもやはり、人麻呂の2例と同様に解することができる。

小　括

　以上、非固有名詞の例が認められる6字について考察してきた。知られた特徴は次のとおりである。
・非固有名詞に、反復使用がある「南」「楽」は、地名表記の字母と音形が異なっている（ナム―ナミ　ラク―ラカ）。
・地名表記に用いられ、しかも萬葉集外にもしばしば用例がある「薩」「難」「當」は、非固有名詞表記の二合仮名としては臨時的使用に留まっている。必ずしも使用意図が明確でないものもあったが、多くは歌の意に即して、表意性を読みとり得るものとしてある。
・非固有名詞において、用例数はさほどではないが数語使用されている「越」は、二音節字音仮名としては固有名詞への使用実績が萬葉集外にない。

　以上より、萬葉集外にも多音節の字音仮名としての使用実績が認められる地名表記字母「南」「楽」「薩」「難」「當」は、非固有名詞表記に使われるそれぞれの字母と、もとの漢字としては同じであるが、質的に別とみなすのがよいと思われる。また「越」については、用例では地名を記したものだが、ここ以外に地名表記につかわれる実績のない字であって、歌の解釈も含めた検証から、非固有名詞を記す場合の二合仮名であると位置づけられる。この「越」字を除く、【a】の字母群は、あるひとつの字母が地名にも非固有名詞にも使用されるというのではなく、地名二合仮名と、通常の二合仮名の2種ずつあるもの、とみておくのが穏当であろう。

5、【b】群の考察

5－1、各例の考察

【b】群は、萬葉集中には非固有名詞表記しかないが、その他の文献（たとえば古文書類）において地名での使用が認められるという字母群である。それぞれまずは地名での使用例を挙げ、倭名抄に仮名書きが記載されていれば参考にそれも示す。それに次いで非固有名詞についてみていくこととする。

・「雜」

　　磐船郡山家郷五十戸**雜太郡**播多郷五十戸　　　　　　　　（天平勝宝4年）
　　夏四月丙申。分佐渡國**雜太郡**。始置賀母羽茂二郡

　　　　　　　　　　　　　　　　　　　　　（『続日本紀』巻8　養老5年）

『倭名抄』：佐波太

【非固有名詞表記】

　　雜豆𦆅／さひづらふ（巻7・1273）

地名「サハ」に対し、非固有名詞では「サヒ」での使用である。当該は人麻呂歌集の例で、集中1例のみ。「さひづらふ」は、聞き慣れない土地のことばは鳥のさえずりに聞こえることから「漢」にかかる枕詞として使われる。

「住吉の　波豆麻の君が　馬乗衣　**雜豆**𦆅　漢女をすゑて　縫へる衣そ」とは、住吉の波豆麻の君が着る馬乗りの服、これは漢女に縫わせた服なのだろうな、といった意で、漢女に風変わりな服を作らせて得意げに道を行っているのをからかった歌である。「雜」は、入り交じる、混合するの意であり、また字の原義としては、色々の彩りの糸を使って衣を作るという形声の字で、ここでの歌意とも通じるだろう。また、枕詞のもととなった「さひづる」の、やかましくいう、意味のないことをいいたてる、という意とも通じよう。つまり当該の「雜」は表意性を読みとれるものであり、臨時的な使用といえる。

・「塔」

第3節　萬葉集所載地名表記における二合仮名　301

志摩国の「答志郡」にあたる表記として認められる。

　　丙戌。分志摩國**塔志郡**五郷。始置佐藝郡。（『続日本紀』巻8　養老3年）
【非固有名詞表記】

　　絶**塔**浪尔／たゆたふ波に（巻7・1089）

集中唯一例で、作者未詳歌である。ここでは、「海原の　絶**塔**浪尔　立てる白雲」とあって、雲を歌った歌である。「塔」字は、仏教語「卒**塔**婆」(ストゥーパ)（仏舎利をおさめる塔）の音訳字としてもよく用いられるものであるが、単字でも tower の意で使用されており、「塔尓莫依／塔に近寄るな」（巻16・3828）として使用がある（漢語なので考察対象外）。すでに挙げたように、当該歌の「塔」字の使用について内田賢徳前掲論文が「大海の大波とその上に立つ雲という空間の形状に、この字面は有縁的であろう」（再掲）と説いている。この例もまた表意性を帯びる、臨時的なものということができる。

・「壹」

　　伊勢国**壹志郡**嶋抜郷戸主壹志君族祖父戸口…　　　（天平宝字元年4月）
　　到伊勢國**壹志郡**河口頓宮。謂之關宮也。　　（『続日本紀』巻13　天平12年）
　　『倭名抄』：以知之

【非固有名詞表記】

　　壹師花／いちしの花（巻11・2480）

人麻呂歌集歌で、集中1例のみである。「いちしの花」は未詳で、ぎしぎし、くさいちごなどの諸説がある。「壹師」は、古事記、続日本紀に「壹師君」という人名でも出てくる。

　　伊勢飯高君・**壹師君**・近淡海國造之祖也　　　　　　　（古事記中巻）
　　外少初位上**壹師君**族古麻呂並外従五位下　（『続日本紀』巻13　天平12年）

当該歌における用字の意図は不明だが、集中唯一例ということで、臨時的使用であるとみて支障はないであろう。

・「作」

　　去月**美作国**作宮司借充鉄廿廷重六十九斤　　　　　　（天平宝字6年）
　　美作国勝田郡塩湯郷米五斗　　　　　　　　　　　　（平城宮木簡）
　　『倭名抄』：美萬佐加

【非固有名詞表記】

　作楽花／さくら花（巻13・3309）

人麻呂歌集の例である。集中この１例のみ。なお、ここでは「サク」であって、地名に使われる「サカ」とは音形が異なる。なお、この歌は他に二合仮名「越賣（ヲトメ）」も使われている。この3309番は、3305～8番（作者未詳）の参考歌としてあげられているが、１つの歌として数えられている。3309番は3305番と3307番を合わせたような内容で、こちらが原形であると伊藤博（『萬葉集釋注』当該歌注）はみている。ところで、問題となる「サクラ」は、3305番では訓字表記となっている。また「ヲトメ」の表記の違いも注目される。

　　物不念　道行去毛　青山乎　振放見者　茵花　香未通女　櫻花　盛未通女　…　　　　　　　　　　　　　　　　　　　　　　　　（巻13・3305）
　　物不念　路行去裳　青山乎　振酒見者　都追慈花　尓太遥越賣　作楽花　佐可遥越賣…　　　　　　　　　　　　　　　　　　（巻13・3309）

「桜」を「作楽」とあって表意性を読みとることができる。「作楽」とは『毛詩』周頌「有瞽始作楽而合乎祖也」でもみえるように、漢語としてしばしばあらわれ、楽曲を作すという意である。当該歌でも、桜と、樹下で音曲をなすといったことでの連想が働いているものとみられる。集中他に例がなく、やはり臨時的なものである。

・「各」

　　御野国各牟郡中里太宝二年戸籍　　　　　　　　　　　（大宝２年）
　　今各羅海中有主嶋　　　（日本書紀巻16　武烈天皇）※カワラの訓もあり
　『倭名抄』：加ゝ美

地名に使われる場合は「カカ」あるいは「カガ」だが、下に挙げるように、非固有名詞の場合は「カク」であって音形が違う。「各牟」の場合はことに後位音節を濁音にあてている。

【非固有名詞表記】

　各鑿社吾／かくのみこそ我が（巻13・3298）

用字の意図は不明であるが、「各」も「鑿」も集中唯一で、二合仮名と多

音節訓仮名を並べるという稀な例である。
・「色」
　　　然猶風波弥甚。遂着等保知駕嶋色都嶋矣。(『続日本紀』巻13　天平12年)
　地名以外にも「色夫知」(日本書紀巻30他)「色弗」(日本書紀巻29)の表記によく使われる。
【非固有名詞表記】
　　色妙乃／しきたへの（巻2・222）
　　黒髪色天／黒髪敷きて（巻11・2631）
　222番は、「しきたへ」を記したものとしては唯一である。これは、220番の、石中死人歌の反歌第2首で、1首目にも「しきたへ」が歌われているが、こちらは「敷妙乃」となっている。2631番は、「黒髪」を意識しての用字であり、「敷く」を記したものとして集中唯一である。2例とも、歌意に則した表意性を読みとれる用字である。
・「福」
　　銅八百四十一斤功一百二人自福智山運炭九百廿八斛功九百廿八人
　　　　　　　　　　　　　　　　　　　　　　　　　　　（天平宝字6年）
　　一条五布居里卅一都知田玖段〈福留郷戸主海萬麿口分〉（天平神護2年）
　　客主僅得免死。便於福良津安置。　　　　（『続日本紀』巻32　宝亀3年）
　『倭名抄』：福智「布久知」、福留「布久呂」、福良「布久良」
　「福」はよい意味をもつ字であるからか、右のとおり地名に多用されている。また人名でも「伊福部」などがある。
【非固有名詞表記】
　　福路庭／袋には（巻2・160）
　当該は持統の詠で、天武が崩御した際の一連の歌のひとつとなっている。「福」は集中唯一である。「燃える火でも手にとって袋にいれることができる（なのに、どうして生き返って欲しいという願いは叶えられないのか——結句定訓なし）」といった意。萬葉集において「袋」が詠まれること自体稀で、用例は家持「縫へる袋」と池主の作における「針袋」「すり袋」のみである。
　「福路庭 入 燈不言八面」とある中で「路」「庭」「入燈」などには一応の関

連はあるとみられるから、漢字の連想による戯れがある中での文字使用といった理解が穏当ではないかと考える。

・「漢」
　古文書に「有漢」の地名がみえる。
　　有漢郷死亡人二人免税一伯捌拾束（天平11年）
　　物部里、田次里、犬甘部**有漢郷**（天平11年）
　『倭名抄』：宇賀迩
　【非固有名詞表記】
　　尓故余**漢**／にこよ**かに**（巻11・2762）
　作者未詳で、集中唯一例である。この歌は、
　　　葦垣の　中のにこ草　尓故余漢　我と笑まして　人に知らゆな
で、葦垣の中のにこ草、その名のように、にこやかに私だけにほほ笑んで、他の人に知られないようにしてください、という意である。結句「人に知らゆな」にあらわれているごとく、「私にだけ」という思いを強く歌ったものといえる。当該句の表記の「余漢」には表意性を読みとることが可能である。「余」は「余我也」（『廣韻』）とあるように自分、我の意であることが意識されていると思しく、また「漢」は、「則天嘗問仁傑曰『朕要一好漢任使、有乎』」（『舊唐書』）のように男子の意で使われることがあり、ここでも自分（＝余）と相手ということを意識して採られたのではないか。当該の作者は女性であると考えられるが、ほほ笑みが２人のあいだだけで交わされるように願うことに発想を得たものといえよう。当該もまた、臨時的なものであるといえる。

6、「棲み分け」られる地名表記 二合仮名と非固有名詞表記二合仮名

6－1、両者の関係

　以上、みてきたように萬葉集外に地名表記の例がある各字母の、非固有名詞表記例は、いずれも臨時的な方法であることがわかった。これは【a】群における在りようと同一であって、やはり【b】群においても、ある二合仮

名が、地名にも非固有名詞にも両方ともよく使われるということはない。従って、同一字母であっても地名表記の二合仮名と非固有名詞表記の二合仮名とは区別しておくのが穏当ではないかと思う。萬葉集における非固有名詞表記専用字母が43字種あるが、これらは、114の固有名詞表記字母とは結果的に別個の存在としてあることになる。いい方を換えれば、萬葉集を含め古代の各文献における固有名詞表記に用いられる130余の字種の二合仮名のうち、14字種（【a】＋【b】）だけが、非固有名詞表記の例をももつ。ただし、先にみた如くそのほとんどが臨時的な表記で、孤例であり、また非固有名詞で反復性が認められる「南」「楽」は、地名で使われる場合と音形が異なっている。

　以上にみてきた結果から知られるように、地名表記の二合仮名と、非固有名詞表記の二合仮名は、仮名としての形態は同じであるが、字母の選択可能性としての位相に、区別があるとみるのがいいのではないか。つまり１例を挙げていえば、萬葉集以外も含めて「ナニハ」という地名表記に固定的に用いられ、相当な反復使用がある「難」と、歌の意に即して、「何/nani/」の音節にあてられた、古代文献上に２例のみの「難」とは、異なるものとみておくのである。仮に、この区別なしに、「難」という二合仮名は、地名「難波」や「何」に使われ、前者での使用が非常に多い、といった説明は、誤りではないけれども、歌表記で語を書き記す目的と、地名を字音で（しかも字数制約のある中で）記すという行為を無条件に同質とみていることにもなり、精確ではないと考える。

６－２、地名表記字母の選択可能性

　地名表記の二合仮名は、その後位音節においてよくあるｉないしｕ付加形のみならず、広母音付加形がしばしば目につくが、これについて本居宣長が「必ズ二字ニ約メムタメニ、止事ヲ得ズ、如此サマニ音ヲ轉用シタル物ナリ」（『地名字音轉用例』）と指摘していることは当を得ていよう。さらに宣長は、地名表記の字音とは、訛った結果そうよまれているのではなく、もともと語形がそうであって、字音仮名はそれらに対して嵌め込まれたものだと指摘し

た。すなわち「サガミ シナノトハ、後ニ訛レル也トヤウニサヘ思フメリ、是レイミシキヒガコト也、サガミ シナノハ、本ヨリノ名ナルニ、相模信濃ナドノ字ハ、後ニ填タルモノ」（同前――傍線筆者）との言がそうである。宣長の指摘の通り、語形に対して字音をあて、その文字列上においてその字が結果的に地名のその音節を表象することになった、と把握するのがふさわしい。

　冒頭に紹介したように、地名は二字の好字で記されることが定められた。つまり、これは地名を漢語的に音訳するという方針であったといえる。時に、二字という縛りに押し込めるために子音韻尾字が積極的に使用され、韻尾も各母音での開音節化が結果的に広く許容されることとなった。地名表記のための二合仮名字母は、そういった地名語形に合う字音、あるいは近しい字音をもつという選択可能性から選ばれ、記された結果、それが仮名としてよまれている、というものである。

6－3、非固有名詞表記字母の選択可能性

　萬葉集非固有名詞に用いられている二合仮名と、地名表記の二合仮名の両者は、用いられる目的と、選択可能性の枠組みについて違いを有している。非固有名詞表記の二合仮名は、訓字主体表記において主用され、１回のみの臨時的使用から、数十例の反復使用がある付属語表記まで様々ある。訓字、訓仮名、また一字一音仮名と同居して機能するものとして運用されている点において、二合仮名は、当然だがその歌を記すために選択されているわけである。その際、読み手に日本語の語形を文字列から復元させるためには、あまり衒った開音節形（あるいはそれに相当することに、韻尾字をあてること）は敬遠されたのではないか。事実、広母音による開音節形は希である。また訓字主体表記中において、音節表記でありながら表意性を読みとれるような用い方もしばしばあるが、そういった一首に即した臨時的な趣向に使い得るものとしてある他、訓では記し難い付属語を記す仮名として、二合仮名は選択されている（**第２節**参照）。一方、字音によって地名を漢字音訳するにあたっての字母選択は、二字、字音という制約のもとになされることが多いわけ

で、語形と比して無理があっても、引き合わせ、それでよしとする側面があった。文脈におかれたり、文学的な解釈を必ずしも求めないわけだから、自ずと、非固有名詞表記のそれとは異なる枠組みのもとにあるといえよう。

小　括

　地名、非固有名詞それぞれの二合仮名は、ほとんど字母が重複しない。古文書、木簡等で130余ある地名表記二合仮名で、同字母が非固有名詞にも使われるのは、本節でみた【a】【b】の14字種（「越」を除けば13字種）のみであって、しかもいずれも僅少であることが知られた。このことを、地名に固定的に使用される字母なので使用が抑制されたなどという理解は十全ではないと考える。というのは、非固有名詞表記の側からだけの配慮とみるのはふさわしくないからである。そうではなく、字母選択の可能性が、地名、非固有名詞各々の位相における基準のもとに存在していて、重複するものについては抑制が働いたとみたい。各々の枠組みがある上での、相互の調整であったのではないだろうか。なお「南」「楽」は反復使用が著しいが、地名表記の場合と音形が異なっている。つまりこれらはそういった調整を濾過した上で、許容されたものとみられよう。

　次節では、萬葉集にしかあらわれない地名[6]で、しかも非固有名詞表記をもたないものについて、考察する。

注
1）　井手論文の指摘では、柳田国男『地名の研究』（角川文庫版　1968）が参照されている。そこで柳田は「地名とは抑も何であるかと云ふと、要するに二人以上の間に共通に仕様せらるゝ符號である」と述べている。また、井手同論文も指摘するように、政令等をもって、人為的に変更されることがあるのも地名の特徴である。現在でも、市町村の統廃合等で地名が改変、あるいは消滅することは珍しくない。
2）　野村忠夫「律令的行政地名の確立過程―ミノ関係の木簡を手掛かりに―」（『古代史論叢　中巻』吉川弘文館　1978）によれば、ことに国名は先んじて二

字化、好字化が進められたという。野村は、「美濃」を代表例として、そのほか25カ国の例を挙げ、和銅六年までに好字二字の国名表記がほぼ定着していたということを、木簡の用例群をもとに位置づけている。さらにこれに加え、たとえば「筑前」に対して「筑後」など、後者は資料にはあらわれていないが論理的に存在したと想定していいものを含め、計31カ国が、和銅６年以前にその表記の改訂、定着化を終えていた、とする。このことから、和銅６年の命の文言中にある、「畿内七道諸國郡郷名、着好字」は、畿内七道諸国の郡郷名とみるべきであるとする。つまり、国名は和銅６年段階にはすでに改訂が相当進んでおり、あらためてここで対象とされるものではないのである。野村は次いで郡、郷名についても検証し、大宝２年〜和銅５年について、その郡郷名は、翌年の「好字」の法令とともに、一、三、四字名から二字名への改訂という、画一的な統一化があったことを指摘している。ただし、郷名に関してはなおその改訂に時日を要し、出雲風土記の記事にもある如く、十数年後の神亀年間に至ってほぼ改訂が完了したとみている。

3）「奇妙な読み方」と、文字を読むという側からいえばそうなるが、実際は、地名語形を漢字で記すのだから、語形にあわせてそうなったとみるのが正確である。このことは本文中に引いた本居宣長『地名字音轉用例』の通りである。

4） 地名と一口にいっても、「難波」「相模」などのように萬葉集以外にもよく見られるものもあれば、「敏馬」のように集中でしか見いだせない地名もあるが、本節ではさしあたり、使用頻度にかかわらず一括して扱う立場をとる。なお、「かむなび」は、里・川などの土地をさす名詞をともなっている場合もあるが、本来は神のいますところ、神の宿すところというのが原義の普通名詞であることから参考にとどめる。また「しきしま」についても、諸注、欽明天皇の磯城島金刺宮（現桜井市金屋付近か）の名によるかと説くが、大和にかかる枕詞になっているため参考扱いとする。具体的に例を示しておく。

・「式」／式嶋（之奇志麻）

「式」字で地名を記したものとしては、古文書に「式下郡」がみえる。解申請出挙銭事合銭肆伯文〈**質式下郡**十三條卅六走田一町〉受山道…（天平勝宝２年）古寺所一在山辺郡波多蘇麻一在**式下郡**村屋一在添上郡月屋所山背国…（天平19年）また肥前国風土記に、「在**志式嶋**之行宮」がみえる。この他、人名であるが、納言藤原（仲麿）家〈**使丹生式萬呂**〉長阿含十法経二巻（天平勝宝７歳８月15日）が古文書にある。以上、萬葉集外にも固有名詞に対する字音仮名表記として使用が認められる。この「式」字は、さほど仮名としての使用が多く見いだされない。それはおそらく、「式部省」（平城宮木簡で1000例以上存在する）といった字音語で使われるものであるという認識が強いためではな

かったかと思われる。一方、集中の非固有名詞では、「百**式**乃／ももしきの」（巻3・260）で使われる。こちらも枕詞で、大宮にかかる。孤例であり、当該はやはり臨時的なものと考えられる。大野透は、大宮人に因む義字的表記だと述べている。

・「甘」／甘南（畳）備（神名火）

　当該と同表記は、萬葉集以外では古文書に人名で出ている。上行大丞紀朝臣従五位下守大輔**甘南備**真人正五位下行少丞阿部朝臣（天平勝宝2年）。この他、固有名詞「**甘**羅」（古代朝鮮地名。日本書紀巻10）、「**甘**於連」（藤原宮木簡）などがある。また木簡ではイヌカヒで「犬**甘**」が多数認められる。なお、カムナビの表記としては、カムに「神」をあてたものの方が優勢である。一方、非固有名詞の表記例は、「僧半**甘**／法師は泣かむ」（巻16・3846）、「汝毛半**甘**／汝も泣かむ」（巻16・3847）である（ただし、異同があって半（ハナ）は疑わしい。池原陽斉『萬葉集訓読の資料と方法』（笠間書院　2016）に考証あり。ここでは、「甘」が問題なので小学館全集の訓に従っておく）。日本書紀に「あまし」、また人名で「うまし」が認められるものの、萬葉集では「甘」字が字訓で使われている例がない。当該例もまた臨時的なものであるといえる。

　以上、2字種ともやはり非固有名詞は臨時的用法となっており、本論部でみた「薩」「難」などにおける例の在りようと齟齬しない。ただ、この二字種は、萬葉集外にあまり地名としての使用実績がない。「式」は同一のもの（「式嶋」）がなく、「甘」は人名例が1例あるのみである。地名表記としての使用実績の少なさは、「越」字の在りようにも通じるものがあるともいえる。

5）　国名で越の国があり、前・中・後と別れているが、たとえば「越後」をどうよんだかの確証は得にくいところである。おそらく「こしのみちのしり」とよびならわした可能性が高いと思われるが、仮に「をちご」などと字音でよんでいたとしても、もとが「こし」という国である以上、「をちご」とよびならわしたとて、それは地名元来の語形からのものではなく、二次的に与えられたものということになる。つまり、「越」が「ヲチ」の字音仮名として使われているという実績にはならない。

6）　萬葉集で地名表記に使われる21字種のうち、13字種が地名にしか使われない。それらのうち「駿河」「讃岐」「筑波」「筑紫」などは、萬葉集外にも多数用例が確認できるが、「巻目／まきむく」（巻7・1087）、「珍／ちぬ」（巻11・2486）などは、現時点では萬葉集にしか用例が認められない。

第4節　萬葉集における地名表記と二合仮名
――非固有名詞表記例をもたない二合仮名――

1、萬葉集の地名表記と子音韻尾字

1－1、地名表記と非固有名詞の両方に認められる二合仮名

　萬葉集に詠まれる地名、それらは国名であったり、郡郷名であったり、また山川の名であったりして様々であるが、その表記の在りようも当然一様ではない。音によるもの、訓によるもの、あるいはその交用などひととおりあるが、前節で、北川論文を引いたように、題詞・左注と歌中では同一の地名でも表記に違いがあったり、また巻14の東歌では仮名主体表記にもかかわらず多音節字を用いた二字国名表記が使われていることが目立つなどの特徴がある。また、題詞と歌本文の表記の違う1例を挙げておく。

　　神亀元年甲子冬十月幸紀伊国之時為贈従駕人所誂娘子　笠朝臣金村作歌
　　一首幷短歌
　　後居而　戀乍不有者　木國乃　妹背乃山尓　有益物乎
　　　　　　　　　　　　　　　　　　　　　　（巻4・544　笠金村）

　さて、前節において、地名表記における多音節字音仮名が、二合仮名として一括りで済ませられるものか否かという問題提起のもと、非固有名詞表記の二合仮名と、地名表記上の同字母がどう扱われているかについて考えた。それをうけての本節の問題提起を以下に述べる。萬葉集で非固有名詞表記に用いられ、なおかつ地名表記ももっているのは、韻尾ごとで挙げると「雜」「塔」(以上 p)、「越」「薩」「壹」(以上 t)、「楽」「作」「各」「色」「福」(以上 k)、「南」(以上 m)、「難」「漢」(以上 n)、「當」(以上 ng)である（網がけは地名表記が萬葉集の中には出てこないもの）。地名表記の場合と、非固有名詞表記の場合で、いずれにもよく使われる字母というのは見いだせず、結果的に観察できることだが、ほぼ衝突しないようになっている。そもそも、この、

第4節　萬葉集における地名表記と二合仮名　311

非固有名詞にも地名にもみえる二合仮名14字種も、地名表記の二合仮名字母ののべ文字種（およそ130字種）からいうと1割程度に相当するのみである。つまり地名表記の二合仮名字母の9割は非固有名詞表記のそれと重複しない。字母選択の可能性が、地名、非固有名詞で差異があるわけである。

そこで本節では、前節の考察結果をうけて、萬葉集において非固有名詞表記の例をもたない二合仮名による地名表記の例を中心に扱う。たとえば「讃岐（さぬき）」の「讃」（n韻尾）などである。木簡や古文書などでもおなじみの地名表記であり、萬葉集では巻2・220に使われているが、この「讃」字が非固有名詞表記に使われることはない。また、「雲飛（うねび）」の「雲」（n韻尾）も、同じく二合仮名として非固有名詞表記には用いられないが、「雲飛」という地名表記自体、萬葉集にしか見いだされない。同じように非固有名詞表記には使われない地名表記二合仮名ではあっても、その地名表記自体にも使用上の性質に違いがある点、注意が必要である。

1－2、考察対象となる字母

萬葉集において、固有名詞表記に用いられる二合仮名のうち、「憶良」の1例のほかはすべて地名である。次の表1に、考察対象となる字母について、歌本文中に二合仮名で記される地名を、韻尾別に字母を見出しとして挙げる。また同地名の異表記が萬葉集中に認められる場合はそれぞれ示す。考察対象となるのは、叔筑目雲讃信丹珍敏駿群香相の13字種である。

表1：萬葉集において地名専用となっている二合仮名字母とその用例

韻尾	字母	地名	同地名のほか表記（萬葉集中のもの）
k	叔	叔羅（しくら）	なし
	筑	筑紫（つくし）	都久之、都久志、豆久志、盡之
		筑波／筑羽（つくば）	都久波、豆久波、築羽
	目	巻目（まきむく）	巻向、纒向
n	雲	雲飛（うねび）	雲根火、畝火、宇祢備
	讃	讃岐（さぬき）	なし
	信	信濃（しなの）	なし
	丹	丹波（たには）	なし

	珍	珍（ちぬ）	千沼、陳奴、陳努、知努、血沼
	敏	敏馬（みぬめ）	三犬女、見宿女、美奴面
	駿	駿河（するが）	須流河
	群	平群（へぐり）	なし
ng	香	香（かぐ）	香具山、香来山、高山、芳来山
		伊香（いかご）	伊香胡
	相	相楽（さがらか）	なし
		相模（さがみ）	なし

2、考察①

2−1、萬葉集外にも認められる場合

　まずは、萬葉集外にもその地名表記が認められるというものをみていこう。／を介して示す「佐奴岐」といった表記は前節同様、『倭名類聚抄』によるものである。所載は、「平城宮木簡」や「日本書紀」のように書名を記す。

- 「讃」…讃岐國者（巻2・220）／「佐奴岐」
　　讃岐国阿野郡日下部犬萬呂…（平城宮木簡）
　　讃岐國山田郡人家（日本書紀）
- 「駿」…駿河能國与（巻3・319）など／「須流加」
　　駿河国益頭郡煎一升／天平七年十月（平城宮木簡）
　　日本武尊初至駿河。（日本書紀）
- 「筑」…筑紫國尓（巻5・794）など、筑波乃山乎（巻9・1753）など
　　※筑紫
　　筑紫大宰進上肥後国託麻郡…（平城宮木簡）
　　即自日向發、幸行筑紫。（古事記）
　　此則筑紫胸肩君等所祭神是也。（日本書紀）
　　※筑波／「豆久波」
　　筑波郡。東茨城郡、南河内郡、西毛野河、北筑波岳（『常陸国風土記』）

・「相」
　　※相模祢乃（巻14・3362）など／「佐加三」
　　相模国高座郡美濃里秦大和銅七年十月（平城京左京三条二坊　長屋王邸）
　　※相楽山乃（巻3・481）／「佐賀良賀」
　　相楽郡大狛里人道守臣末呂一両（平城京左京三条二坊　長屋王邸）
・「丹」…丹波道之（巻12・3071）／「多迩波」
　　丹波国何鹿郡高津郷交易小麦五斗（平城宮木簡）
　　丹波国船井郡出鹿郷曽尼里秦人吾□米（平城宮木簡）
・「信」…信濃乃波麻乎（巻17・4020）／「之奈乃」
　　信濃国筑摩郡山家郷火頭椋椅部□逆養銭六百文（平城宮木簡）
・「群」…平群乃山尓（巻16・3885）など／「倍久利」
　　召急津嶋連生石山部宿祢東人平群郡（平城宮二条大路木簡）
　　大倭国平群郡中郷牧野里（平城宮二条大路木簡）
・「香」…香山之（巻3・259など）、伊香山（巻8・1533）

　カグヤマは古事記、日本書紀に用例がみえる（ただし、多くは天、大などがつく）。記紀に「香具山」のように、グに相当する文字を補入した表記はないが、萬葉集では「香具山」、「香来山」、「芳来山」などの表記がある。日本書紀には、注目すべき記述がある。それは、巻3の神武紀（即位前紀戊午年）で、

　　取天香山社中土、香山、此云、介遇夜摩

という注がついている箇所である。以下「**用例の扱い**」の記述を再掲する形をとる──『地名字音轉用例』ではこの注について「訓ヲ以テ香来山ナド書ルトハ異ナリ、思ヒマガフベカラズ」と指摘しているが、これによれば宣長は「香具」「香来」など、二字表記の場合の単音節字「香」を訓仮名とみているようである。日本書紀では、「天香香背男」（巻2など）、「餌香市」（巻14など）など、「香」字を一音のカに用いている場合があるが、いずれも訓でよむべき箇所に使われている。当該のカグヤマ表記ではわざわざ音注をつけてまで「香山」を用い、萬葉集などではよくある「香具山」表記を採っていない。さらに、歌謡は徹底的に一字一音仮名だが、ここに「香」が使用

されることはない。古事記歌謡においても、である。こういったことを合わせ考えると、「訓ヲ以テ香来山ナド書ル」という宣長の見立ては穏当といえようか。すでに本書第1章で取り上げ、断ったように、「香」をカと読むのはng略音かともみられる一方、倭語ないし、その相互影響とみる向きもあるので、本書では非固有名詞の場合の用例に含めていなかった。橋本四郎「訓假名をめぐつて」（同前）も、「香」字は訓と音との境界が分け難い、として検証対象から予め外すという立場をとっている。

　一方、伊香山は笠金村の1例のみである。注目すべきは日本書紀「伊香」で、集中の「伊香山（いかごやま）」に対して、こちらは「イカガ」が通用となっている。固有名詞の語形に漢字をあてる、ということを思えば「香」字をよんだ結果「カガ」「カゴ」と揺れているのではなく、「カガ」「カゴ」という別個の語形に、「香」がそれぞれあてられた、とみるべきであろう。

2－2、小結

　以上にみた地名のうち、「天香山」「伊香山」以外、つまり「讃岐」「駿河」「筑波」「相模」「信濃」「平群」「丹波」は、『延喜式』（927年頃完成）巻22、主計式における地名表記にいずれも登載されているものである（「筑紫」はすでに筑前と筑後に分かれている）。つまり、くだった時代において公式な地名表記となっていることが確認されるわけである。従って、これらの例は、非固有名詞表記の二合仮名とは異質とみるのがよく、いうなれば公式な地名表記がそのまま歌表記中にも用いられているものということができる。

3、考察②

3－1、萬葉集外には認められない場合

「敏」　敏馬乎過（巻3・250）など
「敏馬」は、異表記「三犬女、見宿女、美奴面」がある。現在の神戸市灘区あたりといわれる。「敏馬」表記は訓字主体表記にしか使われない。

　　　玉藻刈る　　敏馬乎過　　夏草の　　野島の崎に　　舟近付きぬ

第4節　萬葉集における地名表記と二合仮名　315

(巻3・250　柿本人麻呂)
島伝ひ　**敏馬乃埼乎**（みぬめのさきを）　漕ぎ廻れば　大和恋しく　鶴さはに鳴く

(巻3・389　作者未詳)
妹と来し　**敏馬能埼乎**（みぬめのさきを）　帰るさに　ひとりし見れば　涙ぐましも

(巻3・449　大伴旅人)

なお、「三犬女」で記された山部赤人の作（巻6・946）には題詞があり、そこには

　　過**敏馬**浦時山部赤人作歌幷短歌

とある。さらに、巻9・1065と1066では、田辺福麻呂がこの「敏馬」を褒める歌を詠んでいるが、題詞では当該表記、本文では異表記となっている。

　　過**敏馬**浦時作歌一首幷短歌
　　千桙之　神乃御世自　百船之　泊停跡　八嶋國　百船純乃　定而師　**三犬女**乃浦者　朝風尓　浦浪左和寸…　　　　　　　　(巻6・1065)
　　真十鏡　**見宿女**乃浦者　百船　過而可徃　濱有七國　　(巻6・1066)
　　※1067は省略

冒頭にも述べたように、歌本文では必ずしも統一的でない地名表記も、題詞では原則として公式表記が採られる（北川和秀前掲論文）。萬葉集外に用例はないが、「敏馬」は当該地名の公式な表記であった蓋然性が高い。なお、神戸市灘区岩屋中町に「敏馬神社」が現存する。

「叔」　叔羅河（巻19・4189、4190　大伴家持）

「叔」は、家持が巻19・4189、4190で用いている「**叔**羅川」の2例のみである。よみには諸説ある。これは従来、「シラキ河」とよむのではないかという説がある。最初に提唱したのは賀茂真淵で、「叔」は「新」の誤りとみている。この説の支持者の1人である大塚毅『万葉仮名音韻字典』（同前）は、同地に信露貴山、白鬼女川、白木浦などがあることも傍証として挙げる。『萬葉集新考』（井上通泰）は、この川を武生市（現在は越前市）の日野川であろうとし、「白鬼女河はやがて日野川の一名なり」と述べる。一方、大野透『萬葉假名の研究』（明治書院　1962）は『上宮聖徳法王帝説』に「**叔**尼」（＝宿禰）で用いられていることを挙げ、「スクラ」がふさわしいとして、未詳

の地名だとする。

「珍」　珍海（巻11・2486　人麻呂歌集非略体歌）

「珍海」は孤例で、臨時的な表記かとみられる。萬葉集外にも用例は認められない。チヌとは堺、岸和田あたりの海岸で、日本書紀では「泉郡茅渟海中…」とあるように「茅渟」表記が採られる。萬葉集外では、そもそも字音仮名の使用自体見いだし難く、二合仮名ではないが、人名と思われるもので、

　　　珍濃多祁万呂（平城宮木簡　長屋王）

があるのと、日本書紀では、

　　　盡得珍寶貨賂

のように字音語、そして「被珍那」「徳自珍」のように、渡来人の名称として使用がある。また「チヌ」の例はほかに、千沼、陳奴、陳努、知努、血沼などであるが、「珍海」という2文字が当該の歌表記では都合が良かったためかとも思われる。というのも、

　　　珍海　濱邊小松　根深　吾度戀　人子姤
　　　（千沼の海の　浜辺の小松　根深めて　我恋ひ渡る　人の児故に）

上3句は　珍海、濱邊、小松、根深　という2文字で意味のまとまりを記そうという態度があるとみられる。珍とはめずらしく、優れているという意もあるから、「珍海」表記は、音では「チヌノウミ」を表すのみならず、文字列としても土地褒め的な意を負わせることができたのではないだろうか。

「雲」　雲飛山仁（巻7・1335　作者未詳）

「雲飛」集中ではこの1例のみ（巻7・1335）。ウネビは、「雲根火」、「畝火」、「宇祢備」の異表記がある。勢力からすると「畝火」が多い。「雲飛」はウネビの表記として管見において古代文献中唯一であるが、「雲」を多音節字音仮名として使用したものとしては、播磨国風土記に「雲潤」「雲箇」がある。なお、訓字・訓仮名「くも」としては197例あり、この字は、訓で主用される字母であるといえる。

なお、漢籍においても「雲飛」が認められる。

　　　巨艦雲飛，横斷浿江。　　　　　（『隋書』帝紀第4　煬帝下　大業8年）

「目」　巻目之（巻7・1087　人麻呂歌集非略体歌）

第4節　萬葉集における地名表記と二合仮名　317

　マキムクは、当該以外に11例あるが、作者未詳歌に「纏向」が1例あるほかはすべて「巻向」、しかもすべて人麻呂歌集非略体歌である。「目」は1例のみ略音仮名かと思われるものがあるが、「目生来鴨／もえにけるかも」の例がモクのk以下省略の略音仮名かと疑われる向きもある。ただ訓がそもそも/me/であることから/mo/で使われる当該が音だと断じることもまた躊躇される――本書では略音仮名にカウントしていない）。「目」字はやはり訓で主用される字母であったようだ（萬葉集中に246例）。
　大野透前掲書は、当該歌を挙げ、
　　痛足河　々浪立奴　巻目之　由槻我高仁　雲居立有良志　（巻7・1087）
この「目」字使用を「痛足河の足に照應する用字」とみている。「巻向」が標準的な表記とみられる情況にあって、この1例のみ「目」となっていることの理解として注目すべき指摘であるといえる。なお、元暦校本は「目」の横に「向」と書いており（図参照）、伊藤博（『萬葉集釋注』当該歌注）は非略体歌に集中するマキムクがすべて「巻向」であることから、誤字ではないかとし、本文を「向」に改めている。
　ところで、当該歌は人麻呂歌集非略体歌とされるものであるが、同じ非略体歌に次のような例がある。
　　兒等手乎　**巻向**山者　常在常　過徃人尓　徃**巻目**八方
　　（児らが手を　**巻向**山　常にあれど　過ぎにし人に　行き**巻**かめやも）
　　　　　　　　　　　　　　　　　　　　　　　　　　　　（巻7・1268）
こちらの「巻目」の「目」は訓仮名として使われているが、人麻呂は「巻目」も、マキムクとよめることを承知していて、このように照応させる仕掛けを表記に施したとみることもできる（が、あくまで分析者による憶測の域を出ない）。なお、萬葉集外では、古事記に「高目郎女」があって、字音として同音形の使用は一応ある。誤字説を退けるほどの根拠には及ばず、決め手に欠けるが、西本願寺本の本文通りここでは「目」に従っておく。その上で、本考察の趣旨に戻れば、当該は、地名表記の字母というわけではないということになるだろう。「讃岐」や「駿河」などと同質の地名音訳の字母とはいい難い。

3－2、小結

　以上整理すると、「敏」は、「敏馬」の、おそらくは公式の表記に比されるもので、考察①でみた、地名音訳の二合仮名字母と同類であるといえる。「叔」は、他に例はないため、公式の表記かどうかはわからないが、家持が二合仮名を他に全く用いていないことからして、地名表記をそのまま歌の中にもってきているにすぎないものと思われる。これに対し、「珍」「雲」「目」については、萬葉集歌表記の中における創意によって、なされたものとみられる。

小　括

　以上、萬葉集における地名表記の二合仮名についてみてきた。本節で検証対象としたのは非固有名詞表記には用いられていない、いわば結果的に地名専用といえる13字種であったが、このうち8字種は公式の地名表記とみられるものを構成する字母であった（「讃」「駿」「筑」「相」「丹」「信」「群」「敏」）。これらの二合仮名は、つまり公式地名表記のそれが、歌表記の中にそのまま用いられているとみるのがふさわしい。また、公式地名表記ではないが、「香」（香山）「叔」（叔羅）もまたこれらと同類であるとみる。
　これらに対し、「珍」「目」「雲」は、地名表記用の字母とはいい難い。いずれも臨時的であり、地名表記としての社会的な一般性はおそらくなかったとみられ、それぞれ当該の歌表記の中にあってのみ存在している。このありようは、非固有名詞を記す二合仮名の特質に連続するといえる。
　さて、前節も踏まえつつ、地名表記二合仮名と非固有名詞表記二合仮名の関係について述べる。地名表記の字母と、非固有名詞の字母で、重複がほぼないという事実が知られた。地名の側の字母選択可能性は、結果的に古代文献中においてのべ約130字種を超えているが、その字母の多様さが非固有名詞を記す可能性を拡張することにはつながっていないことが注目される。また萬葉集において、非固有名詞表記の二合仮名字母は40字種あるが、これらの二合仮名を使って独自の地名表記を記すことは「越」一字のほかには認め

られない。

　冒頭でも述べたように、地名を二字字音化し、それを社会的規範に据えて共通標識とすることが7～8世紀に実践されていった。二合仮名で記されているものについていえば、萬葉集ではそれらを歌表記中にそのまま取り込むことの方が多いことがわかった（「讃岐」「駿河」など）。一字一音仮名や訓仮名を駆使して、様々に地名を記すことがあるにもかかわらず、非固有名詞表記に使われる二合仮名を駆使して地名表記を新たに創出することはほとんどない。二合仮名が、地名表記対非固有名詞で互いに交渉が希少であることを意味していよう[1]。

注

1）　7世紀以前で古代の金石文、出土木簡などが存在し、数は多くないものの、二合仮名が認められる。・「薬師徳保」（法隆寺二天造像記　650？）・「旦波博士」（西河原森ノ内遺跡出土木簡　682以前）、「當麻公」（酒船遺跡　684以前）・「大弁官大二采女竹良卿」（采女氏塋域碑　689）・「出雲国若倭部臣徳太理」（鰐淵寺観世音光背銘　692）・「難波」（飛鳥池遺跡）（金石文本文は『古京遺文』による）。以上のように、二合仮名は確かに5世紀と7世紀の転写を経ていない一次資料に認められるので、沖森卓也『日本古代の文字と表記』（吉川弘文館　2009）が、朝鮮半島に同方法があることや渡来人の存在に注意しつつも「二合仮名の用法が五世紀に遡る」とみなしたことは首肯できる。しかし、用例は決して多いとはいえず、特に地名の用例は希少である。もちろん、資料の絶対量の少なさがあるので慎重でなければならないが、藤原宮木簡になると「各牟評」「旦波国」など、地名への二合仮名使用はもう少し顕著に認められるようになる。二合仮名使用の少なさと藤原宮木簡以降の隆盛について、資料的制約を理由のひとつとすることは、現状では否めないものがある。そこで、それ以外の理由の模索として、地名の二字好字化に関する動きでとらえることはできないだろうか。野村忠夫論文によれば、大宝令の施行にともなって、国名の表記改訂がまず行われたという。和銅6年の方の法令は、その国名表記の再確認・実態の徹底化を含みながら、郡・里段階の行政地名を画一的に改訂・定着することを企図したものだった。その表記改編には二合仮名を使用して地名表記を二字に収めるという作業も当然あったであろう。「足尼」をはじめとし、いくつか例はあるものの、実際のところは7～8世紀への過渡期に

一気に二合仮名の使用が隆盛したとという推定もできるのではないか。地名二字化の修訂時期の推定と、資料上に二合仮名地名表記が多く現れはじめる時期はおよそ一致する。そして、萬葉集において、二合仮名が字種数、用例数ともに最も高い数値を示すのがいわゆる「萬葉第二期」、つまりは7世紀末〜8世紀初頭である。

まとめ

　以上、二合仮名が使用される、その動態を種々観察してきた。得られた結果をまとめておこう。まず、二合仮名はその使用位置に自ら制限があるわけではないが、句末・語末での使用および付属語表記に相対的に多い。これは、訓字主体表記において主に中核となる言葉（自立語）を訓字が担当し、それに親和する形で二合仮名が付属語要素を担当することによる結果であろう。二合仮名は活用語尾と付属語にまたがる位置におかれることもあるが、ほぼ、語の切れ目に対応している。また、その機能において類似する多音節訓仮名とは、同じ訓字主体表記で主用されるけれども、使用が棲み分けられており、競合しない関係になっている。またそもそも訓仮名で書き得ない言葉の表記を担当することもままあったとみられ、訓字訓仮名が大多数を占める環境における存在意義がうかがい知れる。また地名表記においては、非固有名詞表記に用いられる字母とあまり重複しない関係になっていることが知られた。これは、字を選び取ってくる位相の違いともみられるし、そもそも地名を漢字で表すというその目的自体の違いにも由来するのかもしれない。二合仮名は、古代という大きな括りで言うと、単純な延べ数からして、相対的に地名表記に活躍する字母である、という言い方が出来る。しかし、萬葉集の非固有名詞表記のそれらは、その地名表記用の一端ないし残余というものではなく、あくまで別の、歌表記の中で、模索、創意されたものとみるべきであろう。
　本章の考察によって、二合仮名の運用実態が、文字列上の環境、訓仮名と関係、地名表記との関係というそれぞれにおいて、明らかになった。

【参考文献】
乾　善彦『漢字による日本語書記の史的研究』（塙書房　2003）
　　―――『日本語書記用文体の成立基盤』（塙書房　2017）

犬飼　隆『木簡による日本語書記史』（笠間書院　2005）
───（編）『古代の文字文化』（竹林舎　2017）
内田賢徳『上代日本語表現と訓詁』（塙書房　2005）
今野真二「好字二字」（『国語語彙史の研究31』和泉書院　2012）
沖森卓也『古代日本の表記と文体』（吉川弘文館　2000）
───『日本語の誕生─古代の文学と表記』（吉川弘文館　2003）
奥田俊博『古代日本における文字表現の展開』（塙書房　2016）
北川和秀「古事記の国名表記」（『國學院雜誌』112-11　2011）
───「郡郷里名二字表記化の時期について」（『論集上代文学』33　2011）
澤崎　文「万葉仮名の字義を意識させない字母選択─『萬葉集』における訓仮名を中心に─」（『日本語の研究』8-1　2012）
東野治之『正倉院文書と木簡の研究』（塙書房　1977）
───『日本古代木簡の研究』（塙書房　1983）
橋本四郎「多音節假名」（『澤瀉博士喜壽記念萬葉學論叢』澤瀉博士喜壽記念論文集刊行會　1966）
蜂矢真郷『古代地名の国語学的研究』（和泉書院　2017）
古屋　彰『万葉集用字覚書』（和泉書院　2009）
吉岡真由美「『萬葉集』で単音節訓仮名として機能する〈漢字〉」（『同志社国文学』86　2017）
吉田金彦・糸井通浩編『日本地名学を学ぶ人のために』（世界思想社　2004）

第4章　訓字主体表記と子音韻尾字音仮名

導　言

　本書**第 1 章**で既に判明したように、二合仮名は訓字主体表記において要求された仮名であったと見られる。ならば、訓字との関係、訓仮名との関係、そして、訓字主体表記における略音仮名の様相などを通して、より具体的かつ詳細に検証する必要があるだろう。これまで得られた二合仮名、略音仮名をめぐる知見を、ほぼ総動員して本章の考察に臨むことになる。二合仮名、そして略音仮名というある一現象をここまで追いかけてきたが、この〝ユニーク〟な音仮名を徹底的に追跡、解剖することが、結果的に萬葉集歌表記の展相そのものを考えることになっていることが、本章を通して分かると思う。

　第 1 節では、訓字主体表記における略音仮名の動向を精査し、これを手がかりに、対峙した歌をどう読むかという観点から分析する。ねらいは、略音仮名が二合仮名と同じく子音韻尾字を出自としていることにある。つまり、〝訓字主体表記〟で、〝子音韻尾字〟という二つのキーワードを仮に掲げるとすれば、二合仮名がそれにまずは該当するはずだ（本書はそれを繰り返し説いてきたに等しい）が、しかし、そこに実際は略音仮名も該当する。ということは、両者には、同環境にありつつも何かしらの〝競合しない要素〟が働いていると見通すことができる。すでに**第 2 章第 3 節**で、両者の字母としての棲み分けは見たが、実際の環境（文字列）――すなわち動態における様相として、明らかにする。

　第 2 節では、二合仮名と訓字・訓仮名の関係を見る。内田賢德『上代日本語表現と訓詁』（塙書房　2005）が「単に表音文字であることから仮名への過渡がそこにある」（19p）、「倭語として、意識的に内部から表音的に表記される」、「訓字と並んで倭語を表す文字」（24p）と指摘し、これをうけて乾善彦『日本語書記用文体の成立基盤』（塙書房　2017）が「內田が、訓字との対比において仮名をとらえるのは、音訓の分化（あるいは音訓の差異の発見といっ

てもよい）が仮名の成立の条件であることによる。これが、仮借から仮名への階梯であるといえよう。「仮名」の成立に字訓が大きく関与していることに、注意しておく必要がある」（92p）と賛同するように、仮名の発達の裏には訓字の発達があるとみられる。二合仮名という仮名が産出され、そして運用されていることと、訓字（そして訓仮名）の関係をみることで、この仮名が、いかにしてこの訓字を主とする環境に存在し得ているかを問う。

第1節　訓字主体表記と略音仮名

はじめに

　二合仮名と略音仮名は、同じ子音韻尾字をもとにできた仮名であるが、もともとの漢字それ自身においては、どちらで使うべきか本来的に決まっているものではないはずである。ただ、二合仮名になりやすいもの（p韻尾とm韻尾）と、なりにくいもの（t韻尾とng韻尾）という傾向は、結果的には認められる（**第2章第2節**参照）。しかし、読み手が、「これはm韻尾字だからおそらく開音節形の二合仮名で読むのだろう」などと逐一分析的に判断するとも考えにくい。読み手にとって、ある子音韻尾字が、略音仮名なのか、二合仮名なのかという判断ができるとすれば、どういった条件が考えられるだろうか。その疑問が、本節の発端である。訓字主体表記歌巻では萬葉集におけるほぼ全ての二合仮名およそ200例があらわれており、かつ略音仮名もおよそ2000例が認められる。これらの歌巻では「訓字」を「主体」とするのであるから、「仮名」は補助的な役割にあるとふつう考えられるが、その括りだけだと、二合仮名と略音仮名の使用されている条件は同じになってしまう。そもそも仮名が徹頭徹尾、訓字に従属的であるともいえず、総訓字というのを極端においた場合、そこにどれだけ、どのような形で仮名が交じるかという内実は多彩である。句単位でみれば仮名のほうが優勢ということもままあり得る。次の歌は、巻9所属であるから、普通、仮名主体表記にカウントされないが、結句は仮名の比率の方が高い（網がけ部分）。

<ruby>木</ruby><ruby>國之</ruby>　<ruby>昔弓雄之</ruby>　<ruby>響矢用</ruby>　<ruby>鹿取靡</ruby>　<ruby>坂上尓曽安留</ruby>　（巻9・1678）
<small>紀伊の国の　昔獵夫の　鳴り矢もち　鹿取りなびけし　坂の上にそある</small>

　そして多彩であるゆえ、二合仮名を取り巻く環境と、略音仮名を取り巻く環境は厳密には違うのではないか、という見通しもたつ。換言すれば、訓字主体表記にあって使われるということそれ自体は、二合仮名と略音仮名の機

能的差異を把握するための別としてはさほどの意味をもたないとさえいえるかもしれないのである。ここまで、本書では二合仮名の特質を「訓字主体表記で主用される」という言いをもって強調してきた。本章ではそれを、その意味を、より厳密にする意図がある。「用字法」と「表記法」などの切り口をもって、訓字主体表記において略音仮名が使われ、そしてまた単音節仮名として読まれ得ることの内実と意味とを、二合仮名と略音仮名の両者を対照させつつ考えてみたい。

1、考察に先だって

1－1、用字法と表記法

　略音仮名は、先述の通り訓字主体表記にもおよそ2000例が認められる。萬葉集全体で略音仮名はのべおよそ7700例あるため、仮名主体表記歌巻中のほうがもちろん使用数は相対的に多いのだが、仮名主体表記専用といってしまうには躊躇される数が訓字主体表記中にも認められるのであり、単純な使用度数でいえば、二合仮名より略音仮名のほうが多いということも見過ごせない。訓字主体表記の中で、両仮名はそれぞれどう使われているのか、そしてそこから訓を主体とする環境で仮名を使うということについて改めて検証したい。そこで、まず、用字法と表記法ということについて確認しておく。

　井手至「仮名表記される語彙」（『遊文録　国語史篇二』和泉書院　1999　初出1972）に次のような指摘がある。

　　表記法と用字法との差は、前者が漢字や仮名を用いてことばをいかに記すかを問題とするのに対して、後者は、いかなる表記法を採るにしろ、その表記法の枠内で、一定のことばをいかなる文字を用いて記すかを問題にするという点において相異があるわけである。したがって、表記法の研究が、概して体制的、規範的、即言語的な問題を受けもつのに対して、用字法の研究は、個別的、修辞的、文字表現的な面を取り扱うことになる。　　　　　　　　　　　　　　　　　　　　　　　　（56p）

　これをうけて佐野宏「萬葉集における表記体と用字法について」（『国語国

文』84- 4　2015）が、字を選び書き、結果なんらかの表記ができあがるということについて、2つの階層を設けて分析すべきと説いた[1]。

　　文字選択の範列系には大別して二つの階層があると考えられる。一つは、言葉の分節と文字との対応について、分節された単位を訓字表記（表語）と仮名表記（表音）のいずれで記すかといった、体制的・規範的な枠組みに関わる表記法である。いま一つは、いかなる表記法を選択するにしろ、その枠内で、言葉――分節された形態素――をいかなる文字によって記すかという個別的修辞的な用字法である。　　　（166p）

つまり、音節あるいは語に対してある一字をあてるという一々の個別的なそれを用字法といい、それらを包括する体制的な枠組みを表記法とよぶ。たとえば「ヤスミシシ」という語について、「ヤ」に「八」をあてること、「スミ」に「隅」をあてるということそれぞれは、「用字法」である。ただし、できあがった表記「八隅知之」は、主として訓をもって記されているという体制的な枠組みを指摘できるから、これを「表記法」とよぶことができるわけである。一字一字あてていかねば表記はできないから、理論的には個々の用字法が先だつように見えるけれども、現実には書き手は、「主に訓で書こう」などと決心して書いていくことも往々にしてあったと思量される。その時は、「表記法」が「用字法」に対して規制をかけている形になる。このように、個々の音節に文字をあてることと、それらが連なる形におけるなんらかの表記上の統制・規制とをわけて考えるという立場に基づいて、以下考察を加える。

1－2、読み手による同定方法

　佐野前掲論文は、書き手と読み手の立場を端的にこう指摘する。

　　読み手が、表記中の個々の文字・文字列を「訓読」する場合、それが表し得る範列系から妥当な訓（よみ）を選択している。このことは、書き手が、書こうとする言葉に対応し得る文字の範列系から文字を選択することと並行していると考えられる。　　　　　　　　　（166p）

　これについて改めてまとめておこう。書こうとする語（音節といってもい

い）に見合う字を選ぶ際に、書き手の脳裏には、候補となる字母が、訓であろうが音であろうが範列（Paradigmatic）をなしているわけだが、選ばれるのは常に一つである。そして、絞り込みを経て、決定に到る。その時にたとえば音仮名で書くということは決心していて、音仮名の候補字にとりあえず絞り込んだものの、その中でも訓字で比較的よく使われる字母は止めておこうという意識が働いてそれらを除外した、と仮定してみよう。この判断根拠は、自身の経験則上に仮想的に存在する「読み手」に一瞬成り代わったことによるものであろう。なぜなら、書き手にとっては当然、音声としてのことばが先行するわけで、ある歌の誕生から書かれて完成するまでのいわば一部始終を知っているのだから、訓によく使われる字だろうが、そうでなかろうが、奇字であろうが、難読字であろうが、何を使っても書き手本人だけのことなら不都合は生じない。しかし、そこで敢えて文字を選抜するというのは、つまり、完成されたそれを想像し、可読性をテストしているからに他ならない。

　対して、読み手のほうは、個々の漢字をみれば、それに対応する読みの範列（Paradigmatic）が脳裏に浮かぶ。しかし、こちらもまた最終的に一つに決定するための絞り込み条件が必要である。そのためには、その文字だけを睨んでいてもおそらく答えを絞りきることはできない。きっとその前後、あるいは全体に目を配るはずだ。たとえば、音訓問わずとにかくその文字がもつ読みを次々と当てはめてみて、語形をなすもの、文意が通るものを探しあてる、〝虱潰し的〟なやり方も方法の一つとして考えられるが、それこそ、結局は前後の文字と同時的に行わねばならない作業になる。従って、音か、訓かが全く五分五分の可能性であって決定しがたいという状態が全ての字において等しくあって、なおかつそれを一文字目から一字一字分断して見つめて読み解いていたのではきっと、ないであろう。前後に配置されている文字の性質、あるいは一首を貫いて認められるような文字使用、さらに簡単なところでいえば、知っている文字がないか探し、それを手がかりにするなどの方法によって、まずは大枠での読みの、暫定的な判断材料とするケースが多かったと考えられる。つまり、概していえばこれは先に挙げたところの

「表記法」をまず注視していることになる。もちろん、それらが実際に判断材料として読み手に機能するためには、ある程度の経験が必要にはなる。萬葉集歌を知っている人と知らない人のそれぞれに「八隅知之」を読ませた場合、正答「ヤスミシシ」に到る時間に差異がでる（あるいは正答に到ることができない）のは当然であろう。

　さて、
　　　安之比奇能夜麻左久良婆奈比等目太尓伎美等之見氏婆安礼古非米夜母
（巻17・3970　大伴家持）

の１文字目「安」が、訓の「やす」ではなく音の「ア」であるとおそらく間違いなく下され得る読み手のその判断には、その後にずらりと並ぶ文字のありさまも関係していよう。書き手が、ほぼ音仮名だけで表記した（3970番では「目」「見」が訓）その結果に対峙した読み手が、一瞥して、やはり「これはおそらくほぼ音仮名だろう」という当たりをつけ得るとみることは不自然ではない。この31並んだ個々の字の、一字一字がいかに読まれるかということを候補として並べて、音と訓との両方の候補を代わる代わる当てはめてみて、他候補をつぶして、読めたら次の字に移ってというのを繰り返し、31文字目に到達してはじめて「ああ、ほとんど音仮名だった」と気づくというようなことがどれほどあっただろうか。つまり、いきなり音仮名で一音節という判断のもとに読んでいくことは十分可能であっただろう、ということである。書かれた歌に対峙した読み手は、もちろん個々の文字を読んではいるのだが、しかし往々にして線条的に並ぶ文字列を手がかりにしつつ個々の文字の読みを決定しようとしていく。ただ、それが一首全体による〝当たり〟か、句ごとの〝当たり〟かは個別的であろうが[2]。

１−３、略音仮名か、二合仮名か

　すでに**第２章第３節**にて指摘した通り、略音仮名と二合仮名は、字母がほとんど重複しないようになっている。この、同一字母をもとにしてそれを一音節仮名と二音節仮名に両用することが避けられているということは、つまり、ある子音韻尾字由来の仮名に出会った時に、略音仮名で使われることが

主、あるいは二合仮名で使われることが主という経験則に基づく知識を有効利用できることにつながる。ただし、それが実際に有効に機能するのは、もちろんその文字に少なくとも2度目以降に出会った時ではある。子音韻尾字由来の仮名が、字母をほぼ重複させず、いずれか一方の使用であることがほとんどであるために、二合仮名なら二合仮名で読んだかつての経験をまずはそこに当てはめてみれば、大抵はそれでスムースに正解に到ることができるのではないか——この点では、結果的にせよ確かに合理的にみえるが、はじめて出会う子音韻尾字については、略音仮名主用字なのか、二合仮名主用字なのかということの経験的知識をもっていないため、その文字だけをみていても判断がつかない。そうすると、略音仮名なのか、二合仮名なのかを判断せしめる材料は自然、他——つまりその文字それ自身以外のことにも求められると考えなくてはならない。

1－4、いかに「当たりをつける」か

　漢字だけで書かれている萬葉集の歌に対峙した時、当然ながら仮名なのか、訓字（もしくは訓仮名）なのかということ、あるいはどの部分でどう混淆しているのかなどということをまずは看破する必要がある。最大では歌一首（先の3970番の音仮名主体表記など）を俯瞰して、ということもある一方で、文字レベル、語レベル、句レベルなどで、表語あるいは表音の弁別をなす。そしてもちろんそれらの判断には和歌の音数律ということがベースにおかれていよう[3]。そのような文字の並びを読解していく時、単にその文字の読みを知っているということ以外にも、どの程度、その文字を使うにあたっての傾向なり規範性なりを把握しているか否かも重要となろう。先ほど虱潰し的読解ということを述べたが、単に文字ごとの読みを知っているだけでは、その方法ばかりがとられなくてはならなくなる。しかし、実際は、前述のように、どのように使われるかという傾向ないし規範性なりを経験を通して見いだすようになり、それが読解にあたって有効に働くことがあり得たと考えられる。たとえば次のようなケースを仮説的に挙げることができよう。

①その文字はほとんど仮名（もしくは訓）でしか使われない、という経験的知識から。
②２字以上の並びで語をなしているのを、その語のよくある綴りとして記憶していることから。
（例）「良武」は集中で94例あるが、こういったものを経験的に知っている。
「君尓（きみに）」のように訓＋仮名の並びで使われることが多いということを経験的に知っている、等。

①は単に音訓ということのみならず、音でもってある特定の語を記すことが多いというような知識をも含めておきたい。たとえば「登」字は、萬葉集約570例中、訓字では12例のみの使用で、音仮名として使われる約560例の中でも約360例までが助詞「トֿ乙」に使われる。一方の②は①が前提となるともいえるだろう。②の「良武」のごときある種の固定性、継承性は仮名字母の規範というものを考える上で見逃せない。

ところで②のような、訓＋仮名という文字並びで、かつそれが自立語＋付属語という構造になっているような例が多いことをもって、目が慣れていくということも考えられる。そういう場合、

　　知っている訓字 ＋ 未知の文字 （＝さしあたり読み方が絞れない文字）

たとえばこのように知らない字が混じっていたとしても、前の訓字を知っている時に後者が仮名ではないかと予想することができたり、あるいは

　　知っている訓字 - 知っている仮名 - 未知の文字 - 知っている訓字 ……

と並んでいる時に、「未知の文字」は仮名ではないだろうか、そしてそこが分節に相当するのではないだろうかと予想できたり、ということである。これらは、語や分節レベルの話だが、先にも述べたように、一首全体の在りようを俯瞰することもあり得ただろう。こういった経験に基づく知識をもってすれば、文字で装われた向こうの言葉を見通すことが容易になったりすると考えられる。萬葉集を学ぶ現代の我々が、ほとんどみた瞬間に一字一音表記だろうとわかったりするようになるのは、まさに学習、経験によるものだろう。

1−5、所与の仮名と新たに作り出される仮名

　さて、先に学習と経験とに触れたが、厳密にいえば、仮名それぞれには〝生い立ち〟がある。つまり仮名を使うその経緯として、大別して、所与のものとしてそれを使う場合と、新たに仮名として作り出された上で使われることとがあり得る。ただし、所与のものといっても、必ず最初に作り出された瞬間と、その作者である誰かはいるはずなので、全ての仮名はいつかどこかで漢字から作り変えられたものには違いない。しかし、渡来人などの存在を考えると、列島外から持ち込まれた（渡来人が日本列島で何らかの語形を漢字で表音的に書いたことを〝持ち込んだ〟と表現するならば）こともあり得るから、実質的に所与といって差し支えないものも確かにあるだろう。たとえば古代朝鮮人が書き手となって書いたものに使われた「吏読」を、日本人が自身の固有名詞やあるいはその他の語を書き記すために使用するようなことがあったとすれば、その「仮名」は、日本人にとって〝もと「吏読」の字母であった〟ということは忘却され（あるいははじめから知らない）、事実上所与のものに同じとみることができるわけである。また、新たに仮名を作り出すという場合、もちろん素材は漢字とその字音であって、求める先は字音資料等（またはそれらを学習したことによる知識）であったと思われる。ある人物が字音から仮名に新たに転用し、そしてそれを読んだ別のある読み手が、自身が書く時にそれを使って書いた場合、生みだされてからたった２回目の使用であっても、その２人目の人間にとっては、それはもう所与の仮名だったということもできる。しかし、より多くの人間がその来歴を知ることなく（顧みることもなく）、仮名としてすでに心的辞書に登録されているようなまさしく所与の仮名の状態になるには、作り出された仮名が繰り返し、個人の業という枠をこえて次第に社会的規範性を得て、より一層再生産を繰り返していくことに依らねばならないだろう。この間に世代が変わるほどの時間を要す場合もあるかもしれない。所与の仮名として定着すればするほど、来歴を振り返る意識はあまり働かず、仮名としてどこにどう使うかということだけに、おそらく意識がむくだろう。また、漢籍学習の経験値を蓄積した人物が書き手であれば、既知である所与の仮名に加えて、このように仮名に転用

され得る字母の候補も脳裏に浮かぶことがあっただろう。そして実際にそれが選択されたならば、それは字音から新たに仮名へと作り替えられた瞬間であるということができる。たとえば柿本人麻呂がよく使用した、稀字母の二合仮名の由来にそういった経緯を想定するのもあながち的外れではないと思われる。

　このように、仮名の生い立ちも、仮名の字母の規範がどのように確立されていくかを考える上で確かに重要ではあるが、一々の特定は難しいことが多い。そして、ここで主に視座におく読み手にとっても、未知の文字の出会いをどう捉えるかは様々であったはずだ。たとえば自身が読みにくい文字に出会った際に、自身が知らないだけだと思うか、あるいは社会的にみてもかなり特殊だ（読みにくい）といったことから直感的に書き手の独自の思いつきではないかと判断したりという、様々な反応が考えられる。本節では以下、一々の仮名の生い立ちには踏み込まず、各仮名の使用状況をはかっていくことにする。

1－6、本節の考察方法

　長らく述べ来ったが、以上のような観点から、訓字主体表記において、読み手がその子音韻尾字が略音仮名であると看破できる可読性の要因について探ってみよう。その際に、次のような観点から考察を加える。

考察①　仮名主体表記で使われる略音仮名字母および使用頻度との比較

　その文字が、音訓いずれで使われるかとか、略音仮名で使われることが多いか二合仮名で使われることが多いか、といったことに思いが及ぶ時があったとしても、しかし全く前後の文字をみずに思い悩むということは考えにくく、やはり、表記を読む際の判断根拠として、まずは文字の連鎖を俯瞰して当たりをつけるだろう、ということを述べた。しかし同時に、当たりをつけるためには、個々の文字の音訓をある程度は知っておかねばならず、しかも、それらが連続した形を読んだことがあるといういくらかの経験をも有していることがおそらく必要である。ただしその時、当たりをつけるためといっても、別に必ずしも全ての字の読みを知っていなくともよい。断片的な情報や、

一首全体のスタイル——たとえば数えてみたら31文字あるといったこと——も判断根拠として有意である。つまり、知らない字が混じっていても当たりはつけられる。逆に言えば、文脈から分離させた個々の文字の読みは全てわかっていても悩まずにすっきり一首を読めるとは限らないのである。

さて、略音仮名と二合仮名の場合は同じ音読みで音節数が異なるという違いがある。訓字主体表記では、漢字の、表語という性質を活かして日本語訓を表すものとして使い、それゆえ一文字あたり一音節以上を担う文字が多く並ぶ。たとえば略音仮名がこの中に交えられながらも、音であり、かつ二合仮名ではなく一音節の仮名であるという判断しうる手掛かりはどのようなところにあったのか、ということをまずは明らかにしたい。その一つとして略音仮名の文字としての使用状況を、歌巻をこえて精査する。

考察② 子音韻尾字が使われる文字並びの検証

文字の連鎖——ある歌一首を書き表した時、

全て訓字で書いている

全て音仮名で書いている

というのを両極として、間は多様である。中には一概に判断できないものもある。仮名主体表記において二合仮名が使われにくい理由は、まず一文字あたりの音節数が他に比して不整合をきたす点にあると考えられる。略音仮名にも読むことができるかもしれない字を、ほぼ一字一音で占められる連鎖の中に二音節字のつもりで（二合仮名として）挿入しても不合理である、というのが、二合仮名を同歌巻中に使いにくくさせている大きな理由の一つであると考えられる。

既述の通り訓字主体表記に略音仮名は2000余例ある。そして同歌巻内には二合仮名のほぼ全てがあらわれている。こちらの歌巻は訓字を主とするといっても多様であって、仮名主体表記ほどに一貫した一文字あたりの音節数の統一性はない。そうすると、一文字あたりの音節数の整然さという点ではなくて、略音仮名は、訓字に交じって使われながらも二合仮名ではないという判断を読み手に働かしめる状況証拠がそろう中に、存在していると見通される。そこで、略音仮名が、どういう種類の文字の中に存在しているかを検

証する。

2、考　察

2−1、考察①——字母の検証

　ここでは、訓字主体表記歌巻と仮名主体表記歌巻それぞれにおける略音仮名字母と、その使用度数の調査をするという第一の考察に臨む。両者での対照が明確になるように、字母をそろえて一覧表にし、一方にその字母が見いだせない場合は空欄とする。紙幅の都合上、字母を現代日本漢字音で50音順に並べ、3段にわける。なお、数値を先に述べておくと、下のようになる。

　訓字主体表記歌巻では66字種。

　仮名主体表記では67字種。

両者で使用が認められる字母は41字種で、半数以上になる（表中の網がけ）。二合仮名でも使われるという両用字母は「作」「君」「散」「難」「萬」「香」
※表左端の「訓」は訓字主体表記歌巻所載を、「仮」は仮名主体表記歌巻所載を示す。

表1—①

「訓」　安印雲　楽吉興凝君結甲香作散式盡宗准新仁積曽　　賊陳天田登等藤騰得　南難日寧年濃能農

「仮」　安印　憶　吉　君　　香作散　盡宗　新仁　曽僧則俗　天田登等藤騰得特南難　年濃能農

表1—②

「訓」　薄　八防伐　　必物文聞　邊平便方　朋房末萬望　木目蒙　用欲

「仮」　泊　伐伴半反煩必物文聞別返邊　便　弁芳　　末萬　満民面蒙勿容楊用欲

表1—③

「訓」　良隣列烈　　延遠

「仮」　良　列　連浪嬪袁延遠越怨

次に使用頻度上位15字種を抽出しそれぞれ挙げてみよう。字母の上の数字は略音仮名としてののべ用例数を示し、その順位で並べてある。なお、訓字主体表記歌巻における略音仮名2008例中、上位15字種だけで1823例（90.7％）を占める。

〈訓字主体表記使用字母　上位〉
　342　332　221　195　190　143　129　59　59　44　34　21　19　18　17
　曽　良　香　能　登　聞　等　文　便　安　吉　仁　騰　天　萬

〈仮名主体表記使用字母　上位〉
　1022　988　975　867　390　292　265　166　86　75　62　61　53　35　33
　能　等　良　安　登　曽　吉　欲　末　騰　延　香　遠　天　仁

　試みにこのように上位15字種を挙げたが、多くの字母が訓字主体、仮名主体の両歌巻であらわれていることがわかる。なお、この使用頻度上位字種中と限定した場合、重複しないのは、訓字主体表記歌巻側からいえば「聞」「文」「便」「萬」、仮名主体表記歌巻側からいえば「欲」「末」「延」「遠」である。なお、上記は略音仮名としての使用度数を示したが、二合仮名でも使われる字母は「香」と「萬」である。後者は仮名主体表記ではあまり上位にのぼらない。以上より、概ね使用頻度上位字種は一致し、かつ二合仮名との両用字母も頻用されないとみて誤らない[4]。

　このように、訓字主体表記歌巻の略音仮名字母は、つまり仮名主体表記歌巻でもよく使われる字母がやはりよく使われているということが判明した。加えて、抑制されている二合仮名との両用字もあまり積極的には用いていない。よって仮名主体表記でよく使われる字ということが、略音仮名であることを認識しやすい条件の一つとしてあった。

２－２、考察②──文字並びの検証

　毛利正守「萬葉集における訓仮名と二合仮名の運用」（『叙説』37　2010）は二合仮名を「訓用法」に、略音仮名を含めた単音節仮名を「仮名用法」と命名し、位置づけた。これは略音仮名、二合仮名という個別的な用字法を、一句内、あるいは一首内の他の文字との共起性や親和性をもとに、体制的な枠組みである表記法と連続的に把握しようとする位置づけである。これに鑑みても、訓字主体表記であっても略音仮名が使われることを、表記法の視点

から俯瞰してみることは重要であると考えられる。以下、略音仮名と二合仮名を取り巻く環境について検証する。

本書**第3章**にて、二合仮名がどういう文字の並びの中にあらわれるかということについて論じた。その時に得られた結果のうち、一字一音節の音仮名との関わりについてもう一度みておくことにしよう。なお、全て一句中においてという条件のもとで掲出している。

※網がけが当該二合仮名、隣接する仮名には波線を施す。
- 一字一音の音仮名に続けて二合仮名が表記される場合——17例
  奥名豆颯／オキニナヅサフ、待戀奴濫／マチコヒヌラム
- 一字一音の音仮名が、二合仮名の後に続いて表記される場合——45例
  音聞監香／コエキキケムカ、難可将嗟／ナニカナゲカム
- 前後を一字一音の音仮名に挟まれる例—— 4例
  指南与我兄／シナムヨアガセ ※「指南」　有廉叙波／ウレムゾハ
  尔太遥越賣／ニホヘヲトメ ※「越賣」　佐可遥越賣／サカエヲトメ

二合仮名が一字一音の仮名と隣接することがあるのは198例中66例（約33.3%）である。このうちでも特に3項目に挙げた一字一音の仮名に挟まれることがごく稀である（4例）という点は注意される。なお、二合仮名が訓字に付随するのは72例、訓字を自らの後に従えるのは9例、一句中において訓字と訓字に前後を挟まれるのは25例であり、やはり二合仮名は一字一音仮名よりも、訓字との親和性が強いということが明らかである。

では次に、略音仮名が使われている場合の文字並びの特徴をみてみよう。ここでは先に挙げた頻用上位15字種で検証する。15字種のべ1823例のうち、その略音仮名が一字一音の音仮名と前後いずれかで隣り合わせ、あるいは前後を挟まれている例を検索すると、1085例にのぼる（59.5%）。代表的なパターンで用例をいくつか挙げておこう。
- （一句内で）他の音仮名に前後を挟まれる
  於曽理無／オソリナク、山可良志／ヤマカラシ、徃過奴良之／ユキスギヌラシ
- 前が音仮名

吾已曽座／ワレコソイマセ、由米登云管／ユメトイヒツツ、加吉結／カキムスビ

・後が音仮名

雖見安可受／ミレドモアカズ、夏来良之／ナツキタルラシ、手折登波／タヲルトハ

　ところで、略音仮名が訓字に挟まれるという例ももちろん存在する。このようなものは「と」や「の」や「そ」などの助詞、「こそ」などそもそも自立語と自立語との間にきやすいものを記す字母で多くみられる。たとえば一句内で訓に挟まれる例で挙げれば367例あり、全体の約20％になる。

心曽痛／ココロソイタキ、賢良為者／サカシラスルハ

長登君者／ナガクトキミハ、待騰来不座／マテドキマサズ

　訓字主体表記歌巻であるので、こういう例がみられるのは首肯されることだが、全体の傾向として、略音仮名は訓に挟まれて孤立的というよりは、他の一字一音仮名との親和性がより顕著に認められるといえる。それは、二合仮名が訓字との親和性をもっていることと対照的である。略音仮名は、二合仮名に比して、一字一音仮名と近接する環境におかれることが多いといえ、こういった状況は、子音韻尾字を単音節の仮名だと判断せしめる要素の一つとしてあったと考えてよいのではないだろうか。

3、書き手と読み手

3－1、書き手と読み手がたどる道

　書き手にとっては音声としての歌が先行している。つまりすでに決まっている語なり文なりを「どうやって書くか」という思案がある。読み手はその文字列を読んで、音声としての歌を同定するのだから、ちょうど書き手のとった道筋を逆さまにたどる形にみえるが、佐野前掲論がいうように「並行」というのがふさわしい。同じ道を往復するのではなく、並行的に並んでいるところをそれぞれ通るのだ。たとえば読み手側からみた時には、個々の文字が備える読みの範列系（読みの選択可能性）が開かれる。そして書き手

第1節　訓字主体表記と略音仮名　341

が通る道では、やはり語形（音節）に当てはまる文字の候補としての範列系（文字の選択可能性）が開かれることであろう。読み手は、その書き手が主として通る思案の道を通るわけではない──つまり、どんな字の候補が他にあるだろうか、などということは思い悩まない（なお、こういうことにまで思いをはせるのは、ふつうの読み手ではなく分析者である──**序章**参照）。書かれて、眼前に提示されているものに向き合うからである。

　書き手は、音に対する文字の候補をまずは並べ、その下位層として、各文字がもつ読みの範列系が参照される場合も時としてあるという構造になっている。対して読み手は、前述の通り文字に対する音（おと）の候補をまずは並べる。どういう文字をあてようかと思案することと、提示された文字をどう読むかということは表裏のようで表裏でない。クには「久」「苦」「九」があるがどれがいいかと考えるのと、「久」にはクとヒサシがあるがどちらかと考えるのとは、違う。読み手は、書き手の通った思案の道そのものをさかのぼるのではなしに、そこと並行的にある、書き手の設定した道を歩む。

　そして、読み手が、書かれた歌に対峙する時、一つの文字だけを睨んで絞り込める場合と、そうでなくその周囲を見渡すことでみえてくる場合とがある。これは、書き手もそうである。確かに、訓字であれ仮名であれ、一字一字あてていくのではあるが、しかし、全体を、あるいは少なくとも分節で区切られた単位などを考慮にいれないまますませるとは考えにくい。ここにどんな字をあてようか、ということを思案するためには、その前後はどうか、さらにその前後はどうかということにも意識が及んでいるはずであり、読み手もまた、一つを見ながらもその周囲を見、周囲を見ながらその一つを、という視点移動を繰り返しつつ、読解していく。

3－2、読み手にとっての「用字法」と「表記法」

　ある一字をどう選んでどこにどうあてるかというその一つ一つの行為が用字法である。よって、これを読み手側に置換した時、ある一字をどう読むか、これを仮に「用字法の読解」とよぶことにしよう。既に述べたように、読み手が読み解いていく過程を、この「用字法の読解」の次元でのみ捉えて

しまう——つまり、一字一字を別個に読んでいくという行為だけで捉えてしまうのは妥当ではない。ことに短歌程度なら、一つの視界に納まることが多いわけで、全く他の文字をみずにその一字一字だけをみて読みを確定していくほうがむしろ考えにくい。理論上一字一字を読んでいくには違いないが、現実に、本当に一字一字ごとに分断されているわけではないのである。

　さて、書き手が、あるまとまりや、ひいては一首全体をどう書こうかということに思いが到った時、それはいわば用字法の集まりに意識が向いていることを意味し、そういうあるまとまりにおける「体制的・規範的な枠組み」があるならば表記法とみなせることをすでに述べた。この次元にまで読み手のほうが認識を及ぼす場合を仮に「表記法の読解」とよぼう。先ほどいったような、一首まるごと目に飛び込んできて、そしてそれらの文字の性質に当たりをつけるというのも、これに相当する。その文字がどういう読みを持っているかという情報は、「用字法の読解」に含められる読み手の判断行為の一つであり、その文字がどういう性質の文字どもの並びにあって、どういった文字に従属したり、あるいは従えたりしているかといったことをも考えにいれて読もうとするのは「表記法の読解」に含められる読み手の判断行為の一つである。この、その文字がどういう並びにあって、とか、他の文字の情報をも合わせ考えているということは、つまり、先に仮設した「用字法の読解」の集積であるともいえるわけで、用字法の集積の先に表記法があるとされることとちょうど対照をなすように、読み手側の思考・読解過程も説明できるだろう。

3－3、考察結果から——訓字主体表記における略音仮名という判断

　もう一つの子音韻尾字である二合仮名も使用される環境にあって、読み手がその子音韻尾字由来の仮名が略音仮名だと判断できるのは、その文字自身の情報と、環境情報をあわせ考えた結果絞り込むことができるのではないか。ある一字が略音・二合に両用されにくいということも、２度目以降にその文字に出会った時は影ながら読み特定の判断を支えることだろう。もちろんそういった判断の際に全ての判断条件が同時的に成立している必要はな

い。その文字をよく知っていて、それだけで当たりをつけ得ることがあっただろうし（たとえば「曽」という字について、その読み手は「コソ」で使われているのしかみたことがないということもあり得ただろう）、反対に、その子音韻尾字が初見である（つまり、略音仮名か二合仮名か、どちらでよく使われるかとか仮名主体にでてくるかといった情報を有していない）時、表記読解レベルで、前後の字のありようから推量して、一字一音仮名に挟まれているからこれも単音節ではないか、と想定する、というようなことである。訓字主体表記における略音仮名と二合仮名の弁別判断について考えた時、用字法と表記法の連続的な在りようと、それと並行的にある読み手の在りようとを窺い知ることができる。

小　括

　筆者には、萬葉集を学び始めた当初よりも振り仮名無しで原文をそれなりに読めるようになってきたという実感を得られた経験がある。そして、萬葉集歌に触れる機会を蓄積するにつれて徐々に仮名と音節の結びつきを知識として有するようになっていき、それによって読んでいるのもさることながら、視認したと同時に複数字が固まりでみえ、同時にそれが表す語も脳裏に浮かぶ場合がある――これらは決して筆者だけの個人的な経験ではないだろうと思う。たとえば「家里」「奈牟」「良武」などである。また末尾に「鶴鴨」の２字がみえた時にもすぐに認知できるといったようなことなども挙げられる。本論中でも触れたが、一字一字の読みを知っていて、それによって文字列を読解していくということは、理論上はそうでも、実際は他の情報もあわせて読み解いていることが多いのだと思う。それこそ「鶴鴨」がそうであるように、文字の並びと一首（一句）中の位置というのも読解に際して重要な意味をもつ。
　萬葉集における、仮名主体表記と訓字主体表記それぞれの仮名使用において、仮名が、どれだけ各語との密着性をもっているかというのは重要な点である。表音用法として仮名が使われていても、特定の語の表記に目立って頻

繁に使用されるならば、それは（二次的な）表語性と帯びているとみなし得る（「術語説明にかえて」参照）。無論、どういった線引きでもって表語性があると認めるかは様々で、結局は読者（とその能力）それぞれに委ねられているところはある。極端な喩えだが、現代日本人で、漢字はそれなりに知っているが萬葉集には親しんでいない人にとって、訓字主体表記でしばしばみられる、末尾に表記された訓仮名「鴨」は「かも」と読めたとて、そこに二次的表語性の喚起はない。萬葉集歌の享受にあって、文字とその読みを、語の中に使われているいわば「実例」から学習していくのを主とする限り、それが繰り返し使われているところ、あるいはその仮名どもが連なった形で一語をなしているのに触れる機会が、多ければ多いほど、目は養われていくのであろう。

　前述したように、「登」は約560例中の約360例が助詞「トこ」を記すために使われる。表音用法による仮名が、いわば訓字主体、仮名主体という差異をこえて特定語彙に専用化していくような道筋があるとすれば、萬葉集歌表記が結局一字一音表記を指向し得たこと、また次世代の和歌がほとんど仮名で書かれていることは、表音ではありながらも語との密着度が高いために、音にとどまらない喚起力を有したゆえである、と見通すこともできよう。共通して広く使われる字母というものを考える時、やはり、それによって書かれる語というものを考えることが有効になると思われる。ある語を書くための綴りが、その資料内のみならず、資料の差異をこえて再生産され、蓄積されるのであれば結果的にそれをバラバラの仮名に戻した時、資料間をこえて共通する語とその個々の字母も、当然同じ分蓄積されている計算になる。逆にいえばそういった基本的に共通する字母とは、語を書く時の綴りが一定化し、再生産を繰り返すことで形成されていくという側面もあるとみることができるのではないだろうか。

注
1）　佐野は、用字法と表記法の2層で捉える視点は、直前に引用した井手至の言に着想を得たものという（直談による）。

2) 本章で考えていることは、すでに相当数の文字の音訓を知っており、そしてほぼいずれか一方でそろえる、あるいは混ぜたりして歌は書かれるということを知識として有している人物という前提で素描したものである。いわば仮説的「読み手」である。文字の音訓は知っているが、歌表記に様々な形があり得ることを知識としてもっていない人間（たとえば現代人で、萬葉集を原文で全く読んだことのない人などに喩えればわかりやすい）の思考過程は考慮にいれていない。そういう場合は、一文字一文字を睨んで、あらゆる読みを試す虱潰し型がまず試みられることだろう。また、このような歌表記を読み解いていく経験を蓄積することは、当然文字の読みや書くスタイル、傾向などが学習される機会にもなったと思われ、単に慣れていくということのみならず、同時的にそういった知識獲得、直感を磨く機会としてもあり得たと考えるべきであろうが、次第に知識や能力が向上するという変異的な要素はここではひとまず除外して話を進めることにする。ここで「書き手」「読み手」という場合は、萬葉集で幾例もみられるような文字の音訓にある程度精通しており、少なくとも書かれた歌を読む、そして時に書くことも一定量経験している人間を一般化したものとして考えている。「読み手」の一般化、抽象化は**序章**でも述べた。

3) 和歌の定型と正書については佐野宏「「歌」を書くための条件について」（『國語と國文學』84-11　2007）に詳しい指摘がある。

4) こういった字母使用の頻度調査にあたっては、そもそも音節の数が違うことによる差異についてどう捉えるかという問題がある。つまり、たとえばマにあてられる「末」字が多いか少ないかというのは、マという音節がどれだけ歌にあらわれてくるかということによってそもそも左右されるということである。理論的には、字母の使用頻度前に、音節の使用頻度とでもいうべき段階がある。しかし、各音節が歌の中の語形でどれほどあらわれるかということは仮名主体表記と訓字主体表記それぞれで必ずしも均一でないのに、かように上位字種がほぼ一致するということは、いずれの歌巻にせよ、ある音節に対して、子音韻尾字音仮名を使おうとする時、「よく使う字母」というのがあったとみるべきということになると考える。

第2節　訓字(訓仮名)と二合仮名の「両用」

はじめに

　本書**序章**にてすでに述べたように、萬葉集の漢字の場合、素材としてはいずれも表語文字であるものが、表語用法あるいは表音用法として用いられている。平仮名、片仮名と上代の仮名の違いは、素材としてそうなのか、用法としてのものなのか、という違いということになる。このような、ある文字が用法としてどう使われるかという、いわば実際の表記に先立つ、その文字における用法としての選択可能性について本節では考えてみたい。つまり、表音か、表語かという選択である。これは萬葉集にしばしばみられるところの、音と訓との両方で使用がある文字において考えられなくてはならないことである。たとえば「吉」字は訓「よし」あるいは「え」として集中に合計およそ140例あまり確認できる（単に「訓」といったのは、「吉野乃國之」「住吉乃」といった地名表記の反復使用が比較的多いことによる）。訓字であれば、「見幕下吉／見まくしもよし」（巻10・2200）あたりが挙げられよう。これに対して、音仮名ではキ甲類の仮名としておよそ300例が認められる。140対300ということは、音仮名が倍以上であり、また訓の場合多くは固有名詞であることを思えば、「吉」字は、
・表音用法─多
・表語用法─少（固有名詞を含めば、必ずしも「稀」ではなくなるが）
と、その用法偏在を一応は整理できる。「吉」字は、いずれの用法にも使われ得るが、萬葉集においては相対的には表音用法の方が多い文字である、といえよう。さて、「吉」字を用いるとき、訓字であれば仮名としてのそれを（表音用法）、仮名であれば訓字としてのそれを（表語用法）、実際に脳裏によぎらせたかどうかはわからないけれども、ようするに文字を選び取ってきて

第 2 節　訓字(訓仮名)と二合仮名の「両用」　347

　書くということは、文字の用法を選択し、決定し、そして用いる（用字）ということである。「吉」という文字を選び取ってきて、そして実際に用いるというその過程は用字法の範疇になる。前節で示したように、用字法とは、書くにあたって、どの文字がふさわしいかという一文字一文字の選択を指す。そしてさらにその用字法に前提されるのが、用法（表語か、表音か）の選択である。
　さて、訓字主体表記に使用される仮名というのは、仮名としての使用に偏るものが多いとされる[1]——つまり表語用法の文字が多く占める中に、表音用法の文字が交じる場合、その文字は、そもそも用法として相対的に表音用法に偏っているものである——ようするに仮名主体表記などに多く用例が見いだされるという傾向である。上掲例の「吉」字はまさにその通りで、キ甲類として仮名主体表記に多くの使用例がある。訓字主体表記中にも仮名の「吉」は出てくるが、使用される位置や、仮名での使用実績の多さ、そして「吉野」「住吉」などの地名ではないという認知などの助けもあって、訓の「よし」等に誤読される確率は低いものと考えられようか。
　本章では、二合仮名とその字母を訓字あるいは訓仮名に使う場合があるかどうか、あるならばどういう実態なのか悉皆的に考察を加える。これらがとくに抽出されるべき対象であるのは、二合仮名というのは、訓字主体表記に交じる表音用法であるが、表音用法が主体の環境で全くといっていいほど使用されず、かつ各字母ともに頻用されるとはいい難いもので多くは占められるからである。つまり、先の単音節「吉」の、いわばわかりやすい偏在とそのあたりは大きく事情を異にするわけである。

1、作業仮説

1−1、用例認定にあたって

　二合仮名の字母が訓字で使われているかどうかという調査にあたって、触れておかねばならない問題がある。たとえば「兼」字は、二合仮名として、

　　過兼鴨／すぎにけむかも（巻11・2455）

があり、訓字としては

　　兼而知者／**かね**て知りせば（巻6・948）

があって、さらには、

　　船麻知**兼**津／舟待ち**かね**つ（巻1・30）

という訓仮名での使用もある。二合仮名字母「兼」は、訓字、そして訓仮名にも使用されるもので、いわば「ケム」─「かね（かぬ）」という音と訓との両方を認めることができるわけである。「兼」字は、表語用法にも、表音用法にも用いられ、表音用法は、字音由来のものと、字訓由来のものとが両方存在する、ということになろう。また一方で、この「兼」とは対照的に、「弾」字（今夕**弾**／こよひ**だに**（巻12・3119））の場合、訓字は存在しない──つまり萬葉集においては「弾」字の表語用法は、萬葉集には存在しない、ということである。以上のような要領で用例を解析し、考察していきたいわけだが、その前に、いわゆる義訓、戯書の問題について触れておく。たとえば、

　　向南山「北山に」（巻2・161）

であるが、これは「天皇は常に北に座して南面するという中国の思想に基づき、香具山の聖性を示したものか。香具山は明日香清御原の宮を南にして北に鎮座しており、原文「向南山」によくあう」（伊藤博『萬葉集釋注』当該歌注）とあって、いわゆる義訓にあたることになるかと思われるが、熟字的になっているので、「不穢（キヨシ）」（巻10・1874）「不通（ヨドム）」（巻2・119など）に通じるものであろう。澤瀉久孝「戯書について」（『国語国文の研究』22　1928）は戯書であるとしているが、義訓と戯書は通じるところがあるので、そのいずれであるかはいまは措く。問題は、この場合の、そのままいわゆる訓字とはただちに言いがたい「南」をどのように位置づければいいか、ということである。「南」は周知のように萬葉集でナム表記の二合仮名としてよく使われる。対して、この例は、少なくとも「南吹（南吹き）」（巻18・4106）のような訓字ではないわけだから、どのように扱うか述べておかねばならないだろう。用法という観点からいえば、たとえば表意用法というとらえ方があるといわれるかもしれないが、この表記とて語を表している、とい

第 2 節　訓字(訓仮名)と二合仮名の「両用」　349

う点が、ターム名称と衝突しないかという懸念がある[2]。当該例「向南」「不通」などは熟字的だが、萬葉集にはよく知られているように「寒」でフユ、「暖」でハルなど、単字で義訓とされるものもある（巻10・1844など）。これらは「アタタケシ」「サムシ」といった訓、あるいは漢字の意味を経由して（「春」字と引き比べつつ）、結局「ハル」「フユ」という語を表しているわけである（**「術語説明にかえて」**参照）。乾善彦「戯書の定位　漢字で書くことの一側面」（井手至先生古稀記念会編『井手至先生古稀記念論文集　国語国文学藻』和泉書院　1999）は義訓について、「その文字がその訓を直接には呼び起こさないもの、間接的に呼び起こすもの」といい、また「玉篇やその他の訓詁をもとに導かれるものは定訓との関係で義訓ともよばれるしそれが定着したものならば正訓ともよばれることになる」としており、義訓が訓字に連続するものであることは間違いない。その点で義訓は、まずは表語用法の範疇におくべきものと考える[3]。つまり訓字と同様に括りうる。

　二合仮名の字母が、訓字で使われることがあるか、あればそれはどれほどかということを主たる調査の軸におく中にあって、義訓は排除せずにその下位分類として参考に、訓仮名は訓字の仮名転用として同じく計上することにする。今回の調査で、ある訓で使われる字母が、訓仮名が用例数として勝っている場合はあるが、所謂義訓での例が勝っているというものはない。その点では、仮に義訓とされるものを用例計上から切り捨てても論旨に変わりはないのだが、上に述べた表語用法における位置づけ、訓字との連続性に鑑みて、一概に排除するのはふさわしくないと判断し、訓に一括して認めることとした。

1−2、二合仮名字母の使用実態と訓字

　二合仮名が、結果的には無事に読まれ得るとしても、その読解段階において、読み手の脳裏に「揺れ」がもたらされる場合があるとすればそれはどういったことであろうか。まず、単音節の音仮名──つまり同じ子音韻尾字をもとにした略音仮名と迷うということはなかったか、という点が挙げられよう。実際「作」はサクともサとも使われている。これについては、すでに

第2章第2節で検証したように、二合仮名か、略音仮名かで迷いは生じにくいであろうと推察される[4]。そこで、これらの結果を踏まえた上で、ここでもう一つの検証として、二合仮名として使われている字母が、訓ではどれほど使用されているかということをみてみたい。前述のように二合仮名はそもそも用例数が単音節仮名ほど多いわけではなく、しかも仮名主体表記歌巻中にはほぼ現れない。〝訓字主体表記において訓字に混じって使われる音仮名〟にもかかわらず、単音節のそれと比して大きく違いがあるといえる。しかもそれら二合仮名が略音仮名として使われることもほとんどない（**第2章第2節**参照）。となると、二合仮名字母は、二合仮名以外にどのようにどれほど使われているのか、という疑問としてわき上がってこよう。本節の検証の出発点はここにある。つまり、文字の用法選択上の問題である。二合仮名という、表音用法で使われている文字は、同じ表音用法の略音仮名にはほぼ使われず、それでいて、表語用法の文字を中心とした環境に親和性が高いというわけだが、ではそれぞれの文字の用法は他にもあり得たのかどうか、みていくことにする。

2、用例の概要と検証

2－1、二合仮名の字母と訓での使用

　検証する二合仮名の字母は次の通りである。なお地名、人名表記の字母は除いている。

　　イチ（壹）、ウツ（欝）、
　　カク（各）、カニ（干、漢）、カム（敢）、クニ（君）、ケム甲（監、兼、険）、ココ乙（極）、コゴ乙（極、凝）、コチ乙（乞）、コム（金、今）、
　　サク（作）、サツ（薩）、サニ（散）、サヒ甲（雑、匝）、サフ（颯）、サム（三）、シキ甲（拭、色）、シグ（鍾）、セミ甲（瞻）、
　　タギ甲（當）、ダニ（弾）、タフ（塔）、テム（點）、
　　ナニ（難）、ナム（南）、ネム（念）、
　　フク（福）、フニ（粉）、ヘニ甲（遍）、

マク（幕、莫）、マニ（萬）
ラク（落、楽）、ラフ（臈）、ラム（濫、藍、覧）、レム（廉）
ワニ（丸）、ヲチ（越）、ヲト乙（越）

　以上、それぞれの二合仮名字母がどれほど訓字・訓仮名で用いられるかということを精査する。訓、というのは訓字（義訓を含む——以下一々記さない）、訓仮名を一括しての謂いである。結果は大きく次のように分類される。
①訓字・訓仮名での使用がない
②訓字・訓仮名での使用があるが、二合仮名より使用数が<u>少ない</u>
③訓字・訓仮名での使用があり、二合仮名より使用数が<u>多い</u>
④同数

具体的な結果は以下の通りである。
①訓字・訓仮名での使用がない
　　イチ（壹）、サツ（薩）、サヒ甲（匠）、シグ（鍾）、セミ甲（瞻）、ダニ（弾）、タフ（塔）、テム（點）、マク（幕）、ラフ（臈）、ラム（濫）、レム（廉）
②訓字・訓仮名での使用があるが、<u>二合仮名より使用数が少ない</u>
　　ケム甲（監、兼、険）、ナム（南）、ラム（覧）
③訓字・訓仮名での使用があり、<u>二合仮名より使用数が多い</u>
　　ウツ（欝）、カク（各）、カニ（干、漢）、カム（敢）、クニ（君）、ケム甲（監）、ココ乙乙（極）、コゴ乙乙（極、凝）、コチ乙（乞）、コム（金、今）、サク（作）、サニ（散）、サヒ甲（雜）、サム（三）、シキ（色）、タギ（當）、ナニ（難）、ネム（念）、フク（福）、フニ（粉）、ヘニ甲（遍）、マニ（萬）、ラク（落、楽）、ラム（藍）、ワニ（丸）、ヲチ（越）、ヲト乙（越）
④同数
　　シキ甲（拭）

　以上みてみると、二合仮名の場合、訓での使用がない、もしくはあっても二合仮名より少数というのはさほど多いとはいえず、半数以上が、訓としての使用があり、かつ二合仮名よりも多くの用例があるということがわかる。これは実に興味深い結果である。大勢として、<u>訓でよく使われるものほど二合仮名になりやすい</u>という傾向によめるからである。

2−2、個別検証（分類①・②・④）

前項で得られた結果について、それぞれ個別的にみていくことにしよう。なお、訓字の方が優勢な場合（③）は用例数が多いので、後に別項をたてて考察する。

2−2−1、「①訓字・訓仮名での使用がない」および「④同数」

　　イチ（壹）、サヒ甲（匝）セミ（瞻）ダニ（弾）、タフ（塔）、テム甲（點）

　　マク（幕）、ラフ（薦）、レム（廉）

①に分類される全12字母中、上記の9字母は用例数が1例ずつしかない。サツ（薩）、シグ（鍾）、ラム（濫）については複数例があるが、それぞれ「サツヲ」「シグレ」「ラム（付属語）」のみと固定的である。二合仮名が、訓字でもよく使われる字母を由来とすることが比較的多い（分類結果③）ことに鑑みると、訓の例をもたないという当該①の場合のそのほとんどが臨時的使用と一部の固定的使用で占められるというのは、整合する結果といえよう。また「同数」の④に分類されるシキ甲（拭）であるが、互いに1例ずつのみとなっており、いずれも臨時的ということができる。

　　泣将**拭**／涙拭はむ（巻6・968）

　　今悔**拭**／今そ悔しき（巻7・1337）

2−2−2、「②訓字・訓仮名での使用があるが、二合仮名より使用数が少ない」

　　ケム甲（監、兼、険）、ナム（南）、ラム（覧）

が該当する。1字ずつみていくことにする。

・「監」2例（二合仮名は9例）

　　監乍将偲／**見**つつ偲はむ（巻7・1276）

　　堅**監**将為迹／**鑑**にせむと（巻16・3791）

3791番の用例は、熟字訓のようなものといった方がいいかもしれない。

・「兼」12例（二合仮名は29例）

　　（訓字）

　　　兼而知者／**かね**て知りせば（巻6・948）

　　　千年矣**兼**而／千年を**かね**て（巻6・1047）

　　　袖**兼**所漬／袖さへ湿ちて（巻12・2953）

第2節　訓字(訓仮名)と二合仮名の「両用」　353

　　年月兼而／年月かねて（巻12・2956）
　　越乞兼而／をちこちかねて（巻12・2973）
　　明日兼欲得／明日さへもがも（巻12・3010）
2953、3010の「さへ」は義訓といってよいかもしれない。
　（訓仮名）
　　船麻知兼津／舟待ちかねつ（巻1・30）
　　名具鮫兼天／慰めかねて（巻2・194）
　　待八兼手六／待ちやかねてむ（巻4・619）
　　彼此兼手／をちこちかねて（巻4・674）
　　遠兼／をちをしかねて（巻12・2853）
　　思兼都母／思ひかねつも（巻12・3019）
　当該字は用例数が比較的あり、訓字でも訓仮名でも用例がある。二合仮名用例数との比率を考えても、この文字はかなり使用用途が広いということになる。なお、「兼」の略音仮名は存在せず、この文字は訓字主体表記歌巻にしか出てこない。
・「険」1例（二合仮名は2例）
　　険跡／険しみと（巻3・385）
　2例対1例なので実質的に④分類にいれても差し支えないものといえる。
・「南」2例（二合仮名は32例）
　　向南山／北山に（巻2・161）
　　南吹／南吹き（巻18・4106）
　161番は前項で挙げたものである。典型的な訓字は4106番ただ1例である。二合仮名の全用例の中で唯一、二合仮名が大差をもって訓字（あるいはそれに準じる）使用に対して多いというのが当該字である。
・「覧」1例（二合仮名は6例）
　　御覧母知師／見さくも著し（巻6・938）
　「見さく」とは、「見る」の敬語「めす」のク語法である。これも訓字というより「御覧」にあてられた義訓的なものといえる。
　以上、用例数が両方とも僅少で、余り差がないものとしては、「険」「覧」

があり、これらについては結果分類④と大差ない位置づけとなろう。残る「監」「兼」「南」は、ちょうどそれぞれに特徴的な結果が出ている。「監」「覧」は、用例数がそもそも少ないが、二合仮名で使うことの方が多いといって差し支えない結果、「南」は二合仮名としての使用が明らかに顕著、「兼」は二合仮名が主だが、その他にも比較的バランスよく使われるもの、とそれぞれみることができる。それにしても二合仮名全用例を通して、「南」字ほどに訓での使用に差異をつけるものが他にないというのは興味深い。二合仮名専用字は先の結果分類の①にあたるが、ほとんどが臨時的使用であり、「南」字のように突出したものがない。二合仮名にほぼ専用され、しかもそれが、用例数をそれなりに蓄積しているというのが事実上「南」字1字しかないというのは、やはり二合仮名が、訓での使用を主とする字母に出自を同じくするという事実に齟齬しないであろう。次の項では最も多くの字母が該当した③をみていこう。

2－3、③訓字・訓仮名での使用があり、二合仮名より使用数が多い
2－3－1、二合仮名が僅少の場合

　さて、前項でみた「南」字は文字の用法としてわかりやすい例であった。つまり、表音用法にほとんど特化されていて、事実上訓としての場合と競合しないのである。これと対照的なのが当該の分類③である。ここに分類される字母は相対的に多いので、整理もかねて、まずは、二合仮名が僅少──たとえば「漢」字、萬葉集で二合仮名としては1例しかない──のものを抽出してみよう。このとき、該当字母の訓での使用が多ければそれらは、二合仮名への運用はすぐれて臨時的なものであるということになる。さらに、二合仮名が僅少だが、訓としても僅少の場合──前章の「険」字のような──、これはそもそも字母自体が希少であり、訓か音のいずれが優勢かということはいえないものということになる。まずは二合仮名の方の用例数が2例以下というものに限って抽出してみることにする。最初に以下に挙げるのは二合仮名が孤例の字母である。

　　カク（各）、カニ（干、漢）、カム（敢）、コム（金、今）、サク（作）、

サヒ(雜、匝)、ネム(念)フク(福)、フニ(粉)、ワニ(丸)

③分類に該当する31字母中、13字母——つまりおよそ半数が(二合仮名としては)孤例なのである。それぞれ、訓での使用状況を確認しよう。なお、訓の用例については煩瑣を避けるため、代表例のみを挙げ、のべ用例数を記すにとどめる。また、義訓、訓仮名等の別については一々注記しない。

- 各　3例
    各競／相競ひ（巻9・1801）
    各寺師／おのがじし（巻12・2928）
- 干　79例
    雖涼常不干／干せど乾かず（巻7・1145）
    麻矣引干／麻を引き干し（巻9・1800）
    干人無二／干す人なしに（巻10・2235）
- 漢　45例　※ただし、2例をのぞきすべて「アマノガハ」表記
    漢女乎座而／漢女を据ゑて（巻7・1273）
    天漢／天の川（巻10・2042）
    漢人毛／漢人も（巻19・4153）
- 敢　8例
    競敢六鴨／競ひあへむかも（巻3・302）
    痛寸敢物／堪へ難きかも（巻4・537）
    讀文将敢鴨／数みも敢へむかも（巻13・3274）
- 金　54例　※訓仮名が多い
    忍金手武／忍びかねてむ（巻2・129）
    渡金目／渡りかねめや（巻4・643）
    金門尓之／金門にし（巻9・1739）
    金有等／金ありと（巻18・4094）
- 今　309例　※訓仮名の使用がない
    今生在間者／今在る間は（巻3・349）
    今日可聞／今日もかも（巻3・356）
    今夜左倍／今夜さへ（巻4・781）

※「けふ」「こよひ」なども含む
・作　24例
　　吾作／我が作る（巻1・50）
　　玉作有／玉になしたる（巻10・2229）
・雜　3例
　　風雜／風交じり（巻5・892）
　　折雜／折り交へ（巻10・1904）
・念　559例　※訓仮名は1例のみ
　　念有我母／思へる我も（巻1・5）
　　物念者／物思へば（巻3・333）
・福　4例
　　福／幸ひの（巻7・1411）
　　真福座跡／ま幸くませと（巻13・3253）
・粉　6例
　　下粉枯耳／下焦がれのみ（巻11・2649）
　　心乎胡粉／心を知らに（巻13・3255）
・丸　4例
　　丸雪降／あられ降り（巻7・1293）
　　旅之丸寐尓／旅の丸寝に（巻12・3145）
　次に萬葉集に二合仮名が2例確認されるのが以下の字母である。訓使用例を挙げる。
・色　68例
　　色者不易／色は変はらず（巻6・1061）
　　色付尓家類／色付きにける（巻8・1578）
　　翼酢色乃／はねず色の（巻11・2786）
・欝　18例
　　欝悒久／おほほしく（巻2・220）
　　欝悒将有／いぶせくあるらむ（巻4・611）
・凝　8例

川之氷凝／川の氷凝り（巻1・79）
　　　名凝衣今／なごりそ今も（巻11・2588）
・難　34例
　　　去過難寸／行き過ぎ難き（巻2・106）
　　　月待難／月待ち難し（巻7・1373）
　　　生多米難／生しため難き（巻13・3227）
・藍　7例
　　　狭藍左謂沈／さゐさゐしづみ（巻4・503）
　　　辛藍花之／韓藍の花の（巻10・2278）
　　　呉藍之／紅の（巻11・2623）

　以上、二合仮名が孤例もしくは2例のみという場合をみてきた。訓での使用数も一桁のものは、さほど差異があるとはいえず、そもそもその字母の要請自体が少なかった可能性はある。いずれにせよ二合仮名での使用が僅少であるので、おおむね臨時的使用といってよい。ことに「金」「今」「念」は使用度数の差異が大きく、明らかに訓で使われることが主で、そのような中、ある一度の思いつきで、音（二合仮名）で使用されることがあったとみておくのが穏当であろう。このように、訓を主体とする環境で、訓で使われることが主な字母をときに音でも臨時的に使った、という構図が推定されるわけだが、③分類の半数近い二合仮名字母がこれに該当する。

2－3－2、二合仮名が3例以上

　最後に、二合仮名が3例以上ある場合をみていこう。もちろん訓としての使用が少ないものもあるし、あるいは訓での使用が非常に多くて二合仮名使用との差が大きい——つまり結果としては前節でみた分類のものと質的にさほど変わらないものもある。

・君　517例（二合仮名は10例）
　　　過去君之／過ぎにし君の（巻1・47）
　　　君之三代経／君の三代経て（巻19・4256）
　　　君之結有／君が結べる（巻2・146）
・乞　30例（二合仮名は3例）

358　第4章　訓字主体表記と子音韻尾字音仮名

　　乞泣毎／乞ひ泣くごとに（巻2・210）
　　夢所見乞／夢に見えこそ（巻4・615）
・散　96例（二合仮名は3例）
　　散之乱尓／散りのまがひに（巻2・135）
　　本尓令散都／本に散らしつ（巻8・1493）
・三　233例（二合仮名は3例）
　　三雪零／み雪降る（巻7・1349）
　　三歳之間尓／三年の間に（巻9・1740）
・遍　21例（二合仮名は3例）
　　二遍徃来／二度通ふ（巻10・2077）
　　遍来／帰り来て（巻11・2384）
・萬　47例（二合仮名は4例）
　　萬段／萬度（巻1・79）
　　萬世／萬代に（巻10・2025）
　　萬調／萬調（巻18・4122）
・落　153例（二合仮名は3例）
　　寐夜不落／寝る夜おちず（巻1・6）
　　雪者落等言／雪は降るといふ（巻1・26）
　　雖落／散りぬとも（巻8・1482）
・楽　10例（二合仮名は7例）
　　楽有者／楽しくあらば（巻3・348）
　　楽伎小里／楽しき小里（巻19・4272）
・越　91例（二合仮名は9例）
　　山毛越来奴／山も越え来ぬ（巻2・131）
　　浪越似所見／波越しに見ゆ（巻7・1185）

　二合仮名との使用度数に大きな開きがあるものが多いが、上に列挙したデータだけでは、厳密には二合仮名の希少さ、訓での使用との質的差異はまだ分明ではない。というのは、そもそもその語（音節）が要求されなかっただけかもしれないという点について確認しておく必要があるからである。た

第2節　訓字(訓仮名)と二合仮名の「両用」　359

とえば「落」字は訓での使用では153例であるのに対し、二合仮名ラクは3例である。このとき、もし、萬葉集中に、表記を問わず、ラク音節が3例ばかりであったとしたら、これは二合仮名が希少だと必ずしもいえなくなる。そもそもラクで使う機会がなかっただけで、萬葉集におけるラクはすべて「落」字を使っているからである——実際に調査をしてみると、むろんそのようなことはあり得ず、ラク音節は訓字主体表記だけで122例ある。つまりそれだけ「落」字を二合仮名ラクとして使用する機会はあったが、しかし、現実には3例であり、よって、「落」字は訓での使用に大きく傾いているということができるのである。この視点から各字において同様に調査をしておく。二合仮名は仮名主体表記歌巻にはほぼ出てこないので、検索対象は訓字主体表記歌巻に限っている。

- ・君　クニ音節：335例（二合仮名は10例）
- ・乞　コチ音節：23例（二合仮名は3例）
- ・散　サニ音節：55例（二合仮名は3例）
- ・三　サム音節：114例（二合仮名は3例）
- ・遍　ヘニ音節：263例（二合仮名は3例）
- ・萬　マニ音節：225例（二合仮名は4例）
- ・落　ラク音節：122例（二合仮名は3例）
- ・楽　ラク音節：122例（二合仮名は7例）
- ・越　ヲチ音節：31例（二合仮名は9例）
-     　ヲト音節　106例

ここに分類された字母はいずれも訓での使用を主とし、二合仮名として使うことは相対的に希少であるとわかる。なお、理論上は前項までに該当したものについても同様の作業をすべきだが、二合仮名が孤例かそれに準じる希少さであることから、結果は同断とみなされる。

　以上より、当該2－3項——すなわち、訓での使用があり、かつ二合仮名よりも使用度数が上回る字母群の考察結果をまとめよう。二合仮名ののべ48字母のうち、62.5%がここに属すが、そのほとんどが訓として二合仮名を大幅に上回る使用実績があり、「君」「三」「萬」「落」「金」「念」のように、

その差異が非常に大きいものも少なくない。つまりここにみた二合仮名は、訓字主体表記歌巻内で、比較的よく使われる訓字と字母が共通するものが多いといえる。同環境における同一字母の音と訓との両用というのは読みの負担をよぶのではないかとも思えるが、二合仮名の場合の使用位置の特徴（**第3章第1節**参照）、また何よりその使用度数の差異が、読みに特段の不合理をもたらさなかったものと考えられる。

3、考察──用法としての文字使用選択を巡って

3−1、各分類を貫く在りよう

　各項で分類した二合仮名字母のありようについて、総括して考えてみても、互いに齟齬することはないとみられる。つまり、二合仮名でしか使わない（①）、あるいは二合仮名の使用が勝る（②）という場合は、訓での使用が勝る（③）場合に比べて明らかに劣勢であり、かつ、二合仮名でしか使わないもの（①）の12字母中10字母までが孤例である。そのうち用例数を比較的蓄積している「鍾」にしても「シグレ」という語が適切な訓字をもたなかったゆえ（**第1章第3節**及び内田賢德『上代日本語表現と訓話』（同前）参照）の反復使用である。よって二合仮名専用字母というのは萬葉集全体の仮名使用の状況からいうとほとんどノイズに等しいくらいの存在感だが、注意しなければならないのは、シグレ（鍾礼）表記を含め、文意に沿うような、表意性を帯びているとよめるものが多いという点である。また、訓での使用があるものの、二合仮名での使用が勝るという場合（②）、二合仮名は①の場合と違っていくらかの用例を蓄積しているが、いずれも付属語表記に偏っている（ケム、ナム、ラム）。この分類項目②で際立つのは「南」字と「兼」字であろう。「南」字は訓での使用が著しく低いためにその使用度数に差が出ており、ちょうど**2−3−2節**でみた、訓での使用に大きく傾くもの（③）と反対になっているが、こういった例が二合仮名中にわずか1字母であるというのは注目に値しよう。そして、「兼」が唯一のバランス型といえるかと思うが、これも、同類のものが他にみられず、「南」や「兼」は二合仮名使用

の標準的あり方とはいえず、むしろこれらがいわば異端になるであろう。そして、次世代にも一応残存する仮名「南」「覽」等がいずれも同じこの②分類に入っているというのも興味深い。後からみるように、他分類──とくに多数が属す③に収まっている二合仮名というのは、訓での使用を基本とする文字の臨時的用法であって、訓の環境に親和する条件において使用され得るものであったと考えられる。古今集など、平仮名の世界に多少なりとも生き残ることができた「南」「覽」などは、萬葉集の段階でも字母として、訓での使用を上回っていたのである。

3−2、用法としての選択

　本節冒頭で、用字法以前の、文字の用法選択（表語か、表音か）ということに言及した。つまり、ある表記にどの字母を使うか、という判断に先立って、どの字母をどのような用法で使うかという選択を経ているわけである。その点でいうと、今回分析したうち、分類②〜④に該当する字母は、表語用法・表音用法両用字母ということになろう。ただ、既に述べたように、互いの用例数が少ない（たとえば「拭」字の場合、互いに１例ずつ）、あるいは使用度数の著しい差異（「念」字の場合、559例対二合仮名１例）などが認められるので、表語・表音両用というのはやや大仰ではある。関係としては一部の例を除いて多くは二合仮名が〝従〟であり、表語用法で使うことを基本にしている字母がもとになっていることが多いとまとめることができる。

　さて、たとえば仏典や各種漢籍などにおいてであれば、漢字の表語用法と表音用法とは単純に２項対立的である。すなわち本文が字音語（表語用法）であり、梵語やインド僧はじめ異国の固有名詞の仮借表記が表音用法である。

【字音（中国）】

翻って古代日本語表記においては、表語用法には訓と音（字音）があり、表音用法にも訓と音がある。萬葉集などは語形としての字音語（表記だけ字音語に合致するというのはよくあるが）というのがほとんど出てこないので忘れられがちだが、理論上、2用法、4種が存在している。上記と対照的に左に【字音（日本）】と挙げたのは、字音語であっても中国語におけるそれと意味上の差異があったり、音節も日本漢字音になっているために、厳密には区別されることを反映するためである。たとえば同じ字音の表音用法でも、古代の中国人が、当然自身の音韻感覚に照らしつつ、周辺国の固有名詞を音写したというのは、日本のそれとはやはり区別しておいた方がよい。

【字音（日本）】

【字訓＝倭語】

日本語にはもともとは文字がなかったのだから、日本語や日本の事柄を書こうにも、【字音（中国）】の世界しか存在しない段階が必ずあった。そして日本人が漢字漢文に通じていくにつれて、宿命的に【字音（日本）】が展開される（ただ、当の日本人はそれを【字音（中国）】と信じていることもあり得ただろうが）。とくに音節構造の違いから字音は和化した。次第に訓が生み出されると、上図のように【字訓】の方法も確立されていく。経緯としては※Ⅰ（ないし※Ⅰ'）で書かれたものを倭語で読む、つまり訓読という行為の中から訓が生まれ、それに基づいて書く（＝※Ⅲ）という行為、そしてまたそれを読むというここの読み書きのサイクルを幾度となく繰り返し、その経験

第2節　訓字(訓仮名)と二合仮名の「両用」

を大量に積むことで※Ⅲが確立されていったと考えられる。そしてこの※Ⅲがあってこそ、※Ⅳの方法――つまり訓仮名という方法があり得る。なお、※Ⅰ～※Ⅳをいずれもパラレルに表語文字という「素材」から展開する用法という図式にしているのは、たとえば訓仮名が訓字を基盤に発想されたとしても、ある文字をどう使うか、という点では対立的だからである。それに、ある文字がある用法で用字されたとき、それは現実世界に実際に現れ、記された表記であり、つまりは「結果」である。その表記（結果）自体が、用法を変えて転用されるわけではない（ゆえに以下のような図式は妥当ではない）。

（×）

　訓字を訓仮名に作り替えるということは、ある文字がその訓（語）と固定的関係を結んだという段階を経て、なされ得る[5]わけであるから、上記のように、表語用法の先に、表音用法を線状的に措定するのではなく、図式化するならば下記のようになる。

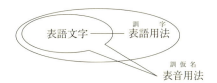

（――という線はその表語用法で使われるということの固定性、定着性を示す。）

　さて、このようにみると、二合仮名は開音節化――つまり和化している形でつかわれるわけなので、【字音（日本）】に属す※Ⅱ'に該当することになろうが、前項で考察したように、現実に現れている字母ということでこの分布をみると、※Ⅱ'とペアになる※Ⅰ'は萬葉集に見いだし難く、もっぱら※Ⅲの方において同字母が見いだされるということになっている。もちろん、萬葉集外に取材源があってもいい理屈だが、ある、記したい語（音節）があって、そこに字音仮名を使おうとして用いられた字母が、大きく【字訓】

の世界のⅢ、Ⅳの字母分布に偏って現れるということは何を意味するだろう。

3－3、音と訓の「変換」

前項で、文字が各種用法で用いられることを※Ⅰ（Ⅰ'）〜※Ⅳで図式化した。理論上の簡便なものにすぎないが、【字音】と【字訓】で表語文字がそれぞれ挙がっているために、両者が常にパラレルであるかのようにみえてしまう嫌いがある。そこで出所を一つにまとめ、

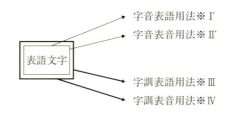

としてみよう（【字音（中国）】はここでは割愛）。萬葉集において、一つの文字が音訓の両方で使用されるときはこの図式化の方が現状を反映していると思う。本節の検証を通じて判明したように、※Ⅱ'に相当する二合仮名は、同じ字母として※Ⅲ（あるいは※Ⅳ）が非常に優勢である場合が多い。つまり、太四角（□）囲いの表語文字が太線➡で使われることが優勢な中、臨時的用法として音訓変換（□→□）され、※Ⅱ'が用字されたのではないか、と仮説することができる。二合仮名の方が優勢である場合はその関係が逆転していることになるが、既述のようにそれは、「南」「兼」「覧」などごくわずかなものに限られる。また訓での使い方をもたない場合（**2－1項**の分類でいうと①）は、上記図式の太線部分が消去される形になる（※Ⅰ'も見いだせない）。このような場合、二合仮名は孤例が多かった（**2－2－1項**参照）。そういう字母の取材源は、漢籍などの字音語資料である蓋然性が高い[6]と思われ、またそれにあたる字音の表語用法（※Ⅰ）を現存資料上に見いだすこともさほど難しくはない。ただ、確かにそれによった、と決定することが不可能なだけである。たとえば、すでに紹介した二合仮名「瞻（セミ）」は集中に家持作の1例だけで、「欝瞻（ウツセミ）」の表記にみえる。単にセミ

第2節　訓字(訓仮名)と二合仮名の「両用」

音節を写すのみならず、世間のたくさんの視線が集まって煩わしいという表意性が読みとれる（既出）。漢籍でも「朕痛心疾首、靡知所濟。**瞻**仰昊天、何辜今人」（『後漢書』本紀 四巻 永元12年）など比較的容易にその用例を見いだすことはできるが、単に用例が見つかるというだけで、大伴家持がどこでその知識、発想を手に入れたかは、同定できない。

ところで、先に訓での使用が優勢な字母群の場合、臨時的用法として音訓変換（□→□）されたのではないかと推定したが、音訓変換というより、上述の「瞻」の如く、実際の字音語資料からの取材によった、という可能性も考慮しておく必要はある。いわば直接取材による即利用である。「君」字を例にとれば、何かしらの字音語資料で「君」字を/kuN/（中古音だと/kiuən/）だと知り、それをクニに転用した（萬葉集の「君（きみ）」という訓字は全く発想に際して経由していない）、という経緯を推定することも可能ではある。ただ、「君」字をクニに使うということを、萬葉集に数百例ある訓字「君（きみ）」とは全く無関係のところにおいてわざわざ解かなくてもよいのではないか、とも思われる。確かに先の「瞻（セミ）」字は、訓字が見いだされないものであり、つまり、それこそ、どこかの字音資料に取材源があるとしかいいようがないわけだが、前述のように、その取材先がどこで、取材時がいつかというのはわからない。おそらくセミ音節でかつ「見る」の意をもつ漢字を探した結果、絞り込まれた文字だろうとは思われるが、このとき、萬葉集になじみの訓字などを探し、しかしその条件にある候補がなかったから字音資料からの取材に転じたのだ、とも推定できるはずである。これはほとんど空想の領域だと承知の上だが、いいたいのは、二合仮名として使用するための取材源が萬葉集外だろうと思われるものであっても、やはり萬葉集中の訓に使用される字母群との関係を、わざわざ断ち切ってしまうような推定をする根拠もないということである。

ところで、すでに本書**序章**でも触れた通り上代における和化した字音を知る証拠はほとんどない状況である。先に【字音（中国）】【字音（日本）】を仮設したが、実態（つまり両者の具体的差異）はなかなか知りようがない。だから、ここでいう音とは結局歌表記から読みとられ、引き当てられて得られる

ものである。

　　物思はず　道行く行くも　青山を　振り放け見れば　つつじ花　にほえ
　　娘子　**作楽花**　栄え娘子　汝をぞも　我に寄すといふ　　　（巻13・3309）

「作」が二合仮名だとわかるのは、この文字以外の部分の読解をあわせ考えれば、ここはやはり「サクラ」のサクの部分を担当しているとみて間違いなく、しかも訓字とはいい難いから、字音の二合仮名だと認定し得ているのである。だから、逆にいえばこの「作」も、3309番の歌から離れて、ただそれだけを示されれば、たとえ字音だと限っても、/saku/なのか、/sa/なのかあるいは/tsak/（中古音）なのかさえわからない。静態では表語文字という、ただそれだけだからである。本書冒頭**序章**で、いわゆる音義木簡の音注の解釈が難しいと述べたのも、音価をそれと特定できる根拠がないからである。このように実際に歌表記に用いられ、表記された語から（ひいては歌一首の解釈などを総合して）帰納された音韻という意味での、すぐれて動態的観察による、「（倭）音(オン)」である。

3－4、ある字母が音と訓とに両用されるということ

　二合仮名の字母が、訓として萬葉集によく見いだされるという事実は、やはり二合仮名の使用契機を考える上で無視できないし、むしろそこを分断する方が根拠を欠くように思われる。萬葉集歌作品群という「結果」を俯瞰する上でいえば、ある一字母が音訓で両用されているということは、つまり字音としての知識をもっていることを示すだろう。それがいつ、どこでどのように得られたかということの特定まではできない。が、二合仮名よりも優勢な訓での使い方の方を全く知らないままに、その文字の字音（とくに倭化した字音）の方だけを知っていたともまた考えにくい。よって、音訓の変換という言い方をしたのである。

　本項はじめに示した図式からわかるように、いわゆる音読みや訓読み、訓字や仮名やといってもすべて文字としてはただそれ一つである。ということはこうもいえよう──本節でみた字母群とは、萬葉集で、訓字として使われ（表語用法）、ときにその訓字を基盤にした表音用法（＝訓仮名）として使

第2節　訓字(訓仮名)と二合仮名の「両用」　367

われ、また音読みの表音用法（＝二合仮名）としても使われた。そして二合仮名の多くはそのように訓字で使うことを主とする字母で占められる。訓字としてよく使われるその字母を通して想起される字音語（ないし字音——和化字音）に変換し、多く臨時的に使用されたのが、二合仮名であった。二合仮名が訓字主体表記にひたすら偏り、臨時的なものが多いのは、訓字を通して発想された〝訓字の音読み表音用法〟だったからではないだろうか。訓仮名と機能的に類似する（**第3章第2節**参照）のは当然のことだったのである。本章**導言**でも挙げたが、内田論を承けて、「「仮名」の成立に字訓が大きく関与していることに、注意しておく必要がある」（乾善彦前掲書92p）とすでに指摘がある点、首肯されるところである。

小　括

　筆者が調査したところでは、萬葉集伝承上、同一字母を巡って二合仮名か訓字かで読みが揺れることがあったものとして、たとえば「遍」字がある（このあとの**補章**に論じている）。しかし、こういったある1つの字母が二合仮名か訓字かで読みが揺れるということは、ほとんどなかったようである。これは読み手に対して、文字の用法次元での揺れはあまり引き起こされていないことを意味する。二合仮名は訓字主体表記歌巻に偏在し、文字列中において訓字に密接に位置するが、しかし、そういった揺れがほとんど起きていない。このことに、本節の検証によって判明した、二合仮名は大勢として訓字との密接な関係において生み出される場合が多かったということも要因の1つとしてあげられるのではないか。訓字使用の中で、必要に応じ、音変換されて使われたとおぼしいものが多くを占める。**第3章**にて既に指摘したが、二合仮名と訓仮名との機能的類似性についても、訓字を通して発想され、生み出されるものが多くを占めるという点からして、矛盾しないことであろう。二合仮名専用字母はほぼ孤例で占められ、訓字の数よりも二合仮名が勝るのもわずか5字母ということからみても上述のところは大きく過たないと思われる。

ある文字がもっている読みはその固定性が高くなるほど、他の読みで使いにくくなる面があることは否めない。今回の調査範囲に限らず、稲岡耕二『萬葉表記論』（塙書房　1976）がいうように、萬葉集では音訓両方ともに著しくよく使われるという字母が見いだし難いこともそれを示していよう。文字使用において自然に志向された合理性であろうか。一方、こうも考えられないだろうか——二合仮名の６割強が、訓字で使用されることに色濃く傾いている字母だということは、文字そのもののなじみと、読みの固定性の高さをむしろ支えに音訓変換を行った臨時的なもの、だと。なじみがない字母、読みがほとんど知られていないような稀（奇）字を使うこともそれはそれでリスキーな面をもっている。「瞻」の例を挙げたように、二合仮名にはこのようなものがあるのも事実であるが、やはりそういったものは稀用、孤例であり、訓での使用をみない。

　萬葉集における二合仮名使用は、文字の用法選択に、音訓の変換が関わっていることを示唆する。加えて、本節の考察から、訓仮名との相通、訓字との相通がより精密に知られることになった。二合仮名の多くが消滅への道を辿るのも、現実に一回限りの孤例が多いことも挙げられるが、大勢としては、訓字を介して生み出され、運用されることが多かったからと考えられる。そして音(オン)での使用が勝るという、わずかな音仮名字母の中には、歌の表記が訓字主体表記を選択しなくなっても、やはり生き残ることができるものがあったのである。

注
1）　稲岡耕二『萬葉表記論』（塙書房　1976）の主に第三編の指摘による。
2）　詳細は、萬葉集の例に限らず、広く現代語までを含んで「表意用法」を検討した尾山慎「漢字の「表意的用法」による表記とその解釈」（国語文字史研究会編『国語文字史の研究』15　2016）を参照されたい。
3）　本論中にも述べたように、義訓と一般にされているものは、その表記が定着した訓字とはいい難い、しかしある語を表している、というものを指す。ということは義訓とはどのようなものか、という問いの前に、訓の定着とはどのように措定されるべきものかという議論がなくてはならない。しかし池上禎造

「正訓字の整理について」(『萬葉』34 1960)がいうように、定着を含意した「正訓」の規定は実は難しい。これが揺れる以上、義訓の認定も、宿命的に恣意的になる場合があろう。これを踏まえれば、訓字(「正訓」)と義訓の両者は「語」を表すという点で相通し、基本的に表語用法にいずれも包摂されるとみるのが穏当と考える。「正訓」を巡っては、尾山慎「萬葉集正訓攷」(『文学史研究』50 2016)にて論じている。本書の**「術語説明にかえて」**もあわせて参照されたい。

4) **第2章、第3章**の考察でも述べたことだが、あらためて理由を挙げておこう。大きく二つある。一つには、二合仮名と略音仮名はそもそも字母をほとんど共有せず、しかも訓字主体表記歌巻で使われる略音仮名は仮名主体表記で勢力の強いものがやはり使われていること、もう一つには、二合仮名は単音節仮名との親和性が低く、訓字に後続することが多いのに対し、略音仮名は他の単音節仮名との親和性が強い、ということである。こういった要因で、二合仮名を略音仮名に、あるいはその逆に誤読するということが起きにくかったのはないかと考える。

5) たとえば「社」字はコソの訓仮名で使う一方、訓字使用がみえない。こういった例も萬葉集にもあることはあるが、訓字での使用例が見いだせないからといって、本論中でいう訓字と訓仮名の関係が保証されないというわけではない。用例が見いだせない、ということと、訓仮名の生成原理とは別である。

6) 柿本人麻呂は、作者が判明しているものとしては二合仮名を最もよく使用した人物であり、かつその後誰も使用していない二合仮名を孤立的に使用していることが多いと認められるのだが、そこに彼の漢籍に関する知識が無関係だったとは考えにくい。

【参考文献】
犬飼　隆編『古代の文字文化』(竹林舎　2017)
乾　善彦『漢字による日本語書記の史的研究』(塙書房　2003)
上田正昭編「日本古代文化の探究　文字」(世界思想社　1975)
今野真二『日本語講座　第1巻　書かれたことば』(清文堂出版　2014)
――――『日本語講座　第9巻　仮名の歴史』(清文堂出版　2014)
――――『漢字からみた日本語の歴史』(ちくまプリマー新書　2013)
大野　透『萬葉假名の研究』(明治書院　1962)
沖森卓也『古代日本の表記と文体』(吉川弘文館　2000)
――――『日本語の誕生―古代の文学と表記』(吉川弘文館　2003)
――――『古代日本の文字と表記』(吉川弘文館　2009)

奥田俊博『古代日本における文字表現の展開』(塙書房　2016)
澤崎　文「『万葉集における漢字の複用法』と文字選択の背景」(萬葉語学文学研究会編『萬葉語文研究12』和泉書院　2017)
古屋　彰『万葉集の表記と文字』(和泉書院　1998)
矢田　勉『国語文字・表記史の研究』(汲古書院　2012)
山田俊雄「萬葉集文字論序説」(『萬葉集大成6　言語編』平凡社　1955)

補　章　萬葉集以外の子音韻尾字音仮名をめぐって
付論：ある異同の一例から

導　言

　本章では萬葉集以外の子音韻尾字の様相を追い、かつ常に萬葉集との比較軸で論じる。それは本書全体が、各資料を横断して平面的に並べていく研究ではなく、常に重心は萬葉集歌表記の検証におかれていることに理由がある。

　まずは古事記における子音韻尾字について、**第1節**は本文部分を、**第2節**は歌謡部分を対象として考察を加える。古事記、日本書紀では、略音仮名であれば非固有名詞でもあらわれるのであるが、二合仮名は使われず、そういう意味で参考に留まるものであって、「補章」とした所以でもあるが、古事記の場合は、さらに入声字を固有名詞にしか使わないという偏りもあり、萬葉集には見えない子音韻尾字使用の特性があると考え、ここに報告する。また参考に、日本書紀で固有名詞に使用される二合仮名の諸例をはじめとする韻尾字使用についても、先行論をまとめつつ、触れる。

　次いで、木簡をはじめとする一次資料における子音韻尾字の様相を検証する。一次資料は、古代の文字・表記研究に臨むに当たって信頼に足る、まさに第一級資料であるけれども、子音韻尾字に限っては、出現が（萬葉集に比べ相対的に）非常に限られている。たとえば本書**第1章**で、萬葉集の例群をもとに連合仮名を認めなくてもよいことを示したが、字種数、用例数ともに限られる木簡ではなかなかそのような考察は難しい場合もある。よって、萬葉集等との比較検討が、非常に重要となるのである。

　最後に付論では、「千遍」という表記を巡って、二合仮名「遍（ヘニ）」について考察を加える。この字は、萬葉集で珍しい事例をもつもので、二合仮名と訓字とで読みに異同が生じ、かついずれの読みでも類義というものである（訓「たび」、二合仮名「ヘ＋に」）。この問題について、本書の二合仮名研究で知られた知見を動員し、異同の裁定が可能なことを示す。

374　補　章　萬葉集以外の子音韻尾字音仮名をめぐって

第1節　古事記における子音韻尾字音仮名について
　　　　（歌謡以外の本文）

1、古事記本文部における子音韻尾字音仮名

　一字一音で書き記される112首の歌謡以外、すなわち古事記の本文部における子音韻尾字音仮名について主に考察を加える。認められる字種は次の通りである。また各字母に付した数値はのべ用例数である（検索は真福寺本を底本とする校訂本文、西宮一民編『古事記』（修訂版第4刷　おうふう　2005）をもとにデータベースを作成し、それに拠った。なお、各字母の上に付した数値はのべ用例数である[1])。

・入声字
　　p入声：甲[7]　t入声：末[1]、吉[26]、壹[2]　k入声：色[15]、竺[4]、筑[10]、直[1]、博[1]、目[1]、楽[2]、伯[2]

・撥音字
　　m撥音：品[16]、淹[1]、曇[2]　n撥音：印[7]、隠[1]、旦[5]、丹[5]、傳[2]、難[14]、仁[2]、煩[3]、番[9]、蕃[12]、弁[30]、本[2]、萬[38]、丸[17]、延[7]、袁[2]、遠[2]、新、群　ng撥音：香[15]、相[3]、宗[3]、曽[31]、登[61]、騰[1]、當[14]、濃[1]、等[69]、能[10]、氷[2]、平[1]、芳[3]、用[54]、良

次にどのような品詞を表記しているかという分布を示す。

表1：子音韻尾字音仮名が使われる
　　　品詞別分布（のべ数）[2]

自立語	付属語	人名	地名
90	19	343	74

　古事記における子音韻尾字の使用傾向をまとめると次のごとくである。まず、入声字（のべ70例）よりも撥音字（のべ456例）の方が多い。また子音韻尾字音仮名の使用全体において、一字一音の略音仮名などにくらべて二合仮名の占める割合が低い（全526例中のべ100例）ことなどは、萬葉集と同様の

第1節　古事記における子音韻尾字音仮名について（歌謡以外の本文）　375

傾向である。これに対し、二合仮名が人名地名にしか使われないこと（人名のべ63例、地名のべ37例）や、表1に示したように、子音韻尾字が人名表記に使われることがもっとも多いというのは、萬葉集と異なる点である。なお本節では、以下、自立語および付属語を「非固有名詞」、人名地名を「固有名詞」として一括する。次に、字種別にてこの使用傾向についてみていくこととする。

2、古事記本文部における子音韻尾字の使用傾向

前項より、古事記では子音韻尾字が固有名詞への使用に傾いていることがまずはわかった。ここでは字種ごとに、非固有名詞と固有名詞使用の様態をみてみる。なお、代表的にいくつか実例も掲示しておく（括弧内の数値は、西宮一民編『古事記』の（ページ数－行数）である）。なお考察部において、本書第1章で、萬葉集における検討を行った連合仮名を巡って、そのような文字列と音連続になっている用例についての是非を、同様の方法論にて検証するが、それに先立つここでは、やはり、「連合仮名」と仮説的にカギ括弧つきで表示しておくことにする。

・固有名詞のみに使われる略音仮名および「連合仮名」
　　入声　甲、吉、色
　　　「甲斐弁羅神」（38－3）、「和迩吉師」（155－3）など
　　撥音　隠、宗、騰、仁、濃、平、本、番、蕃、芳、弁、萬、丸
　　　「仁番」（155－5）、「邊津甲斐弁羅神」（38－3）、「山田之曽富騰」（63－5）など
・固有名詞と非固有名詞に両用される略音仮名および「連合仮名」
　　入声　なし
　　撥音　曽、登、當、能、煩、氷、用、良、延、遠、袁
　　　「多陀用弊流」（27－5）、「袁登古」（28－6）、「伊豆志袁登賣神」（160－13）
　　　「許曽」（44－7）、「曽富理神」（64－1）

376　補　章　萬葉集以外の子音韻尾字音仮名をめぐって

　　「能」（助詞）（28-4）、「意能碁呂嶋」（32-10）など
・非固有名詞にのみ使われる略音仮名および「連合仮名」
　　入声　なし
　　撥音　傳、騰
　　「比羅傳」（143-6）
・固有名詞にのみ使われる二合仮名
　　入声　甲、竺、色、筑、直、博、末、目、楽
　　「物部荒甲」（213-4）、「末羅縣」（144-8）、「竺紫」（37-6）など
　　撥音　淹、印、香、相、仁、相、旦、丹、當、曇、難、番、品
　　「品遅部」（122-11）、「尾張丹波臣」（101-6）、「印色」（115-7）など
・固有名詞と非固有名詞に両用される二合仮名　なし
・非固有名詞にのみ使われる二合仮名　なし

　以上より傾向をまとめると、入声字は固有名詞表記にしか使われず、また既述のように二合仮名も固有名詞専用になっている。そして、略音仮名については「傳」が固有名詞使用例がないだけで、それ以外のすべての字種は、必ず固有名詞での使用もしくは非固有名詞および固有名詞に兼用されるという在りようを示している。

3、古事記歌謡・古事記本文部・萬葉集の比較

　古事記本文部、古事記歌謡（詳細は次節を参照のこと）の状況をそれぞれ比較する。また参考に、萬葉集における状況をも掲示しておく。更に、その字種が訓字主体仮名主体のいずれであらわれているかも併せて記す（（仮）：仮名主体表記巻に出現、（訓）：訓字主体表記巻に出現、（仮／訓）：仮名主体表記巻、訓字主体表記巻のいずれにも出現）

第1節　古事記における子音韻尾字音仮名について（歌謡以外の本文）　377

表2：入声字

字母	韻尾	古事記本文部	歌謡	萬葉集
甲	p	固有名詞	×	○（訓）
末	t	固有名詞	×	○（仮／訓）
吉	t	固有名詞	×	○（仮／訓）
壹	t	固有名詞	×	○（訓）
竺	k	固有名詞	×	×
色	k	固有名詞	×	○（訓）
筑	k	固有名詞	×	○（仮／訓）
博	k	固有名詞	×	×
楽	k	固有名詞	×	○（訓）

表3：撥音字

字母	韻尾	古事記本文部	歌謡	萬葉集
淹	m	固有名詞	×	×
品	m	固有名詞	×	×
曇	m	固有名詞	×	×
印	n	固有名詞	×	○（仮／訓）
隱	n	固有名詞	×	×
丸	n	固有名詞	×	○（訓）
存	n	×	非固有名詞	×
仁	n	固有名詞	×	○（仮／訓）
丹	n	固有名詞	×	○（訓）
旦	n	固有名詞	×	×
難	n	固有名詞	×	○（仮／訓）
煩	n	固有名詞、非固有名詞	×	○（仮）
番	n	固有名詞	×	×
蕃	n	固有名詞	×	×
弁	n	固有名詞	×	○（仮）
本	n	固有名詞	固有名詞、非固有名詞	×
傳	n	非固有名詞	非固有名詞	×
萬	n	固有名詞	×	○（仮／訓）
延	n	固有名詞、非固有名詞	固有名詞、非固有名詞	○（仮／訓）
遠	n	固有名詞、非固有名詞	固有名詞、非固有名詞	○（仮／訓）
袁	n	固有名詞、非固有名詞	固有名詞、非固有名詞	○（仮）

378　補　章　萬葉集以外の子音韻尾字音仮名をめぐって

香	ng	固有名詞	×	○（仮／訓）
宗	ng	固有名詞	×	○（仮／訓）
曽	ng	固有名詞、非固有名詞	固有名詞、非固有名詞	○（仮／訓）
相	ng	固有名詞	×	○（仮／訓）
登	ng	固有名詞、非固有名詞	固有名詞、非固有名詞	○（仮／訓）
等	ng	非固有名詞	非固有名詞	○（仮／訓）
當	ng	固有名詞、非固有名詞	×	○（訓）
騰	ng	非固有名詞	×	○（仮／訓）
濃	ng	固有名詞	×	○（仮／訓）
能	ng	固有名詞、非固有名詞	固有名詞、非固有名詞	○（仮／訓）
氷	ng	固有名詞、非固有名詞		×
平	ng	固有名詞	×	○（訓）
芳	ng	固有名詞	×	○（仮）
用	ng	非固有名詞	固有名詞、非固有名詞	○（仮／訓）
良	ng	固有名詞、非固有名詞	固有名詞、非固有名詞	○（仮／訓）

　歌謡部における子音韻尾字についての詳細は次節に譲るが、いま指摘できることを約言しておきたい。まず、歌謡部においては入声字の使用がなく、二合仮名も使われない。撥音韻尾字が13字種（存、傳、本、延、袁、遠、曽、登、等、當、能、用、良）が認められるにとどまり、萬葉集はいうに及ばず、古事記本文部に比べても子音韻尾字の使用は相対的に、消極的であるという言い方ができる。
　古事記歌謡が、徹底した一字一音式の音仮名表記を実践し、訓仮名を交えないことは周知である。この態度によるならば二合仮名を忌避することは首肯できるが、しかし、同歌謡における字母選択が、単に平易簡明なそれを選ぶという見方だけでは十全でないことを、子音韻尾字の存在が示唆する。たとえば「等」字は、萬葉集で1000例を超える用例をもち、ト乙の仮名としてもっとも優勢なものである。ところが、古事記では、歌謡に３例と本文の音注中に１例を数えるのみであり、古事記本文および歌謡におけるト乙の字母は「登」がもっぱらとなっている。この事象の要因は、まず本文部で「等」字が、訓の字「ら」として100例以上使用されていることにあると思われる。

訓での主用を意識し、ト乙に「等」字を使うことを避けたのであろう。一方、歌謡中で184例、本文中に61例つかわれる音仮名「登」字が、訓字では8例の使用にどとまることも「等」字のあり方と整合する関係になっている。つまり、古事記歌謡では、簡明な字母を選択し変え字法も希であることの他に、本文部でのその字母の使用——それも訓・音という点を考慮した選択があることを子音韻尾字の在りようが示しているのである。こういった、歌謡部における子音韻尾運用についての仮名字母選択の周到さは、毛利正守「座談会　萬葉学の現況と課題―『セミナー　万葉の歌人と作品』完結を記念して―」（『萬葉語文研究　第2集』和泉書院　2006）が「古事記のほうは全体が倭文体であって、つまりそもそも本文も歌謡も倭文であり、その倭文体の中での歌謡の仮名書きの意味が問われるべきであって、それは本文の仮名書きと共に、歌謡の仮名書きは倭文の中でも特に語形の明示というところにあると考えられます」と指摘することからも、首肯される態度といえよう。

　萬葉集では、略音仮名は90余字種、約7600例あり、二合仮名は60余字種、約300例ある。古事記ではもちろんそれに比べて字種ものべ用例数も少ないわけであるが、上記の表から分かるように、「淹」（倭淹知造）、「品」（品陀天皇之御子）、「傳」（伊傳多知弖）、「存」（許存許曽波）、「番」（日子番能迩迩藝命）のように、萬葉集では使われていない字種もいくつか認められ、しかもそれらは固有名詞表記用としてのものが優勢である。

4、考　察

4－1、子音韻尾字の字母選択

　以上にみてきたように、古事記の子音韻尾字は、固有名詞表記の使用に傾いていることがまずは明らかである。そして、歌謡および本文との間で、字母の選択と判断に密接な連関があることも認めてよい。先に、ト乙の仮名としての「等」「登」の例を取り上げたが、他にヲでも同様の事象が歌謡部と本文部の間で認められる。これは犬飼隆によって、既に指摘がある——すなわち、古事記は、漢文の助字として頻用される字を仮名として用いないよ

380　補　章　萬葉集以外の子音韻尾字音仮名をめぐって

う配慮がある、オの「淤」、ヲの「袁遠」は、それぞれ「於」「乎」の使用を避けて用いたものである、という[3]。あらためて整理しておくと、非子音韻尾字「乎」は、ヲ音節の仮名として萬葉集では多く用例が認められるが、古事記ではいずれも文末助辞の漢文的用法であり、仮名としてはn韻尾字の「袁」「遠」の方をもっぱらに使用する。なお、この場合も先の「等」「登」の場合と同様、本文中に訓の字でも使用がある「遠」字は、訓の字での使用がない「袁」に比べて勢力が劣っているという特徴がある。このようなことから、古事記というひとつの作品中における、字母選択の規範性が存在しているといえよう。

4－2、連合仮名の是非——非固有名詞の場合

　既に述べたように、萬葉集においては、連合仮名という用法がすでに捨象され、略音仮名と二合仮名という形態で子音韻尾字が用いられているとみてよい。さらには二合仮名も固有名詞や一部の付属語表記をのぞいて徐々に捨てられていくという状況と表裏に、一字一音という方法の確立が窺える（**第2章**参照）。

　さて、古事記における子音韻尾字では、二合仮名と純然たる略音仮名、そして韻尾と同子音を頭子音にもつ仮名が続いた二字二音表記、つまり連合仮名の如き状態になっているものが認められる。本項では、ことに後二者、非固有名詞表記に代表される純粋な略音仮名用法と、逆に純粋な略音仮名用法をもたず固有名詞表記に偏向する連合仮名的表記の一群の様相について、韻尾字の使用態度における複層性があると見通して、以下考察を進めたい。

　さて、一字一音の表記を、倭語の語形表示に最適と考えて、歌謡をはじめとして、本文中なり注なりにも採用している古事記において、連合仮名という用法を、あらたに能動的に実践する妥当性はあっただろうか。この連合仮名という方法は、いわば子音韻尾字が後続字（後続音節）を制限する方法である。つまり、その〝二字二音〟でセットとなって語形表示に機能し得るものとなる。連合仮名という方法が、古事記においてあらたに実践されたか否かの是非を問うには、まず本文部において純粋な略音仮名がどれほど勢力を

第1節　古事記における子音韻尾字音仮名について（歌謡以外の本文）　381

もっているかをみておく必要がある。非固有名詞の表記の場合をみてみると、1例「當藝當藝斯玖（たぎたぎしく）」を除いてすべて確実に略音仮名として使われていることがわかる。これは、後続字の頭子音が子音韻尾と無関係、あるいは後続がそもそもない語末での使用などが裏付けとなる（本書**第1章**の方法論と同じ）。いくつか例を挙げておく。

　　袁　「**袁**登古」（28－6）、曽　「許**曽**」（44－7）、登　「**登**波牟」（121－12）

　また「良」（ng 韻尾字）において、ガ行音（宜）が続き、連合仮名の如き状態になっているものがあるが、他の例の在りようから、やはり略音仮名としての用字であるとみるのが穏当である。

　　「大御酒宇**良**宜而大御寝也」（178－6）

　以下に「良」字の用例群より一部を挙げるが、「良」字は、確実な略音仮名としての使用が下のものを含めて52例存在するのであり、「宇良宜而」のみを連合仮名とみなさなくてもよいと思われる。

　　御みづら／「故、刺左之御美豆**良**」（35－2）

　　黄泉比良坂／「到黄泉比**良**坂之坂本時」（36－1）

　　惜らし／「地矣阿多**良**斯登許曽」（44－8）

　　らし／「我之御子等、不平坐**良**志」（91－12）

　以上より、古事記において、少なくとも非固有名詞の範囲では、使われる子音韻尾字のほとんどが純然たる略音仮名用法のもとに使用されている事実を認め得る。それはつまり連合仮名がこのたび新たに行われないことを示唆しよう。

　そうすると、略音仮名の純粋な用法が認め難い字についてはどうなるのかという疑問が当然でてくるだろう。たとえば前述したところの「當」字、「當藝當藝斯玖」（135－13）などである。この字は、掲げたとおり常に後ろにガ行音の字母が連続している形でしかあらわれず、単独で「タ」だけに使われることがない。これと同様の例は、他の字母では固有名詞においてのみ見うけられる（なおこの「當」字もやはり、他に固有名詞「當岐麻」の例がある）。古事記において純然たる略音仮名の方法が認められ、連合仮名が新た

に行われるとは考えられない環境にあって、こういった場合の用例はいかに位置づけられるべきであるのか。次項では固有名詞に注目してこの問題について考える。

4－3、固有名詞表記に専用される子音韻尾字音仮名

　古事記本文部における子音韻尾字の固有名詞表記のうち、固有名詞にしか用例をもたない字母がいくつかある。固有名詞用の二合仮名例をいまおくとして、それらは「伊賀迦**色許**賣命」（k 韻尾字「色」に k 音「許」後続）、「**品牟**都和氣命」（m 韻尾字「品」に m 音「牟」接続）、「**當藝**志美美命」（ng 韻尾「當」に g 音「藝」後続）のように、韻尾字に続けてその韻尾と同子音を頭音節にもつ仮名が連続しているという特徴がある。つまり、見かけ上には、連合仮名に相当する音連続と文字列というわけである。しかもそれらは同字で他に純粋な略音仮名と断定できる使用がないのである。以下該当する例を異なりにてすべて列挙する。

　「甲」
　　「**甲**斐弁羅神」（38－3）他3例
　　「**甲**斐國」（108－7）他1例、「**甲**斐郎女」（182－4）
　「色」
　　「葦原**色許**男」（123－3）他3例、「伊迦賀**色許**男」（111－4）
　　「伊賀迦**色許**賣命」（105－7）他2例、「内**色許**男命」（105－4）他2例
　　「内**色許**賣命」（105－5）
　「品」
　　「**品牟**都和氣命」（115－6）
　「丸」
　　「**丸迩**臣」（106－13）他3例、「**丸迩**坂」（113－11）
　　「**丸迩**之比布礼能意富美之女」（148－12）他1例
　　「**丸迩**池」（166－6）、「**丸迩**之許碁登臣之女」（182－3）
　　「**丸迩**之佐都紀臣之女」（200－6）、「**丸迩**日爪臣之女」（211－3）
　「當[4]」

第1節　古事記における子音韻尾字音仮名について（歌謡以外の本文）　383

「當岐麻道」（179－5）、「當藝」（136－1）
「當藝志比古命」（102－12）、「當藝志美美」（100－8）他3例
「當藝野」（135－12）、「當藝當藝斯玖」（135－13）

　4－2の項において述べたように、古事記において非固有名詞に子音韻尾字が使われている場合、それは一字一音の略音仮名として使用されているとみて支障ない。そのありようからいえば、やはり略音仮名と連合仮名を、並立的に実行していたとみる必然性はないように思う。それでは、上に列挙したところの、略音仮名としての確例をもたず、もっぱら固有名詞表記に用いられるような「連合仮名」は、いかに捉えるべきなのであろうか。この点を考える上で、亀井孝が「安万呂が、《古事記》を撰述するにさいして、先行文献をいろいろ渉猟するあいだにえた、ひろい知識にもとづくものであろう。つまり、その時代までに、すでに、固有名詞ならば、おなじ人名や地名の書き方にさまざまな方式がみられるとか、同一の言語表現の表記にしても、きわめて多様な書き方があるとか、そういう混乱があらわれてきていたため、安万呂は、それらを比較して、表記法上の得失を考える余裕をもつことができたとみうるのである」（亀井孝・大藤時彦・山田俊雄編『日本語の歴史2』（平凡社　2007復刊）第五章「漢字の投影にとらえた日本語の景観」）と指摘することは示唆的である[5]。

　固有名詞表記のうちでも、そういった見かけ上は連合仮名のようであって、しかも他に略音仮名用法ももたないというものは、それまでの社会的規範性をもった表記の継承もしくは流用だとみるのが穏当ではないか。ようするに書承レベルの話である[6]と見られる。

　子音韻尾字が、純粋略音仮名用法としては認めがたいありようを呈すこれら固有名詞の例について考えるとき、古事記序文に「亦姓の日下に、玖沙訶と謂ひ、名の帯の字に多羅斯と謂ふ。此くの如きの類は本に随つて改めず」とあるように、それらを従前の規範なり慣習なりに従って用いたものと捉えるのが穏当ではないか。このように把捉することで、固有名詞表記に認められる上記の特徴と、前項においてみた非固有名詞表記あるいは歌謡における純粋な略音仮名用法との間における韻尾字使用の〝不釣り合い〟を理解する

ことができる。なお、上に挙げた「甲」「色」「品」「丸」「當」は、古事記のみならず、萬葉集はじめ同時代文献においても、確実な略音仮名の例を見いだすことができない。また「甲」「色」「品」「當」については、「物部荒甲」(213-4)、「印色之入日子命」(115-7)、「品陀天皇」(163-4)、「當麻王」(216-13)のように、二合仮名の使用もある。「丸」については古事記中には使われないが、萬葉集に「相狭丸(あふさわに)」(巻11・2362)がある。いずれも、略音仮名をもたない一方で、二合仮名で使われることはある。固有名詞専用表記でみられた、連合仮名的状態になっていてなおかつ他に略音の用法も認められないものについては、二字二音での使用とみておく。それらは古事記における新創出の表記ではなく、やはり書承であろう[7]。

小 括

　古事記において子音韻尾字は、明らかに固有名詞表記用に傾いている。固有名詞に全く関与しない子音韻尾字母はごく少なく、おおよそ固有名詞専用字が約6割、固有・非固有両用字が約4割となる。二合仮名は固有名詞専用であり、非固有名詞の表記には一切適用されない。二合仮名は萬葉集においては、固有名詞以外においても主に訓字主体表記において自立語や付属語、あるいは自立語＋付属語において使用される仮名であったが、古事記においては、それら非固有名詞には全く採用されなかった。

注
1) 以下、除外した字について、その理由を挙げておく。「新」：朝鮮半島の古代国家「しらぎ」を表記した「新羅」「新良」(良の用例からも除外)。日本地名ではないため。「群」：「平群」は「へぐり」と読むが、n韻尾が二合仮名化し、n→rに交替しているため。「伯」：「伯伎」は「ははき」と読むのであろうが、k韻尾字「伯」がどのように音韻変化を起こしてこうなったかが明らかでないため。「氷」：用例のうち、「大氷雨」(135-9および185-3)ののべ2例ともに、仮名と見なすことは躊躇されるため。
2) 人名には神名を含む。地名由来の人名もあるが、「国」など土地を表す語が

挿入されていない限り一括して人名としてカウントしている。また、助詞「の」が「能」で記され、人名（神名）に含まれる場合がある（「和豆良比能宇斯能神」など）が、今回これを助詞として抽出はしていない。一括して固有名詞という扱いをしている。
3）『木簡による日本語書記史』（笠間書院　2005）197p、また犬飼隆『上代文字言語の研究』（増補版　笠間書院　2005）の第二部第一章参照。
4）　萬葉集でも、二合仮名のみの使用である、「當都心／たぎつこころを」（巻11・2432）、「布當乃宮者／ふたぎのみやは」（巻6・1053）など。この字の用例は、一字二音の二合仮名と、そして「タギ」と音節が固定した二字二音の表記で占められるのである。なお、タギタギシは常陸国風土記にも記事があり、やはりここに「當麻」という地名が出、その起源は土地の状態が「多々支々斯」であるからととく（「行方郡」）。
5）　たとえば古事記に出てくる地名で、「旦波國」や「吉備」などは、藤原宮木簡にも認められる。「旦波国」（藤原宮第128次、『木簡概報』18）、「吉備」（飛鳥寺1993年、『飛鳥・藤原宮発掘調査出土木簡概報』11　1993）。「旦」「吉」の場合は古事記では、地名とは別に略音仮名としても使われているが、地名表記の採用について、亀井の指摘が首肯される一例であるといえる。
6）　犬飼隆「連合仮名を文字運用の一般論から見る」（『古代の文字文化』竹林舎　2017）に書承との指摘がある（533p）。
7）　固有名詞の継承性とは、「先行文献をいろいろ渉猟するあいだにえた、ひろい知識にもとづく」と亀井がいうように、つまり従前からすでにあって「今」（この場合筆録当時）に持ち越されているという性質として主に注目するわけであるが、当然、それ以降に持ち越されていくという側面ももっていよう。たとえば「甲斐」は、古事記とほぼ同時代における別の場として、木簡における「甲斐国／戸□□人□萬呂」（平城宮二条条間大路南側溝）の例など、いくつかみられ、また周知のとおり、その後長らく継承されていく。

第2節　古事記歌謡における
　　　　子音韻尾字音仮名について

はじめに——古事記歌謡における子音韻尾字音仮名の字種

　古事記は111の歌謡を擁す。歌謡において子音韻尾字が音仮名として使われる字種を列挙すると次の通り、のべ14字種である（検索は前節同様、真福寺本を底本とする校訂本文、西宮一民編『古事記』（修訂版第4刷　おうふう2005）をもとにデータベースを作成し、それに拠った）。
入声：使用が認められない。
撥音：
　m 韻尾　使用が認められない。
　n 韻尾　存、傳、本、煩、延、袁、遠
　ng 韻尾　曽、登、等、當、能、用、良

　まず注意すべきは入声字が全く使われていないことである[1]。一方、撥音韻尾字の上記14字はそれぞれ、ソ乙、ゾ乙、デ、ト乙、ノ乙、ホ、ボ、ヨ甲、ラ、江（ヤ行エ）、ヲの各音節の字母となっている。また、撥音韻尾字のうちでも、m 韻尾字が使用されていないことも注意される。また、すでに述べたように固有名詞に二合仮名の使用はない。萬葉集で入声もしくは撥音のいずれか、つまり子音韻尾字の使用が認められたオ、カ、キ甲、ケ甲、サ、シ、ソ甲、ゾ甲、ド乙、ニ、ハ、バ、ヒ甲、ベ甲、マ、モ、レの各音節については、古事記歌謡では入声撥音ともに使用がなく、総じて韻尾字の使用が多いとはいえないことがまずは確認される。

1、古事記歌謡における子音韻尾字の様相

　古事記歌謡における子音韻尾字はのべ585例である。字種ごとに萬葉集と

第2節　古事記歌謡における子音韻尾字音仮名について　387

比較したものを表1に掲げる。

表1：字種ごとの萬葉集との比較

仮名	韻尾	音節	古事記歌謡	萬葉集	古事記歌謡の非子音韻尾字母
存	n	ゾ乙	1例	使用なし	叙
傳	n	デ	14例	使用なし	×
本	n	ホ	24例	使用なし	富、菩
煩	n	ボ	6例	使用少	×
延	n	江	27例	使用多	×
遠	n	ヲ	24例	使用多	×
袁	n	ヲ	112例	使用少	×
曽	ng	ソ乙	49例	使用甚多	×
當	ng	タ	1例	二合仮名のみ	多
登	ng	ト乙	184例	使用甚多	×
等	ng	ト乙	3例	使用甚多	×
能	ng	ノ乙	20例	使用甚多	×
用	ng	ヨ甲	19例	使用さほど多くなし	×
良	ng	ラ	101例	使用甚多	羅

（×は字母が認められないことを示す）

　先述のとおり入声字が使われないことや、撥音韻尾字にしても字種数が多いとはいえないという観点からすれば、前節の本文部と同様、古事記歌謡における子音韻尾字使用は相対的に消極的であるという言い方ができる。しかし、表1のように古事記歌謡における同音節の他の字母の状況を見てみると、ほとんどの該当音節が異字母をもっていない。つまり、このようにひとたび子音韻尾字が使われているものについては、それがそのまま専用字母となっている。従って、萬葉集等に比較して子音韻尾字の使用が少ないことが、単に字音の特徴——子音韻尾字忌避といった理由で位置づけられるべきではないということになる。そこで、それぞれの運用のありようについて個別的に検証していこう。以下、いくつかの字母——とくに萬葉集と違う傾向を見せている字については古事記歌謡表記の、いわば独自性と見通されるため、用例を挙げながら考察を加えたい（歌謡番号は日本古典文学大系本に

拠る)。
- 「存」(ゾ乙)

  許存許曽波／こぞこそは（歌謡78）
- 「傳」(デ)

  用波伊傳那牟／よはいでなむ（歌謡3）

  岐美袁淤母比傳／きみをおもひで（歌謡51）
- 「本」(ホ)

  久爾能麻本呂婆／くにのまほろば（歌謡30）

  本岐母登本斯／ほきもとほし（歌謡39）

これらは萬葉集では使用が認められない字種である。古事記歌謡では、ゾ乙の仮名は他に「叙」（非子音韻尾字）が7例あり、こちらの方が優勢となっている。また、ホの仮名は他に「富」「菩」があり、「富」が40例、「菩」が1例ある。これらそれぞれの使用意図は詳らかではないが、萬葉集にも使われない子音韻尾字の字母を利用する点からして、古事記歌謡の表記が、単に使用字母種に乏しいものとだけみるのは十全ではないことを示唆しよう。なお、犬飼隆『上代文字言語の研究』（同前）は、「富」は先行文献の用字の継承であり、「本」は編纂時に新規採用されたものである、と指摘する[2]。「傳」については、デの仮名が他になく（清音「テ」は弖があり61例）、濁音専用字になっている。

- 「袁」(ヲ)

  曽能夜弊賀岐袁／そのやへがきを（歌謡1）、岐伊理袁理／きいりをり（歌謡10）

  袁登賣爾／をとめに（歌謡18）、袁麻弊須久泥賀／をまへすくねが（歌謡80）

「袁」は歌謡中に112例あるが、ヲの仮名としてはもう一字種「遠」24例があって、用例数にやや開きはあるが、字種としてはこの2字のみである。なお萬葉集では、「袁」は萬葉集の後半期の前半に4例あるが、後半期の後半には使用がなくなっている。萬葉集ではヲの仮名としては「遠」が66例でこちらのほうが優勢である。「袁」字の推移および、「遠」字との勢力差におい

て萬葉集と古事記歌謡には留意すべき傾向の違いが見える。すでに前節で触れたように、「袁」が頻用され、また「遠」字の音仮名使用が「袁」に比べて少ないことの要因として、散文の部分における、「乎」字の存在、そして「遠」字が訓字で使用されることに要因があると思われる。

「等」（ト乙）

萬葉集において「等」は、1000例弱の用例数をもち、ト乙の字母として最も優勢である。さらにいえばその前半期（平城京遷都の710年以前）でも、「等」字は音仮名として75例の使用があり、おそらく古事記筆録時より以前に既に字母としてある程度知られたものであったとみなし得ると思われる。しかし、古事記歌謡では、ト乙は「登」が184例と優勢であり、「等」は僅かに3例のみとなっている。以下用例を挙げる。

　　迦微能美許**等**／かみのみこと（歌謡3）
　　伊毛能美許**等**／いものみこと（歌謡4）
　　等母迩斯都米婆／ともにしつめば（歌謡54）

同じ「みこと」を記したものとして「迦微能美許**登**」（歌謡2）などもあり、ここでのみ「等」が用いられている理由は定かではない。しかし、歌謡においてト乙音節はこの「登」「等」の2字種のみであり、187あるト乙音節のうちの98％を「登」で記すことからして、やはり「等」の忌避は認め得よう。

2、散文の部分と歌謡のあり方から

先にも挙げたように「等」字は音仮名としては歌謡では3例と、ほかに音注中に1例があるのみで、古事記におけるト乙の字母は「登」がもっぱらとなっている。前節でも見た通り、歌謡以外での「等」字の使用では、訓字「ら」として100例以上使用されている。やはり訓としての主用を意識し、ト乙の音仮名として「等」字を使うことを避けたものと考えられる。一方で歌謡中に184例、散文の部分に61例つかわれる音仮名「登」字が、やはり訓字では8例の使用にどとまることが、「等」字のあり方と軌を一にするものと

いえよう。

　古事記歌謡では、字母数が日本書紀などに比べ希少で、変え字もほとんど行わないことの他に、散文の部分でのその字母の使用――それも訓・音という点を考慮した選択がある。このことを、子音韻尾字のありようから顕著に窺い知ることができるだろう。「袁」の多用や「等」の忌避は、歌謡を記すに際して、散文の部分における用字が意識されていることを示す。散文の部分は、一応訓で読まれることを基本とすると考えられ、ここに歌謡が一字一音の音仮名で記され、挿入される。したがって、ある字母があって、それがたとえ音仮名としての使用をなし得ても、散文中における訓の字での使用量を配慮することで、和歌に使用される字母が訓（訓仮名）で読まれるリスクをできるだけ回避しておくという企図があったと考えられる。

3、連合仮名に相当する形になっている例について

　古事記歌謡においても、子音韻尾と同子音を頭音にもつ仮名が後続している例がある。すなわち所謂連合仮名という方法によって成立したものかと疑われる一群である。すでに散文部ではこれを新規の方法と見なくてもいいことを指摘したが、古事記歌謡において連合仮名は現役の方法として機能していたのか、これについて検証しておく（掲出は、まず当該字を示し、次いで連合仮名のごとき状態になっている実例を列挙し、続けて→以下にその反例を挙げるという体裁である。また※以下に、当該字の用例全体の情報を記す）。

[n韻尾]

「延」

　・「那迦都延能／中つ枝の」、「延能宇良婆波／枝の裏葉は」など「枝」を表記したもので8例ある。

　→「本都延波／上つ枝は」、「志豆延波／下つ枝は」があり、同語表記でn音が後続しない例がある。この他「久佐加延能／日下江の」、「伊理延能波知須／入り江のはちす」、「夜賀波延那須／彌木栄なす」がある。これらは無韻尾字での表記例はないが、上の「枝」を表記した例のありよう、また

「延」字が確実な略音仮名の用法を持っていることからも、これらが連合仮名で表記されたものとみる妥当性はないといえる。いずれも略音仮名とみるべきであろう。
※「延」字はのべ27例で、確実な略音仮名の例を17例もつ。
「遠」
　・「**遠**迩伊麻世婆／男にいませば」
　→「**遠**波那志／男はなし」があり、同語表記でｎ音が後続しない。
　※「遠」字はのべ24例で、確実な略音仮名の例を23例もつ。
「傳」
　・「志毘賀波多**傳**爾／しびがはたでに」
　→「袁登都波多**傳**／をとつはたで」があり、同語表記で後続音節をもたない例がある。
　・「用波伊**傳**那牟／夜は出でなむ」
　→「伊**傳**多知弖／出でたちて」があり、同語表記でｎ音が後続しない。
　※「傳」字はのべ14例で、確実な略音仮名の例を12例もつ。
「本」
　・「夜**本**爾余志／やほによし」
　→「伊**本**知母賀母／いほちもがも」がある。
　・「**本**那迦迩多知弖／ほなかにたちて」
　・「志**本**爾夜岐／しほにやき」
後者２例は同語の表記がないが、「本」字はのべ24例で、確実な略音仮名の例を21例もつことからも、これらをのみ連合仮名の実践とみなす必要はないと思われる。
「袁」
　・「麻祁流阿**袁**那母／まけるあをなも」
　・「阿**袁**迩余志／あをによし」
　→「阿**袁**加岐／あをがき」があり、ｎ音が後続しない。
　・「意富**袁**爾波／おほをには」
　・「佐袁**袁**爾波／さををには」

・「阿理袁能／ありをの」
→「佐袁袁爾波／さををには」においては「峰」の表記に「袁」にあて、なおかつn音が後続しない。
・「當藝麻知袁能流／たぎまちをのる」
→「比迩波登袁加袁／ひにはとをかを」、「微能那祁久袁／みのなけくを」など、後続音節のない句末での助詞表記がある。
・「佐賀牟能袁怒迩／さがむのをのに」
当該は同語の表記がないが、以上にみてきた「袁」字のあり方に加えて、のべ112例中で確実な略音仮名の例を104例もつことからも、連合仮名の実践とみなさなくてよいであろう。

[ng 韻尾]
「良」
　・「久米能古良賀／久米の子らが」…他3例あり
　→「和賀美斯古良／我が見し子ら」があり、同語表記でg音が後続しない。
　・「須加良賀志多紀能／素幹が下木の」
　→「多能伊那賀良迩／田の稲幹に」があり、同語表記でg音が後続しない。
　※「良」字はのべ101例で、確実な略音仮名の例を96例もつ。
「曽」
　・「曽賀波能／其が葉の」
　→「曽能波那能／其の花の」があり、同語表記でg音が後続しない。
　※「曽」字はのべ49例で、確実な略音仮名の例を48例もつ。
「登」
　・「余能許登碁登迩／よのことごとに」
　→同一句内で、その直下に「碁登迩」があり、こちらはg音が後続しない。
　※「登」字はのべ184例で、確実な略音仮名の例を183例もつ。
「用」

第2節 古事記歌謡における子音韻尾字音仮名について 393

・「麻**用**賀岐／まよがき」
→同語表記は他にないが、「用」字はのべ19例で、当該以外はすべて確実な略音仮名である。ことに「那爾波能佐岐**用**／なにはのさきよ」のように、略音仮名であることを最も強く示す句末の用法が7例あり、「用」字が韻尾を捨てた一字一音の仮名字母として用いられていることが明らかで、当該においてのみ、韻尾を残した連合仮名がなされたとみる必要はないだろう。

以上掲げた例について各々検証したところ、いずれも略音仮名の字母として認めてよい。従って、各字において問題とした音連続及びその表記の用例については、能動的に連合仮名によってなされているとはいえないように思われる。この点は萬葉集における傾向と同様である（**第1章**参照）。 ただし、以下にみる「當」字の1例のみは注意が必要である。上に見てきた字種においては、いずれも同語で後続音節が違う例が認められたり、後続音節がない末尾での使用であったり、また、他に略音仮名の確実な用例が認められるものばかりであった。しかし、当該の例はそういった類例をもたない。このことについて考えてみたい。

「當」（ng 韻尾）
・「**當藝**麻知袁能流／たぎまぢをのる」
用例1例のみ。他の使用が認められない。

これまでに見てきたように、当該字以外のありようからして、古事記歌謡において連合仮名が新たに実践されることはないとみてよいと思われるが、歌謡中に類例をもたないこの例が、古事記全体でどう使われているかをみておく必要はある。

古事記において、「當」字の使用状況を異なり語で挙げれば次の通りである。すでに前節で触れたとおり、ほぼ固有名詞に出てくる。

當藝志美美命、**當藝**志比古命、**當藝**野、**當藝當藝**斯玖、**當藝**、**當岐**麻道、

（二合仮名）
當麻勾君、**當**麻之倉首比呂之女、**當**摩之咩斐

一見して分かるとおり、ことごとく「タギ」という音形を記す場合で、しかも「當藝」が優勢であるとわかる。「タギタギシク」以外はいずれも固有名詞である。しかもこの「タギタギシク」もまた、「今、吾が足え歩まず、當藝當藝斯久なりぬ。故、其地をなづけて當藝といふ」とあって、地名起源語としての性格をもつのであり、結局固有名詞「タギ」との関わりが色濃いものである。なお同時代の他資料に目を向けてみると、常陸国風土記に「當麻」（たぎま）があり、また萬葉集では「當都心／たぎつこころを」（巻11・2432）、「布當乃宮者／ふたぎのみやは」（巻6・1053）などがある。このように、「當」字は/tagi/という音連鎖を写すときにいわば専用されていることがわかり（二合仮名として一字であてられることもある）、さらに古事記においては上述のように固有名詞表記およびそれに強い関連をもつ場合のみなのであって、やはり書承によるものとみておきたい[3]。

小　括

　古事記は、仮名字母数が日本書紀などにくらべて少なく、また、たとえば一番目の歌謡がヤの仮名として「夜」を全く変えることなく一首中繰り返し用いていることに代表されるように、その独自のあり方がこれまでも注目されてきた。そして古事記歌謡においては、入声韻尾字の使用が認められないのをはじめ、同じ韻文の萬葉集にくらべて子音韻尾字の使用は相当に少ないといえる。その中で、萬葉集と同様という点でいえば、やはり連合仮名が歌謡において新たに実践されることはなかったということが挙げられる。前節で見たように、散文の部分においても連合仮名の新たな実践はなかったので、古事記において、書承として形骸的に残るものは認め得ても、筆録時に現役で機能した方法ではないと位置づけてよいだろう。

　また、もう一点注目すべきこととして、「等」のような、同時代という枠で見れば決して希有とはいえないような字母が回避されている一方で、萬葉集でも使われない「存」の使用や、また無韻尾字「乎」を一切使わずにn韻尾字「袁」「遠」をヲに頻用することなどがあげられる。韻尾字使用に対

する消極性の理由のひとつとして、子音韻尾字由来であることを筆録者が意識したという可能性は考慮されてよいが、しかしそのことは古事記における子音韻尾字音仮名を位置づける上で十全とはいえない。神野志隆光『漢字テキストとしての古事記』（東京大学出版会　2007）は、古事記のテキストとしてのレベルは「訓による叙述と、音仮名による歌の表現とが、張り合うようにして、いわば叙述を複線化している」ところにみるべきであるとし、「音仮名は、仮名専用といえるかたちで、本文の訓主体書記とのかかわりを意識して整理されています。それがテキストとしての書記を成り立たせています。そうでないと、解読自体が混乱に陥ってしまうでしょう」と指摘しており、本論でみた子音韻尾字のありようもまたその一つのあらわれと捉え得る。子音韻尾字の使用は確かに多くはないが、ひとたび使われると、それぞれが該当音節を担う主用字母となっている場合が多い。また、それらにおいては時に散文の部分におけるありよう――当該字母の音訓の偏重を見定める、ということを行っている。

　以上のごとく、古事記歌謡における子音韻尾字の様相をみてきた。萬葉集と同様、閉音節での使用が前提となる連合仮名を新たに実践することはなく、一字一音の仮名で歌を書き記そうとしている。その一方で、散文における字母のありようをも考慮に入れた独自の用字が認められた。このことは、仮名字母群の形成および発達について考えるとき、古事記という一作品としての個別のあらわれの中でまずはとらえるべきこと、その上で更に歌謡対散文という比較をもって把捉すべきことを示唆するであろう。

【参考】日本書紀の二合仮名と子音韻尾字音仮名の扱い

　ここでは参考に、日本書紀の子音韻尾字音仮名について挙げておく。二合仮名の用例は下記の通り固有名詞のみである（当然ながら歌謡、訓注中には確認されない。調査は、日本古典文学大系『日本書紀』に拠った。二合仮名字種は次の36字種である。

　　p 入声字：邑、法
　　t 入声字：欝、薩、八、弗
　　k 入声字：各、菊、尺、色、宿、直、筑、竹、諾、得、徳、博、伯、福、楽
　　m 撥音字：甘、甕、甚、曇、冉、品
　　n 撥音字：因、磤、讃、丹、羑、檀
　　ng 撥音字：香、興、相、當、望

・p 入声字。以下代表例のみあげておく。
　「邑」　巨勢邑治／こせのおほぢ：固有名詞（人名）
　「法」　法提郎媛／ほほてのいらつめ：固有名詞（人名）

・t 入声字
　「欝」　欝色謎命／うつしこめのみこと：固有名詞（人名）
　「薩」　薩麻（さつま）：固有名詞（地名）
　　　　筑紫君薩夜麻・薩夜麻／つくしのきみさちやま：固有名詞（人名）
　「八」　安八磨郡／あはちまのこほり：固有名詞（地名）
　「弗」　色弗／しこぶち：固有名詞（人名）

・k 入声字
　「各」　各羅海／かからのうみ：固有名詞（地名）
　「菊」　菊理媛神／くくりのひめのかみ：固有名詞（人名）
　「尺」　船史恵尺／ふねのふびとえさか：固有名詞（人名）
　「色」
　　　　色部（しこぶ）、三輪色夫（みわのしこぶ）、色弗、色夫知、色夫古（しこぶこ）、欝色謎命（うつしこめのみこと）、伊香色謎（いかがしこめ）、伊香

色雄（いかがしこを）：固有名詞（人名）
「宿」宿禰（すくね）：名詞（八色の姓）
「直」阿直史／あちきのふひと：固有名詞（人名）
「筑」筑紫／つくし：固有名詞（地名）
「竹」竹羅／ちくら：固有名詞（地名）
「得」得大臣／とこだのおみ：固有名詞（人名）
「徳」徳万／とこまろ：固有名詞（人名）
「諾」伊奘諾／いざなぎ：固有名詞（人名）
「博」
　　大伴部博麻（はかま）、伊吉連博徳（いきのむらじはかとこ）：固有名詞（人名）、博多（はかた）：固有名詞（地名）
「伯」佐伯／さへき：固有名詞（人名）
「福」伊福部連／いほきべのむらじ：固有名詞（人名）
「楽」相楽／さがらか：固有名詞（地名）

・m 撥音字
「甘」甘羅城／かむらのさし：固有名詞（地名）
「甑」和甑／わざみ：固有名詞（地名）
「甚」伊甚國造／いじみのくにのみやつこ：固有名詞（地名）
「曇」
　　安曇連／あづみのむらじ：固有名詞（人名）、安曇寺／あづみでら：固有名詞（寺院名）
「冉」伊奘冉尊／いざなみのみこと：固有名詞（人名）
「品」品遅部／ほむぢべ、品治／ほむぢ：固有名詞（人名）

・n 撥音字
「因」因幡／いなば：固有名詞（地名）
「磤」磤馭慮嶋／おのごろしま：固有名詞（地名）
「讃」讃岐／さぬき：固有名詞（地名）
「戔」素戔嗚尊／すさのおのみこと：固有名詞（人名）
「丹」丹汲竹野媛／たにはのたかのひめ：固有名詞（人名）

「檀」巨勢臣紫檀／こせのおみしたの：固有名詞（人名）

・ng 撥音字

「香」
　香山／かぐやま：固有名詞（地名）、伊香色謎／いかがしこめ、伊香色雄／いかがしこを：固有名詞（人名）

「興」
　興台産靈／こごとむすひ、興志／こごし：固有名詞（人名）

「相」
　相模國／さがみのくに、相楽／さがらか：固有名詞（地名）

「當」
　當麻皇子／たぎまのみこ、當麻公／たぎまのきみ、當麻真人／たぎまのまひと：固有名詞（人名）

「望」
　大伴連望多／おおとものむらじまぐた：固有名詞（人名）

さて、二合仮名以外の、日本書紀の子音韻尾字音仮名の使用を巡っては、森博達『古代の音韻と日本書紀の成立』（大修館書店　1991）に研究がある（森博達は「有韻尾字」と呼ぶが、以下「子音韻尾字」と呼称を統一する）。それを以下に筆者の言葉にて、要約しておく。

【撥音字】

日本書紀では m 韻尾字は皆無であるが、n 韻尾字は用いられている。しかし「幡」の 3 例中 2 例が α 群につかわれている以外はすべて β 群にあらわれる。ただし、その「幡」も北野本では「播」（開音節字）に作っており、これに従うべきである。従って α 群に n 韻尾字は使われていないことになる。

ng 韻尾字は両群につかわれる。このうち α 群は宕摂、曽摂、通摂のものが使われる。このうち、曽摂字と、通摂字は、日本語の音節を写すのに最適な陰声類（開音節字）がなかったためであると考えられる。つまり原音に依拠して記す限りやむを得ない選択であった。残る宕摂は上記 2 種の字類と事情が異なるが、宕摂は ng 韻尾がもっとも弱化したもの

第2節　古事記歌謡における子音韻尾字音仮名について　399

であったため陰声字に混用され得た。

【入声字】

入声字は両群ともに使用される。α群において使われるのは「必」「楽」「作」「賊」「涅」であるが、「必」については応永本・北野本がとる「比」を採用する。「楽」は「乃楽」に用いられたもので、純粋に音によった表記ではない。「作」と「賊」はうしろに k を唐音にもつ字が後続している連合仮名の用法で、「入声韻尾が耳立たない」。「涅」については 1 例が連合仮名かと解釈できるものであり、残りの例は応永本が「泥」と「涅」を誤写したものみる。

（森博達同書　第 2 章 3・2　主に pp28-31の筆者による要約）

子音韻尾字は「開音節である日本語の音節を写すには一般に不適当と考えられる」と森も述べているように、中国人述作とされるいわゆる α 群において子音韻尾字の使用があること自体、氏の立場からすればまずは問題があることになろう。それについて上記のごとく、他に適当な字母がなかったことによる使用、あるいは子音韻尾字ではない字との誤写、あるいは諸本における無韻尾字を本来の使用とみることで、α 群における全用例の説明が一通り与えられている。ただし β 群の「吉」「末」「捏」は連合仮名には合致せず、また β 群には n 韻尾字も使用されている。β 群という点では、萬葉集や古事記で連合仮名が実践されていないことと整合するともいえよう。乾善彦『日本語書記用文体の成立基盤』（塙書房　2007）に「はたして、連合仮名が意識されていたかどうかは、なお保留しておきたい気分にさせる」との言及がある（112p）。

本書で既に見てきたことを含めて再度考えてみると、ng 韻尾字の頻用については萬葉集にも共通する。萬葉集でも ng 韻尾字がもっとものべ用例数が多く、略音仮名としての使用が多い。連合仮名と見られる用例では「韻尾が耳立たない」（森の表現）とみて、いわば使用の妥当性を認める一方で、そうでない場合（つまり後続の頭子音が韻尾と同音ないし同類調音方法の音節でない場合）は、誤写とみる、あるいは諸本における異同のない開音節字の方を是として採用するという点は、連合仮名ありきでの行論であり、ただちに

賛同し得るか疑問点が残るけれども、本書で採ってきた連合仮名かどうかの判断を巡る考証の方法論は、日本書紀に対しては用例の都合で採ることができないので、実証的な反論がし得ないのと、α群の渡来人述作説に拠るならば、連合仮名という方法の実践は齟齬しないともいえる——というにとどめておきたい。

注
1） このことは、乾善彦『漢字による日本語書記の史的研究』（同前）はじめ、すでに指摘がある。
2） 同書第二部第二章（102p〜）
3） 本章の主眼とするところでは、固有名詞の継承性とは、「先行文献をいろいろ渉猟するあいだにえた、ひろい知識にもとづく」と亀井がいうように（亀井孝・大藤時彦・山田俊雄編『日本語の歴史2』（平凡社　2007復刊）第五章「漢字の投影にとらえた日本語の景観」）、つまり従前からすでにあって「今」（この場合筆録当時）に持ち越されているという性質として捉えている。

第3節　古代一次資料と子音韻尾字音仮名

はじめに

　本書の主たる考察の舞台は萬葉集という転写資料である。現存中、最も古いものでも平安時代、それも巻4の一部しかなく（桂本）、20巻が揃ったものが鎌倉時代まで下るというのは、資料を扱っての研究において、いわば大きな弱点であるといえよう。実際、その懸念はつとに警鐘が鳴らされてきた。たしかに、時に致命的であるかもしれない。だからこそ、研究史上、異同を検討した校訂が重ねられてきたわけでもあるのだが、校訂本文というのは、かつて存在した現物の原テクストに近づけるための考証（とその成果）のようで、実際はテクストの抽象化でもある。たとえば訓点資料の校訂本文なる（ある意味で珍妙な）ものを想定してみるとよくわかる。奥書で、何年に施点されたとわかっている3～5本の資料をつきあわせて、これぞと思うテクストと訓読文とを作り上げたとすれば、それは、歴史上どこにも存在しない仮説テクストを作り上げたことに同じである。数本の互いの欠点や穴を埋め、成立の前後関係に考慮して作り上げられたそれは、作業としてはさかのぼった祖本に相当するものを想定する実験ではあっても、できあがったそれは、結局のところ歴史世界から隔絶した産物ということでもある[1]。しかし、だからといってその存在および方法論を否定してしまうと、諸本批判に裏付けられる日本古典文学研究の多くが成立しなくなってしまう。そもそも校訂による仮説本文であっても、それはそれで、一次資料側の研究進展にも大きな影響をもたらす。諸本を諸本としてしか論じられないとなると、異同が存する部分にはたとえばそれらの裁定などの論及さえ不可能ということにもなってしまうからである。たとえばA本とB本の間には、異例がいくつ存在するという事実指摘で留まるだろう——否、留めなくてはならない

補　章　萬葉集以外の子音韻尾字音仮名をめぐって

理屈である。異同に裁定をくわえるのは、必ずしも、A本かB本かのいずれかに裁定を加えるのみならず、A本でもB本でもない本文——仮説C本など——を想定することもあるからだ。それは諸本という「現実」から乖離していることにはなる。しかし、それを方法論として包含しないと、資料を用いた研究は前へ進まない。

　木簡はそれ自体がすなわちそのまま「資料」であり、仮に活字化すると表記論レベルにはなるけれども、読めないところは読めないし、欠けたところがあれば欠けたままに考えるのが普通である。難波津の歌は各地からいくつもでているけれども、それらの異同をとって校訂本文を作るということはあまり行われていないだろう。こういった木簡等の特性は、そのまま古代のこととして語ることができる〝生の資料〟という安心感がある一方、その資料性ゆえに、知られ得ないこともままあることも示している。たとえば現状、一般語を記した二合仮名はほぼ一次資料に登場しない[2)]。つまり、一般語を記した二合仮名の研究は、木簡では、まずできないのである。木簡には「歌」があって、たとえ多音節の訓字（春、玉など）が出てこようとも、そこに二合仮名は出てこない。また、以下にみるように、略音仮名がいくつか出てくるが、出現は非常に限られており、**第1章**でみたような、連合仮名でないかどうかについての検討は、木簡資料群の中だけでは証明できない場合がある。よって、肝要なのは、子音韻尾字研究にとっては、萬葉集をはじめとする他資料との比較に鍵があると筆者は考えている。古典の諸本研究と本文批判、校訂それ自体も有意義であるのと同じように、木簡それ自体の研究が日本語史学領域にもたらした恩恵は計り知れない。ならば、筆者はそれを萬葉集との比較軸で見てみようと思う。

　研究史において、いわゆる「歌木簡」の仮名を中心とした書きぶり（訓字も交えられる、清濁通用など）は、萬葉集歌表記と比較することでその特徴、意味が明瞭にみえてきた事実であって、これは否定できないと思う。以下、そのような視点で、一次資料の用例群を見ていきたい。まずは韻文を記した木簡群、仏足石歌、正倉院仮名文書の2通、藤原宮木簡の順に見ていく。

1、木簡の韻文表記における子音韻尾字音仮名

　一次資料には仮名で散文を記したものが、仮名文書2通を代表にごくわずかしか残っていない。一般に散文といわれる古事記にしても、仮名書きの箇所は含んでいても、仮名文書ほどの長さを仮名で書くことはない。よって、「残っていない」とはいうものの、もとよりそもそも生産されていない可能性のほうが高いようにも思われる。奥村悦三『古代日本語をよむ』（和泉書院　2017）の、「仮名文書の成立以前−続−正倉院仮名文書・乙種をめぐって」（初出『萬葉』99　1978）がかつて論じ（その後も、同「暮らしのことば、手紙のことば」（岸俊男編『日本の古代14　ことばと文字』中央公論社　1988）など）、その後広く首肯されてきているように、仮名文書の「文体」は漢文訓読文が背景にあると考えられる点で、仮名で自由に書かれ得る散文の「文体」なるもの——それ自体の是非がまずは議論の対象になっている。対して歌の場合は、仮名でかかれた証拠がいくつもでているし、書かれている言葉の特定も（それなりに）可能だ。短歌ならば、31音の韻律に当てはまっていて、そこには一つの、いわば確定できる言葉の発現を認め得る。歌を記した木簡は、厳密には、韻文の一部を記したとみられると断りをいれるべきものもあるが（例：皮留久左木簡、あさなぎ木簡など）、ここでは歌だと概言しておくことにすれば、書くときに用いられる仮名というものを考えるときに、まずは歌表記同士で比べるのが妥当であろう。よって、まず、現在出ている歌を記した木簡から、子音韻尾字を抽出すると、以下の通りである。

　　アn「安」（「ものさし」木簡）
　　サk「作」（観音寺遺跡／難波津の歌、平城京木簡／難波津の歌）
　　ハk「泊」（難波津の歌）
　　ト乙ng「等」（「ものさし」木簡）
　　ニn「仁」（平城宮木簡／難波津の歌、平安京木簡／難波津の歌）
　　ノng「能」（宮町遺跡／難波津の歌）
　　サk「作」（難波津の歌　観音寺遺跡「奈尓波ツ尓作久矢己乃波奈」）

マ n「萬」（平城宮「阿萬留止毛…」木簡、秋田城「波流奈礼波伊萬志□□□」木簡）

エ n「延」（平城宮二条大路「延佐太之可奈岐…」木簡）

ラ ng「良」（「留之良奈□麻久」木簡）

レ n「連」（「ものさし」木簡）

以上の字母はすべて萬葉集にも出てくる。乾善彦『日本語書記用文体の成立基盤―表記体から文体へ―』（同前）はこういった特徴をして、「基層の仮名」を想定する。

　韻尾別だと、n（安・仁・萬・延・連）、ng（等、能）、k（作）となっている。なお、**第1章**で考察した方法論を援用すると、「作」はサクヤコノハナの「久（ク）」の直前におかれ（観音寺遺跡）、あるいは「古」（平城京木簡）におかれていて、「連合仮名」状態である（これを否定する傍証は、現在のところ「歌木簡」資料群中にはないことになる）。その他の例については、韻尾と同子音のものは続いていない。

2、仏足石歌

　一次資料でかつ歌表記というのは貴重であり、萬葉集との比較も意義が大きい。字母抽出にあたっては、廣岡義隆『佛足石記佛足跡歌碑歌研究』（和泉書院　2015）を参照した。子音韻尾字は次の通り。○囲み数字は歌番号である。

　　曽（ソ乙、ゾ乙）②、⑰（2例）、⑯、⑰　等（ト乙、ド乙）②⑮

　　能（ノ乙）⑪⑱　良（ラ）③⑤⑥⑦⑨⑪⑮⑳

すべて ng 韻尾字である。萬葉集にも出現する字母で、しかもそれぞれ相当に用例数を蓄積するという、反復使用の顕著なものである。なお、一部カ行音に続くものはあるが（⑰「乃**曽**久」、g 音に接続するものはなく、連合仮名は認められない。ng は韻尾字の中で相対的に略音仮名になりやすいが（**第2章**参照））、それらしかあらわれないのは、入声字を避ける古事記歌謡よりもさらに絞られている。前項でみた、木簡のほうがバリエーションが豊富

であるほどである。

3、正倉院仮名文書2通の子音韻尾字

760年頃の成立かとされる、2通の仮名文書である。この文書のうち、甲文書の末尾、箇条の見出しである「一」、そして「田」、乙文書の「奴」を除けば、すべて仮名となっている。子音韻尾字を抽出してみよう。

【甲】
　末「マ」／ききた<u>ま</u>へ（2行目）※連合仮名ではない
　萬「マ」／たて<u>ま</u>つりあぐ（3行目）※n韻尾にt音後続、連合仮名に合致する状態
　末「マ」／や<u>ま</u>たは（4行目）※連合仮名状態
　萬「マ」／た<u>ま</u>はすあらむ（4行目）※連合仮名ではない
　末「マ」／かそへてた<u>ま</u>ふへし（5行目）※連合仮名ではない
　萬「マ」／<u>ま</u>たこねはかす（9行目）※n韻尾にt音後続、連合仮名に合致する状態

「末」と「萬」が交互にでてくる。すでに紹介したが、犬飼隆『上代文字言語の研究』（増補版　笠間書院　2005：主に第4部281p〜）は、これが文章の進行マーカー（「現代の句読法に通じる優位性」287p）になっていると指摘する。連合仮名状態になっているものもあるが、もちろんこれらは偶然に過ぎない。それは別の場所に配置された同字母が語っている。

次に乙文書を見てみる。甲文書と対照的に、韻尾字は「末」字しかでてこない。行数に従って記す。

【乙】
　2行目おほ<u>ま</u>(末)し<u>ま</u>(末)す　※連合仮名ではない
　3行目<u>ま</u>(末)ちなる　※t韻尾後続　連合仮名状態
　7行目くる<u>ま</u>(末)もたしめ　※連合仮名ではない
　8行目<u>ま</u>(末)つりいれ　※t韻尾後続　連合仮名状態
　12行目<u>ま</u>(末)かりた（まふべし）※連合仮名ではない

13行目（まかりた）ま゚ふべし　※連合仮名ではない

ここでは、「末」字しかでてこず、かつ様々な場所にでてくるので、ちょうど本書**第1章**において萬葉集の連合仮名検証で行った手続きを援用できる。すなわち、「末」字は連合仮名として用いられたのではない。

　子音韻尾字はわずか2字種1音節分しか存在しないが、木簡において人名マロでおなじみの「萬」「末」が多いことは、うなずけることである。相対的に萬葉集に比べて子音韻尾字の使用はごく消極的といっていいだろう。ただ、消極的というと、選択可能性はあるが意図的に忌避したようにも聞こえてしまうが、実際は萬葉集が積極的、貪欲に過ぎるのかも知れない。そもそもの母体数ももちろん比較にならないほど差があるので、安易にはいえないことだが、わずかの使用であっても連合仮名が認め得ないのは、これまでの検証に照らしても、問題なく整合することであろう。

4、710年以前の木簡と子音韻尾字

　最後に、藤原宮木簡を中心とした、710年以前の木簡において見いだせる代表的な子音韻尾字（略音）を確認しておこう。萬葉集でも前期に属する時期に重なる（**第2章**で見たように、子音韻尾字、略音仮名が隆盛するとみられる平城京遷都以前にどれほど確認できるかみておく意図がある）。なお、歌は上記に触れたのでここでは割愛している。固有名詞では、マロに「末」と「萬」が使われるなど、使用はいくらかみとめられる。

　「甲可」（飛鳥寺1991-1）、「吉備」（藤原宮61）、「志良木人毛利」（藤原宮66-12）

　「角末呂」（藤原宮84）、「犬萬呂」（飛鳥寺1991-1）

次に、そのほかの例を列挙する。

　　t吉き甲「□吉毛」（木簡研究36／26p）※連合仮名ではない

　　t吉き甲「吉周」（藤原宮木簡二／78p）※連合仮名ではない

　　t吉き甲「□吉□」※判定不能

　　t吉き甲「真吉列」語不明※マキレ等と読むのであれば「吉」字は調音

第 3 節　古代一次資料と子音韻尾字音仮名　407

位置類似頭子音に前接
　　 t 列れ「真吉**列**」
　　 n 遠を「加ツ**遠**木太比」（木簡研究24／27p）※連合仮名ではない
　　 ng 曽そ乙「阿**曽**美」（藤原宮木簡二／50p）※連合仮名ではない
　　 ng 曽そ乙「阿**曽**弥」（木簡研究32／26p）※連合仮名ではない
　　 ng 曽そ乙「**曽**美」（藤原宮木簡一／65p）※連合仮名ではない
　　 ng 曽そ乙「石川阿**曽**弥」（概報 9）※連合仮名ではない
　　 ng 曽そ乙「阿**曽**美」（概報 9）※連合仮名ではない
　　 ng 等と乙「但鮭者速欲**等**云□□」（藤原宮木簡一／102p）
　　　　※連合仮名ではない
　　 ng 良ら「加□都**良**」（木簡研究16／26p）
　　　　※ここで切れるのであれば連合仮名ではない
　　 ng 良ら「三ツ**良**□」（木簡研究20／25p）※後続字不明
　おおよそ、連合仮名の実践はないとみて問題がない。萬葉集との位相の違いが注意される一方[3]、「基層の仮名」を見ようとするあり方（乾善彦前掲書）は、連続性と断絶性を考える上で、まさにいずれも有効な視点だと思うが、連合仮名が認めにくいという、そういう意味での萬葉集との「連続性」を認め得ようか。

注
1）　あるいは「平成〇年本テクスト」といった呼称のもとに、最新版の校合本として措くことは可能である。
2）　再掲になるが、「**近**代鮨」（平城京左京三条二坊八坪二条大路──ほか数例あり）を「コノシロ」と読むのであれば、「近」の二合仮名とみることも可能ではある。ただ、そうだとしても、機能的に地名等固有名詞表記（の二合仮名）に近いものだと筆者はみている（**第 3 章**参照）。
3）　「（木簡は──筆者注）いわゆる記紀・萬葉のような「はれ」の文献とは別の文字生活の側面を知ることができる。正倉院文書もその正確を持っているが、木簡は、使い捨てられたものだけに、いっそう「け」に近い」
　　　　　　　　　　　　　（犬飼隆『上代文字言語の研究』同前：70p）

付論:「千遍」考
── ある二合仮名と訓字を巡る異同例 ──

はじめに

　萬葉集には「千遍」という表記が15例ある。古写本・版本においていずれも他字との異同はないのだが（「干」は誤写とみなされる）、その訓には２通りが認められる。

　　一日には　千遍参入之(ちたびまゐりし)　東の　大き御門を　入りかてぬかも
　　　　　　　　　　　　　　　　　　　　　　　　　　　　（巻２・186）
　　心には　千遍敷及(ちへにしくしく)　思へども　使ひを遣らむ　すべの知らなく
　　　　　　　　　　　　　　　　　　　　　　　　　　　　（巻11・2552）

　前者はチタビで異同が全くなく、後者も後から見るように「チヘニ」の確例と見なしてよいものである。つまり「千遍」という表記は「チヘニ」とも「チタビ」とも訓まれる。チとはもちろん、表記の通り数字の1000を指す倭語で、実際は抽象的な大数をあらわす。これに組み合わされる「ヘ」と「タビ」の、それぞれの語義は、

　　「ヘ」：へだてとして幾重にも重なった状態のものを数える助数詞
　　　　　　　　　　　　　　　　　　　　　　　（『時代別国語大辞典上代編』）
　　「タビ」：回数。助数詞として用いられることが多い　　　　　　　（同）

と記述されているが、「幾重にも重なる」にはつまり「回数」が関わるから、両語はさしあたり類義であるといってよいだろう。次に「遍」字についてだが、まず訓としては、巻11・2384「遍来」を「カヘリキテ」に訓じる例（諸本異同無し）を除けば全て「タビ」訓である。多くは「萬」「千」「八」などの数詞と結びつく。「タビ」訓は「遍」字のべ24例中、異同のない例だけでも全部で17例と多くを占める。一方「チヘニ」と訓まれる場合、この字は「ヘニ」という音節をあらわす二合仮名である。冒頭に挙げた例の他、邊津(へつ)

遍者(巻3・260)、五百遍隠(巻10・2026)がある。以上より、「遍」字は訓が「タビ」であり、また少数ながら二合仮名「ヘニ」として使われる場合もあるとわかる。

さて、稲岡耕二がすでに指摘するように(『萬葉表記論』塙書房 1976：455p)、ある字が訓字と音仮名との両方で使われることは萬葉集にもままみられることではある。たとえば二合仮名でも、「難可将嗟／何か嘆かむ」(巻13・3249)、「君二遇難寸／君に会い難き」(巻4・712)など。しかし、訓字で訓むべきか、音で訓むべきか判断に迷うということはまずない(上記「難」の例は両様の訓みで当然ながら異同が生じていない)。これに対して「千遍」表記は、冒頭にみたように2通りのよみをもっていて、かつ類義語だから、「チヘニ」か「チタビ」かで揺れが生じている。以下は「千遍」表記で訓みに異同があるものである。見出し、／以降のカタカナ訓は新校注萬葉集を引いた。

　　千遍曽吾者／チタビソワレハ(巻4・603)：元「ちへにそ」類「千へにそ」

　　百千遍／モモチタビ(巻4・774)：元「もゝちへに」神「モゝチヘニ」西「タヒ」もと青　矢京「タヒ」青　京赤にて「タヒ」を消し、「遍」の左に赤「ヘニ」あり　宮「遍」の左に「へに」あり　陽「タヒ」青

　　千遍告／チタビソノリシ(巻7・1302)：寛永版本「チカヘリツケツ」代・精「チタヒソツケシ」童「チタヒノリツツ」考「チタヒゾノリシ」

　　千遍曽告之／チタビソノリシ(巻7・1318)：寛永版本「チタヒソツケシ」元「ちたひそ」右赤「チヘニソ」類「ちへにそつけて」神「チヘニソツケシ」

　　千遍限／チタビノカギリ(巻10・1891)：寛永版本「チヘノカキリモ」改「チタヒハカリモ」童「チタヒノカギリ」

　　千遍雖念／チヘニオモヘド(巻11・2371)：代初書入「チタヒオモヘト」

さて、本節ではひとつ足場を定めるために、明確に異同の問題がわかりやすい例をもとに論を進めることにしよう。それは「千遍雖念」という4字表記である。先程来問題になっている「千遍」を含みかつまた「雖念」という

漢文的表記が付随して一句を成している。これと同表記例は以下に挙げるように集中に3例あり、「チヘニオモヘド」あるいは「チタビオモヘド」と訓まれている（便宜上番号を付す）。

① …我が背子が　行きのまにまに　追はむとは　千遍雖念　たわやめの　我が身にしあれば　道守の　問はむ答へを　言ひ遣らむ　すべを知らにと　立ちてつまづく　　　　　　　　　　　　　　（巻4・543）

　　※諸本、諸注釈「チタビ」で異同なし。

② 心には　千遍雖念　人に言はぬ　我が恋妻を　見むよしもがも
　　　　　　　　　　　　　　　　　　　　　　　　　　　（巻11・2371）

　　西・寛永・塙・小学館全集・伊藤釋注・全注（稲岡）・新校注「チヘニオモヘド」、代初・武田全註釈「チタビオモヘド」

③ 逢はむとは　千遍雖念　あり通ふ　人目を多み　恋ひつつそ居る
　　　　　　　　　　　　　　　　　　　　　　　　　　　（巻12・3104）

　　寛「チヘニオモヘド」、西・神・および現行テキストおよび諸註釈「チタヒオモヘド」

全く同じ文字列であるにもかかわらず、①③はチタビでほぼ揺れがないが、②はチタビともチヘニとも訓まれてきている。確かに「千遍」をいずれにも訓むことは一応可能だが、これらはどういったことを根拠に「チヘニ」あるいは「チタビ」と区別して訓まれているのだろうか。以下この問題を軸に「千遍」の訓について考えていこう。

1、先行論と問題の所在

従来この問題にもっとも詳しく考察を加え、①③を「**チタビオモヘド**」とし、②のみを「**チヘニオモヘド**」と訓じているのが澤瀉久孝『萬葉集注釋』である[1]。同書より②における指摘を以下に引く。

　　旧訓ココロニハチヘニオモヘドとあるを代匠記初稿本書入にチタビトヨムベシとしてそれに従ふ注釈書が多い。「将相者　千遍雖念」（アハムトハ　チタビオモヘド）（12・3014）、「将追跡者　千遍雖念」（オハムトハ　チタビオモヘド）（4・543）の例によるとチタビと訓むべ

きやうであるが、「情者 千遍敷及 雖念」(ココロニハ チヘニシクシク オモヘドモ)(11・2552)、「心者 千重 百重 思有杼」(モモヘニ オモヘレド)(十二・二九一〇)の例によればチヘニと訓む事になる。今の場合は前二者の例よりも、後二者の例によるべきだと思ふ。チタビと訓めば何度も何度もといふ度数が主になり、チヘニと云へば幾重にも幾重にもといふ思ひの繁きことになつて、「心には」をうけてはチヘニの方が適切であるからである。

(巻11・2371番 【訓釋】より。旧字体は適宜新字体にあらためている)

澤瀉注釋以降の代表的な現行諸テキスト・注釈は、おおむねこの指摘に従っているようで、①③チタビ、②チヘニとするものが多い(塙、新校注、新全集、伊藤釋注、全注(木下、稲岡、小野)など)。さて、上に引用したところでは、②に「チヘニ」という訓を施す根拠を2点あげていると読める。すなわち、類似表現が他に存在することと、歌意解釈としての妥当性である。本節ではこの論証についてあらためて考えてみたい。そのためにまずは「ヘ」と「タビ」についてより詳細にみておく必要があるだろう。

2、「チヘ（ニ）」

2−1、用例概観

ここではチヘという言葉について考えてみよう。用例は冒頭に挙げた2552番と、問題になる②をのぞいて25例ある。表記は次の通り。

訓字「千重」：17例　仮名「知敞」「知邊」「智弊」：8例

なおこの「千重」表記のものには訓みの異同がなく、チタビ訓と揺れるということはない。いくつか例を挙げる（歌番号順）。

千重之一隔毛「千重の一重も」（巻2・207）、千重尓隠奴「千重に隠りぬ」（巻3・303）

千重浪敷尓「千重波敷きに」（巻3・409）、智弊仁邊多天留「千重に隔てる」（巻5・866）など。

先にまとめておくと、以上の用例は、

・主に雪や波、雲など実景自然物の動きや様子を描写するもの

・(右記と連続して) 心情を歌うもの、あるいはそれに特化したもの
・「千に一つ」の意のもの

に三大別される。なお、1つ目と2つ目の間に明確に線引きはし難い場合がままある。つまり、1首中に実景を「チヘ」を以て述べ、かつそれ承けて思いになぞらえている歌もあるからである。また3つ目の用法については、本節で検証する内容からは外れる慣用句なので、扱わない[2]。以下、波、雲、雪の順で、代表的な例を見ていこう。

波

　　白波の　千重来縁流（ちへにきよする）　住吉の　岸の黄土に　にほひて行かな
　　　　　　　　　　　　　　　　　　　　　　　　　　　　　　　　（巻6・932）

　　あゆをいたみ　奈呉の浦廻に　寄する波　伊夜千重之伎尓（いやちへしきに）　恋ひ渡るかも
　　　　　　　　　　　　　　　　　　　　　　　　　　　　　　（巻19・4213）

932は波が際限なく打ち寄せる様をいい、4213は波が次々打ち寄せることと、心情としての「恋ふ」が重ねられる。「シキニ」とは、波があとからあとから打ち寄せる様から転じて「しきりに」の意の副詞である。「チヘシキニ」とは複合して副詞化しているものと捉えられる。逐語的には現代語訳しにくいが、補っていうならば「寄せる波の、いよいよ幾重にしきりに（寄せるように）、恋しく・・・」と解釈されよう。また次の例は、動詞にかかるのではなく名詞として使われているとみられる例である。

　　名ぐはしき　印南の海の　沖つ波　千重尓 隠奴（ちへにかくりぬ）　大和島根は
　　　　　　　　　　　　　　　　　　　　　　　　　　　　　　　　（巻3・303）

雲

　　はろはろに　思ほゆるかも　白雲の　知弊仁邊多天留（ちへにへだてる）　筑紫の国は
　　　　　　　　　　　　　　　　　　　　　　　　　　　　　　　　（巻5・866）

　　…印南つま　辛荷の島の　島の間ゆ　我家を見れば　青山の　そことも見えず　白雲も　千重尓成来沼（ちへになりきぬ）…
　　　　　　　　　　　　　　　　　　　　　　　　　　　　　　　　（巻6・942）

942は実景であろうが、866は実景というよりはその遠さをいうために使われている。また次の用例は、先の波の例（巻3・303）と同様、名詞として使われている場合である。

…白雲の　知邊乎於之和氣(千重を押し別け)　天そそり　高き立山　冬夏と　別くことも
　なく
　　　　　　　　　　　　　　　　　　　　　　　　　　　　　　　（巻17・4003）

「白雲が幾重にもかさなっているのを押し分けて」といった解釈がふさわしいだろう。なお、「五百重」で同様の例がある。

　　大君は　神にしませば　天雲の　五百重の下に　隠りたまひぬ
　　　　　　　　　　　　　　　　　　　　　　　　　　　　　　　（巻2・205）

雪

　　庭に降る　雪波知敝之久(ゆきはちへしく)　然のみに　思ひて君を　我が待たなくに
　　　　　　　　　　　　　　　　　　　　　　　　　　　　　　　（巻17・3960）
　　鳴く鶏は　いやしき鳴けど　降る雪の　千重尓積許曽(ちへにつめこそ)　我が立ちかてね
　　　　　　　　　　　　　　　　　　　　　　　　　　　　　　　（巻19・4234）

いずれもしきりに雪が積もっていく様をいう。

以上みてきたところによると、波、雲、雪といった自然物を対象にして、「チヘニ」は状態をいう副詞として機能しているとみられる。そこから抽象的に転じて、思いの様などをいう方法があるようである。その点でいえば、次に挙げるのは、ほぼ抽象的意味に転じている場合といえる。

　　一日には　千重浪敷尓(ちへなみしきに)　思へども　なぞその玉の　手に巻きかたき
　　　　　　　　　　　　　　　　　　　　　　　　　　　　　　　（巻3・409）

「玉」はすなわち愛しい相手のことであって、「手に巻きかたき」とはそばに置けないことを嘆く言いである。この場合、二句目の「千重」に続いて「浪」という言葉が入ってはいるが、もはや実景ではない。「思へども」にかかるのは「チヘナミシキニ」ということになるが、"幾重にも寄せる波のようにしきりに"といった解釈が穏当であろう。「チヘ」が直接「オモフ」にかかるわけではない点に注意しなければならない。次の2例なども、同断である。

　　沖つ藻を　隠さふ波の　五百重波　千重敷く(ちへにしくしく)　恋ひ渡るかも
　　　　　　　　　　　　　　　　　　　　　　　　　　　　　　　（巻11・2437）
　　…荒磯波　ありても見むと　百重波　千重浪尓敷(ちへなみにしき)　言挙げす我は
　　　　　　　　　　　　　　　　　　　　　　　　　　　　　　　（巻13・3253）

さらに、次の例は「波」という語を、もはや形式的にさえ含み込まない場合である。

　　一日には　**千重敷布**(ちへにしくしく)　我が恋ふる　妹があたりに　しぐれ降る見ゆ
　　　　　　　　　　　　　　　　　　　　　　　　　　　　　　　　（巻10・2234）

この歌の上3句は先掲したところの409番に類似する。語としてはあらわれていないが、やはり「波」という語を含み込んで表現される歌の、より抽象化の進んだ例とみられよう。

2－2、「シキニ」「シクシクニ」

前項で見たように、チヘという語は基本的には、波が立ち重なって押し寄せる、雪が降り積もる、雲が重なって厚く広がっているといった継続的に反復、累積されていく状態をいう副詞として機能している。そのような中で用例を概観すると、「シキ（ニ）」「シクシク（ニ）」という副詞をも共起している場合と、そうでない場合があることに気づく。特によく目につくのは「ナミノチヘシキ」、あるいは「チヘナミシキニ」であるが、「ナミノチヘシキ」の場合は、〝波が幾重にもしきりに押し寄せる（ちょうどそのように）…〟の意となろう。一方「チヘナミシキニ」の場合、本来は「波の／千重に／寄るetc.」という主述関係であったのを、「チヘナミ」と名詞化している。〝幾重にも押し寄せる波のようにしきりに〟といった解釈になろう。整理すると次のとおり。

・ナミノチヘシキ（波の／千重（に）／しき（に））「波が　幾重にも　しきりに（押し寄せる、ちょうどそのように…）」
・チヘナミシキニ（千重波／しきに）「幾重にも（押し寄せる）波（のように）しきりに」

架空であるにせよ「波」を引き合いに出して、続く動詞を修飾する。次に「シクシク」を伴うものであるが、「波」が現れる場合とそうでない場合がある。

　　一日には　**千重にしくしく**　我が恋ふる　妹があたりに　しぐれ降る見ゆ
　　　　　　　　　　　　　　　　　　　　　　　　　　　　　　　　（巻10・2234）

沖つ藻を　隠さふ波の　五百重波　千重にしくしく　恋ひ渡るかも
　　　　　　　　　　　　　　　　　　　　　　　　　　　　　　（巻11・2437）
　　　心には　千重にしくしく　思へども　使ひを遣らむ　すべの知らなく
　　　　　　　　　　　　　　　　　　　　　　　　　　　　　　（巻11・2552）

　2437番の存在からしても、2234と2552は語として「波」はあらわれてはいないけれども、「波」を含んでの表現と同様に解すのがよいと思われる。
　さて、このようにみてみると、「シキニ」「シクシク（ニ）」という語を介す場合には、むしろ純粋な実景描写というのはなく、「恋ふ」や「思ふ」などにかかる場合ばかりであることがわかる。

　　　一日には　千重浪敷尓　思へども　なぞその玉の　手に巻きかたき
　　　　　　　　　　　　　　　　　　　　　　　　　　　　　　（巻3・409）
　　　一日には　千重敷布　我が恋ふる　妹があたりに　しぐれ降る見ゆ
　　　　　　　　　　　　　　　　　　　　　　　　　　　　　　（巻10・2234）
　　　沖つ藻を　隠さふ波の　五百重波　千重敷き　恋ひ渡るかも
　　　　　　　　　　　　　　　　　　　　　　　　　　　　　　（巻11・2437）

　これは換言すれば、「シキ（ニ）」「シクシク（ニ）」がないと、「チヘニ」は「恋ふ」や「思ふ」といった動詞に係りにくいということを示唆しているのではないだろうか。伊藤博『萬葉集釋注』（六：625p）でも「「しくしく」は心理内容にかかわり、下に「恋ふ」「思ふ」などを呼ぶことが多い」との指摘がある。たとえばこれらの副詞を介さずに、直接「チヘニ」がかかる形で使われる動詞は次の通り。

　　　波「来寄す」「積る」「立つ」　雲「隔つ」「なり来」
　　　雪「積る」「積む」「降る」「敷く」

後にみる1例をのぞき、シクシクが挿入されないのは波、雪、雲の様が歌われるものに限られ、心情表現にかかわる動詞は見いだせない。これはやはりチヘニが、重ねに重ねられていく状態およびその結果としての総数の甚だしさをいう副詞であるために、直接には心情表現になじまないのであろう。現代語でも「*大量に思う」とか「*たくさん恋しがる」という表現はほぼ非文であろう。「しきりに」という動作反復を強調する語を介在させないと、

「思ふ」「恋ふ」という情意系の動詞には係り難いのである。なお、「千遍」は含まないが萬葉集におけるシクシクでは、

　　　その波の　いやしくしくに　我妹子に　恋ひつつ来れば…（巻13・3243）

など10余例がある。

2－3、他の副詞を介さず「オモフ」にかかる例

　　　心には　千重百重　思へれど　人目を多み　妹に逢はぬかも（巻12・2910）

この歌は、「シキニ」や「シクシクニ」を介さずに「思ふ」が使われている唯一例である。ただ、以上に見てきた例と違うのは、「チヘニモモヘニ」と重ねられているという点であるが、この例は総和よりもその度数への注視へと傾いているのではないかと思われる。類例を挙げよう。

　　　我が名はも　千名の五百名に　立ちぬとも　君が名立たば　惜しみこそ泣け　　　　　　　　　　　　　　　　　　　　　　　　（巻4・731）

　　　奥まへて　我を思へる　我が背子は　千歳五百歳　ありこせぬかも
　　　　　　　　　　　　　　　　　　　　　　　　　　　　　（巻6・1025）

　　　百に千に　人は言ふとも　月草の　うつろふ心　我持ためやも
　　　　　　　　　　　　　　　　　　　　　　　　　　　　　（巻12・3059）

などの例からもわかるように、単独で、その総数としての多さをいう「百」「五百」「千」といった語を重ねることによって、度数の方へ注視が向かう。たとえば731番、3059番の歌はそれぞれ、恋仲を、他人に口さがなく噂立てられることに対しての言いだが、その百、千というのは「人は言ふ」「名立ちぬ」の回数総計としての言いではなく、「何度人が言おうとも」「何回名が立とうとも」という意である。つまり、その度数の甚だしさということになるのであって、総数としての甚だしさとは少々質を異にする。つまりこの例は、単独で「チヘニ」と使われるのとは意味が違うとみなければならない。

さて、この度数と総数の関係については蜂矢真郷『国語重複語の語構成論的研究』（塙書房　1998）の指摘が参考になる。同論（第二章：pp26-27）では、「夕夕に」と「国々の」を比較し、前者が「ヨヒヨヒごとに」という意味で理解されるのに対し、「クニグニ」は総体を指すように解釈される。こ

のとき、「ヨヒヨヒの例は、その数える過程を表しているものであり、クニグニの例は、どちらかと言えばその数えた結果としての複数を表している。(中略)二つの例の差異は、「枚挙」と「総数」との関係としてとらえられる」という。この言葉を借りれば、単独で【総数】をあらわす百や千が、重ねられることによって【枚挙】へと傾いているのが当該例ではないかと考えられる。そして、このことからすると、「チヘニ」とは【総数】に近い意ではないか。先にもみたように、直接「オモフ」「コフ」にかかりにくいので、ふつう「シキニ」「シクシクニ」など他の副詞を必要とする。それらを介さない場合は、当該のように畳語的にして【枚挙】へと傾く意に用い、【総数】としての意は希薄化させることによって直接「オモフ」にかかることができているのだと思われる。

3、「チタビ」およびその他の「〜タビ」

　萬葉集において、チタビという訓をもつ表記は「千遍」表記に限られていて、仮名書き例が存在しない。よってチヘニとも訓まれる可能性を考慮せねばならず、問題がある。そこで、他の「〜タビ」の例をまずは見てみることにする。訓字として他に「段」が見える。いずれも「タビ」以外の訓の異同はない確例ばかりである（それぞれ語の異なりで1例ずつのみ挙例する）。
　　萬段（よろづたび）（巻1・79）、遍多（たびまねく）（巻4・646）、二遍美延農（ふたたびみえぬ）（巻5・891）、夜多妣蘇弖布流（やたびそでふる）（巻20・4379）

「フタタビ」は現代語のそれと同様に解されるものである。
　　一年に　二遍不行（ふたたびゆかぬ）　秋山を　心に飽かず　過ぐしつるかも（巻10・2218）

「ヨロズタビ」は、「何度も何度も」と多回的反復動作であることをいうものである。
　　萬段（よろづたび）　かへりみすれど　いや遠に　里離り来ぬ　いや高に　山も越え来ぬ…　　　　　　　　　　　　　　　（巻2・138）

「ヤタビ」もまた、具体的に八回袖を振ったというのではなく、何度も何度もの意である。

白波の　寄そる浜辺に　別れなば　いともすべなみ　夜多妣蘇弖布流(やたびそでふる)

(巻20・4379)

「タビマネク」は「タビ」+「マネク」で、「マネク」とは「數多」という表記があることからも分かるように数が多いの意。

數多成塗(まねくなりぬれ)(巻2・167)、麻祢久(まねくかよへば)通者(巻4・787)

など。従って、「タビマネク」とは回数が多く、の意となる。

ますらをの　思ひわびつつ　遍多(たびまねく)　嘆く嘆きを　負はぬものかも

(巻4・646)

以上見てきたところによると、フタタビ以外はすべて回数が多いことをいうとわかる。よってチタビもまた同様の意味であるとみて違いないであろう。これらの表現は具体的回数ではなく、多回的に動作が繰り返しされることを強調するもので、【枚挙】と捉えられる。

次にチタビについて考えてみよう。先述のように訓みは存疑だが、少なくとも従来の写本版本で異同がない分については限りなく確例にちかいものとして考察しておく意義がある(以下、チタビに関することを述べるときは、すべて異同がないこれらの用例についてのことである。問題となる「千遍雖念」の①〜③は除いてある)。

千遍参入之(ちたびまゐりし)(巻2・186)、千遍障良比(ちたびさはらひ)(巻4・699)、千遍立十方(ちたびたつとも)(巻4・732)　※噂、我身(あがみはちたび)　千遍(巻11・2390)

※呼応する述語は「死に反らまし」、千遍嘆津(ちたびなげきつ)(巻11・2565)ほか1例[3]

どういった動作と結びついているかをまとめると、「参る」「障らふ」(=妨げる)「(噂が)立つ」「死にかへる」(=死んで、生まれ変わる)「嘆く」である。おおよそ諸注では「何度も何度も」「幾度も」などとして、これらの動詞を修飾した口語訳を施している。以上より、チタビをふくむ「〜タビ」とは、多回的反復動作の【枚挙】の面をいう意だと捉えられる。

4、歌意解釈での決め手

澤瀉によれば、①③は何度も何度もと度数が主となる「思」を歌うもので

あり、②は「チヘニ」で「幾重にも幾重にも」、とその「繁きこと」に主眼がある「思」を歌うという。つまり、「チタビ」と「チヘニ」はまさに【枚挙】と【総数】という対比であると捉えており、これは正しい指摘と考える。そして、この観点に沿えば、少なくとも①③は従来通り「チタビ」で確かに問題がない。「追おうとは何度も思ったが」「逢おうとは何度も思ったが」と、その動作反復に主眼があると解釈できるからである。「追おう」「逢おう」という思いが蓄積された末の、その総量をいうものではない。対して澤瀉はじめ諸注・テキストが、②という歌においてのみ【総数】たるチヘニであると見なす根拠はどこにあるのだろうか。おそらくここに関連するのが、澤瀉注釋が留意する初句「心には」との対応という点で、「「心には」をうけてはチヘニの方が適切であるからである」がそれにあたる。これ自体の論拠はややその意を得がたいが、「追はむとは」「逢はむとは」という①③の場合には思考・願望内容が明示的であることに対照させる言いかと思われる。しかし、「心には」とあるからチヘニでなければならない理由は見いだし難い。たとえば「心に」、「チタビ（＝幾度も）」「思」った、ととらえても一首の解釈として問題はない。しかも、必ずしも「心には」を共起していなくとも、「チヘニ～オモフ」と組み合わされる例は他にもあるので、「心には」とあることがチヘニ訓を推す根拠にはならない。たとえば、

　　一日には　千重波敷きに　思へども　なぞその玉の　手に巻きかたき
（巻3・409）

など。「チヘニ」という言葉は一応「幾重にも」などに現代語訳することが可能であるものの、たとえば小学館全集『萬葉集』では、②を「チヘニ」で訓みながら、現代語訳は「幾度も」とする。伊藤『萬葉集釋注』（六：216p）でも「千遍敷及　思へども」（巻11・2552）を、「心の中では千度も繰り返して思っているけれども」と現代語訳する（傍線は筆者による）。しかもこれらのテキスト・注釈書では、別箇所のたとえば「雲」や「波」などでは「幾重にも」という言葉が使われていたりして、同一語であるはずなのに訳語が混沌として一定しないのだが、これは【枚挙】としての「チタビ」が「思ふ」にそぐうのに対し、【総数】としての「チヘニ」はなじまないことの現れだ

ろう。それに、「千遍」と書かれている以上、回数にも意識がむいていることを二合仮名「遍」が表していることになり、チヘニがもつ語義だけを純粋に訳出しがたいのだと思われる。伊藤『萬葉集釋注』も、②の解釈において、「チヘニ」とよむべきとしながらも「「遍」は二合仮名。回数が多い意をも表わしている」(60p)と付記している。

 そもそも【総数】とは、論理としては、先立つ【枚挙】がなくてはあり得ない。つまり、1つ、2つと蓄積されたあげくに【総数】があるからである。いわば過程に対する結果である。これに対し【枚挙】は【総数】には関知しない。かように【総数】たる「チヘニ」は、宿命的に【枚挙】を前提とするゆえに、先に述べた、「チヘニ」のテキスト類における訳出の揺れが生じるのだと思量される。対して、「〜タビ」という語の解釈に於いて「幾重」などと訳すものは確認した限り、ない。「幾度」というなじみのある訳語をあてやすいことはもちろん、【枚挙】は【総数】に関知しないので、「〜タビ」をわざわざ「〜重に」と【総数】的に訳出する必要がないのである[4]。このようにみると、当該①〜③はすべてチタビがふさわしいのではないかと見通されるが、上に批判的な視点で述べてきたように、歌解釈による裁定には限界がある。そこで以下、従来②の訓決定の傍証とされてきた例群について改めて考え、かつ二合仮名の使われ方という点を総合して、見てみよう。

5、類例を吟味する

 ここでは、従来②をチヘニと認定する根拠に挙げられてきた類例について考える。それら類例が、傍証たり得なければ、解釈においても決定打がない以上チヘニ訓は支えを失うことになる。
　　心には　千遍敷及　雖念　使ひを遣らむ　すべの知らなく
　　　　　　ちへにしくしく　おもへども

(巻11・2552)
　　心には　千重百重　思有杼　人目を多み　妹に逢はぬかも
　　　　　　ちへにももへに　おもへれど

(巻12・2910)
 この2例をして②をチヘニと訓む有力傍証とするのが澤瀉以来の主流であ

るといっていい。②と比較した場合、確かに類似しているものの、これまで考察してきて知られたことを通して看過できない差異を含んでいる。まず前者2552はシクシクが挿入されている。2－2項にて、チヘニは、このようにシクシクやシクニという副詞がないと「思ふ」や「恋ふ」になじまないということを確認した。後者2910は、同じく2－3項にて、チヘニモモヘニという畳語的な形とすることで【総数】から【枚挙】へと傾き、そのために「思ふ」にかかることができていると確認した。つまり単独でチヘニとだけあるのとは厳然と区別されねばならない例である。このようにオモフにかかっていく上で非常に重要な焦点となる挿入語の存在や畳語的な形をとっているにもかかわらず、これら2例は②の訓を決定するほどの意味をもつのだろうか。

　前者2552は「オモヘドモ」の表記も①～③と同じ「雖念」である。だからこそ、②の訓を決定する有力な類例とされてきたのだろうが、前述の通り、「思」をふくむ場合に「敷及(しくしく)」が記されていることは見過ごされるべきではない。2552は、チヘニシクシクと歌ったが、その回数の多さについても文字に表現したいことから二合仮名として「千遍」表記を採用したのではないか。そもそも書き手はこの表記が「チタビ」とも訓めることを重々承知していただろう。萬葉集では「遍」字は「タビ」で最もよく使われるのであり、それが知識の埒外にあったまま偶然書いたとは考えにくい。「千遍」表記にとっては「チタビ」訓の方がいわば無標であることを承知の上でなしたはずである。そしてそれを有標たる「チヘニ」訓で訓ませるためには"限定符号"が必要になる。それが「シクシク」の表記「敷及」の明示ではなかったか。「チヘニ」とのみなじむ「シクシク」を「敷及」で明示することによって、「千遍」と書いても、「チタビ」と誤読はされないという見込みもって記したのではないか。2552とは、「敷及(シクシク)」を共起し、しかも表記していることで「千遍」がチヘニと訓まれることが保証される集中唯一例である。よってこの2552は、②をチヘニだと裏付けるどころか、二つの点でチヘニ訓の可能性の低いことを突きつけてしまう。ひとつには、チヘニがそのまま単独でオモフにかかることはなく、シクシクを共起しているべきであるのに②はそう

でないこと。もうひとつは、「千遍」と書かれている以上、2552のように「チヘニ」に限定できる共起語が表記上に明示されていない限り、「チタビ」訓の可能性は全く小さくならないこと、である。おそらくこれまでこういった点には気づかれず、「ココロニハ〜【千遍】〜オモフ」という形式の類似ということだけで訓が援用されてきたのだろうが、2552は②をチヘニとする傍証にはならない。

　もう一方の2910「心には　千重百重（ちへにももへに）　思有杼（おもへれど）」もやはり傍証たり得ない。ひとつにはすでに確認したとおり、畳語的に使われており、単独で「チヘニ」と使う場合と機能が異なる点であるが、それ以前に、こちらは「千重」表記であって、そもそも「千遍」をどう訓むかの直接根拠にはならない。そうすると、残された②との共通点は、もはや「心には〜思」という構文を取る点しかないことになるが、厳密に言えば「おもへれど」と「おもへども」の違いもある（「雖思（念）」は萬葉集に24例あるが、すべて「おもへど」であり、「おもへれど」は1例もない）。

　以上より、従来論が②をチヘニだとするための傍証類歌群はいずれもその意義をもたないとして棄却される。すなわち解釈、傍証のいずれをもってしても、②をチヘニと訓むべき積極的理由はなくなったことになる。

6、二合仮名のありようと「遍」

　本書ですでにこれまで見てきたように、二合仮名とは音仮名ではあるのだが、ほぼ使用が訓字主体表記に限られるという特徴があって、訓の文字列に並ぶ音仮名として機能し、むしろ一字一音表記にはなじまない（**第1章、第2章参照**）。大きな特徴は「句構造、あるいは語と語の境界を文字列上において視覚的に明示する」（**第3章参照**）ところにある。さて、すでに紹介したように、二合仮名をもっとも頻繁に用いたのは（結果的にだが）柿本人麻呂である。その人麻呂歌集内において二合仮名の使用を捉えたとき、興味深い傾向がみえる。それは所謂略体歌と非略体歌における出現傾向である。ちなみに問題となる②は人麻呂歌集歌であり、略体歌の方に分類される。略体歌

はおよそ200首あまり、非略体歌がおよそ150首あまりだが、二合仮名の使用頻度は逆転している。すなわち、略体歌で7例（②を除く）、非略体歌で22例である。つまり、略体歌では明らかに二合仮名が使われにくい傾向がある[5]。周知のとおり、略体歌は助詞表記などを排除する傾向が強いものとされるが、先に述べた二合仮名の主機能を考えた場合、略体歌において使用が少ないことは首肯される。対照的に、非略体歌では「ラム」や「ケム」に対して二合仮名をあて、付属語表記をなす傾向が認められる。ここで略体歌の方に含まれる例を見てみよう。

相狭丸（あふさわに）（巻11・2362）、極太甚（ここだはなはだ）（巻11・2400）他1例、當都心（たぎつこころを）（巻11・2432）、壹師花（いちしのはなの）（巻11・2480）、珍海（ちぬのうみの）（巻11・2486）、有廉叙波（うれむぞは）（巻11・2487）

付属語にかかわる例がほとんどない。仮に問題となる②を「チヘニオモヘド」と訓んだ場合、「遍」は二合仮名だが、チヘ＋ニと、付属語も漏れなくあらわすように使われる形になる。しかし、こういった二合仮名の使用方法は、略体歌にあっては上に見てきたありようからして考えにくい。また略体歌において「遍」が二合仮名であると認めがたい根拠は他にも挙げることができる。略体歌群では「遍」字が問題となる②以外で3例出てくるのだが、そのうち、

　恋するに　死するものに　あらませば　我身千遍（あがみはちたび）　死に反らまし[6]

(巻11・2390)

は、諸本異同が全くなく従来一貫して「チタビ」である。事実「チヘニ」では意が通らない。他の2例についても「タビ」で良い（現行諸テキストもすべて「チタビ」である）。この一方で、非略体歌の方では同じ「遍」字による二合仮名「五百遍隠（イホヘニカクリ）」の確例がある他、2語に跨って付属語を記す例が散見する。つまり、略体歌には訓「タビ」の確例が、非略体歌には二合仮名「ヘニ」の確例があるということである。以上の観点からしても、略体歌②において、二合仮名「遍（へに）」をもって書いたとは考えにくい。

小　括

　チタビはその度数への注視すなわち【枚挙】であるのに対し、チヘニは、本義的に多回的反復運動があることを前提とするものの、その蓄積されていく様、結果としての甚だしい【総数】をいう。また「チヘニ」が「思ふ」や「恋ふ」と共起する場合は「シクシク」「シクニ」といった別の副詞が挿入される。あるいは畳語的にして、語意として【枚挙】に傾く形で直接かかる例もみられるが、チヘニ単独で情意動詞「オモフ」や「コフ」にかかることはできないと見られる。以上より、問題となる①〜③は同じ「千遍雖念」表記であり、かつまたシクシクなどを共起せず、畳語的な形にもなっていないのでチヘニではなくいずれもチタビがふさわしい。解釈上もチタビで問題はなく、またこれまで②をチヘニ訓とする傍証の例も、考察の結果傍証たり得ず、むしろ①〜③がチタビで穏当であることを裏付けるものであった。さらに、二合仮名の使用分布からしても、人麻呂歌集略体歌である②において「チヘ<u>ニ</u>」として使用されるとは考えにくい。従来、①〜③をすべてチタビとする立場は少数ながらあったが、解釈、傍証の吟味、共起語の検証、二合仮名の使用傾向等から総括的に帰納できたと考える[7]。なお、その他の異同がある「千遍」についてだが、いずれも【枚挙】としての意と捉えられる故、訓は「チタビ」に定めてよい[8]。

注

1）『萬葉集全注』の当該巻執筆者稲岡耕二も当該に紙面を割いているが、概ね澤瀉論に従うことを明記している。
2）〝千に一つ〟の意をあらわす「千重に（の）一重」ついては次のような例がある。「言はむすべ　せむすべ知らに　音のみを　聞きてありえねば　我が恋ふる　千重之一隔毛（ちへのひとへも）　慰もる　心もありやと　我妹子が　やまず出で見し」（巻2・207）、「鳴く鶴の　音のみし泣かゆ　我が恋ふる　千重乃一隔母（ちへのひとへも）　慰もる　心もありやと　家のあたり　我が立ち見れば」（巻4・509）など。千分の一、千に一つもの意である。ほぼ「慰も

る」にかかり、僅かな慰め、あるいはそれさえも無いと歌う。
3）「嘆く」とは「長息（ナガイキ）」、つまり深く長い溜息の縮約から派生したもので、萬葉集では原義であるところの深く長い嘆息を指すものとして使われることがままある。伊藤釋注も「繰り返し繰り返し溜息ばかりついている」(2565)、「幾度も幾度も溜息をつきながら」(2901) と解釈する。
4）たとえば「あなたのことを何度も思った」といった【枚挙】でも、結果的に総じて程度が甚だしい（ただならぬほどに深い思いを相手に抱いている）という解釈につながるとらえ方も可能だが、それは結果的、二次的な解釈であって、「何度も」自体がもつ意ではやはりない。
5）②をチヘニと訓じる場合、二合仮名の使用ということになり、少々問題がある由、注にも挙げた稲岡『全注』が64pにて触れているのでその部分を引用する。「古体短歌の場合は音仮名の使用が稀であり、「概説」にも触れた僅かな例を付属語表記に見るのみだから、チヘニを「千遍」と訓ませるべく音仮名を利用したというふうには考え難い節もある（古体旋頭歌には「相狭丸（あふさわに）」〈二三六二〉の例も見えるが）」。しかし、結局稲岡は澤瀉に賛同する形で訓を「チヘニ」としている。
6）この「死にかへらまし」という表現は遊仙窟「千廻死」を訓読したものかともいわれる（『時代別国語大辞典上代編』にも既に指摘がある）。
7）参考に萬葉集以降の歌集で「チヘニ～オモフ」という表現があり得るかどうか調査したところ（国歌大観によった）、②の萬葉集歌をひく場合には見られたが、その他では見いだしがたいことが知られた。
8）チヘニと異同がある以下の例はすべて、チタビ訓でよい。
  ・思ひにし　死にするものに　あらませば　千遍曽吾者　死にかへらまし（巻4・603）→「チタビソアレハ」：2309に同様の表現がある。幾度も生まれ変わる【枚挙】の意で、「幾重に」もでは意が通らない。
  ・百千遍　恋ふと言ふとも　諸弟らが　練りの言葉は　我は頼まじ（巻4・774）→「モモチタビ」：何度恋うと言ったって私は信じないという【枚挙】の意。
  ・海神の　持てる白玉　見まく欲り　千遍告　潜きする海人（巻7・1302）→「チタビソノリシ」：「海神」が親、「白玉」が娘、「潜きする」が女を手に入れようと苦労するの意。「何度も口にして、水に潜ろうとする」で、【枚挙】としてみるのがふさわしい。
  ・底清み　沈ける玉を　見まく欲り　千遍曽告　潜きする海人は（巻7・1318）→「チタビソノリシ」：1302番と同様の解釈でよい。
  ・冬ごもり　春咲く花を　手折り持ち　千度限　恋ひ渡るかも（巻10・

1891）→「チタビノカギリ」：極限の回数をいう。シクシクを共起せず、畳語的な形をとるわけでもないので、「恋ひ」にかかるのはチタビがふさわしい。

【参考文献】

乾　善彦『漢字による日本語書記の史的研究』（塙書房　2003）
犬飼　隆編『古代の文字文化』（竹林舎　2017）
─────『木簡から探る和歌の起源』（笠間書院　2008）
犬飼隆・和田明美編『語り継ぐ古代の文字文化』（青簡社　2014）
奥村悦三『古代日本語をよむ』（和泉書院　2017）
上田正昭編『日本古代文化の探究　文字』（世界思想社　1975）
沖森卓也『古代日本の表記と文体』（吉川弘文館　2000）
─────『古代日本の文字と表記』（吉川弘文館　2009）
奥田俊博『古代日本における文字表現の展開』（塙書房　2017）
大野　透『萬葉假名の研究』（明治書院　1962）
今野真二『日本語講座　第9巻　仮名の歴史』（清文堂出版　2014）
遠山一郎・丸山裕美子編『いくさの歴史と文字文化』（三弥井書店　2010）
古屋　彰『万葉集の表記と文字』（和泉書院　1998）
毛利正守「「変体漢文」の研究史と「倭（やまと）文体」」（『日本語の研究』10-1　2014）
─────「上代における表記と文体の把握・再考」（『國語國文』85-5　2016）
矢田　勉『国語文字・表記史の研究』（汲古書院　2012）
山田俊雄『萬葉集文字論序説』（『萬葉集大成6　言語編』平凡社　1955）

終　章　二合仮名の実相

導　言

　当章は、本書の結論部にあたる。

　すでに述べたことだが、調査対象である歌表記を巡って、萬葉集という一つの作品世界の中で考察し、そしてそこから資料（萬葉集）を飛び越えて、資料間比較（たとえば記紀等）という方法を経て、さらには8世紀なら8世紀日本語表記（書記）の問題として帰納するという、一連の研究の方法論的展開（拡大）が、あり得るだろう。それはある種の、必然的なステップアップのようにもみえるが、実際は、それぞれの枠組みでしかできないこともあるから注意が必要である。資料とその用例の制約という問題がその一つで、たとえば一般語を記した二合仮名は事実上萬葉集にしかみられないので、萬葉集から飛び出して一般化することはときに難しい[1]——が、新撰萬葉集や古今集（とくに元永本）には一部登場するので、これらに触れることで、〝萬葉集を飛び出して〟の比較検証が意味をもってくることにもなるだろう。後述のように人麻呂歌集歌の表記を巡っての議論の過程で、その知見が一般化にすり替わっていった側面があった。従って、最初から一般化を目標にして表記論を説いたりすると危ういというケースもあるので注意しなくてはならない（たとえば、人麻呂という一個人が日本語表記一般のシステムを開拓したように説くことは、できないはずだからである）。

　第1節では、そういった、萬葉集という作品世界で考証すること、また歌表記の位置づけを考えることと、古代の日本語表記（書記）という枠組みで捉えることといった、これらいわばフェーズの違う視座の中で二合仮名や略音仮名を考究する意義を、本書のこれまでの考察とともに振り返る。また上述のように、他資料から、二合仮名のその後の行方も追いかけてみる。**第2節**では、前節を承けつつ、これまでの考察の順を追って総括し、萬葉集における略音仮名と二合仮名を位置づけ、上代の日本語表記論において大きな意義をもつことを示す。

終　章　二合仮名の実相

注

1）　たとえば、萬葉集では「作楽」という表記がでてくるが、「上代には「桜」を「作楽」と書く˙こ˙と˙が˙あ˙っ˙た˙」という説明は、たしかに誤りではないけれども、一般的現象へのすり替えともなり得る、そういう意味で、あいまいで、ある種危うい説明であるといえよう。

第1節　歌表記と二合仮名、略音仮名

はじめに

　本書は、萬葉集の歌表記が考察の主たる舞台であるわけだが、歌表記を考究することと、日本語表記（書記）研究にどうかかわるかについて、あらためて触れておきたい。いうまでもなく、和歌は日本語の一側面であるから、そういう意味ではその表記（書記）研究も必然的に日本語表記（書記）の研究に包摂されるだけのこと——いわばそれ以上でもそれ以下でもないようにもみえるけれども、歌を書くということが、古代の表記（書記）史研究においては、非常に大きなカギを握っているということが近時、あらためて指摘されてきている。同時に、考究する際の〝わきまえ〟にも警鐘がならされている。たとえば上述した、萬葉集歌表記にみられるとある現象の一般化などである。よって、萬葉集所収の仮名を研究対象として扱う上で、やはり本書もそこに触れておくべきと思う。趣旨からすれば、あるいは本書の冒頭部分に置かれてもよいことであったかもしれないのだが、ここまでの考察で明らかになったことを踏まえつつ、再検証していくほうが有意であると考え、略音仮名、二合仮名の種々の検証をおおむね終えた、ここ本書終盤におくことにした。

　さて、柿本人麻呂のいわゆる略体歌、非略体歌の表記の特徴やその書きかたの「変遷」が、日本語表記システムの変遷だと拡大解釈され、漢文的表記→その変異（語順の和化等）→助詞助動詞等の仮名による補入→総仮名書きといった単線的な展開が、一つの明快な理論として、かつては首肯されてきた。しかし、難波津の歌はじめ、韻文（の一部）を記した木簡等の相次ぐ出土により、次第に疑義がもたれ（もっとも、「相次ぐ」以前からすでに現状を見通していた研究者はいたようだが）、さらには萬葉集と共通句をもつ「歌木簡」

の出土等もあって、現在はこのような単線的な「変遷」でとらえるのは、賛同されていないといえる。ただ、「賛同されていない」という言い方も実は精確ではなく、問題は、萬葉集歌表記と、木簡の韻文表記、当時の日本語表記（書記）とがシンプルに結びつけられたり重ねられたりしすぎているところにそもそもあった。乾善彦『日本語書記用文体の成立基盤』（塙書房2007）が「歌集に「仮名書き」を採用することは、歌の書記の史的展開とは無縁であり、歌集として「仮名書」することの意味との関係で考える必要があろう」（148p）と述べるように、この問題は、歌集の中のある人物の試みとしての表記の展開というのであれば、7世紀の韻文を記した木簡の存在が、ただちにそれを否定するものではない、ということである。総仮名で歌を書くという方法論が存在していても、そこには「選択」があり得るからで、これを採用しないこともあってよい（これは我々個々人の書く行為を巡る様々な選択行為を考えても腑に落ちるはずである）。よって、仮名で書くというのを最終段階に措いた[1]ということが問題というより、人麻呂歌集歌のありようが一般化へとスライドしてしまったところに問題があった。この点、すでに犬飼隆「「歌の文字化」論争について」（『美夫君志』70　2005）が指摘するところであって、和歌表記の一部で認め得る特徴が、〝変遷〟という再解釈と、個人の業、歌表記という枠を超越するという意味での再解釈をもうけて、拡大解釈されて広まったところがあったことが述べられている[2]。以上のように、木簡等一次資料の韻文仮名表記等の存在（発見）が、稲岡耕二論文が唱えてきたような変遷ではとらえがたい[3]ことを示したという見方も可能であるけれども、実際のところの、真の問題の焦点、留意すべき点は上述したところにある。

　さて、ここで、あえて日本語表記（書記）一般の話として、訓字と仮名の関係を仮説的に考えてみよう。仮説的に一般化して、理論的なこととして考えてみることにする——たとえば、総仮名で書くことができないのに、助詞助動詞等だけを仮名で補入できるというのは、それはそれで疑問がないだろうか。つまり、語（や句）を分節把握でき、そこから付属語類だけを適切に抽出してそれらだけ仮名で書いて配置できるという段階にあって、そのよ

うなことが可能な以上、もはや自立語も書けるのではないか、ということである。実際のところは総訓字（漢文ないしその変異）と総仮名とが両極に位置し得たときに、それらを織り交ぜる書き方などが可能になってくるという経緯で捉えるのが穏当ではないかとも考えられる（蛇足だが、現状の資料や用例では、実際の歴史時間上に返してそれを示すことはできない。あくまで、論理的な成立論である）。佐野宏「萬葉集における表記体と用字法について」（『国語国文』84-4 2015）が、「いわゆる「訓字主体表記」や「仮名主体表記」といっても、訓字や仮名をどの程度含むものを「主体」とするかは程度差であって、（中略）多様な歌表記が観察される」（161p）と述べているが、まさに、「多様」であることそれ自体が、総訓字と総仮名の方法論の援用ないし敷衍として、折衷的に（置き換えといってもいいが）模索されたあらわれではないか、と考えることもできよう。どこを仮名にして、そしてどこに混ぜるのかというのは実に個別的だから――一首中であってさえ、句ごとに多様――、結果的に多様にならざるを得ないのである。ただ、「多様」は奔放と同義ではない。訓仮名だけを並べることはないし、音仮名表記の自立語が、訓字の付属語（たとえば「而」「者」）を従えることもほぼない[4]。こういった傾向に「表記体」を見いだすとみる議論もあり[5]、首肯される。

　そして、総訓字という方法を、もし表語用法としての漢字が並ぶ「漢文」の側に大きく区切っていれるならば、書くということにあたって総仮名書に先行する理屈にもなるが、個別の文字としての日本語訓の成立という事情をいれると、固有名詞をはじめとする借音表記には後行しよう。また、韻文と散文とではフェーズが違うと見るべきだろう[6]。これは初期の金石文等の地名表記をみてもわかることである。ただ、借り物としての字音（方法論自体が借り物という言い方もできる）が、仮名として日本語表記に内在化するタイミングとなると、これはこれでまた訓の成立との先後関係を問うのは難しくなる。訓の場合は、沖森卓也『古代日本の文字と表記』（吉川弘文館　2009：22p）をはじめとして従来指摘があるように、「各（額）田部」（「岡田山一号墳鉄刀銘」、最古の「訓」の例とされる）のごとく訓でよまないと通らない箇所が実際に金石文の類いにはあるから、少なくともこの時点で字訓として使

用し得ているといったような指摘が可能だが、漢字の表音用法のそれの場合は、どこまでから以降が日本の仮名か、というのを認定するのは難しい。いや、それ以前に、「日本の仮名」とは何だ、という問題もあるわけだが。そこで、往々にして資料の位相などに拠ってものをいうことになる——いわゆる「推古朝遺文」所用の仮名ならすでに紹介したように、吏読の可能性を指摘する研究もあるし[7]、萬葉集なら「萬葉仮名」といった認定——が、これまでもあったが、それは、文字（仮名）そのものというより資料の性質に寄せて代理的に意味づけを負わせているに過ぎない面がある。そしてまた、それ以外に位置づけのしようもないというのが実際である。なぜならば、静態的には漢字は漢字として同じなのであり、用法として表音用法と共通していれば、それらを区別する示準はもはや資料性と文字列の環境しかないからである。本書冒頭にも少し触れたが、あらためて次の一例を挙げよう。

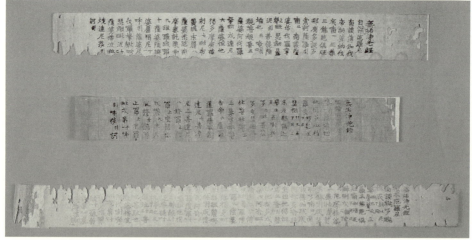

国立国会図書館ウェブサイトより転載

上に挙げるのは「百万塔陀羅尼」（無垢浄光陀羅尼経）宝亀元年（西暦770）であるが、世界でもほぼ現存最古となる印刷物である（韓国に、わずかにこれより古いものが伝存する）。

六度陀羅尼・相輪陀羅尼・自心印陀羅尼・根本陀羅尼の4種類である。陀

第1節　歌表記と二合仮名、略音仮名　435

【図2】木簡
阿波蘇部止婆
平城京左京二条二坊五坪二条大路濠状遺構
（奈良文化財研究所提供）

【図1】無垢浄光陀羅尼経（434頁上段拡大）

婆　　　　　　　婆
伐　　　　　　　多
羅　　　　　　　羅
篳　　　　　　　多
（上段右より10行目）（上段右より7行目）

【図4】（仏足跡歌碑）
「波々賀多米尒」より「多」字
（薬師寺蔵、画像提供：廣岡義隆）

【図3】木簡
但馬国城埼郡那佐郷官府臘雲龍神護景雲
[三ヵ][十一ヵ]
□年□月二方部豊嶋
「六斤」
（神護景雲三年十一月：769）

（奈良文化財研究所提供）

羅尼の音価は正確には不明だが、いずれも表音用法で用いられているとみて間違いない。

　では、「無垢浄光陀羅尼経」のそれと、上代文献のそれとを分けるものは何だろうか。「陀羅尼」に使用されているものは、木簡、仏足石歌等のそれと同じ漢字であって、用法として表音用法である点も共通する。さらには使用年代もほぼ一緒である（どの時点でそれが創出され、あてられるようになったかは、一致しないかもしれない）。しかし、〝上代文献には陀羅尼の漢字が使われている〟とはまず言わないだろうし、〝百万塔陀羅尼には「萬葉仮名」が使われている〟とも、決して言わないであろう。文字それ一字でいえば静態的にも、動態的にも共通する両者を、もし分けることができるなら、それは当てられる語、そして環境・資料性（あるいはその成立先後関係も含意）ということになる。漢字の表音用法の位置づけを巡っては、こういった判断・判定でもって納得している（せざるを得ない）ところがある。それゆえに、結果的に両者の連続性を黙殺することにもなるし、反対に連続性を重視すれば、資料の位相性を飛び越えて同じ漢字の表音用法だとまとめてしまうことも可能である。つまり、連続性があるかないかという意味づけは、まさに「意味づけ」であって、ある種、分析者によって自由自在という言い方も、できるのである。

1、歌の仮名表記の展開

　乾善彦『日本語書記用文体の成立基盤』（同前）では、「ウタ」（乾論はカタカナ表記を採る）がどのように書かれるかということを、環境の別から分析している（主に「第二章」）。すなわち漢文中におかれる場合の、その変異、そしていわゆる「歌木簡」等における表記、そして萬葉集仮名書き歌巻の実態である。筆者が私に約言しつつここに示すと、7世紀にはすでに「ウタ」が仮名書きされていたが、木簡、萬葉集のような歌集、漢文中におかれるものなど、「ウタ」の仮名書きはそれぞれの場面において、種々のありようを示していた。この「ウタ」の複数種の仮名書きの展相がすなわち、仮名成立

第1節　歌表記と二合仮名、略音仮名　437

の道筋を示すとみる。つまり、漢文中、木簡、歌集の三者の流れである。漢文中におかれる「ウタ」表記は、いわば固有名詞相当であり、仮借で書かれるのは当然のことであった。日本書紀歌謡の徹底した一字一音はその体現といえる。古事記もまた、正格漢文ではないけれども、やはり「ウタ」を一字一音表記で徹底する。また訓字・訓仮名も交えられない（これらは木簡の「ウタ」の仮名書きとはいささか異なる特徴である）。また五国史や風土記の一部には、記紀と違う方針も認められ――本文から続く注記形式あるいは宣命書――、「注記記載の方法」としての「ウタ」の仮名書きがあった。よって、漢文中のそれは、語形重視（仮名書き）と内容重視（注記形式）の二つの方法論が存在したが、これと、「基層としてのウタの仮名書き」（木簡）、「歌集としての仮名書き」（萬葉集）といった多様な流れで仮名の成立を考える必要があると説く。乾論を踏まえた上でいうならば、二合仮名は、以上のどこにも現れないような「仮名」ということになる。つまり、漢文中の歌表記には出てこないし、木簡の歌表記にも出てこないし、萬葉集の仮名主体表記にもほぼ、出てこない。言ってしまえばこの事実それそのものが、二合仮名が仮名と見なされてない証拠のようなものだが、二合仮名のこの忌避は、そのままその特性という言い方もできる。二合仮名は文字、その一字で個別的に排除されているのではなく、表記法の次元で既に排除されているとみるのが穏当ということになろう。

　周知のように、木簡の場合は、数は少ないけれども訓字ないし訓仮名を含むことがある。音仮名が相対的に多い中でも、訓字や訓仮名が交えられることは、萬葉集の仮名主体表記に比してやはり特筆される特徴であろう。ただ、萬葉集でも、下記の通り訓字が交えられることはある。

　安良多麻乃登之可敝流麻泥安比見祢婆許己呂毛之努尓於母保由流香聞
（アヒ見ネバ）

（巻17・3979）

しかし、訓仮名は排除されている。たとえばここであがっている「見」字は、訓字主体表記歌巻で訓仮名での使用が多々あるが、仮名主体表記歌巻には使われない（そして、音仮名では使われない）。この傾向は決して「見」字の個別的現象ではない[8]。同時に、この仮名主体の環境において、訓字で

438　終　章　二合仮名の実相

は使うが訓仮名はブロックしているのだとすれば、それは記すに当たって、句であったり、一首であったりという他の表記――つまりもっと大きい固まりでの俯瞰――による整合性、バランスなどの配慮が働いていることを意味する。ある形態素にどの文字をあてるかという、一文字ごとに分断された表記の意識それだけ（一首がその集合体に過ぎない）であれば、一音節訓仮名を使用しない理由がない[9]。同じ一音節で、訓字では使いながら、訓仮名としては使わないという点は注目に値する。従来いわれてきた、訓仮名は訓字に親和する――（橋本四郎「訓假名をめぐつて」（『萬葉』33　1959））という特徴を、仮名主体表記側でこそ考えることが有効であろう[10]。

２、後代への「連続」と「不連続」
――二合仮名の行方（新撰萬葉集と元永本古今集）

　二合仮名は、**第２章第１節**で述べたように、萬葉集の後半期になればなるほど衰退していき、たとえば大伴家持など、スキルとしてはおそらく使えそうな人物も、ほとんど二合仮名を使用していない。その点で、後世への連続性はほとんど絶たれているようにみえるのだけれども、新撰萬葉集にはいくらかみえるのと、元永本古今集などにも散見するので、これに触れておこう。いわば、〝その後の二合仮名の行方〟である。

２－１、新撰萬葉集の二合仮名

　新撰萬葉集の文字と表記については浅見徹の論考をはじめ（「新撰萬葉集の用字―基礎作業として、助詞の表記について―」『萬葉』51　1964、「借訓仮名の多様性―新撰万葉集の場合―」『萬葉』57　1965）、乾善彦『漢字による日本語書記の史的研究』（塙書房　2003）第二章157p～等の研究がすでにあり、様々なことが明らかになっている。乾論では、それ以前の研究成果の１つとして、萬葉集の表記を単に踏襲するのではなく、実用としての真名書きが当時にも生きていて、その間に史的変遷がうかがえることが判明していると確認した上で、多音節仮名の多用は、「正訓主体表記の内部から、訓みを正確に伝える役割を担っている」と述べている。新撰萬葉集の二合仮名に着目して

第1節　歌表記と二合仮名、略音仮名　439

みても、確かにこの指摘が首肯される分布を為すのであり、その点では結論がでているに等しいのだが、これまで本書でみてきた萬葉集の二合仮名と比較することを通して、もう少し付言できるところを述べたいと思う。

同書に見いだされる二合仮名は「兼」（7例）、「店」（5例[11]）、「南」（17例）、「濫」（33例）、「覧」（3例）、「藍」（1例）である（「謙」字もあるが、「兼」との異同であるので、ここではこれに代表させることとした）。1例ずつ、歌も挙げておく。

　　入丹兼／いりにけむ（36）
　　堰駐店／せきとどめてむ（114）
　　年者暮南／としはくれなむ（18）
　　懸手来都濫／かけてきつらむ（46）
　　数為覧／しばしばすらむ（196）
　　生増留藍／おひまさるらむ（227）

多音節の訓仮名がおよそ60種以上見いだされることからすれば、相対的にみて二合仮名の勢力はずいぶんと弱いことになる。ただし第3章でも確認したように、萬葉集であっても、二合仮名よりも多音節訓仮名の方が相対的に多いので、新撰萬葉集特有の現象というわけではない。これについては浅見論も次のように指摘する――「大体二音節以上の語が多い日本語の構造からしても、二音節またはそれ以上を一字で表現しようとすれば訓仮名のほうが多くなるのは当然だ（という事情が考えられる――筆者注）」。よって、二合仮名の字種が多音節訓仮名に比して少ないことはさほど特筆すべきことでもないわけだが、どこに使われるか、という点では、萬葉集とやや異なる特徴がある。それは、自立語には使われない、ということである。萬葉集には、

【A群】
　　黒髪色天／黒髪敷きて（巻11・2631）
　　尓太遥越賣／にほえ娘子（巻13・3309）
　　難可将嗟／何か嘆かむ（巻13・3249）

のように、自立語表記に使用したものが見いだせる（詳細は第2章での考察参照）他、

【B群】
　　獨鴨念／ひとりかも寝む（巻4・735）
　　今悔拭／今そ悔しき（巻7・1337）

のように、自立語と付属語にまたがる位置に使われているものさえ見いだせるが、新撰萬葉集ではこのようなものがない。新撰萬葉集が付属語をできるだけ記そうとする意図が見て取れるのは縷々指摘される通りで、その点で言えば訓字でも書けるような【A群】の語をわざわざ二合仮名で記さないのは分かるが、【B群】についてはあっても良さそうであるのに、見いだせない。ここには、萬葉集の二合仮名の臨時的使用と、反復的使用の"実績"が関わっていると思量される。つまり、上記【B群】は萬葉集ではいずれも1～2例ずつしか存在しない臨時的用法であり、これに対して、新撰萬葉集でも使われる字母はいずれも萬葉集で反復使用されている。まさに、「単に踏襲するわけではなく」「変遷がある」わけだが、更に言えば、この点において新撰萬葉集は優れて後代的であるという言い方も可能だ。というのは、次項でみるように、元永本古今和歌集における「二合仮名」（平仮名の成立以降なので、一応カギ括弧つきの呼称としておく）は、付属語表記のみで、しかも字種は「南（ナム）」「覧（ラム）」「濫（ラム）」等にほぼ限られ（厳密には「嵐」という萬葉集に出てこないものも存在）、さらに字種が絞られている。これらは概ね萬葉集、新撰萬葉集のいずれにも見られるものであり、自立語表記がないこと、また付属語表記に関わるものでも、自立語とに跨がっている部分に使うことがないこと、そして共通する字種という点を合わせ考えると、新撰萬葉集の二合仮名は、萬葉集を踏襲しながらも、どちらかといえば元永本古今集のような用字に近いありようを呈していることになる。古今集以降のそれは、萬葉集からみる二合仮名の勢力の変遷からいえば、もはや最後の生き残りとでもいったところであるが（ただし、定家まで下っても、使用はある――後述）、新撰萬葉集も、実際のところはそれにかなり近い様相である。

2−2、元永本古今集の「二合仮名」

　元永本に「漢字」が多いことはよく知られている。これについて考究したものでは徳永良次「元永本古今和歌集の表記―助詞・助動詞等の漢字表記を中心として―」(『中央大学大学院研究年報』1990)、同「元永本『古今和歌集』の漢字使用の一側面」(築島裕博士古稀記念会編『築島裕博士古稀記念国語学論集』汲古書院　1995)、遠藤邦基「表記の戯れ」(『和歌をひらく　第2巻』岩波書店　2005) などがあるが、なかでも浅田徹「元永本古今集を読むために―表記史と書道史―」(『国語文字史の研究12』和泉書院　2011) はそれら諸論を踏まえての論であるゆえ、いまこれに従って見ていこう。浅田は、「元永本書写当時、歌壇で強い興味を持たれていた萬葉集の写本の漢字表記に倣ったと見られるものが少なくない」「特殊な表記は、親本からの書承ではなく、元永本筆者のその場での判断によるものと考えてよい」という諸先行論の指摘してきたことにまずは賛同する。そして元永本の書記を理解する上では、書の美的性質というものを無視しては考えられない（つまり本書のいう表記論だけでは捉えきれない）と注意した上で、「元永本古今集は、詞書を中心に多くの漢字が流入してくるようになった時代に、そのことを逆に捉え返し、積極的に多くの漢字を和歌表記に引き入れることで、あらたな表現を試みた作品として理解したい。漢字が増えたことによる自然な結果としてあるわけではない」と結ぶ。

　浅田含め諸先行論は、(当然なのかも知れないが) 付属語表記の「南」「覧」を「漢字」と言っている。しかし、これらの諸研究では元永本古今集に書かれる「人・山・行・日」など、萬葉集でいうところの訓字も含められているので、意味を捨てている「南（ナム）」「覧（ラム）」とは区別したほうが穏当であろうと思う――、そして萬葉集のそれと区別もしておいたほうがいいことから、カギ括弧付きで「二合仮名」と呼んでおくことにする。

　元永本に出てくる「二合仮名」は4字種である。「南」(24例――うち詞書きに2例を含む)、「覧」(10例)、「藍」(2例)、「嵐」(1例)。現れ方はおおむね1首末が多いが、中には、次のような例もある。平仮名は当該「二合仮名」以外すべて現行のものとする。

442　終　章　二合仮名の実相

　　いざさくらわれもちり**南**ひとさかりありなば人にうきめ見えな**む**　（77）
　２回ででくるナムとその書き分け、配置の理由はなかなか知り得るものではない。またラムに「嵐」を使うのは萬葉集には見えない例である。

　　もみぢばのながれてとまるみなとにはくれなゐふかきなみや立つ**嵐**
　　　　　　　　　　　　　　　　　　　　　　　　　　　　　　（293）

孤例で萬葉集にもみられないとなると、その使用理由を考えたくなるが、分析者の恣意に陥る恐れがある。たとえば、

・『孟東野集』孟郊（751-814）の作に、「嵐浪」の熟字が見える。これに連想した（なみ／嵐）。
・「くれなゐ（紅）」とあるので、対照的な色になる「藍ラム」は避けた。

などとでっち上げてみよう。前者は、否定はしにくいものがあるが、確証も得られない憶測である。後者は、正反対――つまり「紅」との対比で「藍」とおかれる色彩の対照の妙を採ることもできたはずなのに、そうしていないのはなぜか、と逆にふっかけることもできてしまう。こうなるとまさに水掛け論である。よって、これらは理由を考えても仕方がなさそうである[12]（分析者の過剰な読みとりのリスクは、本書「**術語説明に変えて**」）にてすでに述べた）。この「嵐」字以外は、萬葉集でも見え、使い方はおおむね通じているが、前節でみた新撰萬葉集にもやはり通じる点は注目される。付属語表記にしか残存しないという点は変わらず、萬葉集の二合仮名の生き残りというのも大げさだが、萬葉集でも通常の仮名としての性格が色濃かった「南」字、「覧」字あたりがほそぼそと生き残っているというのは納得がいく。

　ところで、この「二合仮名」を使うのはもちろん元永本には限らない。たとえば定家筆の伊達本古今集を挙げてみよう。定家は当該本書写で、「南」と「覧」字を用いている。前者は16例、後者は55例ある。ラムは平仮名でかかれたものが74例なので、相対的に見てもそれなりの数に上っているけれども、使用字母自体が２字種にまで減少しているのは注目される。なお、使い方の法則性は、なかなか見出しがたい。たとえば1062番と1063番はとなりあわせの歌でいずれも「覧」だが、762番、763番、764番は３首とも結句が「ラム」でありながら、762番のみ「覧」と書かれる（762番は若干スペースが

第1節　歌表記と二合仮名、略音仮名　443

残り少なかったようにも見える。あるいは後ろ2首はスペースがあった、ともいえてしまうが、筆者の個人的感覚に過ぎないかもしれない)。

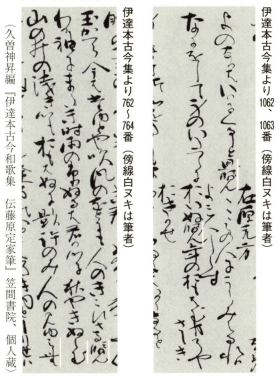

（久曽神昇編『伊達本古今和歌集　伝藤原定家筆』笠間書院、個人蔵）

伊達本古今集より 762～764番（傍線白ヌキは筆者）

伊達本古今集より 1062、1063番（傍線白ヌキは筆者）

注
1) 乾前掲書は、巻19の「書き様」を分析し、論理的な成立関係として、「真名書」が「仮名書」へと改められていく流れを見いだし、終末4巻との関係を踏まえて、巻19のような様相の延長上に、純仮名書きを位置づけることも可能ではないか、としている（143p）
2) 犬飼は、稲岡説を取り上げた吉田孝の論考を引き、「文学史上のことがらと言語史上の出来事との混同」と指摘し、「稲岡説の趣旨にてらしても行き過ぎた拡大解釈のはずである」と述べている（3p）。
3) 萬葉集・巻3・475に「御輿立之而（ミコシタタシテ）」がある。
4) 乾前掲書に、「萬葉集のという作品世界の中の人麻呂作歌（あるいは歌集歌）にのみ収斂するかぎり、日本語書記史の側からその是非を云々することは

できない」(115p) とある。これは重要な指摘である。だからこそ、本論中で述べたように、萬葉集を飛び出して一般化すると問題が生じてくるわけである。さらに、「略体歌的書記法と非略体歌的書記法との差異が、日本語書記の展開の段階に対応しているという考え方は、実際の時間的な順序は別として、妥当性をもった考え方である」(129p) ともある。この点は筆者はいましばらく留保したい。

5) 佐野宏「萬葉集における表記体と用字法について」(同前) に説かれている。当該論文には井手至「仮名表記される語彙」も引かれており、表記の固定化という点が焦点になっていることがわかるが、同時に、忌避される文字並びがある（たとえば訓仮名だけを延々並べるといったことがない）ということも、同様にそれを裏打ちするだろう。

6) 詳細は別稿に論じた。尾山慎「上代の訓字と仮名」(第14回若手研究者支援プログラム報告集「仮名文字―万葉仮名と平仮名―」奈良女子大学　2019.3)

7) 姜斗興『吏読と萬葉仮名の研究』(和泉書院　1982)。

8) たとえば「屋」「火」「間」「見」「江」「女」字など。詳細は尾山慎「萬葉集仮名主体表記歌巻における単音節訓字―巻十七を中心に―」(『美夫君志』92　2016) に論じている。

9) 他の文字の用法とのバランスをふまえているから、これほど明確に排除されている、と見るのが自然ではないだろうか。つまり、表記法の次元における視座があるのである。

10) 訓仮名が訓字に親和するという場合、仮名主体表記でも訓字は出てくるわけだから、訓仮名が同様に出てこないとおかしいことになる。しかし、実際にはほとんど出てこない。つまりこれは文字ごとの次元というより、歌一首を記すスタイルとしての方針といった次元での意識に関わるところに要因があると考えられる。

11) 「店」字は略音仮名でも1例使用がある。これも萬葉集には例がない。

12) それこそ、書の「美観」の観点であるいは説明できるのかもしれないが、筆者はその分析力をもたないので、本書ではこれ以上踏み込まない。

第2節　結論にかえて
――二合仮名の定位と萬葉集歌表記――

はじめに

　本節は、『二合仮名の研究』と題した本書の最終的な「結論」に相当する。これまでの考察を振り返る関係上、一部に、前章までの言葉をしばしば繰り返す形をとることを、あらかじめお断りしておきたい。

　既に紹介したように、二合仮名が訓仮名と括られ得ることを最初に看破したのは橋本四郎であった。1966年に発表された論考の題はその名も「多音節假名」であり、音訓の別をこえて括られ得る「仮名」として二合仮名、多音節の訓仮名を考究したのは慧眼であったといわねばならない。一方、略音仮名は訓字主体表記においても、二合仮名よりも字種数が多く、かつのべ用例数にしても10倍に登るほどに使われており、二合仮名の存在意義と使用実態を考える上で注視されるべきことである。

　さて、所謂略体歌における二合仮名の例をあげると次の通りである（該当字に網がけを施して示す）。

　　　相狭**丸**／あふさわに（巻11・2362）、**極太**甚／**ここ**だ甚だ（巻11・2400）、
　　　當都心／**たぎつ**心を（巻11・2432）、**壹師**花／**いち**しの花の（巻11・
　　　2480）、**珍海**／**ちぬ**の海の（巻11・2486）、有**廉叙波**／う**れむぞ**は（巻11・
　　　2487）、**極太戀**／**ここ**だ恋ふるを（巻11・2494）

　ここに挙げられた用例群では、地名も含んでいるが、どちらかといえば付属語表記に関わる二合仮名が少ないことに気づく。**第2章**にて指摘したとおり、二合仮名の全用例のうちのおよそ70％が付属語表記に使用されるので、これに比べると相対的にたしかに少ないということがいえそうである。また、訓字主体表記歌巻中に頻用されるタイプの二合仮名（「南」「兼」「覧」等）は、全く使用されていない。

446　終　章　二合仮名の実相

一方の略音仮名であるが、

　　奴延鳥／ぬえとりの（巻10・2031）

　　伊田何／いでなにか（巻11・2400）

　　等望使念／ともしみおもふ（巻12・2842）

　（参考）塩干能小松／しほひのこまつ（巻11・2486）※或本歌

が、上記と同じ所謂略体歌の中にあがり、皆無ではない。二合仮名は、確かに訓字主体表記に主用され、訓仮名とともに使われることも多いが、略音仮名もそこに――所謂略体歌にさえ――また、存在している。ということは、二合仮名であれ略音仮名であれ、所謂略体歌では付属語表記には使われにくい点で類似した在りようを示す、と括ることも仮説としては可能である。つまり、略音仮名が訓字主体表記においても決して小さくない位置を示していることに注意すべきということになる。

1、用字法と表記法

　既に、**第4章**で取り上げたように、字を選び、そして書き、結果なんらかの表記ができあがるということについて、2つの階層――「用字法」と「表記法」を設けて分析すべきことがすでに説かれている（佐野宏「萬葉集における表記体と用字法について」（同前））。あらためてここに挙げておこう。

　　書記する側からいえば、文字選択の範列系には大別して二つの階層があると考えられる。一つは、言葉の分節との文字の対応について、分節された単位を訓字表記（表語）と仮名表記（表音）のいずれで記すかといった、体制的・規範的な枠組みに関わる表記法である。いま一つは、いかなる表記法を選択するにしろ、その枠内で、言葉―分節された形態素―をいかなる文字によって記すかという個別的修辞的な用字法である。

　　　　　　　　　　　　　　　　　　　　　　　　　　　　（166p）

　一字一字あてていかねば表記はできあがらないから、理論的には個々の用字法が先立つわけだが、現実には書き手は、「訓で書こう」などと決心して書いていくことも往々にしてあったと思量される。そのときは、「表記法」

が「用字法」に対していわば規制をかけている形になる。

　ここでは、二合仮名が「仮名主体表記に使われない理由」、「訓字主体表記で、時代が下るにつれて使用頻度を下落させる理由」という2つの理由を問う。「ないことの意味」を問うなど無駄なことのようだが、二合仮名というものを操るただ1つのルールというのはなかなか見いだしがたいように思えることから、あえてこの提起を出発点とする。

2、「意識の束縛から脱却しきつてはゐない」
——橋本四郎の言葉

　近現代以降の研究史上、二合仮名を含む萬葉仮名にいて網羅的に調査、検証したのは周知のとおり大野透『萬葉假名の研究』（明治書院　1962）である。が、体系的に二合仮名の内実を論じたものとしてはやはり先掲したところの橋本論文をしてその嚆矢とできよう。本書で最初に二合仮名の分析をした**第1章**にて取り上げたとおり「これらの文字（二合仮名、多音節の訓仮名——筆者注）に「假名らしくない假名」といふ評價を與へがちな意識の束縛から脱却しきつてはゐない」という指摘は、50年以上経ったいまも強く響く。本書もここまで述べ来たって、結局のところ「假名らしくない假名」という評価がもっともしっくりくるように思えてしまう。しかし、橋本が「脱却しきつてはゐない」と注意した以上、より精密、明確な位置づけがやはり求められるだろう。

3、略音仮名との関係から

3−1、字母の共用抑制

　子音韻尾字は、1つの字が2とおり[1]に読まれ得るという他の字音由来の仮名にはない特徴を有す。ゆえに、単音節字と多音節字という、働きが違う形態同士でも比較して考える意味がある。このことについて、本書**第2章第4節**においておおよそ次のような結果を得ている。

　二合仮名は同じ子音韻尾字に由来する略音仮名とはほぼ字母が競合しな

いようになっている。両用されている場合についても、一方が反復してよく使われる場合は、他方は常に稀少な使用に限られており、つまりは１つの子音韻尾字が両形態で頻用されるということがない。

仮に、１つの字が一音節にも二音節にも存分に使われている状態があったとして、そのような文字を使って何かを書こうとするとき、書き手側からすればいわば使い道が普通の文字より多いわけだからそれはそれで便利だといえるかもしれないが、読み手にとってはある種の負担ともなろう。基本的に音と文字が一対一で揺れないものとして認知されていればいるほど、読み手の読解に当たっての負担は軽減されるからである。実際には、上にも述べた如く、ある一つの子音韻尾字が略音仮名でも二合仮名でも存分に反復利用されるということはない。勿論、日本語音節の枠内における子音韻尾字である限りは、読みとしてどの字であっても理論上一音節・二音節の両方を作り出せるけれども、実際においてはいずれか一方の読みに傾いている方が、使われている現場にあっては語形を同定しやすいわけで、萬葉集にみられるこういった偏在は確かに、首肯される合理的な在りようを呈していると思う。勿論、このような共用の抑制は、結果的に我々が読みとれることであって、仮名の成立論的な観点からいえば、仮名を所与のものとして使う場合と、字音から直接援用してくる場合（いわば創出）という経緯の違いにも留意しておかねばならないだろう（この点、後述）。

さて、この二合仮名の主用される場、つまり訓字主体表記歌巻をみると、冒頭にも述べたように略音仮名の勢力が小さくない。略音仮名は訓字主体表記でおよそ2000例使われており（仮名主体表記ではおよそ5700例）、それは単純計算で二合仮名の約10倍に相当する。そして字種もまた略音仮名のほうが多い。二合仮名に比しての、略音仮名の訓字主体表記歌巻における字母数の多さ、使用度数の高さ、そしてその多くが仮名主体表記の方でも使用実績があるということと、共用字種が抑制されるということをあわせ考え、どのような経緯で抑制されることが起こるのかといういくつかの仮説を立ててみよう。なおここでは、漢字音から直接二合仮名を作り出すか、もしくはすでに仮名としてある略音仮名を二合仮名に作り替えるというその両方があり得る

第2節　結論にかえて　449

ということを踏まえた上で、仮説を立てるものである。
　①略音仮名としての使用実績が高いので、それを二合仮名として使うことは回避した。
　　→能動的な抑制といえる。やめるか、別の字にするという選択があっただろう。
　②二音節で記そうと思う箇所にあてられる二合仮名が偶々略音仮名の字母群と競合しなかった。
　　→結果的に抑制された。抑制したという意識なしにそのまま使用しただろう。
　③そもそもその子音韻尾字を二合仮名にしようとしても該当する語形が稀少（もしくはない）ために使い道がなく、あっても略音仮名としてのみであった。
　　→現実には何も起こっていない状態。二合仮名として使おう、という意識さえそこには発生していない。要求がないため。
　書き手が自覚的に行動したといえるのは①だけだが、こういった経緯のいずれかに裏付けられて、二合仮名と略音仮名が、ほぼ字母を共用しない情況になっているのであろう。ここではこういった諸事情のもとにある状態を一括して〝字母共用抑制〟と仮称しておく。

3－2、萬葉集後半期以降の字母と表記される語ごとの比較検証

　第2章第1節において、萬葉集を前期と後期にわけ、後期をさらに前半と後半とに分けて、二合仮名と略音仮名の出現傾向を調査した。ここでは、略音仮名と二合仮名の動きを、訓字主体表記歌巻に限って追跡してみよう。さらに、二合仮名が衰退することが分かっている後半期における、同環境（訓字主体表記歌巻）で、二合仮名がどのように他の仮名に取って代わられるか、ということを、より詳細にみておく。
　以下、字母の出入りが分かりやすいようにそろえて表示する。なお、萬葉集後半期しか見ないので「後半の」という冠は省略する。つまり「前半期」といえば、すなわち、萬葉後半期のうちの前半を指すものとする。

・略音仮名

  前半期　安吉　香散式仁曽天登等藤　騰得濃能　農伐　物文聞　便末萬蒙欲良邊遠

  後半期　安吉結香　　仁曽天登等　　騰難　能八　伐必物文聞平便末欲良

※以上のうち、訓字主体表記にしか使われない字母は「式」のみ。

・二合仮名

  前半期　欝　監極兼乞　　三鍾匝南念粉濫藍楽當越

  後半期　欝甘　　兼　瞻散　鍾　南　　　　楽

　略音仮名と二合仮名の重複字母は唯一「散」（網がけ）のみである。二合仮名の「散」は**サニツラフ**に専用されている（のべ３例）のに対し、略音仮名「散／サ」は仮名主体表記にも使用があり、特定の語の表記に専用されるわけではなく、11例が認められる。しかも、略音仮名「散（サ）」は前半期で、二合仮名「散（サニ）」は後半期であるゆえ、より、競合しているとはいえない結果だともいえる。この、訓字主体表記歌巻における略音仮名と二合仮名の字母分布の在りようは、上述したところの共用抑制の①〜③の経緯のうちどの種の抑制が働いた結果なのか特定は難しいが、以上のごとき切り口でみた場合、略音仮名と二合仮名の間で個別の字母という点では接点がきわめて希薄であることが分かる。

　そこで、もう一つの視点として、前半期において二合仮名で記されている語形のうち、後半期において二合仮名表記ではなくなってしまっている場合、かわりにどんな仮名や訓字で記されているのかを調査してみよう。後半期ではそもそもその語が歌われていないこともあり得るが、それも含めて一覧にする。

表：前半期を最後に消えた二合仮名と、後半期での同語の表記

前半期：二合仮名	後半期：別表記
コゴシ「極」	石根**許其思**美

ケム「監」	家牟、家武、異六、**計六**、**祁牟**、将　※ただし「兼」は前半期に続いて使用あり
ヲチコチ「越乞」	（訓字主体表記歌巻中には該当ナシ）
～サム「三」	「将」を用いた表記のみ
ナヅサヒ「匜」	**魚津左比**曽来之
ネム「念」	「将宿」のみ
ハニフニ「粉」	（訓字主体表記歌巻中には該当ナシ）
ラム「濫」「藍」	「将」を含む表記か、もしくは「**良武**」　※ただし家持作品多し
タギチ「當」	多藝都　※ただし固有名詞「布當(ふたぎ)」では複数使用有り
ヲトメ「越」	**童女**、**處女**、**嬢嬬**

　以上の表のうち、後半期の項目で網がけしたものは、後半期にしかみられない表記である。それ以外は、前半期にもあった表記である（なお「魚津左比」は後半期にしかないが、「魚津柴比」であれば前半期にも存する。またケムの「祁牟」であるが、「祁」字自体は前半期にも存する）。たとえばケムでいえば「監」が使われなくなって、後半期の項に挙げた表記（家牟、家武、異六、計六、祁牟、将、及び二合仮名の兼）で占められることになる。先に掲げた、訓字主体表記の中で、使用頻度を下落させていくことの意味ということについてこの表からいえることは、二合仮名が、それまであった仮名表記や、新たに出てきた一字一音表記などによって勢力を弱めた形に見える、ということである。字母の共用が抑制される中で、なおかつこれら二合仮名以外の表記が採用されるようになり、二合仮名は姿を消していくのであった。

4、字母選択と二合仮名——「読まれる」ことを意識して

4－1、一字一音に交ぜ書きされにくい

　前項でみたとおり、略音仮名は、仮名主体表記においては勿論、二合仮名に比べて相対的に訓字主体表記でも多く使われており、二合仮名が仮名主体表記にほぼ使われないこととは大きく異なる傾向を見せている。二合仮名としての使用頻度が高い（助詞・助動詞の類）ものであれば、仮に一字一音表記に混ぜても誤読は避けられると考えることはなかったのだろうか。たとえ

ば「覧」という字は「御覧母知師（めさくもしるし）」以外では、略音仮名「ら」で使われることもなく、ただひたすら二合仮名として「らむ」にだけ使われる（のべ6例）。その点では、まず第一に「らむ」と読まれる可能性を高くもつと見通すことが可能だから、この文字自体が一音節字「ら」などに読み違えられる可能性は低いとみることもできる。しかし実際には、この字が仮名主体表記に交えられることはなかった。このことからどういうことが知られるだろうか。仮名主体表記歌巻には、

　　萬世尓　得之波岐布得母　烏梅能波奈　多由流己等奈久　佐吉和多留倍子
　　　　　　　　　　　　　　　　　　　　　　　　　　　　　（巻5・830）
　　保登等藝須　奈尓乃情曽　多知花乃　多麻奴久月之　来鳴登餘牟流
　　　　　　　　　　　　　　　　　　　　　　　　　　　　　（巻17・3912）
　　布流由吉乃　之路髪麻泥尓　大皇尓　都可倍麻都礼婆　貴久母安流香
　　　　　　　　　　　　　　　　　　　　　　　　　　　　　（巻17・3922）
　　保登等藝須　伊登祢多家口波　橘乃　播奈治流等吉尓　伎奈吉登余牟流
　　　　　　　　　　　　　　　　　　　　　　　　　　　　　（巻18・4092）
　　可須美多都　春初乎　家布能其等　見牟登於毛倍波　多努之等曽毛布
　　　　　　　　　　　　　　　　　　　　　　　　　　　　　（巻20・4300）
　　宮人乃　蘇泥都氣其呂母　安伎波疑尓　仁保比与呂之伎　多加麻刀能美夜
　　　　　　　　　　　　　　　　　　　　　　　　　　　　　（巻20・4315）

の網がけ部分の如く、一字一音を基本としつつも訓字が混じることがしばしばある。しかもその訓字は二音節あるいはそれ以上の訓字であったりもする（「髪（かみ）」「情（こころ）」など）。それらをいま「多音節字」と仮称しよう。上に挙げたのはごく一部の例であって、こういった混淆はさほど珍しいことではないが、それゆえ次のような疑問がかえって浮き彫りになる――音仮名を主とする環境にありながら、なおかつ「多音節字」が混じることを許容することもありながら、しかし、「音」で「多音節」の二合仮名が使われないというのはどういうことを意味するのか。

4－2、読みの観点から

　訓字主体表記であろうが、仮名主体表記であろうが、五・七・五・七・七の一首として「読める」ものなのであれば、三十一音がそこに復元されたことになり、実質一字一音の仮名化をさせたのと同様である。佐野宏「倭文体の背景について」（『国語文字史の研究10』和泉書院　2007）が、「その表記を日本語として「読む」ということは、要するに漢字・漢語の文字列を仮名の文字列に置き換えてゆくことではないのか」と言うとおりである。歌が歌われて、かつ文字化以前の段階、つまりまだ音声だけの段階に思いをはせてみよう――五・七・五・七・七の歌がまずは歌われ、それを書くという順序である限り、歌の一音一音を認識して、文字化するのだから、たとえば仮名であればそのまままさに一文字一文字に対応させる三十一文字の仮名表記として形成され、そして訓字表記であれば、その一音一音が連なった形における語形に対応する表語文字をあてていっているだけのことで、つまり、文字化される以前の音の段階でも、定型をもって歌われている限り、それは一字一音で書かれているのと事実上等質であるということができる。先に述べたように、実際に書くときには、総仮名と総訓字という両極にあって、「多様」な混交があり得る。ただし、訓字の場合は、活用語尾や助詞助動詞までをも含めるものとして済ませるか、別字にて表記して添えるかで、その書く態度に濃淡はある。**本章第1節**に述べたように、総仮名書きというものが、古代の書く方法の最終段階に到達するシステムという想定は、難しいものがある（繰り返すが、乾論が説くように、歌集の編纂として仮名が最終段階に措かれるのとは次元が違う話である）。歌表記において[2]総訓字と総仮名は三十一音を背景に負っているという意味において等価だという言い方もできよう。総訓字という書き方が可能になるのには、〈広義の訓読〉の回路が働いている。つまり、漢字と倭語の結びつきである。そしてその総訓字で書かれたものを歌として復元できる以上それは事実上の仮名化でもあって、だからこそ、いわば〝適切に〟付属語部分を仮名化して補入することもできるのではないだろうか（もちろん、自立語も書ける）。

　この「書く」段階において、ただ書くという行為それだけに限っていうな

らば、いかなる形にでも書くことは一応可能であるはずではないか。先に確認したように、仮名主体表記であっても２音節以上を担う訓字が混じる場合がしばしばあることに鑑みれば、一字一音仮名を主として連ねて書く場合に、それ以外の字を絶対に混ぜてはならないという規則があったとはいえないことになる。そのような中、多音節訓字が許されて二合仮名は許されないというのはなぜかと考えれば、それは、結局書くときに、「読み」を意識した抑制がかかっているからと考えるほかないように思う。つまり、端的にいえば、一字一音節の字音の文字列に交えたとしてもそれが二合仮名だと認識してもらいにくい、ということであり、それが仮名主体表記にほぼ使われないという結果となってあらわれているのではないか。ただし、「覧」の如く、ほぼ二合仮名としての使用しかないような、いわば一種の専用字であっても使ってはいないことから、本当に「紛れて分からなくなってしまう」ことばかりを懸念していたとも言い切れない。ことにこの字は付属語表記用であるから句の切れ目に位置しやすいわけで、誤読の懸念は、どちらかといえば低いようにさえ思えるが、しかし、使われることはなかった。

　多音節であること、字音であること、その両方をもって二合仮名は使われにくかった。そのうちでも特に、音訓の別も重要であることが窺える。なぜならば、既述のように訓字であれば「多音節字」を許容しているからである（４－１の冒頭に挙げた例群を参照）。仮名主体表記における二合仮名忌避とは、字音仮名であることを認識して、しかも字音仮名主体の環境から排除するという態度である。**第３章第１節**にも「二合仮名を用いても、一字一音の文字列中に埋没するために、句構造あるいは語との語の境界の明示といった機能をほとんど果たし得ない」とすでに述べたが、二合仮名は、多音節でかつ字音であるゆえに、忌避されているとみるのがより精確ということになろう。

　書き手が読み手（それはえてして「セルフモニタリング」する「自分」であったりもするが）を意識して書く、とはいかにも当たり前のことのようだが、字を選び取ってくるという行為に際して、読み手の目という規制がかかっていることは重要である。字母選択の基準、というのはいわば個別的な現象であり、簡単に規定できることではないが、まず当然ながらどれだけの字を

知っているかということがベースになる。それは基本的に書き手の学習量と経験値に裏付けられたものということになるだろう。そして実際書くときには、該当する語（あるいは音節）にふさわしい、文字の候補（選択可能性）が開かれる。いずれか一つに最終的に絞るにあたって、読み手としての経験——ひいてはそこから抽象化した規範性に照らすことがあり得たはずだ。前述のように、ただただ書くというだけなのであれば、どのように書くことも自由である。奇字であろうが、難読字であろうが、どのように交ぜ書きしようが、自分以外に読者がいなければ（想定しなければ）、すべての答えを知っている出題者のような立場である書き手にとっては何も問題はない。しかし、自分以外の読者がこれを読むことができる、できない、という想定をなす——それが結局、選択可能性として浮かぶ文字どもを絞りこませたり、あるいは選ばせたりする。二合仮名は「読み手」（ただし「抽象的」なそれ（**「術語説明にかえて」**参照）、書き手の内省、セルフモニタリング的な読者）の視点から、排除されるのだと見られるのではないか。

4－3、字音の学習と二合仮名の運用

　ある仮名を使うその経緯として、大別して、所与のものとしてそれを使う場合と、新たに仮名として作り出された上で使われることとがあり得る。もっとも、所与のものといっても、必ず最初に作り出された瞬間と、その〝作り手である誰か〟はいるのだろうが、渡来人などの存在を考えると、列島外から持ち込まれたこと（ただし、静態的な漢字それ自体はまったく同じ「現象」なのだが）や、渡来人が列島においてなしたことの継承というのもあり得るとみなければならないから、実質的に日本人の書き手にとって所与といって差し支えないものもあったとみられよう。たとえば古代朝鮮人が書き手となって書いたものに使われた吏読（渡来一世ならそれを吏読とおもって使うことだろう）を、日本人が自身の固有名詞やあるいはその他の語を記すために使用するようになった場合は、その仮名は日本人にとって事実上所与のものと同然だといい得る（それを「吏読」だとおもうか、自分たちの仮名だと思うかは、個別的であろうし、分からない）。これに対して新たに仮名を作り出

すという場合、勿論素材は漢字とその字音であって、求める先は字音資料等であったと思われる。作り出された仮名が社会的規範性を得て再生産を繰り返していけば、いずれ所与として使われるようになっていく。この間に世代がかわるほどの時間を要す場合もあるかもしれない。もとはといえば字音から作り出したものだということについて「価値ある忘却」をしてしまえば、いわばその字はす・で・に仮名であり、仮名としてどこにどう使うかということだけに意識が向く。我々の視点からすれば、まさにすべての仮名が所与であるかのようにみてしまうが、それぞれに当然「仮名」として使われるに至る経緯、生い立ちがある。一字一字のそれを論証していくのは不可能だが、すべて所与のものとみて取り扱うと、仮名の隆盛や衰微の内実をみにくくするところもあろう。

さて、いま少し、新たに作り出される二合仮名というものに思いを馳せてみよう。これにあたって、特筆すべき人物がいる。それは柿本人麻呂である。萬葉集において彼は、字種、用例数ともにもっとも二合仮名をよく使った人物であり、そして、結果的に彼しか使わなかった二合仮名というのが少なくない（作、廉、蘙、雜、颯、壹、險、點、丸など）。そこで思い出されるのが漢籍に対する造詣の深さである。漢籍に親しむ機会が多いほど、字音を知る機会も多いとみることは不自然ではないだろう。仏書に限らず、当時の所謂経史学においても音読と訓読を両方経験していた。この時代のいわゆる訓点資料は『続華厳経略疏刊定記』では数字が記され、読む順序が指示される。成立はほぼ存在しないので想像の域を出ないが、字音を学習する機会は基本的にこの漢籍学習を通じたものであったに違いない。吉備真備が唐人の発音との乖離を自覚し、学制の整備の必要性を痛感して実際帰朝後その実行に尽力したということは、裏返せば、長らく倭音での学習が蔓延していたことを意味する。**序章**に取り上げた飛鳥池の音義木簡の音注は、結局どのような音価なのかわからないが、しかし、少なくとも本式の反切ではない。そういう意味での倭音注を施すような経験を通じ、二合仮名に転用できる字音の知識が蓄えられることは大いにあったと思われる。柿本人麻呂は、機会としても、才としてもそれに長じる最たる人物の一人であっただろう。かように

漢籍学習の経験値を蓄積した人物が書き手であれば、既知である所与の仮名に加えて、仮名に転用され得る字母の候補も脳裏に浮かぶことがあったであろう（――だろう、だろう、と連呼せざるを得ないが）。そして実際にそれが選択されたならば、それは所与ではなく、字音から新たに仮名へと作り替えられた瞬間であるということができる。しかし、二合仮名はそうして作り出されながらも、結局仮名としては衰微の道を辿ったのであった。

小　括

　二合仮名は、訓字主体表記歌巻において様々な場所で、様々な語を記すために使われている。その在りようは大きく分けて２種、自立語に多い単発的使用と、付属語に多い反復的使用である。本書ではこの２種の在りようを二合仮名の二面性だと捉えてきた。ただ、この二面性は、必ずしも仮名であることを否定するものではないともいえる。単音節仮名にも、付属語に反復利用されるものと、臨時的な単発使用はあるからである。「假名らしくない假名」（橋本四郎）とはいえ、やはり基本は「仮名」ではある。ではまずその<u>仮名であること</u>はどういった点から知ることができようか。そして、<u>仮名らしからぬ性格</u>とはどういった点から知ることができようか。
　問題提起としても掲げた、仮名主体表記にほとんど使われないことの意味とは、仮名であることを考えるに当たって重要な焦点となる。仮名主体表記で排除されていることをして、仮名であることを再確認するとは矛盾するようだが、本論中にも指摘したように、訓字はしばしば一字一音表記中にも許容していることからして、一字多音節の字が混じること自体はさほど禁忌ではないとみなくてはならない。そうすると、二合仮名が表語ではないことが不都合なのだろう、というところに行き着く。表意性を意図して使っていると思しい例も確かにあるが、読みがそのまま語を表すわけでは決してない。たとえば**第3章**他で紹介した表意性を帯びた表記、「欝瞻乃」（うつせみ／「世の視線」が「集まる」）はよくできた表記ではあるが、決して「ウツセミ」という字音語の熟語ではない。倭語「ウツセミ」の音節を写したものであ

り、有縁的に各字の意味が上乗せ的ににおわされているに過ぎない。従ってたとえそういった表意性に気づかなくても、字音を知ってさえいれば語形を認識でき、歌の理解は可能である。仮名主体表記では一字で複数の音節を読ませるもの（たとえば訓字）が混入することはあり得るが、二合仮名は他の仮名と同様音(オン)で読まねばならず、かといって字音語ではなく、第一義には音(オン)だけを表すものとして使っている。仮名主体表記中に許容される多音節の訓字との違いはここにつきる。よって二合仮名は、やはり「仮名」だといえるのだと思う。

では、仮名らしくないという性質はどういう点だろうか。これは**第 1 章**にてみた、後位音節の任意性や、表意性を帯びた臨時的使用などを列挙することができるが、字母によって使われ方が様々なので、当然一様ではない。比較的、典型的な仮名といっていいような使われ方をしているもの、たとえば

散香過**南**／散りか過ぎ**なむ**（巻8・1651）

黄始**南**／もみちそめ**なむ**（巻10・2195）

などのようなものから、対照的な在りようとして

獨鴨**念**／独りかも**寝む**（巻4・735）

のように、「思いながら寝る」に連想して「念」を「寝む」にあてた（と読んでおそらく大過ない）ようなたった一回の試みなど、幅がある。その違いの方をこれまでに強調してきたが、実はいずれであっても「仮名らしくない」側面をもっている。仮名とは、当然ながら意義を捨象して使われているものを典型とみなすのだと思われるが、用例数が多いものの中には、すでに見てきたように特定語の表記に反復して使われているものがあり、それらはいわば純粋な音仮名（文字の表音用法）ということ以上の機能を帯びていることにもなる（二次的表語性）。確かに二合仮名のうち付属語に反復使用される例群も、他の同音異義の語や他の同音節の箇所に使われることはない――たとえば「南」字が「オホナムヂ」などにはあてられない――という点で、いわば特定化している。再掲になるが、井手至「仮名表記される語彙」（同前）では、「音訓の別を問わず、仮名表記の文字面の特定化（固定化）は、視覚的な意味喚起性につながる二次的な表意性を生む」と指摘されてい

る（再掲）。特定語彙への専用化[3]は仮名の働きとしての、少なくともアプリオリではないはずで、まさに「二次的」といわねばならない。そうすると、二合仮名というもの自体が、用例数の多寡に拘わらず、本質的に純粋な仮名とはいいがたい性質を帯びているということができる。「南」とて、「奈」と「武」それぞれの汎用性には比べるべくもない。二音節ゆえ、あらかじめ使用先が制限されるというものであるが、もとより一字一音仮名二つ分という単純な存在ではなかった。また、表意性をもつというのは、どちらかといえば訓字の在りように傾くものでもあり、特定の語にあてられる字として繰り返し使用されるというのもまた、訓字のありように近い。二合仮名はまるで、「訓字のような仮名」である。訓の環境における親和性、共起性ということもさることながら、性質としてもそういう側面を指摘できる。現代日本語表記における平仮名で唯一、結果的に表語文字に等しい状態になっているものとして「を」があるが、かように特定語に専用される仮名は、仮名らしくないという言い方もできる。

　二合仮名は、仮名らしくない仮名であるゆえに使われ、仮名らしくない仮名であるゆえに消えていったのだった。それは、完成品としての単音節の仮名の規範に照らしてそうなったわけではおそらくない。二合仮名に先行して単音節仮名とその方法論が既に完全確立されていたわけではないはずだから——つまり先駆的にあった〝完成品〟に対して、二合仮名がすでに〝異端〟だったのではなく、すべては、その表記、書記の動態上で起きていったことだった。二合仮名が異端化していくのが、すなわち単音節の仮名とその表記がいわば成熟していく道でもあった。どちらかが因でどちらかが果というのではなく、訓字、訓仮名も含めた、文字表記の手段としての〝張り合い〟が、互いに互いを刺激し合いつつ、もたらした、そのうねりの姿であった。

注
1）　一音節であれば、たとえば「都」（つ・と甲）や「馬」（ま・め甲）や「里」

終　章　二合仮名の実相

　（り・ろ乙）などが存在はする。
2）　散文の場合は一概にはいえない。そもそも上代には仮名でかかれる散文が、古文書の二通くらいしかないけれども、総訓字的にかかれたものが負っている日本語と必ずしも同一とは限らない。対して歌の場合は、歌の語句の変異はあっても、韻律という裏付けがある点で大きく異なる。歌表記と散文表記はその点でも区別されることであると考える。この点は、別稿の用意がある。
3）　勿論「特定化」ということの認定（線引き）は難しい。しかし、字母の用例数が多いというのは、結局は何らかの語を記すことによって蓄積された結果であり、その、実際の使用と連結して捉えるべきであることは間違いないだろう。「良（ら）」はよく使われる字母だから、「らむ」表記に多用されているのか、それとも、「らむ」表記に多用されるから、「良」はよく使われる字母として析出されるのか——これは仮名字母がどこまで所与のものとしてみていいのかということと、常用される仮名というものを、我々がどう同定していけばいいのかということと深く関わっている。鶏が先か卵が先かといった感であるが、後者の視点がより重要であると考える。特定の語への反復使用によって結果として用例数が高まっているということがあるならば、それは頻用される常用的な字母群の形成に深く関わることだからである。もっとも、なぜその字母でなければならなかったか（右の例でいえば、「ではなぜ「良」でなくてはならなかったのか」という問い）という理由は個々において様々であって、特定は難しいけれども、個々の用例から切り離した字母群一覧でもって整理してその順位をみるのみならず、それぞれの字母によって書かれる語レベルでの表記の異なりなどとあわせて精査することが必要になると考えられる。これはすでに子音韻尾字以外でも着手されている方法論的視座である（→**本書の課題と展望**参照）。

本書の課題と展望

　本書で考察してきたことの総括は、先の**終章**にてまとめて述べたのでここに繰り返すことはしない。ここでは、本書が考察を経たことであらたに抱えることになった課題と、考察の過程で並行的に抱えてきたまま、結局触れることのできなかった課題とを、展望という形で述べる。

　本書が触れ得なかった最大の課題は、萬葉集編纂の問題に関連づけての分析、あるいは巻ごとの、またその配置等にかかわる考証である。たとえば二合仮名が仮名主体とされる巻5に登場するが、それが後半部に集中する——そのことに対する考証、検証等。これらは、手が出せなかった。本書でも便宜上、萬葉集を前・後期に分けたり、それをさらに細分化したりということを行ったが（主に**第1章**）、方法論として必ずしも〈唯一かつ最善〉というわけではなく、大まかな目安に留まるものであった。たんに仮説的な時間の流れを追うもので、言ってしまえばそれ以上でもそれ以下でもない分類であって、考察では二合仮名が衰退し、略音仮名が隆盛するという対照的な分布が観察できたので、結果的に大過はない方法だったとは思うけれども、巻ごとの関係性、あるいは巻内での配置等という観点で、用例を位置づけるというのは、本書が及ばなかった点である。また巻18補修部に絡めての考察もできなかった。たとえばテの略音仮名である「天」字は、平仮名でもおなじみの字母だが、巻18にしか出てこない。この意味付けが可能か、あるいは意味付け自体に意味があるかどうか——かように、本書をまとめたそばから、すでに課題は尽きない状況である。

　萬葉集の文字・表記を編纂論との有機的関連で説いたものとしては、たとえば古屋彰『萬葉集の表記と文字』（和泉書院　1998）がある。乾善彦『日本語書記用文体の成立基盤』（塙書房　2007）は、それら先行研究を承けつつ、

歌が仮名書きされること、そしてその意味を編纂の問題と結びつけて説こうとする。実際の歴史時間上のどこにどうおかれるかという話というより、ある種論理的な成立関係を問うものでもあるが、萬葉集を一つの総体としての資料として扱うとき、そしてそこにおける文字・表記の実相を問うとき、巻同士の関係を編纂という視点を含めて機能しつつ、動向を追うのがより理想的な分析手法であるとは思う。乾同書の、巻十九における「真名書」と「仮名書」の関係を巡る考察と、終末四巻の位置づけ、また古今集をも視野に入れた論述（主に第四節115p〜）には、大いに蒙を啓かれたと同時に、本書は踏み込むことができなかった点である。

　発展的な課題として、本書は『二合仮名の研究』と銘打ったが、やはり他の文字（とその用法、運用）との張り合いという観点で、考究していくことが今後、上代の表記（書記）研究全般において、強く言えることではないかと思う。これは本書で幾度も繰り返してきたことでもある。仮名であっても、訓字との関わりは極めて重要であって、それを見ていくのに、二合仮名は訓仮名と並んで最適であったと思う。特に本書の後半部はそこを述べるところに意味があったし、幾分なりともその研究モデルを示すことができたのではないかと考えている。

　仮名の研究として、まず基本的な入り口は本書**第1章**のようなやり方であっただろう。文字列を徹底的に解体し、それらを並べては、一つ残らずその素性を調べ上げていくという方法である。この領域の研究は、ボーリング調査のような、対象をランダムに適量抽出して当たりを付けるような考察はそぐわず、文字通りの悉皆調査が基本になる。そうなると、上代の仮名研究で、大野透の著作を繙かないまま進めることはないはずであろう。あの時代に発見されていなかったものを除けば、まずは誰しも参照することになるまさに圧巻の労作であるけれども、一方で壮大な博物館の静態展示を見ている観もある。よって稲岡耕二が、音仮名と訓仮名の両用や、訓字主体表記における音仮名の使用実態を問うたことは卓見であったし、仮名は、それ自身に閉じこもった静態的観察ではそれ以上前に進まないところがあるように思う。その稲岡『萬葉表記論』（塙書房　1976）から40余年。ますます求められ

るのは表記の〝システム〟に内在する一つの用法として仮名であり、かつ訓字や漢語をも含めた、他の文字（列）との張り合いの中で捉えていくことにある。しかしまた、そのシステムとはなんぞやということも、同時に検証しているようなところがあるから、冷めた目でみれば互いに互いの尾を咥えているような循環論でもあって、それは注意、警戒しなければならないことではある。一方で、演繹と帰納とは研究推進の表裏・両輪でもあるだろう。必然的に議論は立体的になり、それぞれを〝現場〟でみていく動態論に重心が置かれる。2019年現在、訓仮名や訓字との関係を中心に、すでに上代文字表記（書記論）はそういったステージに現に移行している[1]。上記の課題を擁しつつ、筆者もまた、議論をさらに前進させていきたいと思う。

注

1） 澤崎文「『万葉集』における漢字の複用法と文字選択の背景」（『萬葉語文研究12』和泉書院　2017）、吉岡真由美「『萬葉集』で単音節訓仮名として機能する〈漢字〉」（『同志社国文学』86　2017）、同「『万葉集』の訓仮名と訓字」（『萬葉』226　2018）、若手諸氏の研究は、訓字と仮名（音仮名、訓仮名）の、相互の張り合いの中でその運用上の実相を見定めていこうとするもので、注目される。

初出一覧

　本書は主としてすでに発表した論文をもとに成り立っているが、あらためて、一書の論述とするべく、重複する部分の削除を始め、大幅に書き換えたり、加筆、また削除した部分がある。以下に、本書と既発表論文の関係を示す。

術語説明にかえて
第1節　書記（論）と表記（論）について（書き下ろし）
第2節　歌表記における「表意（性）」と「表語（性）」
　　　　（「萬葉集歌表記における「表意性」と「表語性」を巡る一試論」『叙説』14　2014を一部補訂）
第3節　訓字、訓仮名、音仮名と表意性
　　　　（「シニフィアン（signifiant）とシニフィエ（signifié）の関係から考える古代の〈訓字〉と〈仮名〉」『萬葉語文研究　特別集』和泉書院　2018を一部補訂、加筆）
第4節　本書のキーワードを巡って（書き下ろし）

序章　文字、表記、書記を巡る議論の中で
第1節　現代の日本語と文字
　　　　（「日本語の文字と表記」沖森卓也・笹原宏之編『朝倉日本語ライブラリー　漢字』朝倉書店　2017のうち、本書に関係の深い部分をベースに、補筆、削除等の大幅リライト）
第2節　古代日本語と文字、表記、書記
　　　　（「字と音訓の間」犬飼隆編『古代の文字文化』竹林舎　2017をベースに、補筆、削除等の大幅リライト）

第1章　子音韻尾字由来の仮名とその実相

第1節　子音韻尾字と、仮名としての使用（書き下ろし）
第2節　子音韻尾字の韻母と声母―非子音韻尾字との比較を通じて―（書き下ろし）
第3節　略音仮名の基本的検証―入声―
　　　（「萬葉集における入声字音仮名―連合と略音―」『國語と國文學』82-8　2005）
第4節　略音仮名の基本的検証―撥音―
　　　（「萬葉集における撥音韻尾字音仮名について―連合と略音―」『萬葉』195　2006）
第5節　二合仮名の基本的検証
　　　（「萬葉集における二合仮名について」萬葉語学文学研究会編『萬葉語文研究2』和泉書院　2006）

第2章　略音仮名と二合仮名との関係
第1節　略音仮名と二合仮名の消長
　　　（「萬葉集における子音韻尾字音仮名について」『萬葉』198　2007）
第2節　韻尾の別と二種の仮名の生成
　　　（「萬葉集における略音仮名と二合仮名―韻尾ごとの偏向をめぐって―」『文学史研究』47　2007）
第3節　略音仮名と二合仮名の「両用」
　　　（「二合仮名と略音仮名に両用される字母を巡って」萬葉語学文学研究会編『萬葉語文研究6』和泉書院　2011）

第3章　二合仮名の機能を巡る分析
第1節　非固有名詞表記における二合仮名
　　　（「萬葉集における非固有名詞表記二合仮名の機能について」『萬葉』205　2009）
第2節　二合仮名と多音節訓仮名
　　　（「萬葉集における二合仮名と多音節訓仮名について」『萬葉』207　2010）

第3節　萬葉集所載地名表記における二合仮名―非固有名詞表記との関係を
　　　めぐって―
　　　（「萬葉集所載地名表記における二合仮名―非固有名詞表記との関係をめ
　　　ぐって―」月本雅幸・藤井俊博・肥爪周二編『古典語研究の焦点』武蔵
　　　野書院　2010）
第4節　萬葉集における地名表記と二合仮名―非固有名詞表記例をもたない
　　　二合仮名―
　　　（「萬葉集における地名表記と二合仮名―非固有名詞表記をもたない場合
　　　―」『国語文字史の研究12』和泉書院　2011）

第4章　訓字主体表記と子音韻尾字音仮名
第1節　訓字主体表記と略音仮名
　　　（「訓字主体表記と略音仮名」『萬葉集研究33』塙書房　2012）
第2節　訓字（訓仮名）と二合仮名の「両用」
　　　（「萬葉集における用法としての文字選択とその表記―二合仮名と訓字・
　　　訓仮名の両用を巡って―」『萬葉集研究35』塙書房　2014）

補章　萬葉集以外の子音韻尾字音仮名をめぐって
　　　付論：ある異同の一例から
第1節　古事記における子音韻尾字音仮名について（歌謡以外の本文）
　　　（「古事記における子音韻尾字音仮名について―歌謡以外を中心に―」
　　　『文学史研究』48　2008）
第2節　古事記歌謡における子音韻尾字音仮名について
　　　（「古事記における子音韻尾字音仮名について―歌謡を中心に―」『文学
　　　史研究』49　2009）
【参考】日本書紀の二合仮名と子音韻尾字音仮名の扱い（書き下ろし）
第3節　古代一次資料と子音韻尾字音仮名（書き下ろし）
付論：「千遍」考―ある二合仮名と訓字を巡る異同例―
　　　（「萬葉集における「千遍」の訓を巡って」国語語彙史研究会編『国語語

彙史の研究31』和泉書院　2012)

終章　二合仮名の実相
第1節　歌表記と二合仮名、略音仮名（書き下ろし）
第2節　結論にかえて―二合仮名の定位と萬葉集歌表記―
　　　　（「二合仮名の定位」『文学史研究』52　2012)

本書の課題と展望（書き下ろし）

あとがき

　以上、様々な観点から、萬葉集歌表記における子音韻尾字由来の仮名を解剖し、考察を加えてきた。単に、二合仮名、略音仮名そのものの研究であるに留まらず、訓字、仮名、訓仮名、文字環境、表記法、表記体など、様々なフェーズにまつわる問題を、立体構造として解き明かしていく切り口として、有意であると考えている。

　古くは春日政治が指摘したように[1]、一字一音への傾きは、いわゆる萬葉後期とされる時期を中心に、仮名主体表記の相対的増加があまりに瞭然であるゆえに周知とされるところだが、同じ韻尾をもつ字（素材）が、一音節と二音節に両用されつつも、しかし対照的にその盛衰を描いていることを通して（つまり本書の検証を通じて）、真に知られることであるといえる。まさに、〈多音節仮名が捨てられていく軌跡〉が見いだせるのであった。また連合仮名を認め得ないことも、日本語音の分節化と、それが表記に対応するという、日本語にとっての、日本語のための表記として仮名がすでに内在化していることを、やはり子音韻尾字が、萬葉集内にあって、語るであろう。訓字主体表記と仮名主体表記とは、通常一首総体としての「表記体」で、巻ごとの編纂の問題にもかかわる一つの対立だが[2]、仮に文字ごとにみた場合、それはいわば文字の用法レベルの「表記体」の違い[3]でもある。短歌であれば三十一音をいかように書くかという点で同じ俎上にあるのであって、そして三十一音に写像されることをもって、帰結もまた同じであるということができる。そのような中で、両歌巻のありようが相容れるところと、相容れないところが存在する。相通する面としては、訓字主体表記といいながら仮名も相応に混じるし、仮名主体表記に訓字が混じることもあるという点。しかし、訓仮名、二合仮名は、ほとんど訓字主体表記を逸脱しない。そこには、訓字それ自体との関係が想定される[4]。訓字の表音用法（訓仮名）、あ

るいは訓字の音訓変換による表音用法（二合仮名の一部）など、〝訓字のような仮名〟は仮名主体表記に紛れ込むことができなかった。ここには相違が存する。意味喚起を期待される場合なども、やはり仮名主体表記には親和しないだろう。相通することとみた単音節仮名の訓字主体表記中における使用だが、字母は二合仮名と競合しないようになっており、棲み分けをわきまえた〝混入〟であった。

　萬葉集における略音仮名と二合仮名を追跡すると、単音節が台頭すること、用法が異なる同字母は競合が押さえられること、働きが似ているものは互いに棲み分けの様相を呈すこと、付属語や分節などを把握した表記が可能であり、かつ、それなりに周到にそれらを時と場合によって使い分けていることを知ることができる。萬葉集という、およそ100年をも超える時間の幅をもつ中にあっての歌表記は、〝いろんなことがだんだんとできるようになっていった変遷〟という見方も確かに可能ではあり、実際、一字一音表記は台頭し、二合仮名は徐々に棄てられていっていることもわかったが、といって必ずしも何か単線的な進化、発達過程というわけでもなく、実相としては、だいたいのことはすでに実行可能であって、その上で、選択を繰り返しては練り上げ、淘汰し、互いの張り合いの中で磨き上げていっているその展相がうかがえる、とみておくほうが穏やかであろうと思われる。

　以上、萬葉集歌表記をめぐる議論として、子音韻尾字音仮名を考証の軸に据えて、得られた知見を総括しておく。

――以下、私的な雑感を交えつつ、謝辞をもって結びとしたい。

　初出一覧をまとめてみて、萬葉集の子音韻尾字音仮名の研究をはじめて、14年の歳月が経っていることをあらためて思った。修士論文では仏教声楽（声明）の譜本について調査、考察したが、その際「作」字がサと読まれたりサクと読まれたり、与えられた楽譜がサクと読んでいても一拍分しか与えられていない、しかし時代とともに二拍分の楽譜が与えられるようになっていくといったことに興味を抱き、仏教声楽資料に留まらず、子音韻尾をどう

あとがき 471

処理するかということの歴史をさかのぼってみようと思うに至った。かくして、萬葉集へと再び踏み入った。実は修士論文に先立つ卒業論文は、萬葉集における「夢」について書いたのであったが、実家が寺で、僧籍をとる関係上、修士課程を休学し、洛西・仁和寺に一年間籠することとなり、その過程で、（いったん）興味が薄れてしまったのだった。萬葉集の夢をみている場合ではなかったのであった。修行道場に入寮した初日に、塙本『萬葉集』（よく持って行ったものだと自分でも思うが）を没収されたあの、西日の差し込む三畳一間の光景が忘れられない。西日がさらに傾くのと同時に、萬葉集への熱意も消えたような気がした。実際、和歌の世界を顧みるどころか、日本語・日本文学の世界とは完全に隔絶してしまったため、一時は、大学院への復学も危ういとおもっていた。どうにかこうにか復学をして、仏教声楽という、一年のブランクをそれなりに生かせるテーマにしがみついたが、前述のような経緯で、再び古代に興味が向いた。一端萬葉集から離れ再び萬葉集戻った形になるわけだが、学部2回生から指導くださった毛利正守先生（大阪市立大学名誉教授）は、度重なるテーマ替えにも常に、暖かく見守ってくださった。そういったテーマ替えに伴って、たとえば指導教員交代とか、他大学へ、ということにならなかったのも、ひとえに先生ご自身のご専門の幅の広さと、そのご人徳によるものである。研究や進路で、ずいぶんとご心配をおかけしたにもかかわらず、一つ一つくださったご助言、ご指導に、感謝の念は尽きない。また、神職でもあられる毛利先生からは、同じ宗教者として、研究と両立していくこと、そしてまた宗教に直接関係しない場で教壇にたつこと、あるいは様々な信条、信仰をもつであろう学生と接する際の心得を、いろいろ教えていただけた。このことは、筆者にとっては、学問的指導と同じだけの重みをもっていることである。同じような境遇、状況にある教え子（すなわち宗教者）は今のところ筆者にはいないが、いつか、そのような学生を指導することになったら、必ず、その心得を伝えたいと思う。母校・大阪市立大学に学生として住まうことのべ10年、先生のご退職のその一年前まで直にご指導いただいたことで、研究者への道が拓けた。その先生が定年退職された研究室に、今度は特任講師として数年間使わせていただくこ

とになったのも、毛利研門下生としては結果的に（現時点では）筆者一人だけの経験であり、大変ありがたく光栄なことであった。毛利先生が喜寿を迎えられる今年、本書を出すことができたことで微細ながら長年の御恩にお返しができたか、と思っている。大阪市立大学では、2007年に学生から教員へと立場がかわったが、授業は好きにやらせていただいた上、研究の時間も十分にいただけたと感謝している。

　さて、本書の書名を『二合仮名の研究』としたことに、葛藤も一応はあった。この題名では、場合によっては古代に関することということさえもピンと来てもらえないかも知れない。研究範疇が狭いようにみえるのは事実だが、といってそれを謙遜の笠を借りて嘆いてみせるのは結局のところ不遜であるし、自分がやってきたことはまさにこれだ、これしかないということで、つまりはこの題以外あり得ないのだけれども、かつて井手至先生（大阪市立大学名誉教授）に、「二合仮名」という言葉が題に含まれた論文を謹呈した折の思い出も、少しく本書の題名決定の後押しをしているところがある。2011年頃だったと思うが、たまたまほぼ同時期に2本の論文がでて、そのいずれもが「二合仮名」という語を含んだ論題で、その前に先生に謹呈したのもやはり「二合仮名」だったことから、なぜだか、大変気恥ずかしい思いにとらわれてしまい、先生にお渡しするときに、おずおずと「井手先生、実は、また、懲りずに二合仮名です…」と申し上げると、そのときは「ああ、そう」と受け取ってくださって終わったのだが、その後、わざわざお手紙をくださり、さまざまご批正いただいた上、その結びに、一つのことを考え続けることに何のためらいもあってはならない、二合仮名に関するものが連続して大いに結構、同じテーマを追究した論文がこれからも何本も書き続けられることを望むとのお言葉をいただき、大感激した思い出がある。しかし、残念ながら、先生は、平成29年4月22日に御逝去された。「井手先生、本も『二合仮名の研究』という題にしました」と申し上げて、直接謹呈することがかなわなかったのが、残念でならず、惜別の念は止みがたい。井手先生は、筆者が大阪市立大学に入学する数年前にはすでに定年退職されており、また大学院に上がった時点でも、もう二度目の退職をもなさっていた。しか

し、大阪市立大学で定期的に催されていた上代研究会という研究会等を通じて、幾度もお目にかかることがかなった。普通なら御論文を通して私淑するしかないようなお方であるところ、貴重なご指導を何度も、直接に、手紙ではまどろこしいからと時に電話までいただけたことは、筆者にとって真にありがたいことであった。

　かように感謝の言葉を連ねていくときりがないのであるが、お世話になり、様々ご指導いただいた先生方、先輩方、そして同輩、後輩、また有益な疑義を呈してくれた学生のみなさんには心からの感謝を捧げたい。そして萬葉学会はじめ学会という場、人々、その全てに育てていただいたと思っている。もうこれ以上具体的にお名前を挙げるのは差し控えねばならないと思うが、最後に、乾善彦先生（関西大学）と佐野宏先輩（京都大学）のお名前だけはここに挙げさせていただきたい。お二人には、筆者の拙い、研究の発端段階のところからずっと見守っていただいた。内容が一応前進しはじめてからも様々なご批正と、そして常に次のステップへのヒントを常に惜しみなくあふれんばかりにくださったことで、どうにかこうにか前進してこられた。ご両名とも遥か上の大阪市大の先輩にもあたるのであるが、お二人の近くで学ばせていただいたことは、筆者の考え方のまさしく血肉になっている（と、筆者自身は信じている）。

　本書冒頭に「いふことなかれ　この華今年開くと　まさに知るべし　往歳種因を下せることを」という弘法大師・空海の言葉を掲げた。格言的なものは抽象的に語られるが、筆者にとっては、実はこの言葉は様々なこれまでの研究人生の具体的事象に置き換えられ、再解釈を繰り返してきた。ここで上に述べ来たったことは、その一端ということになる。

　2013年、縁あって赴任した奈良女子大学は、萬葉集の舞台のまさにその真上に建っているような大学である。同僚の先生方、学生諸君ともに、境遇として本当に良いところに来させてもらったと思う。通勤途中には、この地中に木簡が埋まっているのかも知れない、それを踏んで今歩いているのかもしれないなどと冗談半分でおもったりしたものだが、つくづく希有な環境で、ありがたいという思いに尽きる。単に「かつての舞台、現場」というだけで

はなく、そこで学ぶ機運と気運とが、自分にとっては満ちているような気がした。寺に生まれ育ったので、そんな風に観念的に考える癖があるだけのことかもしれない。ただ決して鹿が歩いているからだけではないし、東大寺の屋根が見えるからだけでもないが、何やらそんな気がする。「何やらそんな気がする」で納得するのは、それこそ宗教的だといわれるかもしれないが、本当にそう、思えてならない。理詰め尽くしと思われがちな研究という営為に、実は直感やら、勘も必要であろうことは筆者がわざわざいうことでもないが、それが、それなりに働いてくれるには、自分にとっての古都・奈良という場所がもたらす機運と気運が必要だったのだろうと妄想している。

　「まえがき」に、ある一つのことに、それなりに答えを出したとして、次にすぐさま「それを考えて何になる？」という問いが現前すると述べた。それはしりとりのように繰り返される。そのエンドレス感こそがまた魅力だが、いま一冊をどうにかこうして世に送り出して、早くも現前してきた問いがいくつもある。その問いと自分なりの格闘を、また最後の章に書き加えるとなると、本を出すのは更にもう一年先になりそうだ…と思って、ひとまず止めた。だからこうして結びの言葉に頭をひねっている次第である。

　様々な〈問い〉を考えているのはもちろん筆者一人ではない。それが心強くもあり、また刺激でもある。表記体と文体、平仮名・片仮名への連続と不連続、一次資料と転写資料との融合的研究方法論の構築。考古学、歴史学、書道学といった隣接分野との連携、「キーワード」とその物証は、着実に現在進行形で出そろってきている。多くの研究者が、たった今この瞬間も格闘しているのだろう。筆者も、自分の目と耳と手足で、これからも走って行きたいと思う。一人ではできない、と強く思いながら。

　最後に、本書執筆のみならず、筆者の研究を常に応援しづけてくれている家族——両親、妻、息子にも感謝したい。家族の支えなしに今日はない——誰しもそうかもしれないが、その実感を実際に得られるのも、幸運であると思う。

　執筆段階では、用例、論文の出典、語句引用等細部のチェックに渡って軽

部利恵氏（奈良女子大学大学院生）、用例の諸本異同チェックの確認作業には坂元悠子氏（奈良女子大学大学院生）、主に第1章の漢字音の推定音チェックには亀山泰司氏（皇學館大学）、それぞれの助力を得た（但し当然乍ら、すべての記述の責任は筆者一人にある）。妻には同じ日本語学専攻の研究者としての立場から、通常の校正とは違う細やかな指摘をもらった。また、廣岡義隆先生からは仏足石歌の画像を提供いただいた。その他、画像掲載にあたって御高配下さった関係各所にも深く感謝申し上げたい。本書刊行に際しては、廣橋研三社長をはじめ和泉書院の皆さまに大変お世話になった。茲に厚く御礼申し上げる次第である。

　本書は、平成30年度科学研究費助成事業（科学研究費補助金）（研究成果公開促進費（18HP5069））の補助を受けている。
　また、次の4件の、筆者が代表及び分担をつとめた過去の科研費の成果を収載したものでもあることをあわせて記しておく。
・2009年〜2011年（代表）
　若手研究（B）「古代文献における子音韻尾字音仮名を中心とした萬葉仮名の研究」課題番号21720161
・2014年〜2016年（代表）
　若手研究（B）「古代日本語表記における音訓両仮名の標準化と衰退及びその相関についての研究」課題番号26770161
・2012年〜2014年（分担）
　基盤研究（C）　古代日本語における「訓読」と「仮名の形成」の相関について
　代表者　皇學館大学：毛利正守　課題番号24520513
・2015年〜2017年（分担）
　基盤研究（C）　古代日本語の表記体形成と用字法制限の研究
　代表者　京都大学：佐野宏　課題番号15K02566
　　　平成31年1月7日　三校校了の日に

著　者

注

1) 『假名発達史序説』（岩波書店　1933）
2) これに早い段階で着目しているのが顕昭である。乾善彦『日本語書記用文体の成立基盤』（塙書房　2017）も、これにならって、訓字主体表記と仮名主体表記を、真名書と仮名書と呼称する。
3) 「表記体」の「違い」といっても、一様ではないようである。一つにはここで述べたような同じ漢字でも用法（表語か表音か）の異なりを表記体の違いとみる場合、もう一つは文字種自体の違いである。たとえば平仮名と片仮名の差異などをいう。術語を複雑化しないために、いまのところ、単に「表記体」と呼んでおくが、近時、よく登場する術語なので、注意したいところである。
4) 仮名を訓字との関係で捉えるべきことを説いたものとして、最新の指摘は吉岡真由美「『万葉集』における音仮名と訓仮名―訓字との両用とその影響をめぐって―」（第71回萬葉学会全国大会於熊本県立大学、2018年10月28日）がある。

索　引

文字索引凡例
・二合仮名、略音仮名の字母および、論において重要とおもわれる字母を（訓仮名等であっても）挙げた。
・配列は現代日本漢字音の、原則として漢音よみ、一部は呉音よみとしたが、読みやすさに配慮した字母もある。
・ページ内に複数回にわたり同字母がでてくる場合も一回とカウントして、頁数を表示している。

人名・事項索引凡例
・本書において重要と思われるキーワード、人名を挙げたが、必ずしも網羅的ではない。
・また本書は、歌一首の全文を挙げることがほとんどないので、用例中の萬葉集歌番号の索引は付していない。

文字索引

ア

安　135〜137, 140, 161, 162, 165, 170, 177, 212, 217, 224, 225, 233, 337, 338, 340, 403, 450

イ

壹　144, 186, 197, 211, 219, 223, 225, 233, 257, 271, 273, 293, 301, 310, 350〜352, 374, 377, 423, 445

印　136, 137, 140, 161, 162, 175, 177, 212, 217, 224, 225, 233, 337, 374, 376, 377

因　396, 397

隠　374, 375, 377

磯　396, 397

ウ

欝　57, 144, 186, 197, 211, 219, 223, 225, 233, 253, 257, 271, 274, 350, 351, 356, 396, 450

雲　136, 137, 140, 161, 162, 174, 177, 186, 198, 212, 217, 220, 224, 225, 233, 239, 244, 245, 292, 311, 316, 337

曇　374, 376, 377, 396

エ

越 129, 135, 137, 140, 144, 145, 155, 186, 197, 199, 211, 216, 219, 223〜225, 233〜236, 254, 256, 257, 271, 292, 297, 299, 310, 337, 339, 351, 358, 359, 439, 450, 451

延 136, 138, 140, 161, 162, 166, 170, 172, 177, 212, 217, 224, 225, 233, 337, 338, 374, 375, 377, 378, 386, 387, 390, 404, 446

遠 136, 137, 140, 161, 162, 166, 167, 170, 172, 177, 212, 217, 224, 225, 233, 337, 338, 374, 375, 377, 378, 386, 387, 391, 407, 450

袁 136, 137, 140, 161, 162, 212, 217, 224, 225, 233, 337, 374, 375, 377, 378, 380, 381, 386〜388, 391

オ

鴨 29, 31, 34
憶 135, 137, 139, 144, 186, 197, 200, 212, 216, 219, 223, 225, 233, 235, 337
怨 136, 137, 140, 161, 162, 212, 217, 224, 225, 233, 337
淹 374, 376, 377, 379

カ

蟹 62
各 144, 186, 197, 212, 219, 223, 225, 233, 256, 271, 293, 302, 310, 350, 351, 354, 355, 396
鶴 29, 31, 34
干 129, 161, 162, 186, 198, 212, 220, 224, 225, 233, 260, 271, 273, 350, 351, 354, 355
甘 129, 147, 161, 162, 186, 198, 212, 220, 224, 225, 233, 260, 396, 397, 450
寒 62
敢 129, 161, 162, 186, 188, 198, 212, 220, 224, 225, 233, 264, 271, 350, 351, 354, 355
漢 161, 162, 186, 198, 212, 220, 224, 225, 233, 260, 262, 271, 293, 304, 310, 350, 351, 354, 355
監 161, 162, 186, 193, 194, 198, 212, 219, 220, 224, 225, 233, 254〜256, 271, 282, 339, 350〜352, 450, 451
丸 161, 162, 186, 198, 212, 220, 224, 225, 233, 260, 271, 351, 355, 356, 374, 375, 377, 382, 384, 423, 445

キ

菊 396
吉 127, 134, 135, 137, 140, 143〜147, 150, 152〜154, 211, 216, 223, 225, 233, 242, 337, 338, 340, 346, 374, 375, 377, 406, 450
乞 144, 186, 193, 194, 197, 211, 219, 223, 225, 233, 254, 256, 271, 282, 350, 351, 357, 359, 450
凝 136, 137, 139, 162, 186, 193, 194, 199, 212, 217, 220, 224, 225, 233, 258, 271, 282, 337, 350, 351, 356
極 144, 186, 193, 194, 197, 212, 219, 223, 225, 233, 257, 271, 282, 350, 351, 423, 445, 450
今 161, 162, 186, 193, 194, 198, 212, 220, 224, 225, 233, 260, 271, 350, 351, 354, 355

文字索引　479

金　161, 162, 186, 193, 194, 198, 212, 220, 224, 225, 233, 260, 271, 350, 351, 354, 355

ク

久　240
君　90, 136, 137, 140, 161, 162, 169, 172, 177, 186, 198, 212, 217, 220, 225, 233, 239～241, 260, 271, 277, 278, 337, 350, 351, 357, 359
群　292, 311, 313, 374

ケ

結　135, 137, 140, 144, 211, 216, 223～225, 233, 234, 337, 450
兼　26, 147, 161, 162, 186, 193, 194, 198, 212, 219, 220, 224, 225, 233, 234, 257, 262, 271, 282, 347, 350～352, 439, 450
見　109, 110
險　161, 162, 186, 193, 194, 198, 212, 219, 224, 225, 233, 257, 271, 282, 350～353

コ

甲　135, 137, 140, 144, 155, 158, 211, 216, 223, 225, 233, 337, 374～377, 382, 384, 385, 406
香　12, 136, 137, 140, 162, 167, 173, 177, 186, 199, 212, 217, 220, 224, 225, 233, 292, 311～313, 337, 338, 374, 376, 378, 396, 398, 450
興　136, 137, 139, 162, 174, 177, 212, 217, 224, 225, 233, 337, 396, 398
谷　62

サ

左　135
作　135, 137, 140, 144, 146, 155, 186, 197, 212, 216, 219, 223, 225, 233, 235, 236, 257, 271, 293, 301, 310, 337, 350, 351, 354, 356, 403
薩　144, 186, 197, 211, 219, 223, 225, 233, 257, 271, 282, 292, 294, 295, 299, 310, 350, 351, 396
三　161, 162, 186, 198, 212, 220, 224, 225, 233, 260, 261, 271, 279, 280, 350, 351, 358, 359, 450, 451
山　97
散　129, 135～137, 140, 161, 162, 169, 172, 177, 186, 198, 212, 217, 220, 224, 225, 233, 234, 239, 241, 242, 260, 271, 282, 337, 350, 351, 358, 359, 450
讃　161, 162, 186, 198, 212, 220, 224, 225, 233, 311, 312, 317, 396, 397
甄　396, 397

シ

式　135, 137, 139, 144, 155, 156, 186, 197, 212, 216, 219, 223, 225, 233, 235, 237, 258, 337, 450
敷　62
竺　374, 376, 377
尺　396
宗　136, 137, 139, 162, 172, 177, 212, 217, 224, 225, 233, 337, 374, 375, 378
叔　144, 186, 188, 197, 212, 219, 223, 225, 233, 292, 311, 315
宿　396, 397

駿 292, 311, 312, 318
准 136, 137, 140, 161, 162, 212, 217, 224, 225, 233, 337
眥 32, 62
障 63
鍾 130, 162, 186, 199, 212, 220, 224, 225, 233, 234, 258, 271, 282, 350, 351, 450
色 144, 186, 197, 212, 219, 223, 225, 233, 254, 256, 258, 271, 293, 303, 310, 350, 351, 356, 374〜377, 382, 384, 396, 439
拭 144, 186, 197, 212, 219, 223, 225, 233, 255, 260, 261, 271, 275, 350, 351, 440
信 161, 162, 186, 188, 198, 212, 220, 224, 225, 233, 292, 311, 313
新 136, 137, 140, 161, 162, 212, 217, 224, 225, 233, 337, 374
仁 135, 136, 138, 140, 161, 162, 165, 177, 212, 217, 224, 225, 233, 337, 338, 374〜377, 403, 450
甚 396, 397
盡 10, 136, 137, 140, 161, 162, 170, 177, 212, 217, 224, 225, 233, 337

セ

積 135, 137, 140, 144, 155, 157, 158, 186, 197, 212, 216, 219, 223, 225, 233, 235, 238, 337
戔 396, 397
膽 197, 220
瞻 37, 57, 161, 162, 186, 212, 224, 225, 233, 258, 271, 274, 350〜352, 450

ソ

曾 136, 137, 139, 162, 173, 177, 212, 217, 224, 225, 233, 337〜340, 374, 375, 378, 381, 386, 387, 392, 404, 407, 450
匝 107, 144, 186, 196, 199, 211, 219, 223, 225, 233, 258, 271, 350〜352, 355, 450, 451
相 162, 186, 188, 198, 212, 220, 224, 225, 233, 292, 311〜313, 374, 376, 378, 396, 398
僧 136, 137, 139, 162, 212, 217, 224, 225, 233, 337
颯 129, 144, 186, 196, 211, 219, 223, 225, 255, 258, 271, 273, 339, 350
雜 144, 186, 196, 211, 219, 223, 225, 233, 257, 271, 293, 300, 310, 350, 351, 355, 356
則 135, 137, 139, 144, 155, 212, 216, 223〜225, 233, 234, 337
俗 135, 137, 139, 144, 212, 216, 223, 225, 233, 337
賊 135, 137, 139, 144, 212, 216, 223, 225, 233, 337
存 377〜379, 386〜388

タ

諾 396, 397
丹 161, 162, 186, 198, 212, 220, 224, 225, 233, 292, 311, 313, 374, 376, 377, 396
旦 374, 376, 377
彈 161, 162, 186, 198, 212, 220, 224, 225, 233, 257, 271, 278, 348, 350〜352

檀 396,398

チ

竹 396,397
筑 144,158,186,188,197,212,219,223,225,233,292,311,312,374,376,377,396,397
直 374,376,396,397
珍 161,162,186,198,212,220,224,225,233,292,311,312,316,423,445
陳 136,137,140,161,162,176,177,212,217,224,225,233,337

テ

天 136,137,140,161,162,171,177,212,217,224,225,233,337,338,450
店 439
點 161,162,186,198,212,219,224,225,233,260,261,271,283,350〜352
田 136,137,140,161,162,171,177,212,217,224,225,233,337,446
傳 374,377〜379,386〜388,391

ト

登 39,136,137,139,162,163,167,173,177,195,212,217,224,225,233,337,338,340,344,374,375,378,381,386,387,389,392,450
塔 129,144,186,196,211,219,223,225,258,269,271,284,293,300,301,310,350〜352
等 136,137,139,162,167,173,177,195,212,217,224,225,233,234,337,338,374,378,386,387,389,403,404,407,446,450
當 130,162,186,199,212,220,224,225,233,258,271,282,292,294,296,299,310,350,351,374〜376,378,381,382,384,386,387,393,396,398,423,445,450,451
滕 195
藤 136,137,139,162,212,217,224,225,233,337,450
騰 136,137,139,162,195,212,217,224,225,233,337,338,340,374,375,378,450
特 135,137,139,144,212,216,223,225,233,337
得 135,137,139,144,155,212,216,223,225,233,337,397,450
德 11,144,186,194,212,219,223,225,233,397

ナ

南 129,135,137,140,147,161,162,174,175,177,180,186,188,197,198,212,216,219,220,224,225,233,239,240,254,257,260〜262,264,265,271,280,292,293,299,310,337,339,348,350〜353,439〜442,450,458
難 136,137,140,161,162,186,188,212,217,220,225,233,239,242,243,256,271,292,294,295,299,310,337,339,350,351,357,374,376,377,439,450

ニ

日 135,138,140,144,211,216,223,

482　文字索引

225, 233, 337

ネ

寧　136, 137, 140, 162, 212, 217, 224, 225, 233, 337
冉　397
年　136, 137, 140, 161, 162, 165, 172, 177, 212, 217, 224, 225, 233, 337
念　25, 33, 161, 162, 186, 198, 212, 220, 224, 225, 233, 260, 271, 283, 350, 351, 355, 356, 440, 450, 451, 458

ノ

能　127, 136, 137, 139, 162, 167, 168, 173, 177, 212, 217, 224, 225, 233, 337, 338, 374, 375, 378, 386, 387, 403, 404, 446, 450
農　136, 137, 139, 162, 212, 217, 224, 225, 233, 337, 450
濃　136, 137, 139, 162, 212, 217, 224, 225, 233, 337, 374, 375, 378, 450

ハ

伯　374, 396, 397
泊　135, 136, 140, 144, 212, 216, 223, 225, 233, 337, 403
博　374, 376, 377, 396, 397
薄　135, 136, 140, 144, 212, 216, 223, 225, 233, 337
莫　144, 186, 197, 212, 219, 223, 225, 233, 259, 271, 276, 351
八　135, 136, 140, 144, 155, 211, 216, 223, 225, 233, 337, 396, 450
伐　134～136, 140, 144, 146, 211, 216, 223, 225, 233, 337, 450
反　136, 140, 161, 162, 212, 217, 224,

225, 233, 337
半　10, 136, 161, 162, 169, 177, 212, 217, 224, 225, 233, 337
伴　136, 140, 161, 162, 169, 177, 212, 217, 224, 225, 233, 337
煩　136, 140, 161, 162, 171, 177, 212, 217, 224, 225, 233, 337, 374, 375, 377, 386, 387
番　374～377, 379
蕃　374, 375, 377

ヒ

必　135, 136, 140, 144, 155, 211, 216, 223, 225, 233, 337, 450
氷　374, 375, 378
品　374, 376, 377, 379, 382, 384, 396
便　136, 140, 161, 162, 165, 177, 212, 217, 224, 225, 233, 337, 338, 450
敏　161, 162, 186, 198, 212, 220, 224, 225, 233, 292, 311, 312, 314
嬪　136, 140, 161, 162, 212, 217, 224, 225, 233, 337

フ

福　144, 186, 197, 212, 219, 223, 225, 233, 254, 258, 271, 293, 303, 310, 350, 351, 355, 356, 396, 397
弗　396
物　135, 136, 140, 144, 155, 211, 216, 223, 225, 233, 337, 450
粉　161, 162, 186, 198, 212, 220, 224, 225, 233, 260, 271, 283, 350, 351, 355, 356, 450, 451
文　136, 140, 161, 162, 166, 177, 212, 217, 224, 225, 233, 337, 338, 450
聞　136, 140, 161, 162, 165, 166, 177,

212, 217, 224, 225, 233, 337, 338, 450

ヘ

平 136, 140, 162, 176, 177, 212, 217, 224, 225, 233, 337, 374, 375, 378, 450
別 135, 136, 140, 144, 211, 216, 223, 225, 233, 337
返 136, 140, 161, 162, 212, 217, 224, 225, 233, 337
遍 161, 162, 186, 198, 212, 220, 224, 225, 233, 260, 271, 283, 350, 351, 358, 359
邊 12, 136, 140, 161, 162, 165, 172, 177, 212, 217, 224, 225, 233, 337, 450
弁 136, 161, 162, 171, 177, 212, 217, 224, 225, 233, 337, 374, 375, 377

ホ

方 136, 140, 162, 212, 217, 224, 225, 233, 337
芳 136, 140, 162, 212, 217, 224, 225, 233, 337, 374, 375, 378
朋 136, 139, 162, 212, 217, 224, 225, 233, 337
法 396
防 136, 140, 162, 212, 217, 224, 225, 233, 337
房 136, 140, 162, 212, 217, 224, 225, 233, 337
望 136, 140, 162, 212, 217, 224, 225, 233, 337, 396, 398, 446
本 374, 375, 377, 378, 386〜388, 391
凡 11, 143

マ

幕 129, 144, 186, 197, 212, 219, 223, 225, 233, 259, 271, 276, 351, 352
末 134〜136, 140, 144, 145, 155, 211, 216, 223, 225, 233, 337, 338, 374, 376, 377, 405, 406, 450
滿 136, 140, 161, 162, 171, 177, 212, 217, 224, 225, 233, 337
萬 136, 140, 161, 162, 171, 172, 177, 186, 198, 212, 217, 220, 225, 233, 239, 243, 244, 258, 262, 271, 283, 337, 338, 351, 358, 359, 374, 375, 377, 396, 404〜406, 450

ミ

民 136, 140, 161, 162, 166, 170, 172, 177, 212, 217, 224, 225, 233, 337

ム

邑 396

メ

面 136, 140, 161, 162, 212, 217, 224, 225, 233, 337

モ

蒙 136, 139, 162, 212, 217, 224, 225, 233, 337, 450
木 135, 136, 139, 144, 155, 156, 212, 216, 223, 225, 233, 337
目 11, 97, 292, 311, 317, 337, 374, 376
勿 135, 136, 140, 144, 146, 211, 216, 223, 225, 233, 337

ヨ

用 136, 138, 140, 162, 212, 217, 224, 225, 233, 337, 374, 375, 378, 386, 387, 392
要 127
容 136, 138, 139, 162, 212, 217, 224, 225, 233, 337
楊 136, 138, 140, 162, 170, 177, 212, 217, 224, 225, 233, 337
欲 135, 138, 139, 144, 146, 155, 212, 216, 223, 225, 233, 337, 338, 450

ラ

落 129, 144, 186, 197, 212, 219, 223, 225, 233, 259, 271, 281, 351, 358, 359
楽 129, 135, 137, 140, 144, 155, 186, 197, 212, 216, 219, 223〜225, 233〜235, 237, 238, 259, 271, 281, 292, 294, 299, 310, 337, 351, 358, 359, 374, 376, 377, 396, 397, 450
嵐 441
覧 161, 162, 186, 197, 212, 220, 224, 225, 233, 257, 262, 271, 283, 351〜353, 439〜442, 452
濫 25, 161, 162, 186, 197, 212, 219, 220, 224, 225, 233, 254, 271, 283, 339, 351, 439, 440, 450, 451
濫 257, 266

藍

藍 161, 162, 186, 197, 212, 220, 224, 225, 233, 257, 260, 262, 271, 351, 357, 439, 441, 442, 450, 451

リ

良 127, 136, 138, 140, 162, 165, 168, 173, 177, 200, 212, 217, 224, 225, 233, 238, 337〜340, 374, 375, 378, 381, 386, 387, 392, 404, 406, 407, 450
隣 136, 138, 140, 161, 162, 176, 177, 212, 217, 224, 225, 233, 337

レ

礼 127
列 135, 138, 140, 144, 148, 211, 216, 223, 225, 233, 337, 407
烈 129, 135, 138, 140, 144, 211, 216, 223, 225, 233, 337
廉 161, 162, 186, 198, 212, 219, 224, 225, 233, 254, 258, 271, 283, 339, 351, 352, 423, 445
連 136, 138, 140, 161, 162, 212, 217, 224, 225, 233, 337, 404

ロ

浪 136, 138, 140, 162, 212, 217, 224, 225, 233, 337
臙 129, 144, 186, 196, 211, 219, 223, 225, 258, 271, 283, 351, 352

人名・事項索引

ア 行

飛鳥池　107, 130, 319, 456
東歌　150
井手至　28, 29, 63, 158, 182, 190, 258, 287, 289, 328, 344, 349, 444, 458
伊藤博　11, 157, 175, 189, 241, 266, 278, 295, 302, 317, 348, 415
乾善彦　23, 46, 63, 69, 74, 85, 93, 104, 116, 214, 290, 325, 349, 367, 399, 400, 404, 407, 432, 436, 438, 461, 476
犬飼隆　26, 43, 70, 82, 93, 103, 116, 124, 131, 145, 184, 205, 379, 385, 388, 405, 407, 432
伊予道後温泉碑文　124
內田賢德　269, 284, 325
大伴家持　127, 134, 135, 144, 146, 150, 153, 157, 165〜168, 171, 172, 174, 188, 190, 199, 200, 210〜212, 221, 222, 275, 303, 315
大野透　38, 50, 56, 60, 61, 127, 133, 204, 226, 237, 278, 292, 294, 295, 315, 317, 447
沖森卓也　27, 43, 185, 196, 290, 319, 433
奥田俊博　36, 69, 70
澤瀉久孝　297, 348, 410, 418〜420

カ 行

柿本人麻呂　210〜212, 221, 222, 224, 225, 236, 237, 246, 270, 286, 297〜302, 316, 317, 335, 369, 422, 424, 429, 431, 432, 456
亀井孝　85, 89, 101, 110, 117, 383
川端善明　45, 70, 109, 263
元興寺丈六光背銘　124
元興寺露盤銘　124
義訓　25, 46, 49, 57, 62〜64, 68, 70, 107, 112, 143, 246, 286, 348, 349, 351, 353, 355, 368, 369
戯書　25, 44, 49, 63, 112, 143, 287, 348, 349
工藤力男　290
小松英雄　23

サ 行

佐野宏　11, 32, 47, 55, 328, 345, 433, 444, 446, 453
澤崎文　322, 462, 476
上宮記逸文　124
上宮太子系譜　124
推古朝遺文　123, 124, 125〜127, 139, 434

タ 行

濁音　175, 286, 302, 388
築島裕　290
天壽国曼荼羅繡帳銘　124
土左日記　17〜20, 82, 92

ハ 行

橋本四郎　185, 192, 201, 252, 258, 269, 270, 288, 314, 438, 445, 447, 457
蜂矢真郷　202, 322, 416
表意性　12, 28, 29, 32〜34, 37, 40〜44, 46〜49, 56, 58, 60〜64, 67, 99, 157, 182, 190, 201, 202, 215, 221, 237,

241, 244, 258, 259,
261, 263, 267, 269,
270, 275〜277, 288,
299, 300〜304, 306,
360, 365, 457, 458,
459
表意文字　26
表意用法　43, 223, 231,
348, 368
表音文字　27, 41, 55,
56, 58, 66, 67, 90,
263, 325
表音用法　27, 28, 31,
33, 39, 40, 43, 44,
46, 50, 61, 67, 82,
85, 90, 98, 125,
182, 223, 231, 343,
346〜348, 350, 354,
361〜363, 366, 367,
434, 458, 469, 470

表語性　28〜32, 34, 36,
42, 44〜48, 344,
458
表語文字　26〜29, 32,
38, 39, 41, 43〜45,
50, 56, 57, 61, 69,
71, 89〜91, 223,
346, 361〜364, 366,
453, 459
表語用法　27〜29, 50,
90, 98, 191, 346,
347〜350, 361〜
364, 366, 433
廣岡義隆　404
古屋彰　71, 461
分析者　6, 18, 23, 58,
63, 67, 68, 70, 71,
80, 88, 89, 98, 119,
182, 201, 231, 259,
317, 341, 442

分節　31, 45, 47, 70,
81〜83, 92, 193,
195, 263, 329, 333,
341, 432, 446, 469,
470
法隆寺金堂釈迦仏光背
銘　124
法隆寺三尊仏光背銘
124

ヤ　行

山上憶良　135, 144,
150, 151, 154, 165
〜168, 187, 188
〜190, 197, 200,
240, 264〜267, 311
吉岡真由美　322, 463,
476

■著者紹介

尾山　慎（おやま　しん）
1975年大阪府生まれ
2006年大阪市立大学大学院文学研究科博士後期課程修了　博士（文学）
大阪市立大学特任講師を経て、2013年より奈良女子大学准教授。現在に至る。
2007年度新村出財団研究奨励賞受賞、2009年萬葉学会賞受賞、2014年漢検・漢字文化研究奨励賞・佳作

研究叢書 509

二合仮名の研究

2019年2月20日　初版第1刷発行

著　者　尾　山　　　慎
発行者　廣　橋　研　三
〒543-0037　大阪市天王寺区上之宮町7-6
発行所　有限会社　和　泉　書　院
電話 06-6771-1467
振替 00970-8-15043

印刷・製本　亜細亜印刷

Ⓒ Shin Oyama 2019 Printed in Japan
ISBN978-4-7576-0900-6 C3381　　本書の無断複製・転載・複写を禁じます

──研究叢書──

書名	著者	番号	価格
「語り」言説の研究	糸井 通浩 著	492	12000 円
言語文化の中世	藤田 保幸 編	498	10000 円
形式語研究の現在	藤田 保幸／山崎 誠 編	499	13000 円
日本鉱物文化語彙攷	吉野 政治 著	502	11000 円
ゴンザ資料の日本語学的研究	駒走 昭二 著	503	10000 円
仮名貞観政要梵舜本の翻刻と研究	加藤 浩司 著	507	12500 円
転換する日本語文法	吉田 永弘 著	508	8000 円
二合仮名の研究	尾山 慎 著	509	13000 円

────○────○────

| 実例詳解 古典文法総覧 | 小田 勝 著 | | 8000 円 |

（価格は税別）